KB123197

도서관
지식문화사

세상 모든 지식의 자리, 6000년의 시간을 걷다

도서관
지식문화사

세상 모든 지식의 자리, 6000년의 시간을 걷다

윤희윤 지음

동아시아

프롤로그

"책이 없으면 신은 침묵하고, 정의는 잠자며, 자연과학은 정체되고, 철학은 불구가 되고, 문학은 벙어리가 되며, 모든 것은 키메리안Cimmerian의 어둠 속에 묻힌다."

지독한 독서광이던 덴마크 의사 바르톨리니의 말이다. 17세기 덴마크의 독서광이 했다는 말에 고개가 끄덕여진다. 책과 역사가 좋았다. 수험생 시절, 담임 선생님의 권유로 당시에 신학문으로 부상하던 '도서관학'을 전공으로 삼았다. 도서관이라면, 지식의 모든 역사가 기록되어 있는 곳이니 책과 역사를 사랑해온 나에게는 자연스러운 선택이었다. 그렇게 40년을 오직 도서관을 좇으며 살았다. 반평생 고민하고 공부해왔음에도 '도서관이란 무엇인가'라는 질문에 또렷한 답 대신 의문이 늘어갔다.

문자는 누가 왜 만들었는가, 인류는 어떤 매체에 삶의 흔적을 남겼는가, 고대 문자와 매체는 문명의 발전에 어떻게 기여했는가, 왜 이집트 프톨레마이오스 왕조의 토트와 고대 그리스의 헤르메스는 도서관의 수호신으로 불렸는가, 고대인들이 도서관에 지성과 지혜를 집적한 이유는 무엇인가, 서양 사회가 단죄한 중세 1,000년의 시간은 지식문화의 암흑기였는가, 무슬림과 이라크 아바스 왕조, 스페인 코르도바 칼리파, 이집트 파티마 왕조 등 이슬람 제국이 도서관을 '지혜의 집Bayt-al-Hikma'으로 부른 이유는 무엇인가, 근대 인쇄술과 지식정보는 어떻게 종교개혁을 촉발하고 르네상스에 지대한 영향을 미쳤는가, 고대부터 현대까지 군주, 권력자, 성직자, 독재자, 극단주의자에 의해 책과 도서관이 집요하게 학살되어온 이유는 무엇인가.

지난 10년간 장구한 지식문화사를 대면하고, 수많은 질문의 그릇을 채워가며 이 책을 집필했다. 고대에서 시작해 현대에 이르는 도서관의 역사를 추적하는 일은 고단한 여정이었다. 학술서, 학술논문, 인터넷 정보, 신문자료 등을 뒤져 부족하면 디지털 사료에 접근했고, 일본국립국회도서관, 유럽 수도원, 중국 천일각, 해인사 등을 방문해 자료를 확인했다. 그 과정에서 도서관이 인류의 지식문화와 함께 걸어온 시간을 들여다볼 수 있었다. 책이 우리에게 사치재가 아닌 필수재라는 오랜 나의 생각을 더욱 신뢰하게 되었다.

책과 도서관은 인류에게 어떤 존재인가. 기록과 보존, 그것은 인간의 본성이자 유전자다. 처음에는 동굴과 암석 등에 삶의 흔적을 기록했고 이어 점토판, 파피루스, 양피지, 죽간목독 등에 기억을 새겼다.

그중 책의 원조는 파피루스며, 이를 항아리에 담아 동굴에 보관했다. 항아리가 서고의 원형이라면 동굴은 도서관의 모태다. 동굴과 항아리에 잠재되어 있던 기록과 보존의 유전자가 고대 및 중세에 변이를 일으키고 근대에 변용되어 현대의 도서관이 되었다. 그래서 도서관은 고금의 역사, 문명과 문화, 문자와 매체, 지식과 정보가 집적된 인류의 지식문화유산이다.

6,000년이라는 인류의 역사에서 책, 독서, 도서관이 특정 시대와 어떤 관계였고, 인류 문명사 전체를 조망해봤을 때 어떤 모습이었고 어떤 역할을 했으며 무슨 의미였는지 이 책에 담아보고자 했다. '지식문화'와의 관계에 주목하면서 도서관이 인류와 함께 걸어온 길을 다루되, 서양사에 편향되지 않도록 이슬람과 한중일 역사를 추가하여 균형을 유지하고자 했다. 지식문화사 6,000년의 흔적과 문양을 추적하여, 책과 도서관을 씨줄 삼고 독서와 문화를 날줄 삼아 7개 장으로 구성해 엮었다.

제1장은 기억과 문명의 기둥인 고대 도서관을 탐구했다. 고대 문명 이전의 도서관의 흔적은 사실인가. 수메르 신전이나 왕궁 유적지의 점토판은 도서관 존재를 정당화하는가. 후세가 발굴한 기록은 신화의 영역인가, 역사적 흔적인가. 아슈르바니팔 왕립도서관, 알렉산드리아 도서관, 페르가몬 도서관, 고대 그리스·로마 도서관, 고대 한중일 도서관 등 신화와 역사의 경계에서 불완전하게 존재하는 고대 문명 속 도서관을 다루었다.

제2장은 중세 도서관에 대한 편견과 오해에 주목했다. 중세 도서

관사는 종교시설 부속 도서관 중심의 역사다. 유럽 수도원, 이슬람 모스크, 한국 사찰에 병설된 도서관(서고)이 이를 대표한다. 명칭이 무엇이든 금욕적 수행공간인 동시에 치열한 학문 연구의 거점이자 지혜의 전당이었다. 또한 교리와 고급 지식을 전수하는 고등교육기관의 역할도 수행했다. 자료 수집과 보존, 필사(각사)와 사본 제작, 번역과 해석, 저술과 보급 등을 위한 도서관 설치가 필연적이었다. 특히 사본 제작 및 고전 번역을 통한 지식문화 습득과 전수는 인문주의 부활을 예고했을 뿐 아니라 봉건제에 조종을 울렸고 근대 등장의 도화선으로 작용했다.

제3장은 지식혁명의 거점인 근대 도서관을 다루었다. 유럽이 선도한 제지산업과 인쇄술 전파, 르네상스 운동, 종교개혁, 과학 발전, 산업혁명은 중세 봉건제를 와해시키고, 가톨릭 신본주의를 인본주의로 전환시켰으며, 산업화 및 자본주의의 토대를 제공했다. 그 여파로 왕족, 지배 계층, 엘리트 집단, 성직자, 부유층의 전유물이던 도서관(궁전, 왕실, 수도원과 모스크, 사립 등)의 빗장이 풀리면서 다양한 도서관(회원제, 대출, 직공학교, 교구)이 등장했고 19세기 중반부터 본격화된 무료 공공도서관 설립·운영의 마중물이 되었다.

제4장은 민주주의 요람인 현대 도서관을 다루었다. 1850년에 제정된 영국 「공공도서관법」에 근거하여 현대 공공도서관은 공비 운영, 무료 제공, 만인 공개를 이념으로 그 역사가 시작되었다. 공공도서관은 가장 신뢰할 수 있는 민주주의 산물이자 사회문화적 자산이다. 지식과 경험을 공유하는 공공의 공간이자 사회문화적 플랫폼으로서 일반의 지식문화적 삶에 기여하는 현대 도서관의 모습을 소개한다.

제5장은 도서관의 가치 및 정체성 위기에 대한 설득의 담론에 치중했다. 아리스토텔레스가 주창한 에토스, 파토스, 로고스를 나치 베를린 분서, 브래드버리의 『화씨 451』, 보르헤스의 「바벨의 도서관」에 대입하여 해석했다. 나치 광기가 춤추던 베벨 광장 동판에 새겨진 하이네의 명언은 책을 위한 에토스며, 매장 도서관의 빈 서가는 책과 도서관을 위한 파토스다. "도서관이 없다면 과거도 미래도 없다"라고 절규한 브래드버리의 소설 속 문장은 널리 인용되는 파토스다. 보르헤스가 "천국이 있다면 그곳은 도서관과 같을 것이다"라고 설파한 예찬론에는 에토스, 파토스, 로고스가 혼재한다.

제6장은 끊임없이 움직이는 도서관을 다루었다. 세계 곳곳의 도서관은 변신하고, 진화하며, 치열하게 고민하고 있다. 혁신의 아이콘인 미국 시애틀 중앙도서관, 영국 아이디어 스토어, 네덜란드 DOK 라이브러리 콘셉트 센터, 노르웨이 베네슬라 도서관·문화센터, 일본 다케오시도서관을 분석했다. 제3의 장소로서의 도서관, 새로운 창조공간으로서의 도서관, 도시 재생의 역할로서의 도서관에 관하여 그 담론과 역설을 다루었다. 공공도서관은 지식과 문화가 결합되고 만남과 소통이 강조되는 생활공간이자 '중층적 공공성'을 대표한다. 지식정보 광장, 커뮤니티 허브, 제2의 거실, 개방형 사회적 장소로 진화하기 위한 방향성을 제시했다.

제7장은 책과 도서관을 향한 헌사다. 오늘날 아날로그와 디지털의 패러독스부터 책과 도서관을 향한 오랜 야만의 역사까지 담고자 했다. 기원전의 에블라 도서관, 아슈르바니팔 왕립도서관, 이집트 알렉산드리아 도서관 등의 파괴, 진시황의 분서갱유, 중세 스페인과 바

그다드의 이슬람 도서관 파괴, 추기경 히메네스의 스페인 수도원 도서관 파괴, 선교사 사아군의 멕시코 회화 코덱스 소각, 조선조 거란의 왕실문고 파괴, 조선총독부 데라우치의 민족 말살과 대대적 분서, 나치의 베를린 분서, 김일성의 우상화를 위한 도서 정리, 마오쩌둥의 문화대혁명을 통한 대량 파괴, 이슬람국가^{IS}의 참혹한 비블리오코스트^{bibliocaust} 등 분서와 도서관 파괴를 추적했다. 지식문화를 겨냥한 반달리즘의 역사를 반추한 책과 도서관에 대한 오마주다.

인류 역사는 한 줄의 기록에서 출발했다. 한 줄에 다른 줄이 추가되어 문단이 되고, 여러 문단이 모여 한 쪽이 되었으며, 여러 쪽을 엮은 재화가 책이다. 사전적 의미는 문자가 기록된 매체이지만, 격상시키면 집합적 기억과 집단적 지성이 응축된 수상^{手相}과 지문^{指紋}이다. 더 확장하면 역사를 담은 용기이며, 척추신경을 타고 흐르는 기억의 총체이자 문화의 뿌리다. 책이 독자와 동행하면 지적 향기가 발산되고 독서문화가 창출된다. 그 기반 위에서 학습문화, 생활문화, 여가문화를 아우르는 지식문화를 기대할 수 있다. 그리고 도서관은 지식문화가 집적된 사회적 공간이고 지적 놀이터다. 거시적 목적은 민주사회의 숙성에 있으며, 궁극적 가치는 민주주의의 무기고다. 도서관은 책과 사람, 문화와 학습, 준비와 휴식이 공존하는 지식문화의 코드이자 민주주의 공간이기 때문이다. 요컨대 책은 지식과 기록에 대한 역사적 증거이자 기호학의 총체이며, 도서관은 삶의 동반자인 동시에 지식문화의 주춧돌이다.

지난 6,000년의 지식문화사, 그 중심에 책과 도서관을 놓고 흔적과 흐름을 관통하여 조합하고 논증하는 것은 참으로 버겁고 어려운 작업이었다. 방대한 지식세계를 통찰하고 추적하는 노력이 이어지고, 역사적 복원은 더욱 조밀해지기를 기대한다. 집필 및 출판 여정에 동반해준 가족, 사계의 도반道伴과 윤사단, 그리고 졸고를 재화로 격상시킨 동아시아 출판사 등 모든 인연에 감사한다.

2019년 만추

윤 희 윤

차례

1장

고대 도서관, 신화와 역사의 경계에서

1
도서관의 시원

현생 인류는 10만여 년 전 세계 각지로 흩어진 아프리카인의 후예라는 설명이 지배적이다. 아프리카 기원설에 따르면 인류는 시차를 두고 아프리카에서 엑소더스^{exodus}를 감행했다. 아라비아반도 해안선을 따라 호주와 태평양 서쪽으로, 또 북부 유라시아 등지로 이동했다. 그 과정에서 수렵·채취에 이어 농경·목축 생활을 하며 동굴, 바위, 돌 등에 흔적을 남겼다. 이러한 원시 그림은 그림문자, 상형문자로 발전했으며 기원전 4000년경 문자가 등장하면서 기록할 매체를 개발했다. 기록 매체, 즉 책(문서)을 보존하기 위해서는 건물이 필요했는데, 그것이 곧 도서관이다.

고대 문명에서 항아리는 서고였고, 동굴은 도서관 건물이었다. 아라비아반도 북서부에 있는 소금호수(사해) 주변 동굴의 항아리에서 발견한 사해문서(파피루스 두루마리에 기록한 히브리어 성서)가 그 증거다.

책을 뜻하는 그리스어 비블리온^{βιβλίον}은 '파피루스'라는 뜻인, 지중해 변 페니키아의 항구 비블로스에서 파생되었다. 성서를 뜻하는 바이 블^{bible}도 마찬가지다. 도서관을 뜻하는 그리스어 비블리오테케$^{βιβλιοθ ήκη}$의 어원은 책^{βιβλιο}+보관소^{θήκη}인데, 프랑스어의 도서관^{bibliothèque}도 여기서 유래했다. 또 영어의 'library', 책을 의미하는 프랑스어 'livre', 이탈리아어와 스페인어 'libro'는 라틴어 'liber'(나무껍질)에서 유래했 다. 고전적 의미의 도서관은 '파피루스를 보관하는 항아리'로, 책에 방점을 둔 장소였다.

그렇다면 인류의 기억과 지적 세계가 집적된 도서관의 시원은 어 디일까? 고대에서 현대까지 수많은 고고학자, 역사가, 인류학자, 문 헌학자, 언어학자, 지리학자, 지질학자, 여행가 등이 세계를 뒤지며 무수한 유적과 사료를 맞추는 퍼즐게임에 몰두해왔지만 여전히 미로 를 헤매고 있다. 다만 "기원전 4000년대에 문자가 발달하면서 문서 보관 및 정리 행태가 함께 발달했다는 사실은 의심할 여지가 없다"라 는 매클라우드$^{R. MacLeod}$의 주장[1]처럼 고대 문명 이전에도 그림과 문자 를 기록한 매체와 도서관의 흔적은 적지 않다. 시간을 더 거슬러 올 라갈수록 도서관의 역사적 흔적이 줄어들고 희미해지므로 건립 시 기, 목적과 성격, 주도한 인물, 기록 매체 수장 규모 등에서 불확실성 도 증가한다.

메소포타미아 문명을 창출한 고대 도시들에 대한 지금까지의 고고 학적 발굴과 학술 연구를 바탕으로 그 시원을 추적하면 다음과 같다.[2]

· 기원전 4000~3100년 고대 메소포타미아 신화에 등장하는 영웅 길가

메시가 통치하던 당시 최대 도시국가 우루크의 에안나 사원에서 노동자에게 맥주 배급량을 할당한 기록이 담긴 점토판이 발굴되었다.

· 기원전 2800~2500년 메소포타미아 고대 도시 파라, 아부, 키시 등의 도서관에는 경제, 일반 목록, 시, 마술 텍스트, 속담 등을 기록한 점토판이 있었다. 또한 기원전 2500년경부터 에블라(현 시리아)에 존재하던 도서관을 기원전 2200년경 아카드인이 파괴했다.

· 기원전 2200년경 메소포타미아 남부의 라가시를 통치한 구데아(재위 기원전 2144~2124년)가 설립한 도서관은 아카드 제국의 창시자 사르곤(재위 기원전 2333~2279년) 대왕의 딸이자 최고 제사장, 세계 최초의 여류시인 엔헤두안나(기원전 2285~2250년)의 시를 소장했다. 우루크 제3왕조(기원전 2112~2004년) 때는 더 많은 점토판이 제작되었고 신전도서관temple library이 등장했다. 서가에는 경제 기록, 사전 편찬을 위한 어휘 목록, 동식물과 광물 목록 등이 있었다.

· 기원전 2000~1000년경 우르, 니푸르 등에 도서관이 있었고, 바빌로니아 제국(기원전 1895~1595년)의 고대 도시였던 바그다드 교외의 샤두품(현 텔 하르말)과 유프라테스강 유역 시파르(현 텔 아부 하바)에서 신전도서관 잔해가 발견되었다. 바빌로니아 제3왕조 카시트 제국(기원전 1507~1155년) 때는 도서관 건립과 텍스트 보존이 활발했다. 한편 이집트에서는 기원전 1250년경 람세스 2세(재위 기원전 1279~1213년)가 신전에 도서관을 설립하고 '영혼의 치유소ΨΥΧΗΣ ΙΑΤΡΕΙΟΝ'라 명명했다.

그렇다면 고대 문명이 성립되기 전에 존재했던 도서관의 역사적 흔적은 진짜일까? 메소포타미아 등의 신전이나 왕궁 유적지에서 발굴된 점토판은 도서관의 존재를 정당화하는가? 후세가 추적한 기록은 신화의 영역일까, 역사의 흔적일까? 여전히 대다수 증거는 불충분하고 불완전하여 신화와 역사의 경계에 있다. 따라서 고대 도서관을 신화에서 역사로 격상시키려면 문명사적 흔적과 그 속에 집적된 기록 매체를 발굴하고 고증하는 노력이 계속되어야 한다.

2
고대 문명 속의 도서관

　고대 메소포타미아, 이집트, 페르가몬, 그리스 등의 제왕은 제국의 위상과 권위, 학문적 욕망, 지식 통제 등을 앞세워 기록 매체를 수집·보존하는 데 열성적이었다. 그 공간인 도서관은 신전(사원)의 일부였으므로 종교 기록, 상거래 문서, 행정 자료, 신화, 문학 작품 등을 수집·보존하는 장소에 그치지 않고 의식을 행하며 교육 기능을 제공하고 문서를 작성하는 등 사회적으로 중요한 역할을 했다.[3] 고대 문명사를 중심으로 신화와 역사의 경계를 넘나드는 도서관의 흔적을 살펴보자.

아슈르바니팔 왕립도서관

　메소포타미아 문명의 토대를 쌓은 수메르인은 설형문자와 점토판이 저술(학문)의 여신 니다바 덕분에 발명되었다고 생각했다. 점토판

그림 1-1 아슈르바니팔 왕립도서관 복원도

은 신화와 신전, 왕궁과 도서관의 메타포metaphor였다.

최초이자 최대 규모로 공인된 점토판 서고는 기원전 668~627년 신아시리아 제국(기원전 934~609년)의 수도 니네베(현 이라크 북부 모술 근처)에 존재했던 아슈르바니팔 왕립도서관이다. 제국의 마지막 통치자였던 전설의 아슈르바니팔(재위 기원전 669~627년)이 기원전 668년 니네베에 건립한 궁전 부속 건물이었다. 오늘날 대다수 자료에서 왕립(왕실·궁전)도서관으로 기록하고 있으나 당시 명칭은 '기록물실' 또는 '두루마리의 집house of the rolls'이었다. 궁전 내 서로 다른 두 건물(북서쪽과 북쪽)의 2층에 자리했으며, 면적은 각각 약 8×6미터, 약 7×6미터로 추정된다.[4] 설형문자로 기록된 점토판 문서와 파편이 3만 점 넘게 발굴되었다.

아시리아, 바빌로니아, 페르시아, 이집트를 통치하며 세계를 호령하던 아슈르바니팔은 학자이자 문화·예술 후원자이기도 했다. 그는

책을 좋아하여 바빌로니아를 비롯한 통치 지역에서 점토판을 약탈·
수집하는 데 열중했고, 다양한 주제의 텍스트를 기록하거나 수집하
도록 명했다. 제사장에게는 아시리아 역사를, 점성가에게는 해와 달
의 움직임을, 의사에게는 의학 지식을, 역사가에게는 왕의 업적을 점
토판에 새긴 후 보관하도록 강제했다. 또한 왕궁 사서와 스무 명이
넘는 서기에게 점토판을 제작·보존하도록 했다.[5] 수장된 점토판은 주
로 문서, 전조前兆, 학술 텍스트였지만 메소포타미아의 역사와 문화,
수학, 화학, 식물학, 우주론 등을 기술한 내용도 있었다. 특히 바빌로
니아 또는 메소포타미아의 창세관을 이해할 수 있는 서사시 〈에누마
엘리시Enûma Eliš〉*와 기원전 2150~1400년에 아카드어로 기록된 수메
르의 걸작으로 열두 개 점토판으로 이뤄진 〈길가메시 서사시〉**를 비
롯한 상당수 고전 작품도 보관되어 있었다.

아슈르바니팔 도서관은 4만 점이 넘는 점토판을 주제별로 구분해
보존했다. 아슈르바니팔 왕이 자료 수집과 보존에 얼마나 집착했는지
는 점토판에 새겨진 다음 문구가 방증한다.

• 아카드어로 각각 115~170행씩 기록된 일곱 개 점토판은 바빌로니아의 창조 서사시다. 바빌
로니아 왕국의 세계관을 이해하는 데 매우 중요한 자료로, 수도 바빌론의 수호신 마르둑의 지위를
강화하려는 목적이 있었다.

•• 우루크를 통치한 전설의 제5대 제왕 길가메시(기원전 2600년경)를 노래한 서사시로 총 7장으로
구성되어 있으며, 영생불사를 소원하던 길가메시가 모험과 여정을 통해 인간의 운명을 발견하는
과정을 역설적으로 서술했다. 〈호메로스 서사시〉보다 1,500년 앞선 것으로서 1852~1853년 영국
의 지질학자이자 고고학자인 로프터스W. Loftus 탐사팀이 아슈르바니팔 왕립도서관에서 발굴했다.

그림 1-2 길가메시 서사시 점토판
(네 번째 점토판, 기원전 669~627
년)

아슈르와 닌릴*에 의지하는 아슈르바니팔의 점
토판, 세계의 왕, 아시리아의 왕. 너의 영주는
신의 제왕인 아슈르와 동격이 아니다. 누구든
점토판을 없애거나 나를 대신하여 자신의 이름
을 쓰는 자는 분노한 아슈르와 닌릴이 끔찍하
고 무자비하게 파괴할 것이며, 이 땅에서 영원
히 그 이름을 없애고 후손을 멸할 것이다.[6]

고대 아시리아인은 점토판을 이용하여 삶과 역사를 기록했다. 점
토판은 보통 휴대폰 정도의 크기였으나 USB 메모리 크기 또는 노트
북 컴퓨터보다 약간 작은 것도 있었다.[7] 이들을 방대하게 수집·보존
한 공간이 니네베 궁전 내 점토판 보존소였다. 아슈르바니팔 도서관
은 지식 통제와 권력 행사를 위한 장치로 등장했으며, 행정문서에서
문학 작품에 이르기까지 다양한 주제의 점토판을 수집했다. 따라서
아슈르바니팔 도서관은 신에게 봉헌하는 신전도서관, 왕조가 설립·
운영하는 왕립도서관, 권력 중추에 서비스하는 개인(귀족)도서관으로
서의 성격을 띠었다.

하지만 제행무상이랄까? 기원전 627년 아시리아 제국의 마지막
군주 아슈르바니팔이 죽고, 기원전 612년 바빌로니아인, 스키타이
인, 메데스인, 고대 이란인으로 구성된 연합군이 니네베 왕궁을 파괴

• 메소포타미아 종교에서 아슈르는 도시 아슈르의 주신이자 아시리아의 수호신이며, 닌릴은 엔
릴(바람의 신)의 부인으로 운명의 신이다.

할 때 메소포타미아 문명사를 농축한 점토판 서고도 사라졌다. 무려 2,000년도 더 지난 1851년 영국의 탐험가, 고고학자이자 외교관을 역임한 레이야드A.H. Layard 그리고 3년 후 그의 조수이자 오스만 제국 및 중동 지역 고고학 전문가인 라삼H. Rassam이 왕궁을 발굴하는 과정에서 점토판 보관소의 흔적이 드러남으로써 아슈르바니팔 도서관은 역사로 격상되었다. 당시 수집된 점토판은 대영박물관으로 이관되어 보존되고 있다.

알렉산드리아 도서관

그리스반도 최북단의 고대 마케도니아 왕국은 기원전 700~310년 그리스 신화 속의 아르게아스 왕조가 통치했다. 그리스를 제패한 필리포스 2세(재위 기원전 359~336년)가 경호원 파우사니아스에게 암살된 뒤 20세에 왕위를 계승한 인물이 알렉산드로스 대왕(재위 기원전 336~323년)이다. 그는 기원전 334년 동방 원정을 감행하여 페르시아, 그리스 도시국가, 이집트, 인더스강 유역까지 세 대륙에 걸친 대제국을 건설했다. 불세출의 영웅, 위대한 제왕, 정복자의 아이콘, 헬레니즘 개척자였던 알렉산드로스 대왕은 제국을 통치하기 위해 동방의 전제군주제를 수용하고, 정복지에 '알렉산드리아'라고 이름 붙인 도시를 여럿 건설했으며, 이주시킨 그리스인과 페르시아인의 혼인을 장려하는 등 동서 융합을 위해 노력했다. '지중해의 진주'로 불린 알렉산드리아의 건설과 고대 그리스 및 오리엔트 문명을 융합한 헬레니즘 문화의 형성은 그의 최대 치적으로 일컬어진다.

그러나 알렉산드로스 대왕은 동방 원정에 이어 아라비아 원정을 준비하던 기원전 323년 6월 10일에 말라리아 감염으로(혹은 독초로 만든 와인을 마시고) 33세를 일기로 요절했다.* 알렉산드로스 대왕이 사라지자 알렉산드로스 제국은 네 권역(마케도니아, 소아시아, 시리아, 이집트)으로 분할되었다. 마케도니아(그리스 포함)는 안티고노스 1세(재위 기원전 306~301년), 소아시아(트라키아 포함)는 리시마코스(재위 기원전 306~281년), 시리아(메소포타미아 포함)는 셀레우코스 1세(재위 기원전 305~281년), 이집트(팔레스타인 포함)는 프톨레마이오스 1세(재위 기원전 305~283년)가 지배했다.

총독 자격으로 이집트 통치를 시작한 프톨레마이오스 1세는 기원전 305년 자신을 파라오**라 지칭하고 고대 통일 왕국의 최초 수도였던 멤피스에서 항구 도시 알렉산드리아***로 천도한 뒤 그리스 건축가 디노크라테스에게 명하여 다섯 개 구역으로 나눈 대도시를 조성했다. A(알파) 구역에는 궁전, 주요 사원, 박물관과 도서관, 정원을, B(베타) 구역에는 그리스 귀족을, Γ(감마) 구역에는 그리스 평민을, Δ(델타) 구역에는 시리아인, 페르시아인, 유대인 등 소수민족을, E(엡실론) 구역에는 이집트 원주민 정착촌을 배치하고, 제32대 왕조(그리

- 최근 뉴질랜드 오타고 대학 연구팀과 영국 일간지 《인디펜던트The Independent》는 알렉산드로스 대왕이 '여로#罍'라는 독초로 만든 와인을 마시고 죽었을 가능성이 높다고 발표했다. 그러나 기존 학계는 말라리아를 유력한 원인으로 간주하며, 일각에서는 독살설도 제기한다.
- •• 고대 이집트에서 정치·종교적 최고 통치자를 칭하는 용어로 왕이나 왕위를 나타낸다. 기원전 3100년 이전의 초기 왕조에서 기원전 30년 카이사르에 의해 로마 속주가 될 때까지 이집트를 지배했던 왕을 총칭한다.
- ••• 이집트 수도 알렉산드리아는 지중해 연안의 작은 어촌이었다. 본래 지명은 라코티스였는데, 알렉산드로스 대왕이 자신의 이름을 따서 알렉산드리아로 개칭했다.

스계 프톨레마이오스 왕조, 기원전 305~30년)의 정치, 경제와 무역, 학문과 문화의 중심 도시로 발전시켰다.

당시 이집트는 사회제도, 문화·예술, 종교 등에서 고대 이집트의 색채와 그리스적 요소가 혼재하며 긴장과 대립이 계속되었다. 이에 프톨레마이오스 1세는 기원전 295년 알렉산드로스 대왕의 업적과 유지를 받드는 동시에 스승 아리스토텔레스의 권고를 수용하여 왕궁지구에 프톨레마이오스 무세이온* 아카데미(왕립학사원)를 건립했다. 당초 신전으로 계획되었던 무세이온의 건립을 주도한 인물은 아리스토텔레스의 제자이자 프톨레마이오스 1세의 친구였던 데메트리오스(기원전 350~283년)였다.[8] 그는 아테네 아리스토텔레스 도서관(리케이온)을 모델로 삼아 아카데미와 부속 기관(도서관, 동식물원, 천문대, 실험실, 해부실 등)을 포함한 왕궁단지를 계획했다.[9] 그 가운데 무세이온은 지구촌 석학들을 유인하기 위해 공동체 거주지를 제공하고 급료를 주었으며, 동서양을 아우르는 학술 연구의 중심으로 부상했다. 왕궁단지의 요체일 뿐만 아니라 연구와 교수를 겸하는 현대판 대학의 원형이었다. 무세이온은 이집트 및 지중해 인접국의 학술 연구와 헬레니즘 문화의 산실이었다.

무세이온 바로 옆에 부속 건물로 건립된 알렉산드리아 도서관은 프톨레마이오스 2세(재위 기원전 283~246년)와 프톨레마이오스 3세(재위 기원전 246~221년)가 더욱 발전시켰다. 이 도서관에서 지식 탐구

• 박물관museum과 음악music의 어원인 무세이온(그리스어 Μουσείον, 라틴어 Mouseion)은 원래 그리스 신화에 등장하는 예술과 과학의 여신Muse 아홉 명에게 봉헌된 신전이었으나 학당으로 발전했다.

와 연구 활동에 정진한 인물로는 신경계에 관한 과학 이론을 최초로 정립한 헤로필로스(기원전 335~280년), 삼각법을 창시하고 세차운동歲差運動을 발견한 히파르코스(기원전 190~120년), 지구 둘레를 계산한 에라토스테네스(기원전 276~194년), 기하학 원리를 개발한 유클리드(기원전 365~275년), 이집트 농촌에서 관개 작업에 사용하는 나선형 양수기Archimedean screw의 발명가이자 수학자인 아르키메데스(기원전 287~212년) 등이 있다.[10]

현대 공문서관과 박물관 기능을 겸한 알렉산드리아 도서관은 인류 역사상 건물에 '도서관'이란 명칭을 부여한 첫 사례다. 고대 이집트와 헬레니즘 문명사를 대변하는 파피루스의 보고이자 당시 세계에서 가장 유명한 학문 연구의 전당, 지혜의 산실이었다. 보통 '알렉산드리아 도서관'이라고 하면 본관에 해당하는 부루치움Brucheium 궁정도서관과 이후 세라피스 신전에 건립한 분관인 세라피움Serapeum을 총칭한다.[11]

무세이온의 부속 도서관인 부루치움은 통로 및 안마당으로 무세이온과 연결되었다. 그런데 부루치움이 무세이온 내 일부 실을 지칭하는지, 왕궁 내 독립된 건물이었는지에 대해서는 논란이 있다. 하지만 고대 알렉산드리아가 다섯 개 구역으로 구획된 대규모 계획 도시로 조성되었다는 사실, 당시 유행하던 아치형 회랑을 특징으로 하는 열주랑列柱

그림 1-3 알렉산드리아 도서관 내부 복원도

廊 건축 양식이었다는 점, 경쟁국이던 안티고노스 왕조*의 수도 페라에 약 160미터의 거대한 열주랑 궁전이 있었다는 기록,[12] 그리고 최대 70만 점에 달하는 점토판을 수장했다는 점 등을 감안하면 부루치움은 주랑colonnade 방식을 채택한 대형 건물로 추정된다.

자료 수집에 대한 프톨레마이오스 1세의 열정과 의지는 여러 기록에서 확인할 수 있다. 필립스H. Philips는 프톨레마이오스 1세가 현대적 의미의 장서 개발 정책을 수립했을 뿐만 아니라 몰수, 절도, 강압, 구입 등의 다양한 방법으로 자료를 수집했다고 주장한다.[13] 또한 당대 최고 도서관으로 불리던 아리스토텔레스 도서관의 자료를 모두 가져왔다. 그 결과 역사, 법률, 수학, 과학, 문학 등 거의 모든 주제를 망라하는 파피루스 두루마리 40만~70만 매를 보존했다. 오늘날 종이 책 평균 분량인 300페이지로 환산하면 무려 13만 권에 달하는 방대한 규모다.

교육 기능도 겸했던 부루치움은 현대 대학도서관의 원형이라 볼 수 있다. 다음과 같은 현대 대학도서관 시스템의 요소를 갖췄기 때문이다.[14]

· 과학적 탐구 범위의 보편성
· 혁신적 연구 기능과 전통을 강화하는 교육 기능 절충
· 교양과목 연구 강조
· 체계적 전문 교육

• 알렉산드로스 대왕의 부하 장군이었던 안티고노스 1세(모노프탈모스, 기원전 382~301년)가 아나톨리아를 중심으로 창건한 왕조다.

이러한 부루치움, 즉 알렉산드리아 도서관은 프톨레마이오스 1세가 경제적·학술적 측면뿐 아니라 인접 국가와의 경쟁 차원에서 최고와 최대 수준을 추구했을 가능성이 크다. 따라서 알렉산드리아 도서관은 단순히 학술 지식을 수집하는 데 그치지 않고 호메로스 서사시 교정본 및 정본[15]의 제작과 번역, 저술과 편찬 등 다양한 기능을 수행했을 것으로 짐작된다.

그러면 책임 운영자는 누구였을까? 초대 관장 제노도토스는 호메로스의 서사시 〈일리아드〉와 〈오디세이아〉를 비판적으로 검토하고 교정한 인물이다. 후임자인 아폴로니오스 로디우스는 헬레니즘 시대를 대표하는 서사시 〈아르고나우티카〉를 쓴 시인이자 학자로 프톨레마이오스 3세의 가정교사였다. 이어 관장으로 취임한 에라토스테네스는 지구 둘레를 최초로 계산한 수학자이자 천문학자로 프톨레마이오스 4세의 가정교사로 활동했다. 이처럼 당대 석학들이 맡았던 알렉산드리아 도서관장은 프톨레마이오스 왕가의 교육과 밀접하게 관련되어 있었기에 정치적으로 중요했을 뿐만 아니라 무세이온 학자보다 지위가 높았다.

프톨레마이오스 1세는 이집트인 외에 마케도니아인, 유대인, 그리스인 등 이민족을 정신·문화적으로 통합하고자 새로운 종교적 우상을 구상했다. 이를 위해 당시 이집트를 지배하던 사자死者 및 부활의 신 '오시리스'와 멤피스에서 숭상하던 황소의 신 '아피스'를 결합해 '오시리스-아피스'로, 다시 '오세라피스'로, 그리고 '세라피스'로 발

그림 1-4 세라피움 유적

전시켰다. 그리스계는 그리스풍 인간의 우상으로 묘사된 세라피스를 쉽게 수용했다.

이어 프톨레마이오스 3세는 이집트-그리스의 새로운 신, 세라피스에게 봉헌할 세라피스 신전을 알렉산드리아 남서부 빈민촌에 복합건물로 조성했는데, 그 신전의 부속 시설 중 하나가 알렉산드리아 도서관의 분관인 세라피움이다. 프톨레마이오스 3세가 자신의 딸을 위해 건립한 이 도서관은 원본 텍스트는 거의 없었으나 문학 자료를 중심으로 약 4만 2,000점을 수장하고 본관에 접근할 수 없는 일반 대중에게 개방해 현대 공공도서관과 유사한 기능을 수행했던 것으로 추정된다. 세라피움을 알렉산드리아 도서관의 분관으로 간주하는 이유는 양대 도서관에 적용된 정책이 동일했고 같은 직원이 서비스를 제공했기 때문이다.[16]

알렉산드리아 도서관에 대한 프톨레마이오스 왕조의 열정적 지원은 이후에도 계속되었다. 그러나 마지막 파라오였던 클레오파트라 7세(필로파토르, 재위 기원전 51~30년) 때 부침이 교차했다. 아름다운 목소리와 매력적인 화술을 가진 절세미인이자 도도한 여걸이었던 클레오파트라 7세*는 열여덟 살 때 오시리스 신화에 바탕을 둔 파라오 율법에 따라 이복 남동생 프톨레마이오스 13세(재위 기원전 51~47년)와 결혼해 공동 파라오가 되었다.** 이후 클레오파트라 7세의 정치적 투쟁과 행보, 세기의 사랑과 죽음까지의 역사적 사건을 압축하면 다음과 같다.

· 기원전 48년 남편 프톨레마이오스 13세와의 권력 투쟁, 막내 남동생 프톨레마이오스 14세 및 왕조의 권력 기반인 그리스계의 외면으로 파라오에서 물러난 클레오파트라는 시리아로 유배되고, 프톨레마이오스 13세는 로마의 제1차 삼두정치***가 파기되고 알렉산드리아로 잠입한 폼페이우스를 암살했다.

· 그해 삼두정치 실권자였던 율리우스 카이사르(기원전 100~44년)는 이집트를 방문하여 폼페이우스 암살을 비겁한 행동으로 간주하고 클레오파트라의 부왕인 프톨레마이오스 12세의 유언(남매의 공동 통치)을 존중하여 프톨레마이오스 13세와 클레오파트라의 공동 통치를 결정했다. 카이사르의 연인이던 클레오파트라는 복권되고 이에 반발한 프

• 로마인들은 이집트 최후의 여왕 클레오파트라 7세를 색욕의 악마로 규정하고 비난했으나 이집트인들에게는 최고의 정치가이자 위대한 여제였다.

•• 클레오파트라의 부왕 프톨레마이오스 12세는 '남매의 공동 통치'를 유언으로 남기고, 동맹국 로마에 유언의 집행을 맡겼다.

•••로마 제국에 황제 제도가 도입되기 전 당시 최고 실력자 3인(카이사르, 폼페이우스, 로마 최고 거부였던 크라수스)의 비공식적 정치 협약에 의한 관료 체제를 말한다.

톨레마이오스 13세는 기원전 48~47년 카이사르의 군대와 알렉산드리아 전쟁을 벌였으나 로마 지원군에 살해되었다. 클레오파트라는 막내 남동생 프톨레마이오스 14세와 재혼하며 명목상 공동 통치자지만 실권을 장악했다.

그림 1-5 클레오파트라 7세(이집트 콤 옴보 신전)

· 기원전 47년 클레오파트라는 카이사르와의 사이에서 태어난 아들 카이사리온과 함께 카이사르를 따라 로마로 갔다가 기원전 44년 카이사르가 브루투스 등에게 암살된 뒤 이집트로 귀국했다. 프톨레마이오스 14세가 요절하자 아들인 카이사리온을 프톨레마이오스 15세로 등극시켜 다시 공동 통치에 나섰다.

· 한편, 로마에서는 제2차 삼두정치가 진행되었는데, 당시 선두를 달리던 마르쿠스 안토니우스(기원전 83~30년)는 파르티아 원정 자금을 확보할 의도로 이집트의 클레오파트라를 만났고 연인 관계로 발전한 둘 사이에서 아들(알렉산드로스 헬리오스)과 딸(클레오파트라 셀레네 2세)이 태어났다.

· 안토니우스는 정적이자 제2차 삼두정치의 핵심 인물이던 옥타비아누스(기원전 63년~기원후 14년)˙와의 갈등 속에서 파르티아 원정을 감행하

• 본명은 가이우스 옥타비우스 투리누스였으나 기원전 44년 외조모 카이사리스의 남동생이자 자신의 외종조부 카이사르가 암살되자 유언장에 따라 카이사르의 양자로 입적된 후 가이우스 율리우스 카이사르 옥타비아누스로 개명했다. 로마 원로원은 로마 제국의 초대 황제로 등극한 옥타비아누스에게 '존엄한 자'라는 뜻의 아우구스투스 칭호를 수여했다.

기 위해 기원전 37년 이집트를 재방문했고, 클레오파트라와 결혼하여 둘째 아들 필라델포스를 낳았다. 기원전 34년 안토니우스는 동방 원정을 지원한 클레오파트라와 그 자녀들에게 이른바 '알렉산드리아 기증'을 통하여 로마 제국의 동방 속주에 대한 관할권을 나눠주었다.

· 그 일로 안토니우스와 옥타비아누스는 관계가 소원해졌고, 결국 옥타비아누스가 이집트를 침공해 기원전 31년 악티움 해전에서 승리를 거뒀다. 이듬해 안토니우스는 자살하고 클레오파트라도 음독으로 39세에 생을 마감했다. 이로써 300년 가까이 지속한 프톨레마이오스 왕조는 로마 제국의 속주로 편입되며 종말을 고했다.

이러한 권력 투쟁과 전쟁의 와중에 알렉산드리아 도서관이 훼손되었다. 기원전 47년 카이사르는 프톨레마이오스 13세와의 알렉산드리아 전쟁 중 전술적 이유로 알렉산드리아 항구에 정박 중이던 자신의 함대에 불을 질렀는데, 이때 도서관으로 불길이 번져 약 4만 점의 자료가 소실되고 5만 점가량 로마로 유출되었다. 이어 273년 로마 황제 아우렐리아누스(재위 270~275년)가 이집트를 공격했을 때 본관 부루치움이 파괴되었다. 다행히 분관인 세라피움은 병화를 면했지만, 4세기경 자료 일부가 새로운 수도 콘스탄티노폴리스로 옮겨졌다. 391년에는 기독교를 국교로 삼고 이교 붕괴에 관한 법령을 공포한 로마 황제 테오도시우스 1세(재위 379~395년)가 이교 사상에 관한 자료를 다수 수장하던 세라피움을 이교 사상의 거점으로 지목하여 기독교 집단에 의해 파괴되었다. 그리고 642년 이슬람 제국의 통치자 우마르(재위 634~644년)가 알렉산드리아를 침공해 이슬람교로 개종시키기 위한 조치의 일환으로 도서관을 완전히 파괴함으로써 알렉산드리아 도서관은 900년 역사를 뒤로하고 전설이 되었다.[17]

프톨레마이오스 왕조가 건립한 무세이온과 부속 도서관인 부루치움은 '지식에 의한 통치'를, 세라피스 신전과 분관인 세라피움은 이집트인과 그리스인의 공존 공생을 도모하기 위한 '영성에 의한 통치'를 대표한다. 이들은 3세기간 헬레니즘 문화를 잉태한 동인으로 작용했다. 수도 알렉산드리아는 정치와 문화의 중심지였고, 이를 지원하는 부루치움은 지식과 학문의 전당이었다.[18] 지금도 알렉산드리아 도서관은 기원전 고대 문명사, 지식문화사, 기록 매체사, 도서관사 등에서 가장 주목받는 도서관이다. 그러나 알렉산드리아 도서관에는 역사와 전설이 혼재하고 있어[19] 고증과 검증이 계속되어야 한다.

페르가몬 도서관

기원전 323년 알렉산드로스 대왕이 급사한 뒤 후계자 중 한 명이던 셀레우코스 1세는 바빌론 총독으로 임명되었다. 그는 기원전 305년 시리아(아나톨리아* 중부), 레반트,** 메소포타미아, 페르시아, 투르크메니스탄, 파미르, 인더스 계곡을 아우르는 셀레우코스 제국을 건설했다. 또 다른 후계자 리시마코스는 기원전 306년 소아시아, 마

• 현재 터키 영토인 아나톨리아는 기원전 소아시아를 말한다. 북쪽에 흑해, 북동쪽에 코카서스, 남동쪽에 이란 고원, 남쪽에 지중해, 서쪽에 에게해가 있는 지리적 요충지여서 수많은 교류와 충돌이 있었으며 무수한 문명의 터전이었다. 아카드, 아시리아, 히타이트, 아르메니아, 로마, 셀주크 튀르크, 오스만 제국이 아나톨리아에 존재했던 주요 왕국이다.

•• 고대 가나안 지역인 팔레스타인, 시리아, 요르단, 레바논 등 북쪽 타우루스산맥, 서쪽 지중해, 남쪽 아라비아 사막, 동쪽 북서 이라크까지의 문화적·역사적 지역을 지칭한다.

케도니아 등을 지배했으나 기원전 281년 셀레우코스 1세와의 코로페디온 전투에서 전사했다.

셀레우코스 제국은 전리품으로 획득한 리시마코스 왕조의 자치권을 필레타이로스(재위 기원전 282~263년)*에게 부여했고, 필레타이로스는 페르가몬 왕조(아탈로스 왕국)를 건설했다. 따라서 페르가몬 왕조는 셀레우코스 제국에서 파생된 왕조다. 필레타이로스는 페르가몬(현 터키의 베르가마)을 수도로 정하고 조카 에우메네스 1세(재위 기원전 263~241년)에게 왕위를 이양했다. 이렇게 시작된 페르가몬 왕조는 기원전 133년 로마 제국에 흡수될 때까지 아나톨리아반도 서부의 미시아에 존재했던 헬레니즘 왕조로, 마케도니아 중심의 그리스를 원류로 하며 전성기를 구가한 아테네와 파르테논의 그리스 문명 및 문화를 계승했다. 페르가몬은 179년간(기원전 5~4세기) 최전성기에 있던 아테네 문명 위에서 기원전 3세기에 부활한 에게해 예술, 문학, 문화, 의학의 중심지였다.

이러한 역사적 배경과 문화적 자산을 기반으로 하는 고대 유적은 해발 355미터 암산의 경사지에 성채 도시로 조성된 페르가몬 아크로폴리스에 밀집되어 있다(이곳은 2014년 세계문화유산으로 등재되었다). 아테네 신전과 로마 제국의 제13대 황제 트라야누스 신전, 제우스에게 봉헌하는 초대형 제단, 극장과 체육관, 기둥으로 지탱하는 지붕, 현관 주랑柱廊, stoa과 직사각형 열주랑, 약 800년간(기원전 4세기~기원후 4세기) 운영된 종합의료시설로서 의술의 아버지 히포크라테스와

• 필레타이로스는 어린 시절 군중에 밟혀 고환이 파열된 환관이었다.

그림 1-6 페르가몬 아크로폴리스

로마의 명의 갈레노스를 배출한 아스클레피에이온,* 페르가몬 왕실도
서관, 북서쪽 바위 언덕의 키벨레 지성소(치유의 사원)가 대표적이다.
1878년 독일 정부는 페르가몬 유적 발굴을 추진했는데, 당시 책임자
였던 공학도 출신의 고고학자 후만K. Humann 등은 길이 100미터가 넘
는 페르가몬 대제단을 비롯한 주요 유적을 발굴해 상당수를 베를린
박물관으로 옮겼다.

그중 대규모 성채 내 아테네 신전 위쪽에 있었으나 흔적만 남
은 페르가몬 도서관은 알렉산드리아 도서관과 경쟁하던 '동방의 지

---

* 그리스 신화에 등장하는 치유의 신 아스클레피오스에서 유래했다.

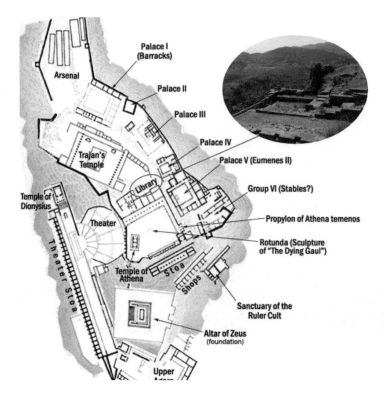

그림 1-7 페르가몬 도서관의 위치와 유적

식 창고'였다. 에우메네스 1세의 둘째 조카이자 양자였던 아탈로스 1세(재위 기원전 241~197년)가 건립하고, 에우메네스 2세(재위 기원전 197~159년)가 대규모 확장과 장서 확충을 추진했다. 그리스 신화에 등장하는 지혜의 여신 아테나*에게 헌정한 신전 내 도서관은 파피루스 두루마리 20만~30만 점을 소장했다. 내부는 로비에 속하는 대

---

* 아테나는 제우스와 메티스의 딸로 그리스 신화에 나오는 지혜, 전쟁, 직물, 요리, 문명 등의 여신이다. 로마 신화의 미네르바와 동일시된다.

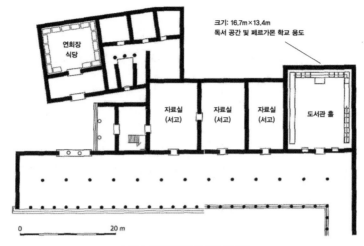

크기: 16.7m×13.4m
독서 공간 및 페르가몬 학교 용도

연회장
식당

자료실
(서고)

자료실
(서고)

자료실
(서고)

도서관 홀

0   20 m

그림 1-8 페르가몬 도서관 배치도

형 홀 겸 독서실(16.7×13.4미터), 자료 공간(13.4×7~10미터) 세 곳, 식당을 겸하는 연회장, 기타 연회 및 학술회의실 네 곳으로 이루어 졌다고 추정된다.[20] 도서관은 모든 텍스트를 완벽하게 수집하는 데 주력했기 때문에 여러 인접국에서 당대 최고의 헬레니즘 도서관으로 인정받았다. 그뿐 아니라 페르가몬 왕국은 고대 그리스의 유명한 문헌학자로 알렉산드리아 도서관장이던 아리스토파네스Aristophanes of Byzantium(기원전 257~180년)를 초빙하려는 계획도 수립했다. 이러한 정보를 입수한 프톨레마이오스 5세(재위 기원전 204~180년)는 아리스토파네스를 투옥하고[21] 페르가몬 도서관의 발전을 경계할 의도로 파피루스 수출을 금지하기도 했다. 이에 페르가몬이 대안으로 개발한 매체가 양피지다. 두루마리형 파피루스와 달리 양피지는 책자 형태로도 생산되었기 때문에 현대 제본도서의 원형이라 할 수 있다.

기원전 44년 로마에서 카이사르가 암살되고 내전이 종료되자 안토니우스가 지배자로 군림했는데, 이집트 최후의 여제 클레오파트라와 '세기의 사랑'을 시작한 안토니우스는 기원전 43년 결혼 기념 선물로 페르가몬 도서관 장서 20만 권을 넘겨주었다. 이를 계기로 쇠퇴 일로를 거듭하던 페르가몬 도서관은 로마 속주하에서도 방치되었다.

과연 페르가몬 도서관은 알렉산드리아 도서관과 경쟁할 정도였을까? 안토니우스가 클레오파트라에게 장서 20만 권을 선물했다는 이야기는 사실일까? 페르가몬 도서관이 역사에서 사라진 이유는 무엇일까? 도서관 장서 목록이나 색인이 존재하지 않아 규모나 범위를 실증하기는 어렵다. 그래서 여전히 전설에 머물고 있을 따름이다.

3
고대 그리스·로마의 도서관

고대 그리스의 도서관

언제부터 언제까지가 고대 그리스인지는 여전히 논란거리다. 그러나 대개 고대 그리스는 기원전 1100년에서 기원전 146년까지, 로마 시대의 그리스는 기원전 146년 로마군이 그리스를 정복한 이래로 콘스탄티누스 1세(재위 306~337년)가 330년 비잔티움(현 터키 이스탄불)을 새로운 제국 수도로 삼은 시점까지를 지칭한다. 다만 로마가 그리스를 지배했음에도 그리스 도시국가의 전통적 자치를 인정했고, 아고라•도 문명과 정치의 중심지로 존속되었다.

• 고대 그리스의 도시국가(폴리스)에 있었던 회의 장소와 시민들이 자유롭게 토론을 벌이던 장소를 말한다. 아테네 중앙 북서부에 위치한 아테네 아고라는 다양한 공공시설이 배치된 광장, 시장이 주변에 있었으며 이곳에서 시민들이 활발하게 소통하고 교류했다. 고대 그리스의 정치 조직인 에클레시아(민회)도 프닉스로 이전하기 전까지 여기에서 개최되었고, 소크라테스는 아고라 광장에서 종종 문답을 했다. 스토아학파는 아고라 북쪽 면의 채색주랑Stoa Poikile을 거점으로 한 데서 유래한 이름이다.

고대 그리스의 아테네는 수도이자 최대 도시였다. 철학의 태두 소크라테스를 비롯해 플라톤, 아리스토텔레스, 페리클레스, 비극 시인 소포클레스 등 대가들을 배출했으며, 기원전 5~4세기 학문적·문화적·정치적 업적은 당시 유럽 전체에 지대한 영향을 미쳤다. 그래서 아테네는 서구 문명의 요람이자 민주주의의 고향으로 인정받는다. 고대 그리스의 유산 중에는 여신 아테나에게 봉헌한 아크로폴리스의 파르테논 신전이 대표적이다. 또한 고대 올림픽 발상지인 올림피아를 비롯한 체육관Gymnasium이 그리스 각지에 건설되었는데, 신체 단련 시설과 도서관도 부설되었다.

기원전 6~5세기경에는 개인도서관도 등장했다. 시초는 아테네의 참주僭主였던 페이시스트라토스(기원전 600~527년)다. 그는 많은 자료를 수집·보존하다가 아테네에 기부했다. 이어 기원전 4세기 플라톤이 세운 학당인 아카데메이아와 아리스토텔레스의 리케이온에도 각각 부속 도서관이 존재했다. 그러나 아테네 아고라 내에 설립된 사례로는 판타이누스 도서관과 하드리아누스 도서관이 대표적이다.

먼저 판타이누스 도서관은 100년경 아테네 아고라 남동쪽 모퉁이에 건립되었다. 당시 부유한 집안의 철학자 판타이누스가 행정 책임자ἐπώνυμος ἄρχων*로 봉사했는데, 그 이름이 흔하지 않았기 때문에 도서관 건립자와 동일인으로 추정된다. 그는 아테네 시민이었거나 시민이 되었고, 가족도 로마 시민권을 소지했다.[22] 도서관에 관한 정보는

---

* 고대 그리스의 여러 도시국가에서 수석 재판관을 지칭하는 용어다. 아르콘ἄρχων은 지배자, 군주를 의미하는데, 특정 고위 공직명으로 자주 사용되었다.

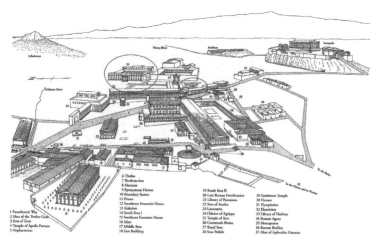

1 Panathenaic Way
2 Altar of the Twelve Gods
3 Stoa of Zeus
4 Temple of Apollo Patroos
5 Hephaestion
6 Tholos
7 Bouleuterion
8 Metroon
9 Eponymous Heroes
10 Boundary Stones
11 Prison
12 Southwest Fountain House
13 Aiakeion
14 South Stoa I
15 Southeast Fountain House
16 Mint
17 Middle Stoa
18 East Building
19 South Stoa II
20 Late Roman Fortification
21 Library of Pantainos
22 Stoa of Attalos
23 Lawcourts
24 Odeion of Agrippa
25 Temple of Ares
26 Crossroads Shrine
27 Royal Stoa
28 Stoa Poikile
29 Southwest Temple
30 Houses
31 Nymphaion
32 Eleusinion
33 Library of Hadrian
34 Roman Agora
35 Monogramma
36 Roman Basilica
37 Altar of Aphrodite Ourania

그림 1-9 그리스 아테네 아고라 내 도서관

문틀에 새겨져 있다. 판타이누스의 아들 플라비우스 메난드로스와 딸 플라비아 세쿤딜이 건물, 극장porticos, 파피루스를 로마 제국의 제13대 황제 트라야누스, 지혜의 여신 아테나, 시민의 이름으로 아테네에 기증했다. 판타이누스 도서관 건물의 평면도를 보면 독특할 뿐만 아니라 트라야누스 포럼(공회장)을 비롯한 다른 로마 도서관과 조금 달랐다. 세 개의 스토아stoa•로 둘러싼 대규모 정방형 방과 포장된 안뜰로 구성되었는데, 중심부 두 개 공간(20×13.5미터)에 조성된 대형 야외 뜰과 동쪽 넓은 사각 공간 바닥에는 대리석을 깔았다. 건물 입구는 상인방上引枋, lintel••이 발견된 지점 바로 아래에 있었다. 1971년 발굴된 건물 동서면 길이는 35미터인 반면에 정방형 주실(15×15미터)

• 고대 그리스 공공 건축에 사용된 건축 요소다. 건물 전방은 기둥으로, 후방은 벽으로 둘러싼 지붕이 있는 통로 또는 현관을 의미한다.

•• 건물의 입구, 창, 문설주 등의 상단에 댄 가로대를 말한다.

그림 1-10 판타이누스 도서관 평면도 및 규정 비문

은 안뜰 동쪽 면과 접해 있으며 벽면은 바닥과 동일하게 대리석으로 마감했다. 발굴된 비문에는 "우리는 서약했기에 어떤 책도 외부로 가지고 나갈 수 없다. 도서관은 여섯 시간 개관한다"라는 규정이 기술되어 있다. 판타이누스 도서관은 267년 스칸디나비아에서 발칸반도로 이주한 동게르만족 일파인 헤룰리족의 침입으로 파괴되었다. 그 외에는 알려진 바가 없다.

다음으로 하드리아누스 도서관은 로마 제국 제14대 황제 하드리아누스(재위 117~138년)가 132년 건립하여 아테네에 기증했다. 하드리아누스 황제는 문학과 과학에서 고대 아테네의 명성에 걸맞은 학문 연구소를 만들고자 도서관을 건립했다.[23] 아고라와 아크로폴리스 사이의 아테네 심장부에 자리한 하드리아누스 도서관은 약 1만 제곱미터의 대지 위에 지은 122×82미터 크기의 대형 건물이었다. 중정中庭은 총 100개의 기둥으로 둘러싸인 직사각형 열주랑 구조다. 서쪽 입구 중 하나는 고대 그리스 건축 양식인 코린트식 원주가 도열한 프로

그림 1-11 하드리아누스 도서관 유적

필라이아다.* 부지 동쪽 건물에는 파피루스 두루마리를 보존하는 도
서관이 있었고, 동쪽 건물과 서쪽 문 사이의 공간에는 원기둥이 늘어
선 회랑에 반원형 저수조(연못)가 있는 정원과 산책로가 있었다. 3층
으로 이뤄진 직사각형(26×14미터) 공간의 2층 동쪽 중앙에는 자료실
이, 양 측면에는 열람실 두 곳이, 그 옆에는 곡선형 좌석을 배치한 강
당 두 곳이 있었다.

하드리아누스 도서관은 267년 헤룰리족이 판타이누스 도서관을
파괴할 때 함께 파괴되었으며, 407~412년 속주의 지사가 복구했
다. 5세기에는 뜰 안에 아치형 입구의 기독교회가 세워졌고, 7세기
에는 회랑식 성당이 그 자리를 대신했다.[24] 고고학자들은 하드리아누
스 도서관이 로마 황제들이 건설한 여러 포럼 중 하나인 평화의 신

• 고대 그리스의 3대 건축 양식은 도리아식, 이오니아식, 코린트식인데, 도리아식은 장중하고 이
  오니아식은 우아하고 아름다우며 코린트식은 화려하다. 프로필라이아는 '문 앞'을 뜻하는 그리스
  어로, 문이 되는 건물, 문지기 건물, 관문이라 할 수 있다.

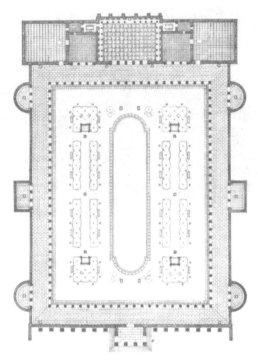

그림 1-12 하드리아누스 도서관 평면도

전Templum Pacis의 건축 양식을 벤치마킹했으며 아테네 시민에게 도시
관을 비롯해 정원, 예술 작품, 강의실을 갖춘 새로운 다목적 공공 광
장 및 문화센터를 제공했다고 본다.

 이 외에 고대 그리스에서는 체육관 안에 도서관을 건립한 사례도
많다. 의학의 아버지 히포크라테스의 고향인 그리스 코스섬에 건립
한 코스 도서관, 아테네 도심의 프톨레마이온 도서관, 그리스 본토
와 키프로스섬 사이의 로도스섬에 있었던 로도스 도서관이 대표적이
다.[25] 체육관은 청년의 운동과 군사훈련뿐만 아니라 교육을 위한 시
설로도 사용되었기에 도서관을 부설했다.

고대 로마의 도서관

고대 로마는 전쟁의 신 마르스의 아들인 영웅 로물루스가 기원전 753년 로마를 건국한 시점부터의 왕정기(기원전 753~508년), 왕정제 폐지 후의 공화정기(기원전 508~27년), 아우구스투스가 로마 제국 초대 황제로 등극해 서로마 제국이 멸망할 때까지의 제정기(기원전 27년~기원후 476년)를 말한다. 로마 제국은 395년 동서로 분할된 뒤 476년 서로마 제국이 멸망하고, 동로마(비잔틴) 제국의 역사는 15세기 중반까지 계속되었다.

고대 로마에서 도서관의 역사는 공화정 후기에 활발하게 추진한 대외 원정의 전리품과 개인문고에서 기원한다. 집정관을 지낸 루키우스 아이밀리우스 파울루스 마케도니쿠스(기원전 229~160년), 법무관 출신의 루키우스 코르넬리우스 술라(기원전 138~78년), 유능한 군인이었던 루키우스 리키니우스 루쿨루스(기원전 118~56년) 등 전쟁 영웅들은 전리품을 기초로 사설문고를 설치했다. 특히 파울루스는 마케도니아와의 제3차 전쟁에서 승리한 뒤 왕립도서관을 탈취하여 로마에 개인문고를 만들었고, 기원전 2세기경 스키피오 가문*도 사설도서관을 설립했다. 기원전 85년에는 아테네를 장악하던 술라 장군이 반란 혐의로 추방될 때 고대 그리스 철학자 아리스토텔레스와 테오프라스토스(기원전 371~287년)의 장서 등을 구비한 아펠리콘 도서관**을 전리품

• 고대 로마를 대표하던 명문가. 로마 공화정 중기인 기원전 264~146년, 카르타고(현 튀니지 일대의 페니키아인 계열 고대 도시국가)와 벌인 세 차례 포에니 전쟁에서 많은 인재를 배출하고 공을 세웠다.
•• 고대 그리스의 도시 테오스 출신으로 아테네 시민이 된 부유한 애서가 아펠리콘이 아리스토텔레스와 후계자 테오프라스토스의 후손으로부터 고가로 구입한 책을 중심으로 만든 도서관이다.

으로 가져가 개인도서관을 만들고 시민에게 공개했다. 그러나 대다수 사설문고는 그리스 문학이 많긴 했지만 도서관으로 보기 어려울 정도로 장서가 적었다.

고대 로마 말기에는 왕실 주도의 공공도서관이 등장했다. 최초 집정관이던 카이사르는 도서 수집가 마르쿠스 테렌티우스 바로(기원전 116~27년)를 관장으로 위촉하는 등 알렉산드리아나 페르가몬과 같은 대도서관 건립을 구상했지만 암살로 실현하지 못했다.[26] 카이사르의 유지를 실천한 인물은 친구이자 부하 장군이던 가이우스 아시니우스 폴리오(기원전 75년~기원후 5년)였다. 그는 기원전 39년 아벤티누스 언덕에 로마 최초 공공도서관인 자유신전Atrium Libertatis을 건립했다.[27] 그리스어와 라틴어 서적을 수집하고, 술라가 그리스에서 가져온 아리스토텔레스 문고도 장서에 추가했다.

로마 제국의 초대 황제 아우구스투스는 많은 문화시설과 함께 공공도서관 두 곳을 건립했다. 하나는 수호신 아폴로에게 봉헌할 목적으로 기원전 36년 팔라티노 언덕에 건립하기 시작해 기원전 28년 헌납한 아폴로 신전으로, 제2대 황제 티베리우스(재위 14~37년)와 제3대 황제 칼리굴라(재위 37~41년)가 확충했다. 이 신전 오른쪽에 건립한 공공도서관이 바로 비블리오테카 아폴리니스Bibliotheca Apollinis 또는 비블리오테카 팔라티나Bibliotheca Palatina다. 그리스어와 라틴어 두 개의 자료실로 분리된 도서관은 마세르P. Macer가 최초의 사서로 근무했고, 저명한 문법학자 가이우스 율리우스 히기누스도 역량을 발휘했다. 196년에 발생한 화재로 훼손되었으나 4세기까지 로마의 주요 도서관으로 존속했다.

다른 하나는 기원전 33년 마르티스 평원(현 나보나 광장 근처)의 고대 건축물 옥타비아 회랑Porticus Octaviae 내에 건립한 옥타비아 도서관이다. 기원전 23년에 숨진, 아우구스투스의 여동생 옥타비아의 아들 마르셀루스를 기리기 위해 옥타비아의 요청으로 건립되었다. 최초 사서는 멜리수스C. Melissus였다. 그리스어와 라틴어로 구분한 자료실 규모는 각각 18.3×13.7미터에 달했으며 대중에게 개방했다. 80년 대형 화재로 훼손되었지만 2세기까지 존재했던 것으로 추정된다.[28]

이후에도 로마 황제들의 도서관 건립은 계속되었다. 로마 5현제* 중 한 명인 제13대 황제 트라야누스(재위 98~117년)는 112년 로마 중심부에 자리한 광장, 시장, 신전 등의 다목적 단지인 트라야누스 포럼 내에 울피아 도서관Bibliotheca Ulpia을 건립했다. 다른 포럼 내의 도서관과 마찬가지로 두 개 건물로 이뤄졌으며, 중앙에 트라야누스 원주를 배치하고 동관에는 라틴어 자료를, 서관에는 그리스어 자료를 보존했다. 당시 최대 규모였을 뿐만 아니라 로마가 멸망한 5세기 중엽까지 300년간 유일하게 존속한 학자들을 위한 공공도서관이었다.[29]

이어 114~117년에는 가이우스 율리우스 아퀼라가 아나톨리아 에페수스(현 터키 셀추크)에 켈수스 도서관을 건립했다. 아퀼라는 로마의 아시아주 총독으로 부임했다가 죽은 애서가 켈수스 폴레마에아누스의 아들이다. 도서관 건립 목적은 아버지를 기념하는 무덤으로 사

• 통치 기간에 제위의 합리적 양도, 정치적 안정, 경제적 번영, 문화적 융성과 평화가 지속된 시대의 황제 5인으로 네르바(재위 96~98년), 트라야누스(재위 98~117년), 하드리아누스(재위 117~138년), 안토니누스 피우스(재위 138~161년), 마르쿠스 아우렐리우스(재위 161~180년)를 지칭한다.

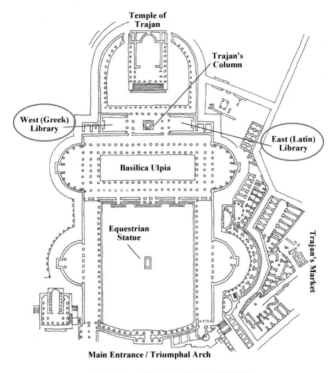

그림 1-13 트라야누스 포럼 내 도서관 위치

용하는 동시에 1만여 점의 파피루스 자료를 보존하기 위해서였나. 켈수스 도서관은 당시 알렉산드리아, 페르가몬에 이어 세 번째로 규모가 컸을 뿐만 아니라 로마 제국에서 가장 인상적인 건축물 중 하나였다.[30] 2층 규모의 도서관 1층 입구 기둥 사이에는 켈수스의 덕목인 지혜, 지식, 지성, 용기를 상징하는 네 여인의 석상이 있었으나 오스트리아의 빈 미술사 박물관으로 이관되고 현재는 모형이 서 있다. 정면 입구 지하에는 켈수스의 무덤을 두고, 각 층에 코린트 양식의 기둥을 여덟 개씩 세웠다. 내부는 이중벽을 설치하고 외벽과 서고 사이에 91센티미터의 간격을 두어 습기를 방지했고, 파피루스 약 1만

그림 1-14 켈수스 도서관 유적

2,000점을 소장했다. 건축 양식과 공간 배치의 아름다움 때문에 에페수스의 백미로 평가되었으나 262년 고트족의 침입과 지진, 10세기경의 지진으로 파괴되었다. 1903~1904년 오스트리아 고고학연구소가 잔해 더미에서 켈수스 도서관을 발굴하여 유물을 오스트리아로 옮겼다. 2015년 켈수스 도서관을 비롯한 에페수스는 세계문화유산으로 등재되었다.

324년 로마 제국의 단독 황제로 등극한 콘스탄티누스 1세*는 330년 고대 식민지 수도였던 비잔티움을 콘스탄티노폴리스로 개명하고 수도로 삼았다. 콘스탄티누스 1세는 파피루스 두루마리에 기록된 초기 자료의 열화 현상을 목격하고 양피지 사본을 제작하도록 명령하는 한편 칙령을 통하여 제국도서관 설립을 추진했다. 루키아누

• 콘스탄티누스 1세는 훗날 서로마 제국의 황제로 등극하는 로마 장군 콘스탄티우스 클로루스(재위 305~306년)와 그리스인 헬레나 사이에서 272년 태어났다. 312년 서로마 제국 황제가 되었고, 324년에는 로마 제국 통합 황제로 등극했다.

그림 1-15 고대 로마 콘스탄티노폴리스 제국도서관 복원도

스Lucianus를 관장에 임명하고 제국도서관 건립, 황제를 위한 독서 자료 추천과 자문 등을 맡겼다. 당시 로마에는 공공도서관 30개, 콘스탄티노폴리스 대학도서관* 외에 수도원 도서관과 개인도서관도 있었다.[31]

왕위를 계승한 콘스탄티우스 2세(재위 337~361년)는 궁전 내에 부왕이 추진하던 콘스탄티노폴리스 제국도서관을 완공했는데, 장서는 약 7,000점에 달했다. 그는 테메스티오스를 관장으로 임명하고 필사생 일곱 명(그리스어 네 명, 라틴어 세 명)과 사서를 고용했다. 그 결과, 추정치이기는 하지만 제국도서관의 사본은 10만~12만 점으로 증가했다. 이집트 알렉산드리아 도서관을 비롯한 고대 도서관들이 사라

• 동로마 제국의 황제 테오도시우스 2세(재위 408~450년)가 425년 설립한 콘스탄티노폴리스 대학 부속 도서관을 말한다.

진 이래로 콘스탄티노폴리스 제국도서관은 고대 그리스 및 로마인의 지식 정보를 보존하는 중심으로 부상했다.[32] 그러나 473년 대화재로 대다수 장서가 소실되었다. 건물을 재건하고 자료를 수집했으나 726년 화재로 다시 소실되었고, 1204년 제4차 십자군 원정으로 훼손되었으며, 1453년 5월 29일 오스만 제국의 메흐메트 2세(재위 1451~1481년)에 의해 완전히 파괴되었다.[33] 도서관이 책의 집성체 또는 독서 공간을 의미한다면, 전자인 '비잔틴 사본'은 터키의 여러 도서관(술레이마니예 도서관, 터키 국립문서보관소, 톱카프 궁전박물관 도서관) 서고에서 부활한 반면 후자인 건물과 공간은 사멸되었다. 오늘날 접근 가능한 그리스 고전 대부분이 콘스탄티노폴리스 제국도서관에서 기원한 비잔틴 사본이라는 점을 기억할 필요가 있다.

마지막으로 로마 제국에는 매우 이색적인 도서관이 존재했다. 목욕탕(테르마이) 부대시설로 조성한 공공도서관이다. 제정 말기에는 제국목욕탕이 11개, 공중목욕탕이 900여 개에 달했다. 제20대 황제 셉티미우스 세베루스(재위 193~211년)가 말년에 짓기 시작해 황제 자리를 물려받은 그의 아들 카라칼라(재위 211~217년)가 216년에 완공한 로마 도심 남단의 카라칼라 목욕탕이 대표적이다. 부지는 전체 면적이 20만 제곱미터를 웃돌며, 욕탕 규모도 길이 225, 폭 185, 높이 38.5미터에 달했다. 내부에는 냉탕, 온탕, 열탕을 비롯해 욕조가 2,000개 넘게 설치되어 약 1,600명이 동시에 목욕할 수 있었다.* 어

---

* 로마 제국의 공중목욕탕 중에서 가장 화려하고 규모가 큰 곳은 280년 건설한 디오클레티아누스 목욕탕이다. 3,000개가 넘는 욕실에 6,000명을 수용할 수 있었으며 바닥은 모자이크, 벽면은 이집트 대리석으로 마감했다.

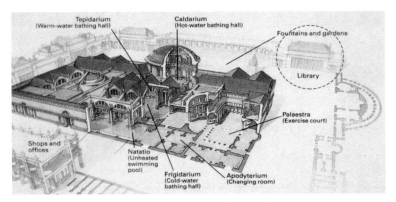

그림 1-16 카라칼라 목욕탕 공공도서관

린이는 무료이고 성인은 당시 화폐 단위로 최소 가격(남자 0.5아시스,
여자 1아시스)에 이용할 수 있었으며 신분에 제한이 없었다. 개방 시
간은 해가 뜰 때부터 오후 2시까지였다.

  목욕탕 문화의 배경에는 자연과 사회에 대한 합리적 탐구 정신, 목
욕을 선호하는 시민 문화가 있었다. 또한 목욕탕과 연계한 커뮤니티
활동과 사교 무대를 제공하는 사회복지 정책의 일환이기도 했다. 인
더스 문명의 모헨조다로 대욕장과 달리 카라칼라 목욕탕에는 도서
관, 수영장, 체육관, 마사지실, 상점, 정원, 산책로, 분수대 등의 부
대시설이 있었다. 한마디로 시민의 여가 생활을 지원하는 현대판 종
합레저시설이었다. 그중 도서관은 대개 같은 규모의 두 공간으로 나
누어 각각 그리스어 자료와 라틴어 자료를 소장하고 대중에게 개방
했다. 목욕탕 이용객은 도서관을 무료로 이용할 수 있었으며, 목욕탕
안에서 독서를 하거나 지식을 습득하고 지적 대화를 나누며 관심사
를 토론했다.

  요컨대 로마 제국 시대에는 역대 황제들이 도심에 설립한 제국도

서관, 신전도서관, 대학자 및 명문 집안의 개인도서관, 공공도서관이 혼재했다. 약 500년간 지속된 로마 제국의 전성기에는 공공도서관이 28~29개관에 달했다.[34] 로마 제국의 도서관을 다른 고대 문명사회와 비교해보면 몇 가지 특징이 보인다.

첫째, 위치가 황실, 신전, 학당, 목욕탕 등으로 다양하다. 둘째, 내부 구조는 자료실, 열람실, 강당 등으로 구성되었고, 자료실은 대개 그리스어와 라틴어로 양분하는 것이 관행이었다.[35] 셋째, 장서는 지역의 문화 전통과 집합적 기억의 보물로 여겨졌다.[36] 넷째, 대중의 접근이 용이한 공중목욕탕 등에 개방형으로 건립하여 고대 오리엔트 시대보다 진일보했다. 다섯째, 관장이나 사서에게 높은 전문직 지위가 부여되었고 원전 필사생, 외국 문학 번역가 등도 근무했다. 그러나 대다수 도서관이 화재와 지진, 전쟁 등으로 파괴되었고, 제국의 몰락과 함께 사라졌다.

4
고대 동아시아의 도서관

고대 문명과 서방 세계에 도서관이 출현하여 흥망성쇠를 거듭할 때 동아시아를 대표하는 세 나라 중국, 일본, 한국에도 도서관이 존재했을까? 도서관이 있었다면 그 형태와 특징은 어떠했을까?

고대 중국의 도서관

고대 중국은 신화와 전설 속 왕조를 배제하면 은허로 천도한 상대商代(기원전 1600~1046년) 때부터 역사가 시작되었다. 상왕조 때 귀갑龜甲과 수골獸骨에 기록한 갑골문이 등장해 점괘와 대사건을 기록하는 용도로 사용되었다. 또 역사가와 관리는 왕조의 법령 자료, 제국 역사, 행정 문서, 주요 사건과 자연 현상 등을 기록하고 향후에 검증하거나 참고했다. 따라서 일정 규모의 수장 공간이 존재했던 것으로 짐작된다. 주대周代(기원전 1050~256년)에는 맹부盟府, 고부故府 등 장서처

藏書處를 두었으며, 업무 담당자를 사史로 통칭했다. 『사기史記』는 도가를 창시한 노자를 서고 관리자로 기록하고 있는데, 그렇다면 그가 중국 최초의 도서관장이라고 할 수 있다.

이어 중국을 통일한 진시황(재위 기원전 246~210년)이 승상부丞相府의 문헌 수집을 강화함에 따라 관부 장서는 크게 발전한 반면, 왕권을 강화할 의도로 개인 장서는 금지했다. 관부 장서의 역사는 한고조 유방(재위 기원전 202~195년)에 의해 시작되었다. 그는 궁중에 중국 최초 도서관인 장서처를 두고 전적 수집과 고전 복각 및 정리를 추진했다. 전한 경제(재위 기원전 157~141년) 때 금서령이 해제되자 학자들은 개인 장서처를 만들기 시작했고, 일부는 4,000여 권을 소장하기도 했다. 전한 무제(재위 기원전 141~87년)는 장서 확충을 추진하여 궁정 장서가 크게 늘었다. 이어 전한 말기 성제(재위 기원전 33~7년)는 유향劉向에게 분서갱유로 흩어진 문헌을 수집해 천록각天祿閣에 보존하도록 명했다. 그 결과로 작성된 것이 『별록別錄』이며, 이어서 아들 유흠劉歆이 완성한 중국 최초 제요목록提要目錄이 『칠략七略』이다.[37]

후한 환제(재위 146~168년) 때는 비서감秘書監, 당대(618~907년)는 비서성秘書省, 홍문관弘文館, 집현전서원集賢殿書院, 숭문관崇文館, 송대(960~1129년)는 비서성 등,˙ 원대(1277~1367년)는 비서감, 명대(1368~1644년)는 문연각文淵閣과 홍문관, 최후 왕조인 청대(1636~1911년)는 문연각에서 국가 장서를 수집·관장했다. 특히 건륭제는 1741년 전국 문헌을 수

˙ 그 외에 용도각龍圖閣, 천장각天章閣, 보문각寶文閣, 현모각顯謨閣, 보장각寶章閣, 현문각顯文閣, 비각秘閣 등에도 도서를 수장했다.

집하도록 명했는데, 1772년에 설치한 사고전서관四庫全書館에서 편찬한 『사고전서총목四庫全書總目』(1만 160종 17만 2,000여 권)은 중국 도서목록과 도서관 사업을 집대성한 전무후무한 업적이다.

한편 문중, 부호, 학자를 중심으로 이른바 장서루藏書樓*라고 통칭하는 개인문고도 많이 설립되었다. 북송의 누욱樓郁, 진밀陳謐, 풍직豐稷과 남송의 남루북사南樓北史, 원대의 호삼성胡三省과 원각袁桷이 대표적이다. 명대에도 계속되어 천일각만권루첨곤당天一閣萬卷樓瞻袞堂, 서원사향거남헌西園四香居南軒 등 유명한 장서각이 출현했고, 청대에도 황종의黃宗義의 속초당續鈔堂, 정양鄭梁의 이노각二老閣, 풍운호馮云濠의 취경각醉經閣, 만사동萬斯同의 한송재寒松齋, 전조망全祖望의 쌍구산방雙韭山房, 호지盧址의 포경루抱經樓, 서시동徐時棟의 연서루煙嶼樓, 진려陳勵의 운벽재運甓齋, 채홍감蔡鴻鑑의 묵해루墨海樓, 곽전박郭傳璞의 금아산관金峨山館, 동패董沛의 육일산방六一山房 등으로 이어졌다.[38]

현존하는 가장 오래된 장서루는 저장성 닝보시寧波市 월호月湖 서남쪽에 있는 천일각天一閣이다. 저장성 은현鄞縣 출신의 범흠范欽(1506~1585년)**이 1561~1566년에 건립한 것으로 1982년 중국의 '전국중점문물보호단위'로 지정되었다. 천일각에는 역대 과거科擧 기록과 관련된 자료가 가장 많은데, 특히 명대 과거 기록의 80%를 소장하고 있으며 만

• 일반적으로 '루樓'는 누각을 의미하지만, 장서루는 고대 중국의 모든 관방官方과 사가私家에서 문헌을 수장한 공간과 장소를 말한다.

•• 자는 요경堯卿 또는 안경安卿이며 호는 동명東明이다. 1532년(가정 11년) 진사에 급제하여 호광 수주의 지주知州를 지냈고, 후에 서강 원주부 지부知府에 이어 1560년(가정 39년)에는 병부우시랑兵部右侍郎이 되었으나 그해 사직하고 낙향했다.

그림 1-17 천일각

력^{萬曆} 11년 이전의 명대 등과록^{登科錄}은 거의 완전하게 갖추고 있다. 총 370여 종 가운데 90% 이상이 고본^{孤本}이다.[39] 범흠은 과거 장서가들이 이용에 방점을 두고 자료를 수집했던 것과 달리, 장서 문화의 양면인 소장과 이용을 모두 중시했다. 그는 벌레, 습기, 화재, 유실 등을 막기 위한 조치를 강화함으로써 소장의 중요성을 실천했으며, "장서는 자손들이 대대로 나누어 가지지 못하고, 장서각을 벗어나지 못한다^{代不分書 書不出閣}"와 "물로 화재를 진압하고 불이 장서각으로 들어오지 못하게 한다^{以水制火 火不入閣}"라는 장서 관리 규칙을 세워 개인 소유나 외부 유출, 화재를 사전에 차단했다.[•] 이러한 엄격한 장서 관리는 고

• 규칙을 어긴 자손은 1년 또는 3년간 조상 제사에 참여하지 못하는 규정을 두어 장서가 개인 소유물이 되거나 분산·유실되는 것을 방지했다. 또 장서각을 지을 때 방화로 인한 소실을 막기 위해 주위에 연못을 파고 물을 비축하는 한편, 장서각 주변 빈터에 담장을 쌓아 화재가 발생할 때 불꽃이 튀는 것을 막았다.

유한 장서 문화의 형성과 발전에 크게 기여했다. 그러나 400년이 지난 현재, 장서는 7만여 권에서 1만 3,000권으로 줄었고 공공도서관으로 바뀌었다.[40]

요컨대 고대 중국에서 대다수 왕조는 귀중한 문헌과 공식 기록을 수집·보관하는 장서처(왕실도서관 또는 기록보존소)를 두었다. 또한 명문가나 대학자를 중심으로 장서루(개인문고)도 많이 건립했다. 하지만 대중의 이용은 불허하거나 극히 제한적이었다. 중국은 1896년 일본이 조어한 '도서관'이란 명칭을 1904년 후난 및 후베이 지방 공공도서관에 최초로 도입했고, 1912년 베이징에 경사도서관京師圖書館을 개관한 이래로 국제 사회의 보편적 흐름에 편승하고 있다.

고대 일본의 도서관

고대 일본의 도서관은 나라 시대(710~794년)까지 소급해 올라간다. 가장 오래된 흔적은 대본실貸本屋, 문고文庫, 서부書府, 경장経蔵 등이다. 그러나 그중 대본실은 에도 시대(1603~1868년)*에 성행했다. 대본실은 무로마치 시대(1336~1573년)**의 문학 작품인 오토기조시御伽草子를 비롯해 당시 유행한 우키요조시浮世草子, 요미혼読本, 기뵤시黃表紙 등을 유료 대출한 시설로, 에도 시대에는 600여 개가 존재했다.[41] 대본

● 에도 시대는 정이대장군征夷大将軍에 임명된 도쿠가와 이에야스德川家康가 에도(현 도쿄)에 막부를 수립한 게이초慶長 8년에서 메이지 정부군에 정권이 양도된 게이오慶応 4년(메이지 원년)까지 265년간을 지칭한다. 이 시기를 에도 막부江戸幕府 또는 도쿠가와 막부德川幕府라고도 한다.

●● 무로마치 막부室町幕府가 일본을 통치하던 시기로, 아시카가 다카우지足利尊氏가 교토에 막부를 세운 1336년에서 1573년까지를 말한다. 아시카가 가문이 중앙 권력을 장악했기 때문에 아시카가 시대라고도 한다.

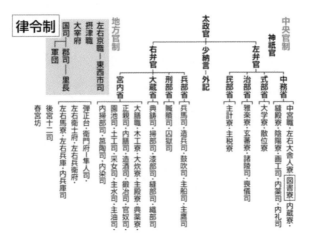

그림 1-18 고대 일본 율령제하의 도서료

실 이상의 도서관 기능을 수행한 근대 이전 시설로는 도서료図書寮, 운테이芸亭, 가나자와문고金沢文庫가 유명하다.

도서료는 701년 반포된 「다이호 율령大宝律令」에 근거한 율령제*하에서 설립된 나카쓰카사쇼中務省 소속 국가 기관으로 자료 수집과 보존, 국사 편찬 등을 담당했다. 도서료 제1직장은 국가 장서를 관리하는 오늘날 국립도서관에 해당하며, 제2직장인 가미야인紙屋院은 종이 제조를 담당하는 부속 기관이었다.

운테이는 나라 말기 유력한 귀족 가문의 문인이던 이소노카미 야카쓰구石上宅嗣가 헤이조쿄平城京에 설립하여 9세기 초반까지 존속한 일본 최초의 공개 도서관 시설이다. 운테이인芸亭院이라고도 한다.[42]

- 율령제는 형법전인 율律과 비형법전인 령令에 기초한 통치 체제를 말한다. 중앙집권적 군현제, 선거적 관인법에 의한 관료 체제, 양천제良賤制 기반의 신분질서, 토지국유제에 입각한 균전제·조용조·적장제 등을 통한 인민의 직접 지배, 율령제적 징병제 등을 특징으로 한다.

문고의 역사는 711년 완성된 일본 최고의 현존 역사서인 『고사기古事記』 속 진구문고神宮文庫에서 찾을 수 있다. 이후 가장 오래된 개인문고로는 가나자와문고가 대표적이다. 이는 가마쿠라鎌倉 시대(1185~1333년) 중기에 가나자와류 호조씨金沢流北条氏 호조 사다토키北条実時가 가나가와현 요코하마시에 개설한 일본에서 가장 오래된 무가문고武家文庫*다. 에도 시대에도 도서관은 '문고'로 불렸다. 대부분 현재처럼 대중에게 개방하지 않고 일부 특권층만 이용할 수 있었다.

고대 한국의 도서관

한국 고대사의 기원은 여전히 불확실하다. 역사학계는 최초의 국가인 고조선을 청동기 문명을 기반으로 만주 및 한반도에 존재하던 고대 국가로 규정할 뿐 어느 하나 확실한 것이 없다. 문헌상 실존한 국가임은 분명하지만 사료가 적고 추상적이며 유적이나 유물이 발견되지 않기 때문이다. 고조선이 멸망하자 지역별로 각자도생을 모색하며 소국들이 등장했는데, 바로 고구려, 백제, 신라다. 그리고 발해, 고려, 조선으로 이어졌다.

먼저 고구려(기원전 37년~기원후 668년)는 동명성왕(주몽)이 기원전 37년 중국 랴오닝성 졸본**에 건국했다는 것이 정설이다. 이어 유리왕은 기원후 3년 국내성으로, 광개토대왕의 아들인 장수왕은 427년 평양으로 천도했다. 보장왕이 통치하던 645년 당나라 요동도행군대

● 무가武家는 군사를 주무하는 관직을 맡았던 가계를 총칭한다.

●● 현 중국 랴오닝성 번시시本溪市 환런현桓仁縣을 말한다. 『위서魏書』에는 흘승골성紇升骨城으로, 광개토대왕비에는 홀본성忽本城으로 기록되어 있다.

총관遼東道行軍大總管 이적(594~669년)˙이 10만 대군을 이끌고 고구려 세 개 성(개모성, 요동성, 백암성)을 함락하고 평양에 진입해 궁궐과 왕실 도서관인 장문고藏文庫를 불태웠다. 이것이 도서관에 대한 최초의 기록이지만 미스터리에 가깝다. 372년(소수림왕 2년)에 설립된 태학太學은 수도 상류층 자제를 위한 국립 교육기관인 반면 4~5세기에 등장한 경당扃堂은 지방 서민층을 위한 사학으로 독서 공간이자 일종의 도서관이었다. 양대 기관에 도서관이 있었을 것으로 짐작되지만 어떤 기록도 찾을 수 없다.

주몽의 아들 온조가 위례(현 서울 근처) 지역에 건국한 백제(기원전 18년~기원후 660년)에도 고구려처럼 태학이 있었다. 최근 당나라 수도 시안에서 발견된 백제 유민 진법자陳法子의 묘지명을 분석하여 태학이 실존했다는 결과가 발표되었다.˙˙ 따라서 왕실도서관도 부설되었으리라 짐

그림 1-19 진법자 묘지명

• 산둥 성 조주曹州 리호離狐 출신으로 본명은 이세적, 자는 무공懋功이다. 수·당대 공신으로 신라와 함께 고구려를 멸망시킬 때 중책을 맡았다.

•• 묘지명 덮개돌 개석蓋石(가로 44×세로 44×두께 11센티미터)에는 제목인 '대주고진부군묘지명大周故陳府君墓誌銘' 9자가 3행으로, 무덤 주인의 행적을 기록한 지석誌石(가로 44.8×세로 45×두께 8.7~9.6센티미터)에는 594자가 24행으로 기록되어 있다. 제목의 대주大周는 무측천이 당나라 황실을 찬탈해 세운 왕조명이다. 묘지명의 주인공인 진법자는 백제 무왕 16년(615년) 웅진도독부 서쪽에서 태어나 관직에 진출했고 660년 5월 백제가 나당 연합군의 협공을 받자 당나라 군대에 투항한 뒤 여러 관직을 거쳐 690년 2월 사망하고 이듬해 시안에서 장례를 치렀다. 묘지명에 등장하는 증조부 진춘陳春은 본방本邦, 즉 백제 태학에서 정正을 지낸 것으로 기록되어 있다. 「백제에도 국립대학 태학 있었다」,《연합뉴스》 2013. 10. 3

작된다.

신라 시대(기원전 57년~기원후 935년)에는 682년(신문왕 2년)에 예부 禮部 소관으로 국학國學이 설치되었다. 746년 경덕왕이 국학을 태학감 太學監으로 개칭했으나 776년(혜공왕 12년)에 국학으로 환원되었다. 따라서 궁중 도서를 보관하던 왕실문고 내지 왕궁도서관도 있었을 것으로 추측된다. 그러나 745년 경덕왕이 설치한 예관전穢官典 또는 예궁禮宮이 후에 진각성珍閣省으로 바뀌었고, 855년(문성왕 17년) 12월 화재로 소실되었다는 기록[43]에 기대어 그것을 궁중문고로 추론한 것은 치명적 오류다.[44] 진각성은 후삼국 태봉泰封의 궁중 재물을 관장하는 상급 관서였기 때문이다.

고구려가 망한 후 대조영이 건국한 발해(698~926년)에도 문적원文籍院이란 중앙 부처가 있었는데, 궁중의 책과 문서 관리 외에 비문, 묘지, 제문, 외교 문서 등을 담당했다.

고려(918~1392년)는 신라 교육 체제를 계승하되 관학과 사학으로 양분했다. 관학 시설로는 중앙(서경)에 국자감國子監*과 학당을, 지방에 향교를 두었다. 992년(성종 11년)에 설립한 국자감은 관학을 대표하는 최고 교육기관이었고, 1261년(원종 2년) 강도에 설치한 동서학당東西學堂은 중등교육기관이었다. 사학 시설로는 개경에 설치한 십이공도十二公徒**가 고등교육을, 서당이 초등교육을 담당했다. 고려 왕조는 교

• 제16대 예종(재위 1105~1122년)은 국자감을 국학으로 개칭했고, 제25대 충렬왕(재위 1274~1308년)은 1298년 국학을 성균감으로 개칭했다.

•• 문헌공도文憲公徒, 홍문공도弘文公徒, 광헌공도匡憲公徒, 남산도南山徒, 서원도西園徒, 문충공도文忠公徒, 양신공도良慎公徒, 정경공도貞敬公徒, 충평공도忠平公徒, 정헌공도貞憲公徒, 서시랑도徐侍郎徒, 귀산도龜山徒를 말한다.

육기관과 함께 도서관의 전신인 각종 문고를 설치했다. 이들은 교육과 강학, 기록과 편찬, 도서관의 기능을 겸했다. 주체와 성격을 기준으로 문고를 구분하면 다음과 같다.

· 왕실문고: 궁중의 장서처인 비서각秘書閣,* 고려 왕실의 기록관인 궁외 비서성**과 그 문서 및 서적을 보관하던 비각,*** 수문전修文殿(숙종 때 궁중서고였던 문덕전文德殿의 후신), 중광전重光殿, 숙종 이전의 장령전長齡殿(봉원전奉元殿의 전신), 인종 때의 임천각臨川閣, 연영전延英殿(자신전紫宸殿·경덕전景德殿의 후신이자 집현전集賢殿·집현관集賢館·진현관進賢館의 전신) 등[45]

· 관영문고: 990년(성종 9년) 서경에 설립한 학술진흥기관 및 왕실도서관인 수서원修書院, 왕조실록을 보관한 개경의 사관史館(사고史庫 또는 사각史閣) 등

· 교육문고: 국자감 내에서 서적 인쇄 및 보급을 담당한 서적포書籍鋪, 사숙私塾인 최충의 구재九齋**** 등

• 청연각淸讌閣, 보문각寶文閣, 천장각天章閣의 전신으로, 그중 보문각은 고려 예종 11년(1116년) 11월에 설립되어 조선 세조 6년(1460년)까지 고려 시대 도서관 중 가장 오래 존속하면서 국가의 중요한 전적을 보존관리한 국가 중앙도서관이다. 전적의 교감과 경전 강론 및 왕세자와 국왕의 교육도 수행했으므로 고려 시대의 대표적 종합학술센터로 평가할 수 있다. 김동환, 「고려 시대의 도서관 연구: 보문각을 중심으로」, 《서지학연구》 32, 2005, 226쪽

•• 개국 초의 내서성內書省이 성종 때 비서성으로, 1298년(충렬왕 24년)에는 비서감秘書監으로, 1308년에는 전교서典校署로 개칭되었고, 다시 전교시典校寺로 바뀌었다. 전교시는 1356년(공민왕 5년)에 다시 비서감으로 개칭된 후 폐지되었다가 1362년 재설치되었고, 1369년 비서감으로 개편되었다가 1372년 환원되어 고려 말까지 존속했다.

••• 비각과 비서각은 문종 때 모두 비각으로, 숙종 때는 비서각으로 칭했으므로 동일한 기관이다. 배현숙, 「고려 시대의 비서성」, 《도서관학논집》 7, 1980, 81쪽

•••• 1055년(문종 9년) 벼슬을 그만둔 최충崔冲이 후진 양성을 목적으로 설치한 사숙이다. 학

· 사찰문고: 개경 근처 장경도장이던 국찰 홍왕사, 1087년(선종 4년) 완
 성된 초조대장경을 봉안한 대구 부인사, 경기 개성 개국사, 경기 광주
 국청사, 무주 안국사 그리고 1251년(고종 38년) 다시 완각된 팔만대장
 경을 보관한 합천 해인사 경판고를 비롯해 전국 사찰에 설치된 문고
· 개인문고: 대학자, 명문가, 종택과 문중의 사설문고로 만권당^{萬卷堂}*이
 대표적임

　조선 시대(1392~1910년)에는 고려 시대보다 유교 경전, 왕조실록
등의 편찬과 출판, 보존 활동이 더 활발했다. 태조의 교서감^{校書監}, 태
종의 예문관^{藝文館}과 춘추관^{春秋館}, 세종의 집현전, 정조의 규장각^{奎章閣}
이 대표적이다. 왕실도서관 등의 기능을 수행한 주요 기관과 시설을
정리하면 다음과 같다.

반^{學班}을 악성^{樂聖}, 대중^{大中}, 성명^{誠明}, 경업^{敬業}, 조도^{造道}, 솔성^{率性}, 진덕^{進德}, 대화^{大和}, 대빙^{待聘}의
아홉 개로 나누었기 때문에 구재라 했다. 과거 응시를 위한 예비학교 성격이 강했다.
• 고려 제26대 충선왕이 아들 충숙왕 1년(1314년) 때 원나라 수도 연경(현 베이징) 자택에
지은 독서당 겸 학술연구기관으로 많은 고금진서^{古今珍書}를 수집·보존했다.

명칭	설립연도	주요 특징	기능		
			학술 교육	편찬 출판	도서관 문서관
교서감 교서관 전교서	1392년 (태조 1년)	교서감은 고려 후기 전교시와 동일한 기관으로 개국 원년인 1392년 설치하여 목판 인쇄와 여러 문적^{文籍}을 관장했다. 1401년(태종 원년) 주자소를 합속한 교서관^{校書館}으로, 1466년(세조 6년) 전교서로 명칭이 바뀌었으나 1484년(성종 15년) 다시 교서관으로 복칭하고, 1782년(정조 6년) 규장각에 편입시켜 출판 담당 외각으로 두었다. 교서관 내에 도서를 보존하던 문무관을 두었으나 1592년(선조 25년) 왜적에 의해 소실되었다.		O	O
예문관 춘추관	1401년 (태종 1년)	개국 때의 예문춘추관이 1401년 예문관과 춘추관으로 분리되었다. 예문관은 세조 때 폐지된 집현전 장서를 인수·관장하고 서적도 간행했으며, 춘추관은 실록 편찬과 사고를 수장했다. 「태종실록」이 완성될 때까지 한양에 내사고인 춘추관사고, 충주에 외사고인 충주사고, 1439년(세종 21년) 성주사고와 전주사고를 만들어 운영했다.		O	O
집현전	1420년 (세종 2년)	세종은 1420년 제도로만 존재하던 보문각과 수문전을 집현전에 통합하여 왕실의 학술 연구와 문화 정책 중심이자 도서관으로 삼았다. 집현전 장서가 증가하자 1429년(세종 11년) 궁성 서문 안에 집현전을 신축하고 북쪽에 장서각을 두어 4부 분류 체계로 보존했다. 그러나 집현전은 일반에 개방하지 않는 왕실도서관이었다. 1456년(세조 2년) 사육신 사건을 계기로 집현전을 폐지하는 대신에 예문관에서 장서를 관리하도록 했다.	O		O
승문원	1410년 (태종 10년)	여러 조칙과 외교 문서를 관장하던 관청(문서관)으로 괴원^{槐院}이라고도 불렸다. 1894년(고종 31년) 폐지되었다. 조선왕조 상전의 특수한 기록류를 별도 보관한 신원전^{璿源殿}도 창덕궁에 있었다.			O

기관	설립연도	설명			
홍문관	1463년 (세조 9년)	1463년 양성지의 건의로 장서각을 홍문관이라 개칭하고 궁중의 경서·사적 관리, 문한 처리, 왕의 자문 등 학술, 언론, 도서관 기능을 수행했다. 부설한 등영각^{謄錄閣}에는 집현전에서 이관된 서적, 새로 인출된 책, 서사관^{書寫官}의 선사본^{繕寫本}, 화원이 제작한 화첩, 왕의 재가를 얻어 연경에서 구입한 서적 등을 소장했다. 1894년 갑오개혁 때 예문관과 합하여 경연청^{經筵廳}으로 개칭하고, 이듬해 경연원^{經筵院}으로 바뀌었으나 1896년 다시 홍문관으로 환원되었다.	O		O
존경각	1475년 (성종 6년)	1362년(고려 공민왕 11년) 국자감을 개칭한 성균관은 조선왕조로 계승되어 인재 양성을 위한 왕립 유학 기관 역할을 했다. 1475년 성균관 부설로 현재 대학도서관에 해당하는 존경각이 설립되었다. 사서오경 각 100결을 기본 장서로 하고, 전교서와 전국의 서판을 수집·보존했다.	O		O
규장각	1776년 (정조 1년)	1776년 3월 궁내에 설치된 독립기구로서 현대 국립 도서관(왕조의 시문, 친필 서화와 고명^{誥命}, 유교^{遺敎}, 선보^{璿譜}, 보감^{寶鑑} 등 보존) 및 출판 기능을 수행했고, 후에는 학문 연구, 정치 활동의 중심 기관이었다. 규장각은 교서관을 외각으로 편입시켜 경서와 사적을 인쇄·반포했으며, 1907년 제실^{帝室}의 문한·기록을 보관했다. 부속 기구로 서고^{西庫}와 열고관^{閱古館}을 두었고, 서고에는 조선본, 열고관에는 중국본을 보관했으며, 열고관 장서 증가로 개유와^{皆有窩}를 증축했다. 1910년 한일합방으로 규장각 장서는 1911년 조선총독부 취조국, 1912년 총독부 참사관실, 1922년 학무국, 1928년 경성제국대학으로 이관되었다가 광복 후 서울대학교에서 인수하여 관리하고 있다.	O	△	O

표 1-1 조선 시대 도서관 기능을 수행한 기관과 시설

그 외에도 조선 시대 서원, 향교, 서당은 교육과 도서관 기능을 병행했다. 서원은 조선 중기 이후의 사학 시설로, 1543년 풍기 군수였던 주세붕이 세운 백운동서원^{白雲洞書院}(소수서원^{紹修書院}의 전신)을 효시로 이황의 학문과 덕행을 기리는 도산서원^{陶山書院}(1574년), 이언적을 제

향하고 후진을 양성하기 위한 경주(안강) 옥산서원玉山書院(1573년), 정몽주를 추모하기 위한 영천 임고서원臨皐書院(1554년), 송시열 위패를 모시고 제향하기 위한 화양서원華陽書院(1696년) 등이 대표적이다. 『증보문헌비고增補文獻備考』에 따르면 조선 말기에는 서원 수가 674개(원院 388개, 사祠 286개)에 달했다.

대다수 서원은 교육, 편찬과 간인, 수장고 기능을 병행했다. 도서관을 중시한 서원 중 압권은 도산서원 광명실光明室이다. 강학공간(강당인 전교당, 기숙사인 동재와 서재)에 들어서는 입구 출입문(진도문) 양쪽에 습해를 방지하기 위해 누각으로 지은 광명실은 책을 보관·이용하던 장서고다.

지방 소재 국립 교육기관인 향교는 부목군현府牧郡縣에 각각 하나씩

그림 1-20 도산서원 광명실

설립되었다. 향교에 입적하면 과거시험 응시 자격이 주어졌다. 또 서당은 마을마다 설립된 초급 사설 교육기관이었다. 향교와 서당은 소수이기는 하지만 교재와 관련 전적을 보관했다.

도서관은 인류의 장구한 지적 정신세계가 집적된 공간이다. 그 시원을 향한 여정은 수천 년 지속되어왔다. 지금도 고고학자, 역사가, 인류학자, 문헌학자, 언어학자, 지리학자, 지질학자, 여행가 등이 지구촌을 뒤지며 무수한 유적과 사료를 맞추는 퍼즐게임에 몰두하지만 여전히 미로 속에 있다. 가설과 추론에 근거한 불완전한 역사가 이를 방증한다.

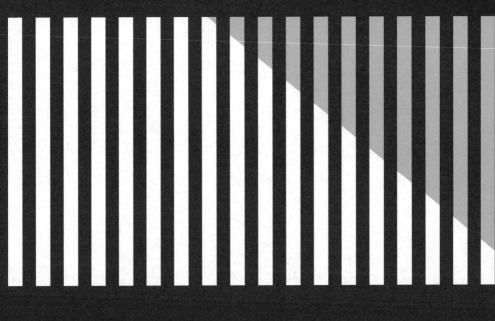

2장

중세 도서관, 유럽 수도원부터 이슬람 모스크까지

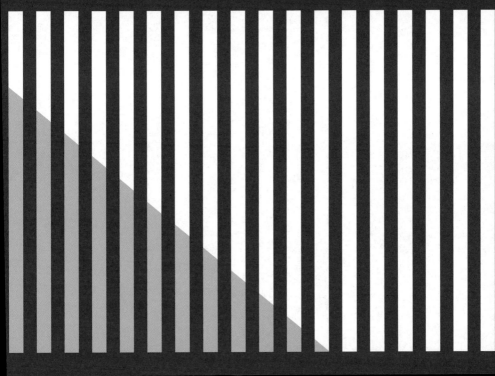

1
중세에 대한 오해와 편견

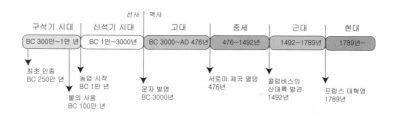

그림 2-1 인류 역사의 시대 구분

인류 역사에서 중세는 고대와 근대 사이다. 왜 중대가 아니고 중세
中世일까?* 이 용어를 최초로 사용한 인물이 르네상스 시대의 이탈리
아 시인이자 인문학자 페트라르카F. Petrarca(1304~1374년) 또는 교황청

---

* 근대 인문학자들은 자신들의 시대적 원형을 고대 그리스·로마에서 찾으면서 고대와 근대 사이
의 1,000여 년을 문화적 암흑기로 간주하고 중대가 아닌 중세, 즉 고대와 근대 사이의 중간 시대로
폄하했다.

주교 겸 사서였던 안드레아G. Andrea(1417~1475년)라는 주장[1]이 있으나 확실하지 않다. 중세의 기간에 대해 합의된 바는 없지만, 일반적으로 서로마 제국이 멸망한 476년에서 콜럼버스가 신대륙을 발견한 1492년까지를 중세로 본다. 물론 콜럼버스의 신대륙 발견을 부정하는 주장도 있다.[•]

서양에서 중세는 4세기 중반 정체불명의 몽골계 유목민 훈족이 유라시아 대초원 서부에서 흑해 북안의 고트족을 복속시키자 그 일파인 게르만족이 대이동을 시작한 때로부터 로마 가톨릭과 중동 이슬람 국가의 충돌인 십자군 전쟁[••]을 통해 유럽 권역이 확대되고 르네상스로 이어진 시대다. 동양에서 중세는 중국의 경우 수나라(581~619년)와 당나라(618~907년)에서 명나라 중기(1368~1644년)까지, 한국은 삼국 시대 중반에서 조선 중기(성종 23년)까지를 말한다.

서양사에서 중세는 페트라르카가 규정한 '암흑 시대'라는 입장이 지배적이다. 그 배경으로는 계속된 영토 전쟁과 대량 학살, 고대 유적 및 기록의 파괴와 소실, 이슬람 제국의 지중해 패권, 광신주의와

• 일각에서는 페니키아인, 그리스인, 로마인, 아랍인, 베르베르인(북아프리카 원주민), 수단의 흑인, 바이킹족, 명나라 정화鄭和(1371~1434년) 등이 아메리카 대륙에 첫발을 디뎠다고 주장하지만 모두 가설이다.

•• 11세기 유럽과 중동에는 3대 세력권(동쪽의 이슬람 세계, 서쪽의 서유럽 봉건국가, 그 사이의 비잔틴 제국)이 있었다. 십자군 전쟁은 유럽 가톨릭이 기독교 성지인 예루살렘을 탈환할 목적으로 이슬람 국가들에 대항하여 176년간(1096~1272년) 벌인 기독교와 이슬람의 종교 전쟁이다. 유럽 기독교 세력은 성지 수복 운동으로 생각하는 반면 이슬람 세력은 야만적인 반문명 침략으로 규정한다. 이슬람 입장에서 보면, 기독교 세력과 이슬람 세력의 충돌로 야기된 유럽의 동방 접촉 및 교류가 유럽을 중세의 긴 동면에서 깨어나게 하고 르네상스가 일어나는 계기를 만들었으며 유럽 문명이 세계를 제패하는 근세의 기초가 되었다. 황의갑, 「십자군 전쟁에 대한 연구: 이슬람의 관점에서」, 《한국이슬람학회논총》 20(1), 2010, 1~23쪽

이교도 배척, 그리스 문명의 지적 성과를 매장한 봉건제와 기독교의 지배, 통치자와 성직자의 갈등(교리 관여, 교회 활동 규제, 성직자 임명권, 교회의 도시와 군대 소유, 국정 간섭과 개입 등), 로마 시대보다 퇴보한 학문과 예술 수준, 농업 의존도 심화 등이 거론된다. 그러나 서로마 제국 이후 약 300년에 해당하는 이야기일 뿐 중세사 전체를 보면 암흑기라는 통념은 편견에 불과하다. 중세 문화는 서로마 제국이 멸망한 뒤에도 1,000년간 이어진 비잔틴 문화를 계승해 창조적으로 발전했다. 12세기에 시작된 철학적·경제적·문화적 발전과 부흥은 견고하던 봉건제를 붕괴시키고 르네상스의 발판이 되었다. 스콜라철학˙은 이슬람 지배하에서도 그리스 사상을 부활시킴으로써 이성적 탐구와 사상적 발전에 이바지했다. 유럽 경제의 중심축이 지중해 동부에서 서유럽으로 이동하면서 인구 증가에 따른 이탈리아 도시국가 발전, 서유럽 국민국가 등장(영국, 프랑스, 스페인 등), 상인 계급 부상, 세속 교육 확산 등으로 이어졌고 마침내 봉건제 사회구조가 균열하기 시작했다. 건축과 조각에서도 고딕 양식˙˙이 확립되었고, 종교적 성지의 걸작인 가톨릭 수도원이나 대성당 그리고 부속 도서관이 건립되었다.

• 사도적 신앙의 대변자로 승인된 사람들을 중심으로 기독교 신학에 바탕을 둔 교부철학이 정립한 기독교 교의와 권위를 철학의 영역으로 확장한 것으로, 성당이나 수도원 부속의 스콜라(학교)에서 교육·연구하던 철학이다.

•• 로마네스크 양식 이후인 12세기(중세 말기)~14세기(르네상스 이전) 유럽 전역에서 유행한 건축 양식이다. 초기에는 성당 건축에 국한한 용어로 사용되다가 모든 영역으로 확대되어 18세기 말 이후로는 서유럽 중세 미술의 특정 양식을 지칭하는 미술사 용어로 쓰이고 있다. 높은 첨탑, 스테인드글라스, 조각상 등이 특징으로, 유럽 교회와 대수도원, 대성당 건축에서 쉽게 찾을 수 있다.

서양 입장에서 중세는 감추고 싶은 역사다. 고대 로마와 그리스, 비잔틴 제국의 찬란한 문화유산은 외면당하고 야만과 주술, 마녀가 활보하던 시대다. 게다가 아랍인이 거의 1,000년간(711~1683년) 세계사를 주도하며 선진 문화를 창출했기에 유럽 사회는 중세를 애써 외면했다. 그러나 중세는 현대 문명을 준비한 휴식기였을 뿐 암흑기나 야만의 시대가 아니었다는 견해도 많다.[2] 따라서 고대 그리스·로마 문명이 퇴보했다는 이유로 중세 유럽을 암흑기로 재단해서는 안 된다. 서로마 제국이 멸망한 뒤에도 동로마는 유럽과 공존했고, 이슬람 지배하에서도 고대 철학 사상이 신학과 결합해 기독교 문화를 창출했다. 유럽 전역에 건립된 수도원과 신앙 생활, 열정적인 학문 연구와 지식 탐구, 화려한 건축과 문화, 도서관과 필사실에는 찬란한 중세 문명사가 응축되어 있다.

또한 고대의 지적 성과가 천상을 꿈꾸는 중세 기독교 신학의 영향으로 매몰되고 사라질 위기에 처했으나 무슬림이 수집·보존하고 번역·재해석하여 근대로 전수했다. 그들은 고대 지식문명의 파괴자가 아니라 파수꾼이었고 부활과 산파의 주역이었다.

2
수도원과 도서관

수도원^{monastery}은 '홀로 생활하다'라는 뜻의 그리스어에서 유래했는데, 1세기 유대인 철학자 필론이 『명상적 삶에 대하여』에서 처음 사용한 이래로 널리 쓰였다. 수도원을 가리키는 또 다른 표현인 'abbey'는 라틴어 'abbatia'에서 비롯했는데, 보통 '대수도원'이라 부르는 아바티아는 일정한 계율하에 수사나 수녀의 공동생활 및 수행을 지원할 목적으로 건립·운영되는 일체의 구조물로 대수도원장이 관리한다. 하지만 대개는 이 둘을 혼용한다.

금욕과 수행을 위한 수도원 제도는 고대 이집트 나일강 변에서 발생했다. 이 제도를 창시한 인물로는 안토니우스(성 안토니우스, 251~356년)와 파코미우스(292~346년)가 대표적이다. 안토니우스는 이집트 중부 코마의 기독교 가정 출신으로 출가 후 여러 산에서 은수자^{隱修者} 지도를 받으며 독수 생활을 시작했다. 로마 황제 막시미아누스(재위 286~305년)가 기독교를 박해하자 제자들과 함께 나일강 상류 테베에서 금욕적 수도 생활에 전념했으며, 이후 홍해 북서쪽 고산인 콜짐으로 이동해 수행하다가 생을 마감했다.

테베의 이교도 가정 출신인 파코미우스는 20세에 콘스탄티누스 1세의 군인으로 징집되어 복무하던 중 목격한 기독교인의 자선 행위에 감화받아 개종했다. 전역 후 세례를 받고 선교 활동에 열중했으며 320년경 공동체 성격의 수도원을 설립·운영했다. 수도원은 총 11개(남자 수도원 9개, 여자 수도원 2개)로 늘어나 수도원 연합(코이노니아)으로 발전했고, 수도자도 3,000명을 넘어섰다. 사막과 고산에서 홀로 은수 생활에 전념한 안토니우스가 '사막의 교부, 은수자의 아버지'라면, 개별적 은둔 생활anchoriticism을 집단적 규율 생활cenobitism로 발전시킨 파코미우스는 '공동 수도 생활의 창시자'라 할 수 있다.

고대 말기에서 중세 초기에 등장한 새로운 수도 방식인 은수 생활이 초래하는 일상적 불편과 정신적 위험을 극복하기 위한 공동체 수도원은 이탈리아, 영국, 프랑스, 스페인 등 유럽 전역으로 퍼져나가 수도원 제도로 정착되었다. 수도원은 중정을 둘러싼 회랑, 교회, 취사장과 식당, 도서관과 필사실, 제빵소, 창고, 진료소, 작업장 등의 여러 건물로 구성된 복합단지로, 대수도원장 아래 수도원별 원장이 있고 각각 복장을 통일한 수도사 20~40명이 함께 기거하면서 종교적 덕목인 청빈과 복종을 중시하며 기도하는 공동체였다. 또 노동을 중시하여 경제적 자립을 확보했다.

중세 수도원은 금욕과 계율을 강조했음에도 사회, 교육, 문화, 도서관의 발전에 크게 기여했다.
교회가 타락하고 세속화 현상*이
극심했을 때도 수도원은 사회 정
화와 개혁의 동력으로 작용했고,
중세 고등교육을 담당했을 뿐 아
니라 현대 대학 캠퍼스의 원형이
었다. 고도로 훈련된 수도사는

그림 2-2 스크립토리움에서 필사하는 모습

문예와 건축의 후원자였으므로 후반기 르네상스의 태동과 문화적 개
화의 원천이 되었다. 도서관사 측면에서도 수도원과 부속 도서관은
고대 왕실(또는 신전)도서관과 근대 도서관을 연결하는 가교였다. 중
세 수도원 및 부속 도서관의 의미와 내용, 후대에 미친 영향을 정리
하면 다음과 같다.

· 서로마 제국이 멸망한 후에 산실되고 약탈된 성서를 비롯한 종교 서
  적뿐 아니라 그리스 문명의 흔적이 담긴 다양한 자료를 수집·보관하거
  나 필사하는 것은 수도원의 중요 기능이었다.
· 수도사가 고전 자료를 수집·보존하고 필사하면서 지식을 습득하고 세
  상에 유포하는 것은 수련의 일부이자 선교 활동이었다. 당시는 문맹
  사회였으므로 필사생이 귀했다. 7~8세기 아일랜드에서는 필사생을
  살해하면 주교 살해에 상응하는 중죄로 처벌했다.

● 로마 제국이 기독교를 심하게 박해했음에도 교세는 빠르게 확장되었고 4세기경 집단 개종으로
  기독교인이 급증했다. 그 결과 교회 재산이 늘어나면서 세속화가 심화되었다.

- 대다수 수도원 도서관은 필사와 주석, 교정, 삽화, 제책에 필요한 공간인 스크립토리움scriptorium*을 병설했다. 이곳은 양피지 제조에서 장정에 이르기까지 전체 공정을 처리하는 현대의 출판사 같은 역할을 했다. 필사본은 수도원의 주요 수입원이었다. 특히 화려한 삽화와 문양으로 장식한 필사본의 주요 고객은 성직자, 귀족, 교회 등이었으며, 판매 수익은 수도원 재원으로 사용되었다.

- 이탈리아 동고트 왕국의 역사가, 정치가, 수도사였던 카시오도루스F. M.A. Cassiodorus(485~585년)는 동고트족과 동로마 제국이 벌인 고트 전쟁(535~554년) 중 정계에서 은퇴하고 544년 이탈리아 남부 칼라브리아에 두 개의 주요 건물(공동체 예배당, 피정과 고행 공간)로 구성된 비바리움Vivarium을 건립했다. 비바리움은 수도원인 동시에 도서관과 성서 연구 센터를 겸했다. 카시오도루스는 고대 로마에서 그리스어와 라틴어로 서고를 양분한 것에 착안하여 기독교와 이교로 서고를 나누었는데, 이는 유럽 수도원 도서관의 전범이 되었다.

- 수도원 도서관 장서는 평균 200~300권, 많아도 1,000권 정도였다. 양피지 코덱스 한 권에 파피루스 10~20매를 기록할 수 있음에도 고대 도서관과 비교하면 규모가 작았다. 하지만 수도원 도서관은 세속적 권력에 의지한 고대 왕실(신전)도서관과 달리 사회 밖의 존재였기 때문에 권력으로부터 고전 자료를 보호하고 후세에 전승하는 데 크게 이바지했다.

• 수도원 내 사본실을 말한다. 책을 제작할 때 참여하는 장인, 직인, 도제 등을 포괄하는 수도사 공동체 또는 중세 기록 문화를 대표하는 양식을 의미하기도 한다.

· 수도원은 전쟁, 화재, 지진 등으로 파괴되고 자료가 많이 소실되었다. 그럼에도 오늘날 고전 자료에 접근할 수 있는 것은 수도사들의 집요한 사본 제작과 보존·관리 덕분이다. 수도원과 부속 도서관은 시대를 풍미한 특정 종교시설 이상의 의미가 있다. 중세 지식정보를 보존한 역사의 현장이자 고대와 근대의 지식문화사를 연결하는 핵심고리다.

중세 수도원에서 지식은 신을 알현하는 통로였다. 수도원과 수도사에게는 책이 많이 필요했고, 도서관과 사서는 책의 수집과 보존을 책임졌다. 미소장 자료는 필사를 통해 보충했다. 도서관 없는 수도원은 상상할 수도 없고 성립될 수도 없다. 그래서 수도원 도서관은 많은 학술 연구와 문학 작품에서 소재나 배경으로 다뤄졌다. 그중 압권은 이탈리아의 지성이자 기호학의 대가였던 움베르토 에코U. Eco가 1978년 3월 집필을 시작하여 1980년에 탈고한 역사추리소설 『장미의 이름』이다.• 소설의 시대 배경과 줄거리는 다음과 같다.

14세기 초 유럽은 세계사적 변혁기에 놓여 있었다. 당시 이탈리아는 단테와 보카치오가 출현하여 인본주의가 활발했으며, 영국과 프랑스는 백년전쟁의 전야였다. 독일(신성 로마 제국)은 기독교 신학자 에크하르트M. Eckhart(1260~1328년) 등의 신비주의가 발흥했고, 스페인은 무슬림 최후 왕조인 그라나다 왕국의 전성기였다. 그로부터 20년 뒤 유

• 에코는 『장미의 이름』으로 1981년 이탈리아 문학상Premio Strega, 1982년 프랑스 문학상Le Prix Médicis 을 수상했다. 한국어를 비롯해 47개 언어로 번역되어 5,000만 부 넘게 판매되었으며, 1986년 영화화되기도 했다.

럽 전역에 흑사병이 퍼져 인구가 급감했다.

이러한 시대를 배경으로 1327년 11월, 이탈리아 북부 아펜니노산맥 중턱에 있는 베네딕토 수도원에서 채식彩飾 수도사 아델모의 시체가 발견되면서 이야기가 시작된다. 당시 교회의 청빈을 주장하던 프란치스코 수도원과 이를 반박하는 교황청 및 다른 교단의 반목이 심화하자 각 교단이 토론하기로 하면서 프란치스코 측 수도사 윌리엄과 제자 아드소가 황제의 명을 받고 베네딕토 수도원에 도착한다. 수도원장은 영민한 윌리엄에게 의문의 살인 사건을 부탁한다. 그 와중에 그리스어 번역가가 살해되고 신약성서의 마지막 예언서인『요한계시록』에 기술된 것처럼 7일간 고전 번역가 베난티오, 보조 사서 베렝가리오, 약초사 세베리노, 사서 말라키아, 수도원장 아보 등 7인의 연쇄 살인 사건이 발생하자 수도원은 극도의 불안에 휩싸인다. 한편, 수도원 도서관 사서와 보조원은 심야에 책을 훔친 도둑을 추적하다가 주방에서 가난한 사하촌 처녀와 수도사 레미지오의 정사를 목격한다.˙ 사서와 보조원의 행동을 의심하던˙ 윌리엄은 "사서를 제외한 누구도 서고에 들어가지 못한다"라는 암호가 적힌 양피지를 발견하고 여러 자료를 추론하여 도서관 밀실에 들어간다. 윌리엄은 그곳에서 기다리던 눈먼 도서관장 호르헤˙˙와 마지막 논쟁을 벌이는데, 비밀을 지

• 처녀는 마녀로 몰리고, 수도사는 이단 수도회와 어울린 전력으로 심문받는다. 이단 심문을 강력하게 옹호하는 도미니코회 수도사 베르나르 기의 마녀재판으로 화형을 당한다.
•• 에코는 도서관장 호르헤를 시각장애인으로 설정함으로써 독서를 위한 가장 기본적인 인지 수단인 눈을 멀게 하여 새로운 지식의 습득을 반대하고 기존 지식을 밀봉하려는 집착을˙ 상징적으로 표현했다.

키려는 호르헤는 도서관에 불을 지르고 당시 최대의 기독교 도서관과 수도원은 3일 만에 전소된다. 그러나 윌리엄은 죽은 수도사들의 혀와 손가락에 남아 있던 검은 잉크 자국을 발견하고 예리한 추리로 살인 동기가 아리스토텔레스의 『시학』 제2권*과 관련 있으며 범인이 도서관장 호르헤라는 사실을 밝혀낸다. 그리고 늙은 수도사 아드소의 "지난날의 장미는 그 이름만 남았을 뿐, 우리에게 남은 것은 그 덧없는 이름뿐Stat Rosa pristina nomine, nomina nuda tenemus"이라는 독백이 소설의 대미를 장식한다.**

왜 서명의 키워드가 '장미'일까? 과거의 아름다움은 사라지고 이름만 남은 장미를 소실되어 흔적도 없는 수도원 도서관에 비유했을까? 아니면 장미가 책과 밀접한 꽃이기 때문이었을까?*** 수도원 도

• 『시학』 제2권에는 "웃음은 예술이며 식자識字들의 마음이 열리는 세상의 문"이라는 구절이 있는데, 호르헤는 『시학』에 인간이 웃는 순간 하느님을 두려워하는 마음에서 해방되는 지혜가 들어 있다고 생각했다. 호르헤는 신에게 불경죄를 범하지 않고 배신자를 처단할 의도로 『시학』 제2권의 유일한 필사본을 도서관 내 밀실에 보관하고 금서로 지정했다. 또 책에 독을 발라놓았기 때문에 밀실에 몰래 들어가 손가락에 침을 묻혀가며 책장을 넘긴 자는 독살을 피할 수 없었다.

•• 마지막 문장은 에코가 프랑스 클뤼니 수도원 수도사이자 시인이던 베르나르Bernard de Cluny의 1140년 장편 시집 『속세의 능멸에 대하여De Contemptu Mundi』에서 인용한 구절이다. 총 3,000행의 원문 중 952행을 보면 "Stat Roma pristina nomine, nomina nuda tenemus"라고 나오는데, 에코가 'Roma'를 'Rosa'로 기술한 것은 오류일 수도 있고 기호학자로서 상징적으로 표현한 것일 수도 있다.

••• 스페인 북동부 자치주인 카탈루냐는 세계적으로 스페인어 자료가 가장 많이 출판되는 곳인데, 1926년부터 매년 4월 23일 '책과 장미의 축제'가 열리고 남녀가 장미와 책을 주고받는 풍습이 있다. 이 전통은 유럽 전역으로 확산되었고, 유네스코는 4월 23일을 '세계 책의 날'로 지정했다. 우연의 일치인지는 몰라도 '책의 수도'로 최초 선정된 국가도 스페인(마드리드)이었다. 로마인들은 비밀회의 장소에 장미를 매달고, 그 아래서 주고받은 이야기의 비밀을 유지했다. 미국 의회도서관에는 장미 320개로 장식한 황금빛 천장이 있고, 뉴욕 공공도서관에는 '장미 열람실'이 있다.

서관의 은밀한 장서고, 그 미궁 속에서 웃음의 비밀을 간직한 아리스토텔레스의『시학』, 그것을 은닉하려고 연쇄 살인을 감행한 도서관장 호르헤, 수도사 윌리엄의 집요한 퍼즐 맞추기, 과거를 회상하면서 토하는 아드소의 마지막 탄식. 『장미의 이름』은 미추美醜, 희극과 비극, 불멸과 필멸, 제행무상의 패러독스를 그려낸 미스터리이자 은유의 기호학이다. 또 수도원 도서관의 지적 복원이자 필사 수도사를 위한 헌사이기도 하다.

3
유럽의 수도원 도서관

서로마 제국의 붕괴로 거대한 도서관과 장서가 파괴되거나 산실된 후 유럽 전역에는 이집트에서 시작된 기독교 수도원이 건립되었다. 일반적으로 수도원은 회랑을 중심으로 수도사 생활(기도, 식사, 노동, 독서, 취침)에 필요한 공간으로 구성되고 그 주위에 제반 시설이 병설되었다.[3] 수도원 스크립토리움은 수도사의 가장 중요한 임무 중 하나였던 성서를 비롯한 고전 자료를 필사하여 고대 지성사를 복원하는 열정의 공간이었고, 도서관은 필사본을 비롯한 고전 자료를 수집·보존하고 해석하는 고대 지식정보의 독점적 보고였다.

이탈리아 몬테카시노 수도원

이탈리아는 로마 제국의 심장이었고 르네상스의 출발점이었다. 서구 수도 생활의 대부인 누르시아의 베네딕토(베네딕투스, 480~547년)

는 529년 로마 남동쪽 해발 519미터의 몬테카시노산에 베네딕토파 본산인 몬테카시노 수도원을 설립했다.[4]

가로 100미터, 세로 200미터에 달하는 웅대한 건물로 대성당, 박물관, 도서관, 문서보관소, 베네딕토와 그의 여동생이자 베네딕토 수녀회의 초대 수녀원장 스콜라스티카(480~543년)의 무덤 등을 갖추었으며 방이 100개가 넘었다. 그러나 557년경 고대 게르만계 민족인 롬바르드족의 침략으로 파괴된 뒤 약 140년간 방치되다가 717년 교황 그레고리오 2세(재위 715~731년)가 복구했다. 887년 로마 제국 말기부터 시나이반도에서 유목 생활을 하던 사라센족에 다시 파괴되고, 1349년 지진으로 파손되었다가 1362년 교황 우르바노 5세(재위 1362~1370년)가 재건했다. 제2차 세계대전 중 독일군이 수도원을 요새화하자 1944년 2월 이탈리아에 상륙한 연합군의 공중 폭격으로 초토화되었으나 국민 성금으로 재건축하여 1964년 10월 24일 자로 봉헌된 후 현재에 이르고 있다.

설립 당시 베네딕투는 자신이 마련한 베네딕도 규칙Regula Benedicti에 따라 수도 생활을 통제했다.[5] 이 규칙은 '청빈, 정숙, 복종'을 이상으로 삼고, 금욕적이고 엄격한 규칙에 기초한 공동생활을 규정했다. 베네딕토 규칙에 따르면 수도원 일상에서 가장 중요한 세 가지 일과는 노동, 독서, 기도인데, 수도사는 일정 시간을 성독聖讀, Lectio Divina에 할애하여 영적 지식을 갖

그림 2-3 베네딕토 수도원 규칙 사본(8세기, 영국 보들레이언 도서관 소장)

취야 하므로 도서관과 필사실은 필수였다.

몬테카시노 수도원의 도서관은 17세기 중반까지 교황, 황제, 제후들이 기증한 고문서 1,000여 점과 14세기 이전 필사본 800여 점 등을 소장하고 있어 이탈리아에서 가장 중요한 도서관이자 지식문화사의 보고로 여겨진다. 에코의 『장미의 이름』이 보여주듯 중세 유럽에서 수도원 도서관은 지식의 보고이자 학문의 중심이었다.

영국 휘트비 수도원

유럽 본토와 달리 영국은 6세기까지 종교적 암흑 시대가 계속되었다. 그러나 614년 노섬브리아Northumbria 왕가의 공주로 태어난 성 힐다(614~680년)가 43세에 노스요크셔의 작은 항구 도시 휘트비Whitby에 수도원을 건립하고 원장으로 취임함으로써 영국 수도원 역사가 시작되었다. 이 수도원은 남녀 수도자를 위한 대규모 건물 두 개로 이루어졌으며, 초대 교회의 원칙인 '평화, 사랑, 평등'에 따라 운영되었다. 664년 영국 교회사의 이정표인 휘트비 종교회의Synod of Whitby가 개최된 장소로도 유명하다.

그러나 867년 덴마크계 바이킹의 공격으로 수도원이 파괴되었다. 1078년 윌리엄 드 퍼시William de Percy가 재건한 고딕 양식의 휘트비 수도원은 영국 북동부의 종교적 거점으로 번창하다가 1540년 헨리 8세(재위 1509~1547년)의 수도원 해산 명령으로 폐쇄되었고, 1914년 제1차 세계대전 때 독일 군대에 파괴되었다. 현재는 건물 외벽과 내부의 잔해만 남아 있지만, 당시 스코틀랜드 기독교인의 종교적 신념, 건축 기법, 예술적 수준을 짐작해볼 수 있다. 1897년 스토커B. Stoker가

그림 2-4 영국 휘트비 수도원 유적

발표한 고딕소설 『드라큘라』의 배경으로도 잘 알려진 수도원의 폐허
와 잔해는 영국 정부가 설립한 문화재 보호 단체인 잉글리시 헤리티
지English Heritage가 관리하고 있다.

그런데 수도원 내에 필사실과 도서관이 있었을까? 필사실에서는
일부 수도사가 성가책을 필사하고 삽화를 그리는 등 사본을 제작했
다.[6] 그러나 어떤 종교 서적과 고전 자료를 필사했으며, 도서관이 있
었다면 장서량은 어느 정도였는지는 확인되지 않고 있다.

스위스 장크트 갈렌 수도원

아일랜드 수도사 갈루스Sankt Gallus(550~646년)는 612년 이탈리아에
복음을 전파하러 가던 중 스위스 동부의 중심지 장크트 갈렌에서 도
시 기반을 다지고 복음을 전파하다가 생을 마감했다. 갈루스가 죽은
뒤 책임자로 임명된 수도사 오트마르St. Othmar(689~759년)는 719년 카

그림 2-5 스위스 장크트 갈렌 수도원

롤링거 양식*의 장크트 갈렌 수도원을 건립하고 초대 수도원장으로 취임했다.

스위스 최고의 베네딕토 수도원인 장크트 갈렌 수도원은 833년 제국의 수도원으로 격상되어 10세기까지 번창했다. 937년 4월 27일 발생한 화재로 많은 건물이 파괴되었으나 도서관은 피해가 없었다. 954년에는 수도원과 건물을 보호하기 위한 울타리를 축조했다. 13세기 수도원과 마을의 자주적 지배권을 부여받은 수도원장은 신성 로마 제국의 작위Frust와 동격인 영주의 지위로 지역을 다스렸고, 이어 피우스 레허Pius Reher(1597~1654년) 수도원장 때 인쇄·출판을 시작했다. 18세기에는 바로크 양식**으로 재건하고 내부를 화려한 프레스코

• 카롤링거 왕조가 서유럽을 지배한 8세기 후반에서 9세기의 프리 로마네스크 건축 양식이다.

•• 바로크 시대인 16세기 말 이탈리아에서 시작된 17세기 유럽의 미술, 건축, 음악, 문학 등을 아우르는 예술 양식이다. 강력한 힘, 역동성과 대규모, 호화로운 장식, 대비(빛과 그림자)의 극대화 등

화*로 꾸며 칸톤시청사 겸 주교좌성당으로 사용했다.

한편 수도원 부속 도서관Stiftsbibliothek은 8세기 오트마르 원장이 병설한 필사실을 모태로 발전했다. 1758~1767년에는 로코코 양식의 독립 건물(1층 필사실, 2층 도서관)로 재건축되어 세계에서 가장 아름다운 수도원 도서관으로 회자되고 있다. 18세기에 스위스가 수도원의 책과 사본을 취리히와 베른으로 많이 이관했음에도 여전히 17만 권 넘게 보유하고 있다. 도서관 핵심 장서는 8~18세기 필사본 약 2,100권과 16세기 이전 인쇄본 1,650권으로, 중세 독일어권 문헌에 있어서는 세계 최대 규모다.

도서관의 화려한 금장 필사본에는 수도사들의 수행과 정성, 삶이 녹아 있다. 그래서인지 도서관 입구에는 '영혼의 치유소'라는 그리스어 현판을 부착했다. 이 문구는 이집트 람세스 2세의 무덤에 부속된 신전도서관 입구에 쓰여 있던 것으로, 이후 고대 알렉산드리아 도서관을 비롯해 북아일랜드에서 가장 오래된 아마 로빈슨 도서관Armagh Robinson Library, 네덜란드 암스테르담 대학도서관 등 많은 도서관에서 차용했다. 1983년 유네스코는 장크트 갈렌 대성당과 부속 도서관을 포함한 수도원 전역을 세계문화유산으로 지정했다.

남성적 특징을 띤다. 반면 18세기에 등장한 로코코 양식은 밝고 화사한 파스텔 색조, 금색과 은색의 조화 등으로 화려하며 장식이 섬세하고 곡선이 많아 여성적이다.

● 고대 로마에서 르네상스와 바로크 시대까지 그려진 벽화로, 회반죽에 모래를 섞은 모르타르(석회, 석고) 등을 벽면에 바르고 수분이 남아 있을 때 수용성 물감으로 채색하여 완성한다.

그림 2-6 장크트 갈렌 수도원 도서관 입구의 '영혼의 치유소' 현판

프랑스 몽생미셸 수도원

산을 뜻하는 프랑스어 '몽mont'과 성 미카엘의 프랑스식 발음인 '생
미셸Saint-Michel'의 조합인 몽생미셸은 프랑스 북부 노르망디의 끝자락
해안에서 약 1킬로미터 거리에 있는 고도 78.6미터의 화강암 바위섬
이다. 고대부터 전략적 요새였기 때문에 에펠탑, 개선문, 루브르 박
물관 등과 더불어 프랑스의 랜드마크다. 996년 노르망디 공국의 리
샤르 1세Richard I(재위 942~996년)가 건립한 몽생미셸 수도원은 당시
베네딕토 교단의 수도원으로 지정되었다.

수도원 건물은 11~16세기에 걸쳐 계속 증·개축되었다. 13세기
에는 수도원 건축의 백미로서 '라 메르베유La Merveille'(경이)라 불리
는 수직형 사원을 증축했다. 14세기 백년전쟁* 때는 철옹성을 자랑

• 1322년 프랑스 국왕이 된 샤를 4세는 자식이 없는 채로 1328년 사망했다. 이에 후계 문제로 갈

하던 요새였다. 1609년에는 종탑을, 1897년에는 정상에 첨탑을 세우고 상층(3층)에 성당과 회랑, 식당, 접견실, 도서관 등을 설치함으로써 피라미드형 수도원의 완전체를 갖췄다. 하지만 프랑스 혁명(1789~1794년) 때 수도원이 폐지되고 거물 정치범 수용소로 사용되었던 슬픈 역사도 간직하고 있으며, 1865년 수도원으로 복원되었다. 독특한 자연 지형을 그대로 이용한 몽생미셸 수도원은 건축·예술적 측면에서 걸작으로 평가받으며, 중세 때부터 유럽에서 가장 중요한 순례지로 주목받아왔다. 1976년 코지L. Cozzi 감독의 영화 〈라스트 콘서트〉의 도입부 배경으로도 유명하다. 1979년 유네스코 세계문화유산으로 등재되었다.

중세 고딕 양식을 대표하는 몽생미셸 수도원 부속 도서관은 1622년 생모르Saint-Maur 학파 수도사들이 재조직했다. 그들은 1639년 소장하던 사본 280권의 목록을 작성하고 오늘날처럼 장서인을 찍었다. 도서관은 그리스어와 라틴어로 필사된 고전뿐 아니라 이집트 등에서 유입된 철학 사상과 세속 학문에 관한 자료도 많이 소장했다. 1455년 인쇄술을 발명한 구텐베르크의 최초 인쇄본인 『42행 성서』도 한 부 소장했다. 그 외 중세 필사본(199권)과 인쇄본(1,254권)도 소장했으나 필사본 199권 가운데 70권을 제외한 129권은 다른 수도원에

등이 계속되었는데, 1337년 잉글랜드 국왕 에드워드 3세가 어머니 이사벨이 샤를 4세의 누이인 점을 내세워 자신이 프랑스 왕이라고 주장하고 나섰다. 백년전쟁은 그로부터 1453년까지 잉글랜드 왕국 플랜태저넷Plantagenet가와 프랑스 왕국 발루아Valois가 사이에 프랑스 왕위 계승 문제로 일어난 일련의 분쟁을 총칭한다. 두 왕조가 5대에 걸쳐 여러 동맹을 전쟁에 끌어들여 116년간 계속되었는데, 슬라위스 해전(1340년), 크레시 전투(1346년), 푸아티에 전투(1356년), 아쟁쿠르 전투(1415년), 잔 다르크의 등장(1429년), 카스티용 전투(1453년) 등이 있었다.

그림 2-7 프랑스 몽생미셸 수도원

서 수집한 것이었다.[7] 몽생미셸 수도원 부속 도서관은 장구한 세월에 걸쳐 화재, 약탈, 도난, 자연재해, 정치적 탄압 등을 겪지 않았다면 더 많은 고대 및 중세의 지적 보고가 되었을 것이다. 그럼에도 중세 유럽에서 가장 훌륭한 수도원 도서관 가운데 하나로 인정받으며 많은 수도사, 학자, 문학가 등이 이곳에서 고전 자료를 이용했다.

헝가리 판논할마 대수도원

판논할마Pannonhalma는 헝가리 수도 부다페스트에서 북서쪽으로 약 100킬로미터 떨어진 고대 도시로 유적이 많이 있다. 그 가운데 도시 근교 해발 282미터의 구릉에 위치한 판논할마 대수도원은 1,000년 이 넘는 역사를 자랑한다. 이 수도원은 헝가리 초대 국왕의 부친인 게자Géza(940?~997년) 대공이 996년 베네딕토파 수도사를 초빙해 건설하기 시작했으나 997년 대공이 서거하면서 아들인 국왕 이슈트반 1세István I(재위 1000~1038년)가 부친의 유지를 받들어 1002년 로마네

그림 2-8 헝가리 판논할마 대수도원

스크 양식으로 완공했다. 그러나 12세기에 화재로 소실되었고, 13세기에 수도원장 우로스^{Uros}(1207~1243년)가 고딕 양식으로 재건했다. 1472년에는 국왕이 수도원을 인수하여 대대적으로 수리하는 동시에 회랑과 부속 건물을 세우고 주위를 성벽으로 요새화했다. 1541년에는 대수도원이 되었으나 다시 화재로 크게 훼손되었으며, 1594년 오스만 제국의 습격으로 파괴되었다가 1638년 복구되는 등 수 세기에 걸쳐 파괴와 재건이 반복되었다. 그 결과 남쪽 문은 로마네스크 양식,˙ 문밖을 둘러싼 회랑은 고딕 양식, 18세기에 건설된 주식당 벽면

˙ 19세기 초 고고학자 제르빌^{Charles de Gerville}(1769~1853년)이 만든 용어로, 10세기 후반 시작되어 12세기 고딕 양식으로 발전한 유럽 건축 양식이다. 육중한 석재 구조, 두꺼운 벽, 둥근 아치, 튼튼한 기둥, 대형 탑과 장식적 아케이드 등이 특징이다.

은 웅장한 프레스코화로 마감하는 등 다양한 건축 양식이 혼합되었다. 1832년에는 고전주의 양식을 적용한 도서관 외에 55미터 높이의 시계탑을 세웠다. 베네딕토회가 관리하던 수도원 자산은 1950년 공산 정권에 몰수되었다가 민주화 실현 이후인 1995년 수도원 전체를 개보수하여 1996년 주변 환경과 함께 유네스코 세계문화유산으로 지정되었다.

한편, 수도원 부속 도서관은 1820년대에 엥겔F. Engel이 건물의 수직 부분을 설계·건설하고, 확장 공사를 맡은 건축가 파크J. Packh가 타원형 홀을 만드는 등 1830년대에 완성했다. 홀 천장의 사방에는 중세 대학의 네 학부(신학, 법학, 의학, 학예)를 상징하는 우화가 그려져 있다. 또 도서관 안에는 동상이 둘 있는데, 왼쪽은 헝가리 초대 국왕 이슈트반 1세, 오른쪽은 오스트리아 제국 및 오스트리아-헝가리 제국의 황제 프란츠 요제프 1세(재위 1848~1916년)다. 도서관 장서는 약 40만 권으로 세계 최대 규모를 자랑하며, 매년 2,000~3,000권이 추가되고 있다. 대다수가 신학 자료지만 헝가리 및 유럽 역사와 문학에 관한 자료도 적지 않다. 그 가운데 세간의 눈길을 끄는 자료로는 헝가리어로 기록된 가장 오래된 문서인 티하니 대수도원 설립에 관한 문서를 비롯해 대수도원장 집무실, 신학교, 교원 양성 학교, 베네딕토회 저택, 대

그림 2-9 헝가리 판논할마 대수도원 도서관

수도원 출납, 대수도원 관할 교구 부지 등의 문서, 18~19세기에 제작된 지구본 등이 있다. 또 13~17세기 사본(20점), 1500년 이전 희귀서(200점), 13세기 라틴어 성서도 있다. 특히 헝가리 건국 초기에 관한 고문서는 품질과 분량 모두에서 최고 수준을 자랑한다. 이용 대상은 수도사, 교사, 연구자, 학생 등이다.[8]

오스트리아 아드몬트 수도원

오스트리아 역사에서 가장 중요한 슈타이어마르크주는 알프스 평원에 위치하여 '녹색 심장'으로 불린다. 주도인 그라츠는 연방수도 빈에 이은 오스트리아 제2의 도시로, 문화유적이 매우 많다. 이 도시를 흐르는 엔스강 유역의 작은 마을 아드몬트Admont에 게브하르트(1010~1088년) 대주교가 1074년 건립한 베네딕토파 수도원이 오스트리아 종교시설의 대명사인 아드몬트 수도원이다.

그 역사는 서부 알프스의 관문인 잘츠부르크에 있는 장크트 페터

그림 2-10 오스트리아 아드몬트 수도원

그림 2-11 오스트리아 아드몬트 수도원 도서관

수도원에서 책을 이송하면서 시작되었다. 초기에는 예배당, 소녀 수도원, 신학 자료 필사실 등으로 구성하여 다양한 목적을 수행했다. 그러나 1865년 도서관을 제외한 수도원 전체가 대형 화재로 피해를 보았고, 1866~1869년 건축가 뷔허W. Bücher의 주도로 고딕 양식과 로마네스크 양식을 혼합하여 재건했다.[9] 현재 수도원에는 27명이 넘는 수도사가 있으며 27개 교구, 약 600명을 위한 중등학교와 양로원을 운영하고 있다.

아드몬트 수도원이 국제 사회에서 인지도가 높고 순례 행렬이 계속되는 이유는 수도원 부속 도서관 덕분이다. 수도원과 함께 건립한 부속 도서관에는 당시 유행하던 후기 바로크 양식이 적용되었다. 건물 규모가 길이 70미터, 폭 14미터, 높이 11미터에 달하는 세계 최대의 수도원 도서관이다. 1776년 바로크 전문가 후버J. Hueber(1715~1787년)가 완공한 중앙 홀의 높이는 무려 12.7미터에 달

한다. 도서관 내부는 세 부분으로 구분한 2층 구조임에도 모든 공간
이 연결되어 있다. 천장의 일곱 개 돔에 그려진 프레스코화는 화가
알토몬테B.Altomonte(1694~1783년)가 82세에 완성한 것으로 기독교의
계시를 주제로 삼았다. 채광을 위한 48개의 창문은 후기 바로크 양식
이지만 로코코 양식도 가미되어 있다. 보리수나무에 청동으로 도금
한 바로크 양식의 네 조각에는 인간의 종말을 상징하는 천국, 지옥,
최후의 심판, 죽음이 새겨져 있다. 이들과 함께 세 가지 색상(흰색, 적
색, 회색)의 대리석으로 조합한 기하학적 무늬의 바닥, 흰색 바탕에
황금색으로 채색한 로코코 양식의 서가 등은 종교예술의 극치다. 더
욱 주목해야 할 대상은 총 20만 권에 달하는 장서다. 그중에서 화려
한 수장 공간에 배가配架된 분량은 약 7만 권인데 1,400권이 넘는 8세
기 필사본과 16세기 유럽 활자본, 다양한 성서 판본이 있다.[10]

아드몬트 수도원 도서관은 웅장한 건축, 화려한 예술품과 어우러
진 중세 지식문화유산의 보고다. 바로크 보석 안에서 중세 지적 세계
가 진가를 발휘하고 있다. 2005년 아드몬트 수도원은 오래된 문화재
의 보존과 복원, 모범적 연계로 오스트리아 박물관상을 수상했다.

독일 비블링겐 수도원

1093년 독일의 백작 하트만G. Hartmann과 키르히베르크O.V. Kirchberg는
바덴뷔르템베르크주 동쪽의 작은 도시 울름Ulm에서 5킬로미터 떨어
진 곳에 비블링겐Wiblingen 수도원을 건립했다. 1099년 최초 건물이 완
공된 후 베네딕토 규칙에 따라 엄격한 수도 생활을 하며 성직자 교육
및 양성, 학문 연구 중심지로서의 역할을 했다.

그림 2-12 독일 비블링겐 수도원

비블링겐 수도원은 수 세기에 걸쳐 화재와 침략에 시달렸다. 특히 30년 전쟁(1618~1648년) 때는 고통이 반복되었고, 1721년에는 대형 화재로 엄청난 피해를 보았다. 18세기 중반에 재건한 현재 건물은 바로크 건축의 마지막 걸작으로 평가받는다. 1805년에는 수도원 건물이 붕괴되어 소유주가 바뀌고 1822년까지 뷔르템베르크 백작의 거주지로 사용되었다. 19세기 초에는 나폴레옹 군대가 수도원을 폐쇄하고 많은 자료를 반출했으며, 제2차 세계대전 때는 연합군 주둔지여서 미국, 영국, 프랑스 등이 상당수 귀중본을 전리품으로 가져갔다.

한편 1721년 소실된 부속 도서관은 1744년 수도원장 함베르거M. Hamberger가 수도원 북서쪽 끝에 건립을 계획하면서 재건이 시작되었다. 그러나 1750년 새로 임명된 피셔J.M. Fischer가 과거 계획을 수정해 수도원 동쪽 끝에 오스트리아 제국 법원도서관 외관을 모방한 도서관과 필사실을 완공했다. 길이 72미터, 너비 27미터에 달하는 이 기념비적 바로크 양식 건물은 내부가 2층으로 구성된 단순 직사각형이

그림 2-13 독일 비블링겐 수도원 도서관

고, 32개 채색 기둥이 천장 무게를 지탱하고 있다. 높은 천장에 그려진 화려한 프레스코화, 고급스러운 대리석 바닥, 지식과 지혜의 여신을 상징하는 중앙 홀의 여섯 개 동상, 채색 기둥의 황금 장식과 조각 문양 등은 고급 연회장을 방불케 한다. 당대를 대표하던 화가 쿠엔F. M. Kuen과 조각가 헤르베르거D.H. Herberger가 합작하여 '책을 든 아기 천사'를 그린 벽화, 벽을 둘러싼 서가를 가득 메운 책, 서가 사이의 조각상은 고급 갤러리 못지않다. 그래서 "모든 지식과 과학의 보고In quo omnes thesauri sapientiae et scientiae"라고 새겨진 도서관 입구에 들어선 순례객은 지구상에서 가장 아름답고 경이로운 도서관이라며 호평할 수밖에 없다.

가장 번창했을 때에는 도서관 장서가 1만 5,000권에 달했는데, 당시 유럽의 어느 대학도서관보다도 많은 양이었다. 그러나 대부분 슈투트가르트로 옮겨졌고, 배가되어 있는 수백 권의 초기 자료와 수도사 필사본은 관광객을 위한 전시용이다.[11]

그림 2-14 체코 스트라호프 수도원

체코 스트라호프 수도원

1143년 체코 올로모우츠의 주교 즈딕J. Zdík(1083~1150년)과 보헤미아의 공작 블라디슬라프 2세(1110~1174년)는 프라하 스트라호프의 페트린Petřín 언덕에 남성 사제를 위한 바로크 양식의 스트라호프 수도원Strahovský klášter을 건립했다. 1258년 소실된 후 초기 고딕 양식으로 재건했으나 1419년에서 1434년까지 계속된 후스 전쟁* 때 스웨덴 군대에 다시 파괴되고 책도 소실되었다. 17세기 후반에는 건축가 마테이J.B. Mathey가 바로크 양식의 복합단지로 리모델링했다. 1783년 요제

---

* 체코 종교개혁가 후스J. Hus가 교회의 타락과 세속화를 비판하다가 성직을 박탈당하고 1415년 화형당하자 그를 추종하던 후스파가 로마 가톨릭교회의 권위에 도전하여 1419년 일으킨 전쟁이다.

그림 2-15 체코 스트라호프 수도원 도서관

프 2세(1741~1790년)가 수도원 해체령을 내렸을 때 학문연구기관으로
지정되어 화를 면했고, 이후 금욕과 수행의 중심지로 자리매김했다.
그러나 1951년에 들어선 사회주의 정권이 수도원을 폐쇄해 1953년
체코 국립문학박물관에 합병되었다가 1989년 사회주의 정권이 무너
진 뒤 수도원 기능을 회복하고 도서관도 다시 수도원 소유가 되었다.

스트라호프 수도원보다 더 유명한 부속 도서관은 입구 옆 계단으
로 연결된 2층의 두 개 홀에 자리 잡고 있다. 하나는 1671~1679년에
건립한 바로크 양식의 '신학 홀'이고, 다른 하나는 1785~1794년에
추가로 지은 고전주의 양식의 '철학 홀'이다. 통로로 연결된 양대 홀
을 압도하는 초대형(길이 32, 너비 22, 높이 14미터) 천장의 프레스코화
는 빈의 거장 마울베르츠[F.A. Maulbertsch]가 1794년에 반년 동안 그렸다.

1258년 대형 화재로 많은 문헌과 문서가 소실되었음에도 수도사
들의 수집과 보존은 집요했다. 그 결과 800년 이상 누적된 수도원 장
서는 13만 권에 달한다. 철학 홀에는 4만 2,000권이 수장되어 있는

데, 자체적으로 필사하거나 유럽 각지에서 수집한 필사본(약 5,000권)과 초기 목활자본incunabula(약 2,500권), 대형 고지도, 『스트라호프 복음서』(9~10세기), 『영국사Historia Anglorum』, 『셀멘베르크Schelmenberg 성서』, 『스트라호프 식물 표본집Strahov Herbarium』 등이 핵심을 차지하고 있다.[12] 나폴레옹이 이탈리아에서 약탈한 예술품 목록과 아내 루이즈M. Louise가 기증한 도서도 있다. 신학 홀에는 종교 관련 서적 1만 5,000권을 비롯해 지구의, 천구의 등이 전시되어 있다.[13]

1992년 유네스코는 '프라하 역사지구'를 세계문화유산으로 지정했는데, 그 중심에 스트라호프 수도원과 부속 도서관이 있다. 특히 양대 홀과 지식 공간은 세계에서 가장 아름다운 도서관으로 평가받는다. 이곳은 아카데미 최우수 작품상을 받은 포먼M. Forman 감독의 영화 〈아마데우스〉(1984년)의 배경으로 사용되기도 했다. 또 크레이그D. Craig가 처음으로 제임스 본드 역을 맡은 캠벨M. Campbell 감독의 〈007 카지노 로얄〉(2006년)의 촬영지로도 유명하다.

스페인 엘 에스코리알 수도원

중세 스페인에서는 1556년 국왕이자 신성 로마 제국의 황제였던 카를로스 1세(1500~1558년)가 물러나고 가톨릭 신자이자 인문주의자 펠리페 2세(1527~1598년)가 왕위를 계승했다. 펠리페 2세는 프랑스와의 생캉탱Saint-Quentin 전쟁*에서 승리한 후 1557년 왕궁의 수석 건

• 이탈리아 전쟁(1494~1559년) 중이던 1557년 펠리페 2세의 스페인이 당시 프랑스 관할 구역이던 피카르디의 생캉탱에서 프랑스에 승리한 전쟁이다.

그림 2-16 스페인 엘 에스코리알 수도원

축가 톨레도J.B. Toledo에게 수도원 건립을 명했다. 프랑스 군대를 무너
뜨린 성 라우렌티우스St. Laurentius(스페인어로는 산로렌소)의 순교일(8월
10일)을 기념하며 부왕을 매장하고 황실 보물을 오래 보관할 장소를
확보하기 위해서였다.[14] 이에 따라 마드리드 북서쪽 45킬로미터에 위
치한 과다라마산맥 동쪽 해발 1,030미터 고원에 건립한 수도원이 엘
에스코리알 수도원Monasterio de El Escorial이다. 착공 4년 만에 죽은 톨레
도에 이어 후임자 에레라J. Herrera까지 건설에 총 21년(1563~1584년)이
걸렸다. 궁전, 성당, 왕실 영묘Los Panteones, 르네상스 양식의 도서관,
박물관, 대학, 귀족 학교, 병원, 정원 등으로 이뤄진 수도원은 동서
162미터, 남북 207미터에 달하는 초대형 복합단지다.

도서관은 왕들의 정원Patio de los Reyes 앞에 3개관(중앙관, 원고 보존관,

그림 2-17 스페인 엘 에스코리알 수도원 도서관

성가 및 미사도서 보존관)으로 구성되었다. 그중 수도원과 대학 사이의
중앙 입구에 위치하는 중앙관 홀은 규모가 길이 54미터, 높이 10미
터에 달한다. 천장의 프레스코화는 이탈리아 화가 펠레그리노 티발
디Pellegrino Tibaldi(1527~1596년)가 당시 7대 교양 과목이던 문법, 논리,
수사, 산술, 기하, 음악, 천문을 소재로 그린 것이고, 바닥은 대리석
으로 마감했다.

초대 도서관장은 펠리페 2세의 전속 사제였던 인문주의자 몬타
노B.A. Montano(1527~1598년)가 맡았다. 도서관을 건립한 펠리페 2세의
자료 수집 의지는 도서관의 장서량과 구성에서 확인할 수 있다. 그
는 부속 도서관이 건립된 후 필사본과 고서뿐 아니라 세계 각국의 다
양한 자료(지구의, 지도, 수학 및 과학 도구, 제왕 및 저명한 학자의 초상

화 등)를 열정적으로 수집했다. 하지만 1671년 6월 발생한 화재로 건물이 전소되고 자료가 많이 소실되었다. 현재의 장서 4만 5,000권 가운데 15~16세기 여러 외국어(아랍어, 라틴어, 이탈리아어, 프랑스어 등) 필사본이 5,000여 권에 달한다. 매우 특이하게도 중국 한적 7종[15]을 보존하고 있는데, 1754년 이전에 반입한 것으로 보이지만 경위는 알 수 없다. 1984년 유네스코는 도서관을 비롯한 엘 에스코리알 수도원 전체를 세계문화유산으로 지정했다.

4
이슬람 모스크와 지혜의 집

이슬람 제국과 무슬림

고대 및 중세사의 내막을 들여다보면 이슬람 세계만큼 철저하게 무시되고 외면당한 예도 없다. 순전히 서양 중심 사관과 서양인 우월 심리 탓이다. 그러나 이슬람 세력은 1,000년 가까이(711~1683년) 유럽을 지배했을 뿐만 아니라 세계를 호령했다. 그리고 중세 후반 르네상스를 태동시킨 주역이었다.

중세 초기인 5~6세기에는 서유럽 제국과 동로마 중심의 지중해 문명권이 국제 사회를 주도했다. 그러던 가운데 메카• 출신의 상인 무함마드(570~632년)가 아라비아반도에 거주하던 유대교 및 기독교 중심

• 과거 헤자즈 또는 히자즈로 알려진, 지금의 사우디아라비아 서쪽에 있는 도시로 메카주의 주도이자 이슬람교 성지다.

의 여러 부족을 통합하여 622년 메디나를 거점으로 하는 이슬람 공동체를 건설하고 지식 탐구를 역설했다.* 이슬람 최초의 칼리파** 세습 왕조인 우마이야 왕조(661~750년)는 수도를 다마스쿠스로 정하고 영토를 중앙아시아, 북아프리카, 이베리아반도까지 확장했다. 668~675년에는 비잔틴 제국의 수도 콘스탄티노폴리스를 공략했으나 실패로 끝났다. 이어 750년 티그리스강 지류인 대자브강 전투에서 우마이야 왕조의 마지막 칼리파 마르완 2세(재위 744~750년)를 처형하고 등장한 아바스 왕조(750~1258년)***는 아라비아반도에 제국을 건설하고 동서양 선진 문명을 수용했다.

아바스 왕조의 제2대 칼리파 알 만수르(재위 754~775년)는 다마스쿠스에서 바그다드로 천도한 후 그리스, 페르시아, 인도의 고대 과학 지식을 수집·보완하여 학문 수준을 높이고 독자적 문명을 창출했다. 8세기 초부터 100년간 이슬람 공동체의 최고 지도자 칼리파들은 동쪽의 중앙아시아와 인도, 서쪽의 북아프리카와 이베리아반도를 원

• 예언자 무함마드는 언행록 『알 하디스』에서 "누구든 현세를 원하면 지식을 얻어야 하고, 내세를 원해도 지식을 얻어야 하고, 두 가지를 다 원해도 역시 지식을 얻어야 한다"라며 지식 습득의 중요성을 강조했다. 또한 이슬람 경전인 『쿠란』에도 "지식이 있는 자와 없는 자가 같을 수 있느냐?"(39:9)라는 구절이 있다. 이는 이슬람 교리에 대한 지식을 우선하는 내용이긴 하지만, 이슬람교 자체가 전반적으로 학문의 가치를 인정하고 학문 탐구와 지식 습득을 중요시한다. 그래서 "멀리 중국까지 가서라도 학문을 구하라"라는 경구도 있다.

•• 아랍어로 '후계자'를 의미한다. 이슬람교 창시자인 무함마드의 후계자를 통칭하는 용어로, 이슬람 율법(샤리아)에 따른 이슬람 제국의 주권자, 세속적으로 술탄을 말한다. 가톨릭 교황에 비견할 수 있다. 영어권에서는 '칼리프Caliph'라고 부른다.

••• 아랍 제국의 두 번째 칼리파 왕조로 몽골족이 바그다드를 함락한 1258년까지 아랍 제국을 통치했다.

정하여* 이슬람 제국(사라센 제국)을 건설함으로써 국제 질서를 재편하고 세계의 중심을 아랍으로 옮겨 왔다. 이베리아반도는 15세기까지 800년간 이슬람 영토였으며, 프랑스 남부와 이탈리아의 시칠리아를 포함한 지중해는 200년 넘게 이슬람의 바다였다. 그들은 식민지에 이슬람 문화를 이식하는 데 주력했다. 예컨대 10세기 시칠리아 주도였던 팔레르모에는 300개가 넘는 이슬람 예배당을 건립했으며, 이슬람 제국의 수도이자 국제 교역의 중심지였던 스페인 코르도바에는 1,600개가 넘는 이슬람 예배당을 세웠다. 정복지 이베리아반도에서는 최고 수준의 문명이 개화했으며, 마드리드 남쪽 톨레도 왕국에서는 번역 아카데미 주도로 과학, 예술, 문화 관련 저술을 라틴어로 번역해 유럽에 전파함으로써 르네상스의 원동력이 되었다.

세계 역사상 최대 영토를 차지한 몽골 제국 초대 황제 칭기즈칸(재위 1206~1227년)의 후예들은 기마군단을 앞세워 이슬람 제국의 심장이자 학문과 문예의 중심이던 바그다드를 무자비하게 파괴하고 1258년 아바스 왕조를 몰락시켰다. 또한 이슬람의 숭고함을 침해하고 칼리파제와 무함마드 가문을 멸절시켰다. 바그다드는 문화적으로 큰 손실을 입었고 수많은 학자가 죽었으며 귀중한 장서가 소실되었다.[16]

우연의 일치일까, 역사의 아이러니일까? 그해 몽골 제국의 세력이 미치지 않은 아나톨리아 동북부에서 출생한 오스만(1258~1326년)

• 이슬람은 8세기 초 이베리아반도와 비잔틴 제국을 동시에 공격했다. 그 결과 서부 이베리아반도는 711~1492년 직접 지배했고, 비잔틴 제국은 1071년 8월 셀주크 제국의 두 번째 술탄이던 알프 아르슬란의 군대가 동부 아나톨리아를 중심으로 한 대다수 아시아 영토를 지배했다.

은 후에 부족장^{Bey}이 되었고 1299년 아나톨리아의 셀주크 튀르크계 유민을 흡수해 오스만 제국을 건설하고 초대 황제 오스만 1세(재위 1299~1326년)로 등극했다. 대외 원정에 나선 오스만 1세는 북아프리카 모로코를 장악한 뒤 유럽으로 진격하여 1396년 불가리아 북부의 니코폴리스 전투*에서 십자군을 격파했다. 이어 제7대 술탄인 메흐메트 2세(재위 1444~1446, 1451~1481년)가 1453년 동로마 제국의 수도 콘스탄티노폴리스를 정복하고 동로마 제국을 멸망시킴으로써 무슬림의 디아스포라와 발칸반도의 이슬람화가 급속도로 진행되었다. 그러나 1683년 난공불락이던 빈 공격에 실패한 뒤 18세기부터 세력이 약해졌다.

이처럼 기독교 중심의 중세 유럽은 약 1,000년간 이교도인 무슬림의 지배를 받았다. 그래서 유럽인은 이슬람과 무슬림을 극도로 증오할 뿐 아니라 이슬람 공포증(또는 혐오증)^{Islamophobia}이 있다. 이는 유럽 지식계가 이슬람에 대한 편견과 오해를 기반으로 중세를 암흑기로 재단한 배경이기도 하다. 그러나 그리스·로마의 소중한 유산이 사라질 뻔했던 위기의 시대에 무슬림은 서양 고대 문명과 우수한 학문 지식을 수용해 발전시키고 고대 지식정보 수집과 보존, 고전 자료 번역과 주석, 문화·예술 계승과 발전, 학문 수준 제고 등을 통해 르네상스의 초석을 다졌다. 그 산파 역할을 했던 공간이 모스크와 지혜의 집이다.

• 1396년 9월 25일 도나우강 변 니코폴리스에서 오스만 제국 바예지드 1세와 헝가리 지기스문트 왕의 유럽 연합(헝가리 왕국, 신성 로마 제국, 프랑스, 왈라키아, 폴란드, 잉글랜드, 스코틀랜드, 구스위스 연합, 튜튼 기사단, 베네치아 공화국, 제노바 공화국, 성 요한 기사단 등) 사이에서 일어난 전투로 오스만 제국이 승리했다.

모스크

이슬람 세계의 모스크는 무슬림을 위한 예배 장소다. 그 어원은 아랍어 동사 '사자다'(기도하러 무릎을 꿇다)에서 유래한 '마스지드'로, 스페인에서는 메스키타Mezquita라 불렀다. 무슬림에게 모스크는 단순히 예배당에 그치지 않고 삶의 중심이자 마을, 도시를 상징한다. 모스크에는 학교, 병원, 도서관, 목욕탕, 여관 등 부속 건물이 설치되었고 주변에 큰 시장(바자)이 형성되었다.

모스크에 병설된 도서관은 무슬림에게 『쿠란』* 및 관련 자료를 제공하고, 또 학문 연구와 문화 발전을 중시한 이슬람 세계에 제공할 고대 이집트, 그리스, 로마, 페르시아, 인도 등의 고전 자료와 과학 지식을 수집·보존하고 번역·배포하기 위한 필수 시설이었다. 따라서 위치와 규모를 불문하고 대다수 모스크에 도서관이 설치되었다. 이들 부속 도서관은 다른 도서관이나 지역 학자의 기증 자료, 왕가나 명문 가족의 유증 자료 등을 모체로 점차 다양한 주제나 영역으로 확장해나갔다.[17] 모스크 부속 도서관을 지리적으로 구분해보면 크게 스페인, 북아프리카, 근동으로 나눌 수 있다.[18]

먼저 스페인은 711년부터 무슬림이 세력을 확장했다. 무슬림은 이베리아반도 대부분을 차지했고, 이베리아반도 최후의 이슬람 왕조였던 그라나다의 나스르 왕조(1232~1492년)가 무너질 때까지 스페인

• 쿠란(코란, 꾸란)은 610년부터 23년간 알라(하느님)가 예언자 무함마드에게 계시한 내용을 제자들이 여러 장소와 시대에 걸쳐 기록한 자료를 집대성한 책이다. 제자들이 낙타 골편이나 야자 엽피, 양피지 등에 기록한 내용을 제1대 칼리파 아부 바크르 때 한 권으로 묶었고, 제3대 칼리파 우스만 이븐 아판이 조직한 쿠란결집위원회에서 집대성하여 최종 완성본을 만들었다. 이것이 현재 사용하는 쿠란의 정본으로 '이맘본' 또는 '오스만본'이라 부르기도 한다.

을 지배했다. 그 기간에 많은 모스크가 건립되고 개인도서관에 없는 훌륭한 장서를 확보했다.[19] 우마이야 왕조가 멸망한 뒤 일족인 아브드 알 라흐만 1세(재위 756~788년)가 스페인으로 피신하여 독립한 후 우마이야 왕조(929~1031년)의 수도 코르도바에는 300여 개의 모스크가 있었고 도서관도 70개가 넘었다. 알 하캄 2세(재위 961~976년) 통치 시대에 융성했던 코르도바 모스크가 대표적이다. 당시 코르도바는 이슬람 학문의 창구였던 중부 톨레도와 함께 서방 이슬람 문화의 거점이었으며, 모스크에 부설한 코르도바 대도서관의 장서는 40만 권을 상회했는데,[20] 이는 프랑스 모든 도서관의 장서보다 많은 양이었다. 또 당시 대다수 유럽 국가와 달리 양피지 대신 종이를 사용했다.[21]

중세 북아프리카의 대표적 모스크는 알 카라위인 모스크다. 859년경 무슬림 상인의 딸 파티마 알 피흐리(800~880년)가 설립한 알 카

그림 2-18 스페인 코르도바 모스크

라위인 모스크는 세계에서 가장 오래된 고등교육기관이다. 12세기에 확장하여 이슬람 교육·문화의 중심지로 부상한 알 카라위인 모스크는 약 2만 2,000명이 동시에 참배할 수 있는 규모였다. 모스크 지붕은 270개 기둥이 지탱하고, 1본당의 여섯 회중석은 각각 21개 편자형 아치로 이뤄졌다. 14세기에는 이슬람 세계의 대표적 학자이자 정치가인 이븐 할둔 같은 위대한 인물을 배출하며 이슬람 사상과 학문의 요람이 되었고 학생 수도 8,000명에 달했으나 점차 쇠퇴했다. 1956년 프랑스에서 독립한 모로코는 법학부를 설치하고 여성 입학을 허용하며 학습 구조를 재구성하는 등 알 카라위인 대학을 현대적으로 혁신했다.

모스크 건립 시 병설한 부속 도서관은 아부 야쿠브 유수프(재위 1163~1184년) 왕의 이름을 딴 아부 유수프 도서관, 그의 아들이 건립한 과학도서관으로 최고의 명성을 자랑하는 아부 이난 도서관, 1587년 학자 겸 술탄 아마드 알 만수르가 건립한 만수리야 도서관으로 구성되어 있다. 모스크와 회랑으로 연결된 도서관은 화려한 아라베스크 문양*이 돋보이는 이슬람 양식의 걸작으로 평가받는다. 가장 값진 보물은 9세기 낙타 가죽에 아라비아 문자 서체인 쿠픽체로 기록한 『쿠란』 필사본이다. 이 외에도 1,000년이 넘은 희귀서와 귀중본을 4,000여 점이나 소장하고 있다.

마지막으로 근동의 모스크와 부속 도서관의 예는 터키 이스탄불

• 아랍인이 식물 줄기와 잎에서 창안한 장식 무늬로, 덩굴무늬나 기하학무늬를 배합한 것이 특징이다. 우상이 금지된 이슬람교에서는 아랍 문자와 식물무늬를 혼합해 벽면 장식, 서책 장정, 공예품 등에 이슬람 특유의 장식미술을 적용했다.

그림 2-19 터키 술레이마니예 모스크

에서 확인할 수 있다. 오스만 제국의 최고 걸작 중 하나인 술레이마니예Süleymaniye 모스크다. 1550년 제10대 술탄 술레이만 1세(재위 1520~1566년)의 명령으로 궁정 건축가 시난M. Sinan이 설계하여 7년 만인 1557년 완공한 복합단지형 모스크로, 각종 부대시설이 병설되었다.˙ 주요 예배당은 대형 돔(아랍어로 쿱바, 가로 58·세로 59·높이 53·직경 27.5미터)을 중심으로 여러 개의 돔과 네 개의 첨탑(미나렛)으로 이뤄졌고, 내부는 꽃과 구름 문양이 있는 이즈니크Iznik 타일과 스테인드글라스로 장식했다.

두 개 학교에 인접한 부속 도서관은 1660년 화재로 건물 일부가 손실되었으나 메흐메트 4세(재위 1648~1687년) 때 바로크 양식으로

• 모스크 내에는 마드라사(학교), 병원, 급식소, 숙박시설, 상업시설, 하맘(공중목욕탕), 도서관 등 다양한 부대시설이 있고, 북쪽에는 모스크 건설자 술레이만 1세와 왕비 록셀라나의 묘가 있다.

복구했다. 20세기 초반 공공연구도서관으로 바뀐 술레이마니예 도서관은 터키 최대 사본도서관으로 무려 10만 권에 달하는 필사본과 인쇄본 5만 권을 소장하고 있다.[22] 필사본은 아랍어가 60%, 터키어가 30%, 페르시아어가 10%다.

지혜의 집

인간의 삶에서 수행과 기도의 궁극적 목적은 지혜를 구하는 데 있다. 지혜의 사전적 의미는 '사리를 분별하며 적절히 처리하는 능력'이다. 불가에서 지혜는 '반야般若'(만물의 참다운 실상을 깨닫고 불법을 꿰뚫는 것)이며, 구약에서는 '호크마'(하느님의 뜻을 잘 알고 그에 따라 잘 판단하는 것), 이슬람교에서는 '히크마'(존재의 본질을 아는 것)다. 이러한 지혜를 증득證得하려면 지식과 정보의 입수 및 이해가 전제되어야 한다. 그래서 오래전부터 인류는 지식정보를 수집·보존하고 이용하는 건물과 공간을 갖추고 '도서관' 또는 '지혜의 집'으로 지칭했다. 이슬람 세계는 고대 페르시아어에서 도서관을 의미하는 지혜의 집을 아랍어로 직역하여 '바이트 알 히크마'라 불렀다.

그 기원은 사산 왕조(226~651년)의 페르시아 제국 제21대 군주 호스로 1세(재위 531~579년) 때 건립한 '지혜의 집'[23]으로, 동서고금의 책 1만 권을 소장한 왕립공문서관 또는 궁정도서관이었다.[24] 하지만 국제 사회가 공인하는 가장 오래된 지혜의 집은 8세기 아바스 왕조에서 시작되었다. 7세기경 예언자 무함마드가 이슬람 공동체를 건설한 뒤 칼리파들은 중동 전역과 북아프리카에 이어 이베리아반도까지 지배했다. 그들은 정복지에서 고대 그리스어, 페르시아어, 인도어 등으로 기록되거나 시리아어로 번역된 철학, 문학, 예술, 과학 등의 위대한 저술을 발견하고 아랍어로 번역하도록 명령했다. 전설에 따르면 무슬림 지도자들은 저울 한쪽에 번역된 양피지를 올려놓고 다른 한쪽에 양피지 무게에 상응하는 금을 얹어주었을 정도로 번역가를 우대했다. 이를 위해서는 고전 자료를 수집·보존하는 도서관과 번역·배포할 공간이 필수적이었다.

이러한 필요성에서 아바스 왕조의 제5대 칼리파 하룬 알 라시드(재위 786~809년)는 고대 이란 왕조인 사산 제국의 궁정도서관 시스템을 벤치마킹하여 바그다드에 웅장한 키자나트 알 히크마(지혜의 도서관)를 건립했다.[25] 그로부터 30년이 지난 830년경 제7대 칼리파 알 마문(재위 813~833년)은 선대가 건립한 지혜의 집을 확장하는 동시에 공식 기관으로 격상해 '바이트 알 히크마'로 개칭하고 번역원과 천문대를 병설했다.[26] 가장 중요한 목적은 산스크리트어, 그리스어, 페르시아어, 아람어Aram語, 중국어 등으로 필사된 고전을 아랍어로 번역하고 보존하는 데 있었다. 이를 위해 그리스 문헌을 조직적으로 번역했는데, 책임자로 임명된 네스토리우스파* 신도 후나인 이븐 이스하크(808~873년)는 그리스어, 시리아어, 아랍어에 능통한 학자들을 초청하여 유클리드의 수학서, 히포크라테스와 갈레노스의 의학서, 플라톤과 아리스토텔레스의 철학서, 그리스어 구약성서 등을 차례로 번역했다. 지혜의 집이 배출한 대표적 인물로는 제국의 철학자 겸 의학

● 콘스탄티노폴리스의 대주교 네스토리우스(386~450년)를 시조로 하는 기독교의 일파로, 예수의 신성과 인성을 분리함으로써 이단으로 규정되었다.

자로서 『의학 정전』을 저술한 이븐 시나(980~1037년)와 페르시아 출신의 대수학의 아버지 알 콰리즈미(780?~850?년),[27] '아랍의 철학자'로 불리는 알 킨디(801~873년)가 있다. 후대 칼리파들은 수집 자료의 주제와 언어를 확대하고, 번역 외에 독자적 학문 연구를 통한 외연 확장과 신지식 창출을 장려했다.

지혜의 집은 바그다드 말고도 여러 지역에 만들어졌다. 1004년에는 이집트 카이로에 바그다드 바이트 알 히크마의 분관인 '다르 알 히크마'를 건립했는데 과학서 1만 8,000권을 비롯해 장서가 무려 200만 권에 달했다. 시리아 다마스쿠스, 우즈베키스탄 부하라와 사마르칸트 등에도 시대를 달리하며 지혜의 집이 등장했다. 13세기에는 이슬람 사원 외에 이슬람 학교인 마드라사에도 병설되었다.

이슬람 사원에 병설된 무수한 지혜의 집은 고대 및 중세 초기의 성서, 다양한 고전 자료, 과학 지식 등 인류의 위대한 사상과 과학적 성취를 집대성하고 보존한 도서관이었다. 지혜의 집은 이슬람 세계의 지적 중추신경으로서 당대를 호령하던 대학자들이 번역과 주석에 전념한 고전 번역 센터인 동시에 학문의 지평을 넓히고 새로운 지식을 창출한 학문연구기관으로 근대 대학의 원형이 되었다. 또한 로마군이 파괴하기 전까지 알렉산드리아 도서관이 300년간 헬레니즘 문명의 요람이었듯이, 지혜의 집은 500년간 지속하면서 헬레니즘, 페르시아, 이슬람의 이질적인 문화를 녹여 독창적 이슬람 문화를 창출한 온고지신溫故知新과 법고창신法古創新의 용광로였다.

1258년 몽골 제국이 바그다드를 파괴할 때 지혜의 집도 잿더미가 되었다. 그러나 이슬람 세계의 지적·정신적 유산은 신학을 기반으로

하는 스콜라철학의 모태가 되었고, 14세기에 시작된 르네상스의 초
석이 되었다. 이슬람의 새로운 지식과 사상을 수용한 유럽인들은 인
식의 혁명적 변화를 겪었는데, 그것이 구체적으로 문명화된 것이 서
유럽의 르네상스다.[28] 르네상스는 이슬람 사원에 병설된 지혜의 집에
서 시작되었다고 해도 과언이 아니다.

5
해인사 장경판전

고대에 기록 매체를 보존한 주체는 왕궁이나 신전의 부속 도서관이었다. 마찬가지로 중세에도 왕실을 제외하면 종교시설이 지식문화의 중심지였다. 유럽에서는 수도원, 이슬람 세계에서는 모스크, 그리고 한국에서는 고려 시대 불교 사찰이었다.

고려는 태조 왕건(재위 918~943년)의 숭불경승崇佛敬僧 정책을 기반으로 수도 개성(송도, 개경)의 법왕사, 왕륜사, 흥국사, 귀법사를 비롯해 전국에 무수한 사찰과 불탑을 건립했다. 그로부터 약 90년 뒤 제8대 현종(재위 1009~1031년)은 거란의 계속된 침입으로 개성이 함락될 위기에 처하자 1010년 나주로 피란했다. 12세 때 숭교사로 강제 출가를 당했다가 왕위에 오른 현종이 불법에 의지하여 국난을 극복할 목적으로 만 18년간(1011~1029년) 혹은 77년간(1011~1087년)* 일으킨 대작 불사大作佛事가 초조대장경初雕大藏經 조판이었다. 개성의 법상종 본찰이던 현화사 등 여러 사찰에서 판각된 초조대장경(총 1,106종 5,048권)은 잠시 대사찰 흥왕사의 대장전에 보관하다가 팔공산 부인사로 옮겼다.

그러나 몽골 제국이 제23대 고종(재위 1213~1259년) 18년(1231년) 고려를 침략하여 전국을 초토화했을 때 부인사 초조대장경도 소실되었다. 이에 고종은 다음 해 수도를 강화로 옮기고 부처의 원력과 가피로 민심을 수습하고 국난을 극복하기 위한 국책사업으로 강화 본사本司의 대장도감大藏都監과 진주, 남해의 분사도감分司都監에서 16년간 (1236~1251년) 재조대장경再雕大藏經을 조판했다. 당시 무인 정권 주도하에 최고 권력층도 경판 보시에 동참하고,** 경전 수집 및 교정은 화엄종 승려 천기天其와 수기守其가 맡았다.*** 무려 500여 명에 달하는 필생筆生과 각수刻手가 참여했음에도 판각 수준이 일정하고 글자체도 수

• 초조대장경 판각 기간에 대해서는 만 18년(1011~1029년), 41년(1011~1051년), 77년 (1011~1087년) 등의 설이 있는데, 유네스코한국위원회, 고려대장경연구소, 동국대학교 불교학술원 홈페이지는 18년으로 기록하고 있다. 한편 『고려사』 선종세가宣宗世家의 "선종 4년(1087년) 2월 개국사에서 대장경 완성을 경찬하고 4월 귀법사에서 경찬 법회를 가졌다"라는 기록을 들어 77년으로 간주하기도 하는데, 이 같은 77년설은 초조대장경 제작이 1차 완료된 뒤에 문종과 선종 때 1,000여 권이 추가로 제작된 연도를 포함시킨 것이라고 할 수 있다.

•• 『고려사』에 따르면 고려 중기 권신이던 최충헌의 아들 최이(최우의 개명)는 대장경 판각의 절반에 해당하는 사재를 보시했고, 최이의 서자이자 고려 후기의 무신이던 최항(승려 시절 법명은 법우)도 재산을 시주하고 판각을 지원했다.

••• 천기는 초조대장경 인경본, 북송 개보장, 거란장 등 여러 판본을 수집했고, 수기를 비롯한 여러 수도승 및 지식인과 함께 수집된 저본을 바탕으로 대장경 원문의 오탈자를 바로잡고 포함할 경전을 결정했다. 그 과정에서 많은 판본을 비교·교감한 『고려국신조대장교정별록高麗國新雕大藏校正別錄』 총 30권을 만들었다.

그림 2-20 해인사 팔만대장경판

려하여 추사 김정희가 "사람이 아니라 신선이 쓴 글"이라고 찬탄하기도 했다.

경전 1,496종 6,568권을 기록한 재조대장경, 즉 팔만대장경은 부처가 설한 삼장三藏, 즉 근본 교리인 경장經藏, 불제자 계율인 율장律藏, 불법 연구와 해석인 논장論藏을 집대성한 불경이다. 경판은 산벚나무(64%), 돌배나무(14%), 기타(후박나무, 단풍나무 등 22%) 재질로 이뤄져 있으며, 총량은 8만 1,258장이다. 각 장의 규격은 가로 70, 세로 40센티미터다. 한 장당 무게가 대략 3킬로그램이므로 합산하면 24만 3,774킬로그램이고, 두께가 약 4센티미터이므로 모두 쌓으면 3,200미터, 연결하면 60킬로미터에 달한다. 양면에 해서楷書로 양각된 글자가 한 장당 644자(1행당 14자×23행×2면)이므로 경판 8만 1,258장을 곱하면 총 5,233만 152자에 달한다. 한 자씩 새길 때마다 삼배하고 완성된 경판에 진한 먹으로 결을 메운 뒤 두세 번 옻칠했다. 경판 양쪽 끝에는 각목으로 마구리를 대고 순도 99.6% 이상의 구리판으로 마무리하여 뒤틀림을 막았다. 이처럼 팔만대장경은 왕실 주도하에 사부대중이 참여하여 국난을 극복한 국책사업, 다양한 경전(초조대장경, 개보장開寶藏, 거란장契丹藏 등)을 저본으로 한 비교와 교감, 수행심에 입각한 오탈자 수정과 치밀한 교정, 재질의 규격화와 견고한 마무리, 아름다운 서체와 지극 정성을 다한 판각 등이 더해진 결과로, 현존하는 대장경 가운데 최고最古의 완성체다.

팔만대장경은 1251년부터 강화 선원사에 보존하다가 조선 태조 7년(1398년) 5월 한양 지천사로 옮겼다. 그리고 제2대 정종 원년(1399년) 1월˙ 합천 해인사로 이운되었다. 그러나 팔만대장경 이운 경로는 해인사 대적광전에 대장경판 이운 벽화가 있음에도 분명하지 않다. 현재까지는 육로설(강화 선원사→한양 지천사→충주→문경새재→고령 개산포→합천 해인사)과 해로설(만리포, 진도 울돌목, 완도, 거제도를 거치는 서남해 연안 뱃길→낙동강→고령 개산포→합천 해인사) 중 후자가 유력하지만[29] 확정된 것은 아니다. 대한불교 조계종 제12교구 본사인 해인사는 불법승佛法僧 삼보사찰 중 비로자나불을 본존불로 모신 법보사찰法寶寺刹로, 150여 개 말사末寺를 둔 대가람인 동시에 8대 총림˙˙을 대표한다.

세계 목판 인쇄물의 정수로서 국보 제32호인 팔만대장경은 2007년 유네스코 세계기록유산으로 등재되었고, 팔만대장경을 보존

• 선원사 홈페이지와 『한국민족문화대백과사전』은 지천사에서 해인사로 이운한 연도를 세조 2년(1456년)으로 기록하고 있다. 그러나 『태조실록』(1398. 5. 10)에는 태조가 용산강(현 한강 원효대교 인근)으로 행차하여 선원사에서 운반해 온 대장경판을 지켜보았고 다음 날 비 오는 가운데 군사 2,000명이 지천사로 옮기는데 오교양종五敎兩宗 승려들이 독경했다는 기록이 있으며, 『정종실록』(1399. 1. 9)에는 태조가 해인사에서 대장경을 인출하려 했다는 기록이 있다. 따라서 지천사에서 해인사로 이운한 시점은 1399년 1월이 유력하다.

•• 총림叢林은 승려의 참선수행 도량인 선원禪院, 경전 교육기관인 강원講院, 계율 전문교육기관인 율원律院을 모두 갖춘 사찰을 말하며, 방장方丈이 최고 지도자다. 현재 조계종 총림은 총 여덟 곳(해인사, 송광사, 통도사, 수덕사, 백양사, 동화사, 쌍계사, 범어사)이다.

그림 2-21 해인사 장경판전

하는 국보 제52호 장경판전藏經板殿*은 1995년 12월 유네스코 세계문화
유산으로 등재되었다. 1488년 완공된 장경판전과 팔만대장경은 목재
임에도 지금까지 온전하다. 비록 장경판전은 보존 기능을 우선하여
출입을 통제하고 있지만, 중세 대수도원과 대모스크 부속 도서관에
필적하는 사찰도서관이고 보존서고다. 특히 목판 인쇄술, 식자 및 활
판술, 과학적 설계, 건축적 측면에서는 세계에서 유일하게 원형을 간

• 장경판전은 해인사에 소장된 각종 판목 및 관련 기록, 금석문, 현판 등에서 장경각藏經閣, 대장
각大藏閣, 경판각經板閣, 경각經閣, 판각板閣, 대장경판당大藏經板堂, 대장당大藏堂, 판당板堂, 판전板殿, 대장경
전大藏經殿, 대장경판고大藏經板庫, 장경판고藏經板庫 등으로 다양하게 지칭된다. 세조 3년(1458년)에 40간
을 중창하고 성종 12년(1481년)에 중건한 것이 현재 장경판전의 모습이다. 성종 19년(1488년) 학조
대사學祖大師가 왕실 후원으로 30간을 개축하여 보안당普眼堂으로 지칭했으며, 광해군 14년(1622년)에
수다라장, 인조 2년(1624년)에 법보전을 중수했고, 인조 9년(1631년)에 단청 미장을 했다. 1955년
에는 번와翻瓦 공사를, 1964~1965년에는 번와 및 서까래 교체 공사를 했으며, 1972년 전면부 판가
를 추가했다.

그림 2-22 해인사 장경판전 내부

직하고 있다.

장경판전은 중심 건물인 남쪽 수다라장修多羅藏과 북쪽 목조 비로자나불좌상을 모신 법보전法寶殿, 양옆에 부설된 동사간판전東寺刊板殿과 서사간판전西寺刊板殿으로 구성되어 있다. 지난 600년간 팔만대장경을 완벽하게 보존한 비밀은 장경판전의 배치 구조와 통풍에서 찾을 수 있다. 조선 초기의 전통적 목조건축 양식으로 건립한 장경판전은 해인사에서 가장 높은 지역에 자리 잡고 있어 계곡 아래에서 불어오는 바람을 이용한 자연 환기가 가능하다. 또 모든 경판이 햇빛을 골고루 받을 수 있도록 수다라장과 법보전을 서남향으로 배치했다. 건물 전후와 벽면 상하에 부착한 서로 다른 크기의 창호는 과학적 건축 구조의 압권인데, 외부에서 흡입된 공기가 실내를 골고루 순환하면서 적

정 습도를 유지하기 때문이다. 그 외에도 바닥을 깊게 판 다음 숯, 횟가루, 소금을 모래와 함께 층층이 쌓아 우기에는 바닥이 습기를 흡수하고 건기에는 바닥이 습기를 발산하도록 했다.

이러한 위치와 배치 구조 덕분인지, 아니면 부처의 가피력 덕분인지 몰라도 통일신라 시대인 802년 창건된 해인사가 일곱 번이나 화재로 소실되어 대적광전을 비롯한 부속 건물이 조선 말기에 중건된 것과 달리 팔만대장경과 보존서고인 장경판전은 한 번도 화마에 휩싸이지 않았다. 그러나 한국전쟁 중에 해인사가 통째로 사라질 뻔한 위기가 있었다. 이 일화는 2002년 6월 해인사 삼선암 입구에 세운 김영환(1921~1954년) 장군의 '팔만대장경 수호 공적비'에서 확인할 수 있다. 지관 스님이 작문하고 서예가 정하건이 쓴 전문을 옮기면 다음과 같다.

여기 화살같이 흐르는 짧은 생애에 불멸의 위업을 남기고 영원히 살아남은 영웅이 있다. 김영환 장군! 그는 1921년 서울 사직동에서 태어나 형인 김정렬 장군과 함께 우리 공군 창설과 그 육성에 신명을 기울이며 조국의 하늘을 지키는 명장으로서의 면모를 보였으며, 6·25 한국전쟁 중에는 탁월한 결단으로 우리 민족의 성보聖寶 고려팔만대장경판을 포화의 위기에서 구하는 호국호법의 큰 공을 세우고 1954년 3월 5일 34세의 젊은 나이로 장렬하게 전사하여 그 고귀한 명예를 영원히 남기고 있다. 고려대장경판은 고려말 몽고병을 물리치려는 거국적 원력으로 시작한 호국의 얼이 담긴 민족의 성보로 조선 세종 때에는 왜의 끈질긴 기증 요구에 중신들은 응하려 했으나 세종의 결연한 의지로 보존되어 오다가 6·25 한국전쟁이 발발하고 인민군 낙오자 900여 명이 해인사에 주둔함으로써 민족의 성보는 위기일발 전쟁의 포화에 휩싸이게 되었다. 1951년 7월 경남지구 공비 토벌에 참여한 김영환 장군은 동년 9월 18일 오전 6시 30분 지상군 부대의 긴급 항공 지원 요청에 따라 "4기 편대로 합천 상공에서 정찰기와 만나라"는 무전 명령을 받는다. 정찰기로부터 지시된 훈령은 "해인사의 공비 소굴을 발사·폭격하여 지상군을 지원하라"는 것이었다. 드디어 정찰기의 표시용 백색 연막이 선명하게 목표를 가리켰고 그곳은 바로 대적광전의 앞마당이었다. 네이팜탄 한 발이면 팔만대장경판은 물론 해인성지가 곧 잿더미로 바뀌고 말 찰나에 놓였다. 바로 이때 김 장군은 상부의 폭격 명령을 어기고 요기僚機에게 명령했다. "각 기는 나의 뒤를 따르되 나의 지시 없이는 절대로 폭탄과 로켓탄을 투하하지 말라." 다시 정찰기로부터 독촉 명령이 내려졌고 2·3·4번 기장들은 편대장에게 재차 폭격 명령을 내려줄 것을 재촉했다. 그러나 편대장 김 장군의 뜻은 단호했다. "각 기장은 일체 공격을 중지하라"는 날카로운 명령만이 부전기를 통해 전해졌다. 다만 사찰 상공을 몇 바퀴 선회한 뒤 해인사의 뒷산 능선 너머로 폭탄과 로켓탄을 투하하고 귀대했다. 대장경판이 보존된 장엄한 역사적 순간이었다. 참으로 목숨 건 탁월한 판단과 애국심으로 이룬 불멸의 위업이 아닐 수 없다. 이에 대한불교 조계종 총무원·해인총림·대한민국 공군이 뜻을 모아 그의 빛나는 호국호법의 장렬한 공적을 영원히 기리고자 이 공적비를 세운다. 위대하신 그 이름은 이 나라와 함께하여 영원토록 빛나리라!

10세기 이후 동아시아에서 많은 목판 대장경이 제작되었으나 경판을 포함한 대장경 전체가 온전히 보존된 것은 해인사 팔만대장경이 유일하다. 송, 거란, 금, 원, 명, 청 등 중국 역대 왕조의 대장경판은 모두 인멸되었고, 비슷한 시기의 북송 개보장과 거란장은 인본조차 존재하지 않기 때문에 팔만대장경은 불교문화권 전체의 보고라 할 수 있다.[30] 보시의 공덕으로 판각된 장경판과 부처의 원력으로 보존된 장경판전은 불심으로 새기고 지혜로 보존한 중세 한국의 지적 보물이자 찬란한 문화유산이며 도서관의 정수다. 2017년 9월 《르 피가로》의 부동산 특별판인 《르 피가로 이모빌리에Le Figaro Immobilier》는 해인사 장경판전을 '세계에서 가장 아름다운 10대 도서관'으로 선정했다.[31]

중세의 주류 도서관사는 동서양을 막론하고 종교시설 부속 도서관 중심의 역사다. 유럽의 수도원, 이슬람 세계의 모스크, 한국의 불교 사찰에 병설된 도서관이나 서고가 대표적이다. 그 명칭이 무엇이든 사원은 수도사의 금욕적 수행 공간인 동시에 지식인의 치열한 학문 연구 거점이자 지혜의 전당이었다. 또한 수도사를 위한 교리뿐만 아니라 고급 지식을 전수하는 고등교육기관의 역할도 수행했다. 그리하여 자료 수집과 보존, 필사(각사)와 사본 제작, 번역과 해석, 저술과 보급 등을 위한 도서관의 설치가 필연적이었으며 각종 학교도 부설되었다.

중세 말기에 부속 학교는 분화하여 대학의 모태가 되었고, 수도자와 지식층의 전유물이던 부속 도서관은 개방되기 시작했다. 특히 사본 제작과 고전 번역을 통한 지식문화의 습득과 전수는 인문주의의 부활을 예고했을 뿐만 아니라 봉건제에 조종을 울렸다. 그리고 대학의 출현, 르네상스와 근대 사회 등장의 도화선으로 작용했다.

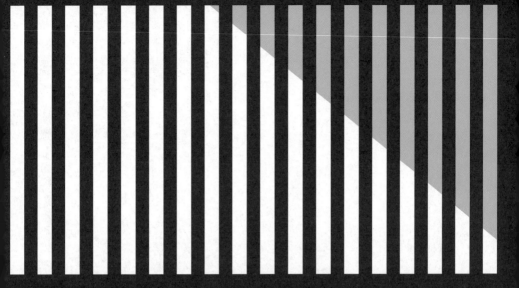

3장

근대 도서관, 혁명은 가까이에 있다

1
중세의 가을과 근대의 봄

　중세가 고대와 근대의 연결 고리라면 근대는 중세와 현대의 가교
다. 어디서부터 어디까지가 근대인지에 대해 보편적으로 합의된 바
는 없다. 일각에서는 1492년 아메리카 대륙의 발견을 근대의 시작
으로, 제2차 세계대전을 근대의 끝으로 본다. 또 초기 근대와 후기
근대로 세분하기도 한다. 초기 근대는 르네상스와 대항해 시대에서
18세기 초반까지로, 동양에서는 근세近世라고도 불러왔다. 후기 근대
는 18세기 중반의 7년 전쟁*에서 프랑스 대혁명, 산업혁명에 이은 제
2차 세계대전까지를 말한다. 한편으로는 유럽 열강이 새로운 국가체

● 1756~1763년 오스트리아 합스부르크 가문이 프로이센과 벌인 전쟁으로, 유럽 열강 대다수가
참전했을 뿐 아니라 그들의 식민지였던 아메리카와 인도까지 확산된 대규모 전쟁이었다.

제를 갖추고 세계로 진출한 시점을 기준으로 근세와 근대를 나누기도 한다. 한국에서는 왕조 시대 끝자락에 체결한 1876년 강화도조약 또는 1897년 대한제국 성립으로부터 일제 강점에서 해방된 1945년까지를 근대로 간주하기도 한다.

서양의 역사관에 따르면 중세는 서로마 제국이 멸망한 476년부터 콜럼버스가 신대륙을 발견한 1492년 또는 오스만 제국이 콘스탄티노폴리스를 함락한 1453년까지 무슬림이 지구촌을 호령했던 시대다. 그들이 15세기 후반 쇠퇴하며 종말을 고함으로써 근대가 개막되었다. 그 시작이 15세기 말인지 16세기인지에 대한 논쟁은 의미가 없다. 시대 구간은 학문 영역과 학자의 입장에 따라 다를 수 있고 단일한 잣대로 규정하기 어렵기 때문이다. 역사란 전대의 제반 조건을 바탕으로 당대가 성립되며, 다시 당대가 후대의 전제가 되는 흐름의 연속이다. 불교의 삼세(전세, 현세, 내세)가 업에 따라 윤회하는 이치와 같다. 중세 1,000년의 빛과 그림자는 근대를 잉태하기 위한 여러 동인을 축적했다. 가령 의회 제도와 같은 근대의 정치적 특성, 나침반과 화약, 인쇄술 등은 근대로의 이행 또는 서구 근대화의 토대로 작용했다. 그럼에도 근대는 여러 측면에서 중세와 구별된다.

첫째, 종교적 측면에서 중세가 기독교 중심의 봉건사회였다면 근대는 르네상스를 바탕으로 한 인간 중심의 시민사회였다. 특히 중세 로마의 가톨릭교회는 절대 권력을 행사하며 국가 운영과 개인의 삶에 지대한 영향을 미쳤다.

둘째, 철학적 사조로 보면 중세는 교부철학과 스콜라철학으로 대변되지만, 르네상스 과도기를 거친 근대는 영국 경험론,[•] 프랑스 합리론,[••] 독일 관념론[•••] 등이 주류를 형성했다. 달리 표현하면 중세의 철학체계는 형이상학[••••]으로, 최고 존재자인 신과 피조물인 인간, 신과 사물, 인간과 사물의 관계 등을 철학적 화두로 삼았다. 반면 근대는 중세 철학에 대한 비판과 자연과학 인식론에 대한 반성에서 출발한다. 요컨대 중세가 존재의 형이상학에 관심을 두었다면, 근대는 인식의 형이상학을 중시했다.

셋째, 정치적 측면에서 봉건제였던 중세와 달리 근대에는 민주화가 진행되었다. 중세에는 일부 특권층만 누리던 참정권이 근대 초기 시민혁명을 통해 시민으로 확대되었다.

넷째, 경제적 측면에서 근대는 산업혁명을 통한 도시화와 공업화

- 경험론은 모든 지식체계에 대한 경험과 귀납적 방법론을 중시한다. 우상을 배제하고 선입관을 갖지 않아야 하며, 경험을 전제로 사물과 현상의 본질적 모습을 인식해야 한다는 점을 강조한다. 베이컨F. Bacon, 로크J. Locke, 버클리G. Berkeley, 흄D. Hume, 홉스T. Hobbes, 루소J.J. Rousseau 등이 대표적 철학자다.
- •• 합리론은 모든 지식의 근원은 이성에서 출발한다는 입장으로, 경험론과 대립각을 세웠다. 참된 지식은 감각이 아닌 철학적 사유, 이성적 사고, 연역적 방법론에 대한 신뢰를 바탕으로 성립된다는 점을 강조한다. 근대 철학의 아버지 데카르트R. Descartes, 스피노자B. Spinoza, 라이프니츠G.W. Leibniz 등이 대표적 철학자다.
- ••• 관념론은 모든 지식은 선천적 관념에서 시작된다는 18세기 말~19세기 중반 독일 루터파 지역 중심의 고전주의 또는 이상주의 철학을 말한다. 칸트J. Kant의 비판철학과 야코비F.H. Jacobi의 칸트 철학 비판에 자극을 받은 피히테J.G. Fichte, 셸링F.W.J. Schelling, 헤겔G.W.F. Hegel, 슐라이어마허F.D.E. Schleiermacher 등이 대표적 철학자로, 신(절대자)이라는 관념적 원리로 세계와 인간을 파악하는 데 무게를 두었다.
- ••••형이상학은 현상(물질)계를 초월하여 정신적·영적 측면을 탐구하는 학문이다. 따라서 영혼과 신, 우주 원리 등 존재의 질서에 관심을 둔다. 중세는 신을 존재의 질서에서 최고 존재자로 전제함으로써 모든 철학을 구속했다. 반대로 형이하학은 형체를 갖춘 사물을 연구하는 학문으로, 형이상학이 사유의 세계를 논한다면 형이하학은 현실 세계를 직시한다.

가 진행되었다. 생산 방식이 공장형 기계공업으로 바뀌면서 대량 생산이 가능해져 물질적으로 풍요로운 사회가 되었다.

다섯째, 사회문화적 측면에서 중세가 신분제를 강조하고 그리스·로마의 고전 문화(헬레니즘)와 유대교·기독교의 종교사상(헤브라이즘)이 결합된 사회였다면, 근대는 개방화·다양화로 전통적 신분제가 철폐되고 능력과 자질에 따라 사회적 이동이 가능해졌다. 또 과학기술 발달, 합리적 사고의 확산, 개인주의와 자유주의 중시 등의 사회 풍조가 조성되었다.

여섯째, 예술과 건축 측면에서 중세는 고딕 양식이 성행했다. 파리의 노트르담 대성당이 그 결정체다. 반면 근대 예술가들은 고전적 예술 형식을 따라 인간의 아름다움과 종교를 묘사했다. 미켈란젤로가 조각한 다비드(이스라엘 왕국의 제2대 통치자 다윗)가 이를 대변한다.

마지막으로 문헌적 관점에서 중세는 숙련된 필사생이 양피지나 종이에 라틴어와 그리스어 등으로 필사하여 소량 제작하는 형태였으나 근대는 인쇄기술 개발로 민족어나 자국어로 작성한 원고를 조판하여 대량 인쇄했다.

이처럼 중세와 근대는 다양한 측면에서 분명한 차이가 있다. 그렇지만 중세와 근대는 단절이 아니라 중첩된 연속적 스펙트럼으로 간주해야 한다. 네덜란드의 역사가이자 철학자 하위징아J. Huizinga는 1919년 출간한 『중세의 가을』에서 "한 시대의 현저한 특징은 말기에 가장 명확하게 드러난다"라고 역설했다. 하위징아는 전성기를 지나 쇠락해가던 시대, 르네상스를 거쳐 근대로 진입하는 시대라는 의미에서 14~15세기를 '중세의 가을'이라고 절묘하게 표현했다.[1] 중세의 가을은 근대의 봄에 역사를 이양하고 종지부를 찍었다.

무엇이 중세의 종말을 초래했을까? 직접적 계기는 동양에서 개발한 나침반, 화약, 인쇄술 등이 해상 실크로드를 따라 유럽 대륙에 상륙했기 때문이다. 나침반은 천문학 지식과 결합하여 해상무역과 신대륙 탐험에 영향을 미쳤다. 화약은 총과 대포 같은 고성능 무기를 발전시키고 전쟁과 식민지화에 일조했다. 그리고 인쇄술은 지식의 대량 유포와 대중화, 과학기술 발전, 계급구조 붕괴, 자유 사상 등에 도화선으로 작용했다. 이 중 근대의 태동과 발전에 가장 결정적 영향을 미친 것은 인쇄술이었다.

2
인류 최고의 걸작, 인쇄술

인쇄술의 등장과 확산

문자 기록 방식은 크게 각사, 필사, 인쇄로 나뉜다. 최초의 기록 매체인 점토판에는 각사를 했고, 파피루스 등에는 필사를 했으며, 종이에는 필사와 인쇄를 병용했다. 인쇄 방식은 한국, 중국, 일본에서 목판이 목활자를 거쳐 금속활자로 진화했고, 13~14세기에 서양으로 전파되었다.

서양 인쇄 문화의 발상지는 독일이다. 그 주역은 라인강 주변 상업 도시 마인츠의 상인 가계 출신 구텐베르크(1398~1468년)다. 구텐베르크는 마인츠에서 보석 세공과 유리 가공업에 종사했으나 1428년 가족이 귀족 계급에 반발했다는 이유로 스트라스부르로 추방당해 그곳에 머물며 인쇄업에 뛰어들었다. 1444년 귀향한 구텐베르크는 1448년까지 납활자로 활판인쇄를 시작했고, 1450년 수동식 금

속활자를 이용한 인쇄술을 발명했
다.˙그 최초 인쇄본이 1455년 간인
한 라틴어판『구텐베르크 성서』다.
1450년대『구텐베르크 성서』의 판
매가는 종이책 60플로린,˙˙ 양피지
본 100플로린이었는데, 당시 대다
수 장인의 연평균 소득이 25~40플
로린이었으니 매우 고가였다. 구약
과 신약 총 2권으로 1,286쪽 분량
이며 한 면에 42줄로 인쇄되어 있
어 '42행 성서'라고 부르기도 한다.

그림 3-1 『구텐베르크 성서』(1455년)

초판 180부(양피지본 30부, 종이책 150부) 중 49부가 현존하며,˙˙˙ 2권으
로 구성된 완전판은 21부만이 남아 있다.²

한편, 구텐베르크는 1450~1453년 동업자 푸스트J. Fust에게 빌린

• 구텐베르크는 금속활자를 발명하지 않고 단지 개량했을 뿐이라는 주장도 있다. 1377년 청
주 흥덕사에서 세계 최초 금속활자본인 『직지』가 간인되었고 한국의 활자 기술이 유럽에 전수되었
다는 설명, 이미 유럽 각국 제본업자들이 책등에 금박을 찍기 위해 금속활자를 사용하고 있었다는
사실 등이 그 근거다. 그러나 당시 활자는 대량 인쇄에 부적합한 철활자였기에 구텐베르크가 납
(80%), 주석(17%), 안티몬(3%)을 섞어 인쇄에 적합한 납활자를 만들었다는 측면에서 금속활자의 발
명자로 간주하는 시각이 지배적이다.

•• 1252년 이탈리아 피렌체 지방의 금화에서 시작되어 서유럽 최초의 주조 금화가 된 플로린Florin
은 유럽 전역으로 퍼져 화폐를 뜻하는 명사로 정착되었다.

••• 독일은 구텐베르크 박물관 등에 13부, 미국은 의회도서관 등에 11부, 영국은 영국 국립도서관
의 2부를 비롯해 8부, 프랑스는 프랑스 국립도서관과 몽생미셸 수도원 등에 4부, 그 외 러시아·스
페인·바티칸은 각각 2부씩, 오스트리아·벨기에·덴마크·폴란드·포르투갈·스위스·일본은 각각 1부
씩 소장하고 있다.

800길더(현재 가치로 약 15만 달러)를 갚지 못해 인쇄물과 인쇄기, 활자 등 시설 일체를 대신 넘겼다. 구텐베르크 인쇄소 기술자였던 푸스트는 서사, 채식, 세밀화 기술이 출중하던 사위 셰퍼^{P. Schöffer}와 함께 1457년 두 번째 금속활자본인 『마인츠 성시편^{Mainz Psalter}』을 간행했다.[3] 한편 구텐베르크는 새로운 투자자를 구하여 마인츠 건너 헤센주 엘트빌에서 재기했으나 1462년 마인츠 교구의 쟁탈전 때 인쇄소가 소실되고 기술자들이 각지로 흩어지면서 기밀정보로 취급되던 인쇄술이 인근 국가로 퍼져나갔다.

(1) 독일

독일 금속활자 기술자들은 약간의 시차를 두고 라인강 주변 도시로 인쇄술을 전파했다. 밤베르크, 스트라스부르, 쾰른, 아우크스부르크, 뉘른베르크, 뤼베크, 라이프치히 등이 대표적 인쇄 도시다.

마인츠 다음의 인쇄 도시로 부상한 밤베르크에서는 1460년 구텐베르크의 조수였던 피스터^{A. Pfister}가 인쇄소를 설립해 목판 삽화를 넣고 독일어로 인쇄했다. 역시 구텐베르크의 조수였던 멘텔린^{J. Mentelin}은 1460년 스트라스부르로 돌아와 인쇄소를 개설하고 1466년 처음으로 독일어판 성서를 로만체(세리프 글꼴) 활자로 인쇄했다. 멘텔린 사후에는 사위 루슈^{A. Rusch}가 인쇄·출판 외에 서적을 판매하고 종이도 공급했다. 마인츠에서 푸스트와 셰퍼가 운영하던 인쇄소에서 기술을 축적한 젤^{U. Zell}은 1466년 쾰른에 인쇄술을 전파했다. 젤은 쾰른에 인쇄소를 개업한 뒤 200여 종을 출판했으며, 쾰른이 당시 서부 독일의 인쇄 중심지로 자리 잡는 데 크게 이바지했다. 1468년에는 스트라스부르의 멘텔린 인쇄소에서 기술과 경험을 쌓은 자이너^{G. Zainer}가 아우크스부르크에 인쇄소를 개업했다. 자이너는 1472년 최초의 독일어판 그림책 『황금전설』[•]을 간행했고, 1475년에는 그림을 삽입한 성서를 처음으로 인쇄했다. 또 세비야 주교 이시도르(560~636년)가 저술한 백과사전 『어원』^{••}을 발간했다. 아우크스부르크의 또 다른 인쇄업자 라트돌트^{E. Ratdolt}는 최초로 표지와 장서표를 삽입했고, 활자 조견표^{type specimen}도 만들었다.

1470년에는 구텐베르크로부터 인쇄술을 익힌 케퍼^{H. Keffer}가 뉘른베르크에 인쇄소를 개업했고, 코베르거^{A. Koberger}는 삽화가 대량 수록된 인본을 간행했다. 당시 뉘른베르크는 중앙 유럽 최대의 상업 도시였으므로 인쇄·출판업이 크게 번창해 독일 및 유럽 인쇄 문화에 많은 영향을 미쳤다. 그러나 1524년 뉘른베르크 시의회가 종교개혁을 주창한 루터주의를 억압할 목적으로 인쇄물 제출과 검열에 관한 교황 직령을 채택함으로써 훗날 검열 제도와 언론 탄압의 단초를 제공했다. 그 외에 한자 동맹의 중심지였던 뤼베크는 동유럽과 발트해 연안의 여러 도시와 국가에 인쇄술을 전파했으며, 신성 로마 제국 이후 무역 도시로 번창한 베를린 남서쪽 엘스터강 변의 라이프치히는 제

• 1260년경 이탈리아 제노바의 대주교 야코부스^{Jacobus de Voragine}가 예수 탄생에서 중세까지의 성인 약 200명에 대한 전설을 집대성한 전기다. 중세 때부터 가톨릭 신자들이 성서 다음으로 널리 읽었다. 13세기에 카탈루냐어로 번역되었고, 1494년 바르셀로나에서도 출판되었다. 프랑스어판은 14세기, 라틴어판은 1469년에 출판되었다.

•• 총 20권으로 구성된 『어원^{語源}』은 기초 학문인 7학(문법, 논리, 수사, 산술, 기하, 음악, 천문)에서 시작하여 의학, 법률, 연대학, 역사, 교회, 신학, 국가, 언어, 인간학, 자연과학, 지리, 건축학, 농업, 군사, 놀이, 항해, 실생활, 음식물에 이르기까지 세속적 학문과 신학 전반을 종합한 대작이다. 제10권의 제목인 '어원학'을 전체 서명으로 사용했다.

2차 세계대전 이전까지 유럽 인쇄·출판의 중심 도시였다.

이처럼 독일은 인쇄술의 발명과 확산의 중심지로서 유럽 전역에
인쇄술을 전파하는 데 기여했다. 15세기 중엽 유럽에서 생산된 인쇄
물 총 4만여 종 가운데 3분의 1이 독일에서 인쇄되었으며, 그중에서
도 3분의 2가 5대 도시(스트라스부르, 쾰른, 아우크스부르크, 뉘른베르크,
라이프치히)에서 인쇄되었다. 당시 사용된 활자는 1,000여 종에 달했
다. 1511~1524년 독일(신성 로마 제국)에서 생산된 인쇄물을 언어별
로 집계한 자료를 보면, 1524년 독일어 인쇄물 생산 종수는 1511년
에 비해 다섯 배가 넘게 증가한 반면 라틴어 인쇄물 종수는 30%가량
감소했다. 1520년까지 독일에서 총 1,690만 부의 서적이 인쇄되었는
데, 그중에서 독일어 서적은 전체의 5.6% 수준인 94만 6,000부였다.[4]

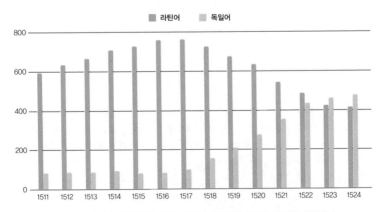

그림 3-2 16세기 초 독일(신성 로마 제국)의 라틴어와 독일어 인쇄물 생산 종수

(2) 이탈리아

고대 그리스·로마의 찬란한 문화유산을 간직한 이탈리아는 근대에도 철학과 종교, 문학과 예술 등 모든 분야에서 유럽의 중심지였다. 1462년경 독일과 유대 관계이던 로마 근교의 베네딕토회 수도원이 독일 인쇄술을 적극적으로 수용한 뒤 인쇄술은 급속하게 전국으로 확산되었다.

최초 인쇄소는 로마 근교 수비아코Subiaco에 설립되었다. 그 주역은 구텐베르크 인쇄소에서 기술과 경험을 쌓은 독일인 스바인하임C. Sweynheim과 판나르츠A. Pannartz였다. 그들은 1465년 스페인 출신의 추기경 투레크레마타J. de Turrecremata의 후원으로 로마 시대(4세기) 문법학자 도나투스A. Donatus의 라틴어 문법서인 『도나투스』와 가톨릭교회 제4대 교부이자 은총의 박사로 불리는 아우구스티누스(354~430년)의 『신국론De Civitate Dei』 등 4종을 인쇄했다. 1467년에는 로마에 인쇄소를 개설하여 키케로(기원전 106~43년),* 아우구스티누스 등의 고전을 간행하는 데 주력해 1472년까지 40여 종을 발간했다.

더욱 주목해야 할 인쇄 도시는 동서 교차로의 중심지이자 문화, 예술, 산업의 거점이던 북부 베네치아다. 이 도시에 인쇄술을 전파한 인물은 독일인 스피라de Spira 형제다. 그들은 1469년 인쇄소를 개업하고 키케로의 『친구들에게 보낸 편지Epistulae ad Familiares』 등을 인쇄하여 호평을 받았다. 또 다른 인물인 프랑스의 장송N. Jenson은 왕명에 따

---

* 로마 공화정 말기를 대표하는 철학자이자 문필가, 뛰어난 변론가, 정치인, 수사학의 대가로, 『국가론』, 『의무론』, 『수사학』, 『우정에 관하여』 등의 저서를 남겼다.

라 마인츠의 구텐베르크 인쇄소에서 약 3년간 기술을 습득한 뒤 베네치아로 옮겨 1470년 인쇄소를 설립했다. 그가 창시한 로만체 활자는 읽기 쉽고 인쇄했을 때 먹물이 고르게 묻어 품질이 우수했으며, 훗날 모든 로만체 활자의 모체가 되었다. 그 외에 발다르퍼[C. Valdarfer]는 베네치아에 알디네 출판사를 설립한 마누티우스[A. Manutius]의 역작 『라틴어 문법 개론서[Institutiones Grammaticae]』와 보카치오의 『데카메론』 초판본을 인쇄했다.

당시 베네치아의 인쇄소는 260개로 다른 모든 도시의 인쇄소를 합한 것보다 많았다. 베네치아에서는 이탈리아 인쇄물의 15%가 생산되었을 뿐만 아니라 이탈리아에서 가장 아름다운 그림책과 그리스어 활자본까지 제작될 정도로 품질이 우수했다.[5] 특히 16세기 베네치아는 책의 천국이었고 최초라는 수식어가 가득한 곳이었다. 이를 주도한 마누티우스는 2단 인쇄 방식을 최초로 시도했으며 로만체와 이탤릭체 인쇄를 유행시켰다. 또 아랍어 『쿠란』과 유대인 『탈무드』를 비롯해 다양한 책(악보집, 건축 화보, 요리책, 게임책, 포르노)을 출판했으며, 쉼표와 아포스트로피, 세미콜론, 악센트 부호 같은 각종 기호도 도입했다. 베네치아는 세계 최대 인쇄소와 다국적 출판사를 보유한 거대한 책의 도시이자 공장이었다.

르네상스의 발상지인 피렌체도 인쇄 문화 발전의 중요한 거점이었다. 이 도시에 인쇄술을 처음 소개한 세니니[B. Sennini]는 독학으로 창의적 인쇄 방법을 연구하고 활자 주조를 시험했으며 인쇄기와 잉크까지 제조했다. 또 다른 인물인 로렌초[Nicola di Lorenzo]는 1477년 베티니[M. Bettini] 사제의 『디오의 성산[Un Dio Elegante]』에 풍자적 삽화를 넣어 인쇄했

고, 단테의 『신곡』도 이탈리아
어로 인쇄해 주목을 받았다.

1462년 독일의 인쇄술은
알프스산맥을 넘어 여행을 시
작했다. 유럽 정신문화의 중
심지인 이탈리아에 도착한 인
쇄술은 순식간에 개화했고,
15세기 말에는 원조 국가인
독일이나 다른 유럽 국가보다

그림 3-3 독일 인쇄술 전파 지도

많은 인쇄소가 운영되었으며, 15~16세기 유럽에서 생산된 책의 절
반이 베네치아에서 인쇄되었을 정도로 유럽 최대의 인쇄 생산국으로
부상했다. 특히 미술을 비롯한 예술 분야 걸작이 많이 인쇄되었다.
현재도 널리 사용하는 로만체, 그리스와 이탈리아 문자를 비롯해 유
럽 최초로 동양 문자를 활자화하여 인쇄했고, 악보 인쇄와 금박 장정
등도 창안했다. 이러한 기반 위에서 르네상스가 태동했다.

(3) 프랑스

15세기 프랑스 인쇄업은 독일(신성 로마 제국)과 이탈리아에 이어
유럽에서 세 번째로 규모가 컸다. 프랑스는 그중에서도 역사 및 문학
도서의 채식彩飾 필사와 귀족층 소비가 활발한 나라였다. 따라서 독일
에서 건너온 인쇄술은 프랑스 인쇄 문화에 도화선으로 작용할 수밖
에 없었다.

1469년 소르본 대학 하인린J. Heynlin 교수와 동료 피셰G. Fichet가 독

일 출판기술자 게링U. Gering과 크란츠M. Crantz 등을 초청하면서 프랑스 인쇄업이 시작되었다. 그들은 1470년 인문주의 정신을 전파할 목적으로 프랑스 최초로 대학도서관에 인쇄소를 설립하여 라틴어 편지 작문 지침서인 베르가모G. de Bergamo의 『서간서Liber Epistolarum』를 비롯한 인문도서 22권을 인쇄했다. 1472년 피셰가 소르본을 떠나고 후임자 빈트베르크E. Windberg가 담당할 때 인쇄소는 대학가인 카르티에 라탱Quartier latin의 생자크Saint-Jacques 거리로 이전했고, 더 넓은 독자층에게 인쇄물을 판매할 목적으로 신학과 법학, 스콜라철학 같은 중세 이래의 전통적 학술서를 주로 출판했다.[6]

1473년에는 식자공 로이G. le Roy가 법률서 등 부르주아 계층을 위한 출판이 활발하던 프랑스 제3의 도시 리옹에 인쇄소를 설립했다. 그가 최초로 출판한 책이 이탈리아 베로나 출신 법학자 치폴라B. Cipolla가 저술한 『법적 경고Cautelae Iuris』다. 당시 리옹은 독일 및 이탈리아와 인접한 지리적 장점 덕에 교역이 활발했고, 경제가 번영하면서 부르주아 계층이 급증했다. 대학이 없었음에도 학문과 지식의 중심지였고, 공증인과 법학도가 많아 인쇄물의 새로운 독자층이 형성되었다.

리옹에서 유명한 인쇄업자는 초기 인쇄본Incunabula* 시대에 사본 서적상으로 활동하다가 인쇄본 출판·판매업으로 전환한 파리의 베라르A. Vérard다. 사본과 인쇄본에 정통했던 베라르는 1485~1512년 300여 개의 판본을 출판했고, 파리와 지방에 지점망을 갖추었을 뿐

---

* 라틴어로 요람 또는 유아기를 의미하는 인큐나불라는 인쇄술의 요람기를 말한다. 또 구텐베르크가 인쇄술을 발명한 1455년에서 1500년대 말까지 유럽 전역에서 활자로 인쇄된 초기 인쇄본을 지칭하기도 한다. 전 세계적으로 2만 7,000종 약 50만 부가 보존되어 있다.

만 아니라 영국에도 판매한 국제 서적상이었다. 중세 채식기술을 활용한 미장본美裝本 인쇄로 '프랑스 삽화본의 아버지'라는 명성을 얻은 베라르가 출판한 『역사의 거울Le Miroir Historial』(전 5권)은 각 권 분량이 600여 쪽에 달하는 대작이었다.[7]

16세기 초 프랑스의 위대한 인문주의자이자 인쇄업자였던 돌레E. Dolet는 1535년 『키케로 모방에 관한 대화Dialogus de imitatione Ciceroniana』, 1538년 『라틴어 주해Commentarii Linguae Latinae』 등 500종 이상을 발간했다. 특히 1540년에 출판한 『한 언어에서 다른 언어로 번역 잘하는 방법La Manière de bien traduire d'une langue en autre』은 서양 최초의 번역 이론서로 자리매김했다.[8] 또한 그리스어 신약성서를 여러 권으로 나누어 출판한 것은 훗날 출간된 모든 성서의 전범이 되었다. 그러나 불행하게도 판매가 금지된 서적을 시판했다는 이유로 처형되었다.

독일 인쇄술은 이탈리아에서 성장하고 프랑스에서 개화했다고 평가할 만큼 파리와 리옹은 인쇄·출판의 황금시대를 구가했다. 로마 가톨릭 신학자들이 주도한 파리와 달리 리옹에서는 인문주의 및 신교와 관련한 서적이 많이 출판되었다. 파리는 1470년대 대학가를 중심으로 인쇄·출판이 이루어졌고, 1480년대에는 귀족층을 대상으로 한 도판 인쇄본 제작과 판매가 활발했다. 반면 리옹의 부르주아 계층은 프랑스어로 번역되고 도판이 삽입된 도덕 교훈서, 보급판 백과사전, 기사도 이야기 등을 많이 구입했다. 그러나 리옹은 1600년경 종교적 탄압을 받으면서 파리와의 치열한 출판 경쟁에서 밀려났고, 프랑스 출판 활동의 무게중심은 파리로 옮겨갔다.

(4) 기타 국가

1500년경 인쇄술은 유럽 전역으로 전파되었다. 영국은 대륙의 주요 국가보다 늦은 1476년에 독일 인쇄술을 도입했는데, 근대 인쇄술의 아버지로 불리는 켄트주 출신의 캑스턴W. Caxton이 그 주역이었다. 캑스턴은 런던에서 포목 장사를 하다가 1471년 7월 독일 쾰른으로 건너가 인쇄술을 습득한 뒤 1474년 벨기에 브루게Brugge에서 영역본 『역사집Recuyell』을 간행했다. 1476년 귀국한 캑스턴은 웨스트민스터 대성당 스크립토리움 부근에 영국 최초로 인쇄소를 개설하고 영역본 『트로이 역사』를 비롯해 초서G. Chaucer의 걸작인 『캔터베리 이야기』 등 100종 이상을 출판했다.

1722년 캐슬론W. Caslon은 새로운 활자체를 창안하고 활자를 주조했는데, 1776년 미국 독립 선언문 인쇄에 사용되었을 정도로 유명했다. 바스커빌J. Baskerville은 활자 외에 잉크와 종이도 제조했고, 왕실 인쇄소에 활자를 납품했다. 그가 1752년 개설한 버밍엄 활자 주자소에서 고안한 바스커빌 서체는 이탈리아와 프랑스의 활자 기술자에게 지대한 영향을 미쳤으며 현재도 널리 사용되고 있다. 섬유 디자이너이자 시인이던 모리스W. Morris는 고대 활자를 부활시키고 미술품 인쇄에 심혈을 기울이는 등 영국 인쇄 발전에 크게 기여했다.

그 밖에 독일 인쇄술은 스위스 제2의 도시 바젤(1464년), 네덜란드 제4의 도시 위트레흐트(1470년), 스페인의 세고비아(1471년)와 발렌시아(1473년), 헝가리의 수도 부다페스트(1472년), 폴란드 크라쿠프(1474년) 등으로 전파되었으며, 이들 도시는 각국의 인쇄 중심 도시로 발전했다. 특히 네덜란드의 인쇄술은 독일보다 앞섰다고 평가받을 만큼 발달했다. 스페인에서는 대다수 책이 고딕체로 인쇄되어 독창성과 품위를 자랑했다. 또한 유럽 밖으로 향한 인쇄술은 멕시코(1539년), 인도(1556년), 페루(1584년), 일본(1590년), 필리핀(1602년), 미국(1639년), 이란(1640년)에도 전파되었다.

유럽의 인쇄·출판 추이

유럽의 젖줄인 길이 1,230킬로미터의 라인강은 스위스 중부 알프스에서 발원하여 독일을 관통하고 네덜란드를 거쳐 북해로 흘러간다. 그 중류에 위치하는 마인츠 출신의 구텐베르크가 1455년 금속활자를 발명하고, 라인강 배후 도시를 중심으로 인쇄 산업은 성장과 발전을 거듭하며 퍼져나갔다. 1462년에는 알프스산맥을 넘어 이탈리아로 전파되었고, 이어서 영국과 스페인에 도달했으며, 1482년 스칸디

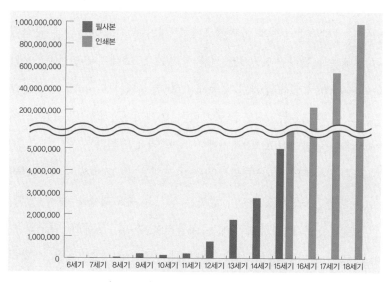

그림 3-4 유럽 도서 생산량 증가 추이(6~18세기)

국가	6세기	7세기	8세기	9세기	10세기	11세기	12세기	13세기	14세기	15세기 부수	15세기 비율(%)
중앙유럽	0	0	0	0	0	3,983	27,530	120,987	301,833	376,650	7.5
보헤미안	0	0	0	0	0	657	1,136	5,377	42,066	45,363	0.9
영국	81	1,026	5,474	7,926	9,793	20,360	81,044	200,654	155,513	208,729	4.2
프랑스	1,682	2,441	15,920	74,190	12,752	45,061	197,831	510,828	564,624	1,195,783	23.9
벨기에	0	127	1,111	3,029	1,555	8,529	43,219	119,588	106,148	572,124	11.4
네덜란드	0	26	60	82	58	354	1,731	2,066	13,179	171,974	3.4
독일	0	0	7,503	59,771	45,703	49,548	66,876	279,392	293,814	515,116	10.3
스위스	0	30	594	5,330	1,799	1,090	2,355	3,821	6,349	10,652	0.2
오스트리아	0	0	2,735	9,414	0	2,808	37,370	37,408	39,777	88,623	1.8
이탈리아	10,194	4,478	6,536	20,307	15,215	38,768	95,207	253,013	879,364	1,423,668	28.5
이베리아	1,594	2,512	3,770	21,693	48,763	40,871	114,422	237,818	344,284	390,478	7.8
계	13,551	10,640	43,703	201,742	135,638	212,029	668,721	1,770,952	2,746,951	4,999,160	100

출처: Eltjo Buringh, Jan Luiten van Zanden, 「Charting the 'Rise of the West': Manuscripts and Printed Books in Europe, A Long-Term Perspective from the Sixth through Eighteenth Centuries」, p.416

표 3-1 중세 및 근대 유럽 국가별 필사본 생산량 추이(6~15세기)

나비아로 확산되었다.

유럽 중세에서 근대까지의 도서 생산량을 보면, 6세기에 필사된 분량은 1만 3,551권에 불과했으나 15세기에는 500만 권에 근접했고 인쇄본을 합하면 1,750만 권을 상회했다. 15세기 후반 50년 동안 (1450~1500년) 인쇄된 분량이 중세 1,000년 동안보다 40배 넘게 많았다. 그 이후 더 빠른 속도로 증가하여 16세기에는 2억 권, 17세기에는 5억 권을 넘어섰고, 18세기에는 10억 권에 달했다.[9]

그중 필사본의 국가별 생산량을 비교해보면, 15세기 당시 이탈리아(28.5%)와 프랑스(23.9%)가 필사본 생산을 주도했음을 알 수 있다. 인쇄본의 경우 15세기 후반에는 이탈리아, 독일, 프랑스, 영국의 순으로 많이 출판했으나 17세기 후반에는 영국, 프랑스, 독일, 이탈리아의 순으로 역전되었다. 독일이 인쇄·출판의 원조 국가지만 생산량

국가	1454~1500	1501~1550	1551~1600	1601~1650	1651~1700	1701~1750	1751~1800
영국	208	2,807	7,999	32,912	89,306	89,259	138,355
아일랜드	0	0	4	268	1,341	8,586	17,598
프랑스	2,861	34,736	39,084	61,257	85,163	73,631	157,153
벨기에	394	5,720	5,720	4,334	7,203	3,016	4,817
네덜란드	473	1,045	2,842	15,009	30,149	40,950	53,063
독일	3,227	15,603	32,112	40,553	57,708	78,205	116,814
스위스	400	3,312	5,786	1,988	1,656	1,277	4,615
이탈리아	4,532	16,719	41,641	35,067	43,293	37,930	75,500
스페인	463	2,205	2,306	4,631	7,088	9,124	16,304
스웨덴	6	34	49	2,080	3,756	6,654	21,305
폴란드	1	3	146	1,807	2,062	3,468	9,208
기타*	22	530	718	1,000	2,310	2,974	14,067
러시아	0	0	0	123	165	1,275	12,367

* 오스트리아, 헝가리, 포르투갈, 체코, 노르웨이, 덴마크
출처: Eltjo Buringh, Jan Luiten van Zanden, p.416

표 3-2 근대 유럽 국가별 인쇄본 출판량 추이(1454~1800년)

의 무게중심은 점차 영국과 프랑스로 이동했다.

마지막으로 15~16세기 주요 인쇄 도시별 출판 종수를 살펴보면, 15세기에는 이탈리아 베네치아, 프랑스 파리, 이탈리아 로마, 독일 쾰른, 프랑스 리옹, 독일의 라이프치히와 스트라스부르 순으로 많은 종수를 출판했으나 16세기에는 파리, 베네치아, 리옹, 네덜란드 안트베르펜, 런던, 독일의 비텐베르크와 뉘른베르크 순으로 출판 종수가 많았다.

1455년 구텐베르크가 금속활자로 『구텐베르크 성서』를 인쇄한 이래 15~16세기 독일, 이탈리아, 프랑스, 영국을 중심으로 엄청난 물량이 생산되었다. 대체로 수도나 종교적 중심지, 상업적 인프라가 구축된 곳이 인쇄의 거점이 되었는데, 독일은 중세 상업과 음악의 중심지 라이프치히, 네덜란드와 인접한 라인강 변의 쾰른, 남서부

도시	15세기		16세기	
	출판 종수	순위	출판 종수	순위
베네치아	4,369	1	26,454	2
파리	3,841	2	43,873	1
로마	2,282	3	8,179	8
쾰른	1,754	4	7,999	9
리옹	1,632	5	13,497	3
라이프치히	1,533	6	9,454	10
스트라스부르	1,368	7	7,825	11
아우크스부르크	1,359	8	5,693	14
밀라노	1,216	9	3,013	17
뉘른베르크	1,158	10	8,206	7
피렌체	1,067	11	4,677	15
바젤	943	12	7,758	12
마인츠	472	13	1,265	26
울름	439	14	–	–
슈파이어	359	15	472	29
나폴리	336	16	1,361	25
밤베르크	167	17	–	–
런던	166	18	13,497	5
마그데부르크	140	19	2,712	19
에르푸르트	134	20	2,745	18
제네바	124	21	4,229	16
빈	111	22	1,570	24
로스토크	29	23	1,701	23
프라하	24	24	1,247	27
브레슬라우	15	25	639	28
취리히	11	26	1,806	22
프랑크푸르트	3	27	639	13
안트베르펜	–	–	13,538	4
비텐베르크	–	–	9,454	6
예나	–	–	2,314	20
슈파이어	–	–	472	29
츠비카우	–	–	353	30

출처: 최경은, 「종교 개혁기의 비텐베르크: 인쇄 문화를 중심으로」, 《유럽사회문화》 18, 2017, 52쪽

표 3-3 유럽 인쇄 도시의 출판 종수 및 순위 비교(15~16세기)

상업 지역인 뉘른베르크와 스트라스부르 등이 인쇄의 거점이었다. 프랑스는 서적 유통에 유리한 인프라가 조성된 북서부 파리와 남동부 리옹, 이탈리아는 전통적으로 서적 인쇄와 거래가 활발하던 베네치아와 가톨릭 본산인 로마, 영국은 수도 런던이 대표적인 인쇄 도시였다. 이들이 주도한 인쇄 문화는 유럽 전역으로 파급되어 르네상스, 종교개혁, 시민혁명, 과학 발전 등 세계사적 사건의 단초가 되었다.

인쇄술의 영향과 파장

1997년 《타임》은 새천년을 목전에 두고 지난 1,000년간 인류 역사에 가장 큰 영향을 미친 100대 사건과 인물을 설문했다. 이 설문에서 사건으로는 금속활자의 발명이 1위를 차지했고, 인물로는 구텐베르크가 2위에 올랐다.[10] 인류 역사에서 금속활자와 인쇄술의 발명은 어떤 의미일까? 인쇄 도시의 출현과 인쇄물의 대중화는 무엇을 초래했나? 그것이 어떤 역사적 사건의 도화선과 촉매제로 작용했는지를 살펴보면 인쇄술의 영향과 파장을 이해할 수 있다.

첫째, 인쇄술은 지식정보의 대량 생산을 가능하게 했고 서적에 대한 인식을 변화시켰다. 중세 유럽의 수도원과 모스크 등에서는 스크립토리움의 필경사(사자생)와 채식가가 라틴어, 그리스어, 히브리어 등으로 기록된 종교 서적을 필사했다. 이를 위해서는 동일한 자체와 크기, 직선형 문장 구성, 다양한 언어의 필사 능력, 그림·지도·색상을 삽입하는 채식기술 등이 필수적이었다. 또한 당시 주류 서사 재료였던 양피지는 공급에 한계가 있었다. 가령 『구텐베르크 성서』를 제

작하려면 송아지 170마리나 양 300마리가 필요했다.[11]

반면 인쇄술은 단기간에 대량 생산을 가능하게 했고, 기술자들이 여러 국가로 옮겨가 인쇄소를 개설함으로써 1500년까지 260여 도시에서 동시다발로 인쇄되었다. 초기 성서를 비롯한 기도서, 교리문답서 등의 종교 서적, 고대 그리스·로마의 고전, 문법서, 학술서, 행정문서, 신대륙 발견 보고서 등 50만 부 이상이 인쇄·보급되었다. 중세의 필사본 성서가 근대에 대량 인쇄된 뒤로는 책에 대한 막연한 경외심이 약해지고, 책은 특권층의 전유물이라는 인식도 변화되었다. 무수한 인쇄본은 인류의 사상과 기억이 농축된 천의 얼굴이자 쉽게 접할 수 있는 대상으로 바뀌었다. 그 결과로 내면화된 비판적 사고와 시민정신은 르네상스, 종교개혁, 시민혁명의 밑거름이 되었다.

둘째, 인쇄술은 지식 대중화를 유도하고 지적 혁명을 초래했다. 수량이 적고 고가였던 중세나 근대 초기의 필사본과 달리 인쇄술은 대량 생산을 통한 가격 하락과 지식 소비를 촉진했다. 성직자나 학자 등 소수 계층이 지배하던 성서와 고급 지식에 대한 독점 체제가 와해되면서 지식정보는 대중화 단계로 접어들었다. 일상에 유용한 사전, 지리서, 안내서, 대중문학, 달력 등에 대한 요구가 증가했고, 출판시장에서 수요·공급 원리에 따라 유통되었다. 당시 유럽 사회에서는 지불 능력이 있으면 인쇄물을 구입해 지적 호기심을 충족시킬 수 있었고, 그렇지 못하면 도서관 등에서 대출하여 지적 세계를 유람했다. 특히 신문은 지식 대중화의 결정적 요소였다.

지식 대중화는 식자층과 독서 인구의 증가로 이어졌고, 인쇄 도시의 등장과 인쇄 문화 형성을 촉진했다. 이러한 지적 인프라와 축적된 역량은 고대 사상이나 지식을 이해하거나 전파하는 단계를 넘어 비판하고 재해석하는 능력을 함양해 개방화, 공론화, 시민사회 형성으로 이어졌고 민주주의의 초석으로 작용했다. 따라서 인쇄술은 지식의 독점적 지배구조를 약화한 원동력이었고 지적 혁명을 유도한 마중물이었다. 중세의 긴 동면을 깨운 알람이자 근대 시민사회로의 이행을 위한 신호탄이었다. 그 기반 위에서 르네상스, 종교개혁, 과학혁명 등의 세계사적 변혁이 일어났다.

셋째, 인쇄본의 대량 유통이 초래한 지식 대중화와 식자층의 증가는 문맹률 저하에 이바지했다. 그리스 고전문학이 개화한 기원전 5세기 아테네에서 문자를 해득할 수 있는 시민은 전체의 10~15%에 불과했다.[12] 이러한 낮은 문해율은 고대 로마와 중세 유럽에서도 큰 변화가 없었다. 중세에 필사본의 이용과 문자 생활은 일부 귀족층, 학자 집단, 가톨릭 및 이슬람 성직자의 전유물이었기 때문이다. 그런데 인쇄술이 보급된 뒤 15세기 후반에는 2,000만 권이 생산되었고 18세기 말에는 10억 권에 달할 정도로 인쇄·출판이 급증했다.[13] 지식 대중화로 식자층 비율이 급속히 증가했고 도시마다 대규모 독자층이 형성되었다.[14] 18세기에는 프랑스어가 라틴어를 제치고 세계 식자층의 공용어가 되었고, 계몽주의 문학과 사상은 계급과 권위를 뛰어넘었다. 18세기 후반에는 책이 친숙한 소비재로 부상했으며 독서 문화가 일상화되기 시작했다.

넷째, 인쇄술이 촉진한 지식 대중화, 식자층 증가와 문맹률 저하, 독서 문화의 보편화는 언어 표준화와 민족주의를 자극했다. 인쇄술

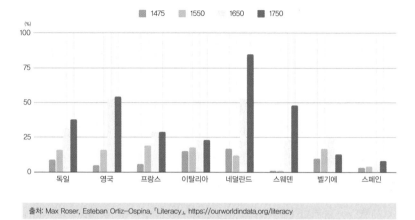

출처: Max Roser, Esteban Ortiz-Ospina, 「Literacy」, https://ourworldindata.org/literacy

그림 3-5 유럽 주요 국가의 식자층 증가율 추이(1475~1750년)

도입으로 규모의 경제상 동일한 철자와 문법, 어휘가 요구되었다. 인쇄술은 언어의 표류를 중단시키고, 주요 유럽어에 대한 규범화 방식을 제공했다. 유럽 각국은 저마다 표준어를 채택하고 책을 통해 유포했다. 런던에서 인쇄되어 요크셔나 웨일스에 보급된 표준 영어King's English가 대표적이다.

또한 민족주의는 인쇄술의 필연적 산물이었다. 예컨대 독일과 이탈리아 북부 지역 일부는 언어를 공유했으나 인쇄술의 영향으로 양국 언어가 표준화된 뒤에는 스스로를 민족으로 인식하기 시작했다. 게다가 16세기 전후로 자본주의적 변화의 물결을 타고 식자층이 확대되면서 새로운 이데올로기를 모색하려는 열정과 욕망 또한 확산되었다. 다시 말해 책의 보급과 대중화는 언어적·문화적 민족주의의 발전을 자극했다.

다섯째, 인쇄술을 통한 지식의 대량 생산과 확산은 도시 인구 증가와 도시 성장에 기여했다. 2015년 하버드 대학 케이로F. Queiró 교수가 유럽에서 350년간(1450~1800년) 출판된 550만 권을 분석한 결과, 도서 생산이 인구 증가의 강력한 예측 지표로 밝혀졌다. 종교와 문학을 제외한 대다수 주제에서 많은 책이 인쇄·유통됨에 따라 기술과 의학이 발달하고 인구 집중과 도시 성장의 촉매로 작용했다.[15] 당시 많은 인쇄업자가 여러 도시를 옮겨 다니면서 책을 생산했는데, 그에 따라 인쇄 도시가 형성되고 인구 집중 현상이 일어났으며, 대중서 보급에 따른 독서 인구 확대로 인쇄업이 신흥 산업으로 부상했다. 그 기반 위에서 진행된 출판시장 활성화, 근대 자본주의 태동, 시민 계급 출현, 대학 문화 정착 등이 도시 성장과 발전의 동인이 되었다. 또 중세의 절대 왕권과 권위주의를 근대 시민사회와 민주주의로 대체하는 원동력이 되었다.

요컨대 인쇄술은 중세까지의 필사본에 사망 선고를 내리고 인쇄본 시대의 개막을 천명했다. 인류의 기억과 정신문화를 대량 복제·생산할 수 있게 되면서 제작 시간과 생산 비용이 줄어 책값이 하락했고, 지배 계층의 사치재였던 책이 대중사회의 보편재가 되었다. 이는 독서 문화 형성과 식자층 확대에 기여했으며, 그 바탕 위에서 비판적 정신, 개인주의, 자유주의, 민족주의 등이 시대사조로 부상했다. 또 축적된 지적 생활과 인문주의는 르네상스의 도화선으로, 개혁 정신은 종교개혁의 동력으로 작용했다.

따라서 인쇄술은 중세의 가을이 근대의 봄으로 전환되는 데 영향을 미친 여러 요인 중의 하나가 아니라 전부이자 결정적 동인이다. 특히 이탈리아 인쇄 문화가 르네상스와 밀접하다면, 독일 인쇄술은 종교개혁과 직결되어 있다. 문명사의 변곡점인 중세와 근대의 중심에 있었던 인쇄술은 양자를 구분하는 역사적·사회문화적 핵심 지표로, 인류의 가장 위대한 업적이다.

3
르네상스와 종교개혁

르네상스의 함의

'재탄생', '부활'을 뜻하는 르네상스는 인문주의를 이념적 지주로 삼아 중세 문화를 배격하는 한편, 그리스·로마의 문예를 중시하고 재인식한 문화 운동이다. 넓은 의미로는 중세 말기와 근대 초기가 중첩되는 과도기에 유럽 전역에서 일어난 문화 혁신 운동, 새로운 정신문화 패러다임의 총체를 일컫는다. 고대와 중세의 지식과 기술을 수용하되 신의 섭리가 아닌 인간 중심의 경험과 현세를 강조하며, 모험과 항해를 통한 신대륙 탐험, 과학적 발견, 계급과 권위에 대한 도전, 인쇄술의 확산과 도시 문화 출현, 민족주의와 국민국가 등장, 새로운 문예사조 형성 등이 대표적 특징이다.

르네상스라는 용어를 학술적으로 공식화한 인물은 프랑스의 역사가 미슐레^{J. Michelet}다. 그가 19세기 중반까지 30년간 집필한 대작 『프랑스 역사Histoire de France』(전 17권) 가운데 1855년 출간한 제7권의 제목이 '르네상스'다. 그로부터 5년이 지난 1860년 스위스의 역사가 부르크하르트J.C. Burckhardt가 저술한『이탈리아 르네상스 문화Die Kultur der Renaissance in Italien』는 르네상스의 공론화와 학술 연구에 기폭제 역할을 했다.

그 이후로 르네상스는 역사학계의 전유물이 아니라 유럽의 문예 부흥 또는 정신문화사를 논할 때 반드시 거론되는 키워드가 되었다. 또 중세와 근대를 구분하거나 연결하는 시대 개념으로도 사용된다. 예컨대 하위징아는『중세의 가을』에서 르네상스가 중세와의 결별을 의미하는 새로운 시대가 아니라 중세와 근대의 요소가 혼재한 중세의 연장이라고 보았다. 반면 부르크하르트는 이탈리아인들이 고대 문화를 단순히 재현하거나 부활시킨 것이 아니라 특유한 민족정신과 감수성을 바탕으로 새로운 시공간을 창조했으므로 르네상스를 중세와 결별한 근대의 서막으로 규정했다. 인문주의자이자 역사학자인 브루니L. Bruni는『피렌체 사람들의 역사Historiarum Florentini populi』에서 로마 제국은 이민족 침략과 더불어 끝났으며 그로써 로마 제국의 중세적 관념과 결별했다고 기술했다.[16]

그러나 르네상스는 중세 말과 근대 초에 걸친 하나의 '문화 운동'으로 보는 편이 타당하다.[17] 용어의 함의, 그리고 역사는 시차를 두고 발생한 무수한 사건들이 장기간 누적·변용된 긴 호흡의 궤적이라는 점을 감안하면 르네상스를 중세와의 단절이나 결별로 재단하기에는 무리가 있다. 하위징아가 부르크하르트의 르네상스관을 비판하면서 제시한 다음 대목을 음미할 필요가 있다.

새로 탄생하는 휴머니즘과 중세 조락기의 관계는 생각만큼 단순하지 않다. (…) 휴머니즘을 중세에 대립시키는 데 익숙해 있는 우리는 이성과 고대적 아름다움에의 열망과 닳아빠진 낡은 사고체계와 중세적 표현의 포기를 마치 돌연한 계시처럼 갑작스러운 산물로 생각하는 경향이 있다. (…) 그러나 전혀 그렇지가 않다. 고전주의는 정반대로 중세적 사고의 틀 안의 무성한 식물들 사이에서 조금씩 조금씩 자라났다. (…) 사람들이 이탈리아의 15세기를 생각할 때 받는 인상은 대체로 조화와 자유와 음향과 희열 등이다. 다른 나라들에서는 아직도 중세적인 형태들이 우세할 때 이탈리아만은 유독 개화가 빨랐고, 따라서 사람들은 그것을 중세적 형태에 대척되는 반대 명제, 즉 르네상스의 신호로 본다. (…) 우리는 15세기 이탈리아에서조차 아직은 문화의 진정한 기반이 순전히 중세적인 반면 르네상스 정신 속에서도 중세적 특성들이 생각보다 훨씬 뿌리 깊게 박혀 있었다는 것을 망각하게 된다.[18]

르네상스의 배경과 동인

중세 유럽의 특징은 봉건제와 가톨릭이다. 전자가 세속적 질서의 요체라면, 후자는 일상생활을 지배했다. 이러한 중세의 특징에 반기를 들고 전방위로 확산된 시대정신 및 문화 혁신 운동이 르네상스다. 그 시기는 1400년에서 1530년까지로 보기도 하고, 피렌체파 화가 조토Giotto di Bondone가 활동한 14세기부터 베네치아파 화가 틴토레토가 사망한 16세기까지로 보기도 한다.[19] 그러나 르네상스 시대는 그 시기를 명확하게 구분할 수 없다. 또 언제 시작되어 언제 종료되었는지에 대한 견해도 다양하다.

하지만 분명한 사실은 1453년 오스만 제국이 콘스탄티노폴리스를 함락하고 1,000년이 넘는 역사를 자랑하던 비잔틴 제국이 종말을 고함으로써 하위징아가 은유적으로 묘사한 '중세의 가을'이 저물었다는 점이다. 따라서 이탈리아 중심의 르네상스는 15세기 중반에 본격화되고 16세기에 전성기를 구가했다. 비잔틴 제국의 패망을 전후로 그리스·로마 대가들의 엑소더스가 시작되어 이탈리아 피렌체로 모여들었기 때문이다.

그렇다면 르네상스는 왜 이탈리아 피렌체에서 시작되었을까? 르네상스가 그리스·로마에서 축적된 고전 문화의 재생과 부활을 의미하고, 그 근본정신이 고전 연구를 통한 인간성 회복과 합리주의를 추구하는 휴머니즘(인문주의, 인간주의) 운동이라면 서양 인쇄 문화의 발상지인 독일, 그중에서도 라인강 변 상업 도시인 마인츠가 시발점이었어야 했다. 이탈리아에서도 피렌체가 아니라 고대 문명의 용광로였던 로마나 최초로 인쇄소가 설립된 수비아코가 모태였어야 하지 않았을까? 그것도 아니라면 인쇄·출판이 개화한 프랑스 파리나 리옹이었어야 했다. 그러나 엄연히 르네상스의 발상지는 피렌체인데, 그 역사적 배경과 동인을 분석해보면 다음과 같다.

첫째, 이탈리아의 지정학적 중요성이다. 고대 로마 제국이 몰락한 뒤 유럽의 정치적 중심은 알프스산맥 북쪽으로 이동했고, 지중해의 중요성이 약화되었다. 그럼에도 15세기 지중해는 남동부와 남서부를 지배한 무슬림 세력, 동부의 동로마 해상무역 세력, 그리고 이탈리아 반도 중심의 서유럽 해상 세력이 과거보다 더 활발하게 문물을 교환하고 문화를 교류하던 장이었다. 그 중심에 지중해의 심장이자 가장 큰 섬인 시칠리아를 비롯한 이탈리아가 자리 잡고 있었다.

둘째, 지중해 중계무역을 통해 막대한 부를 축적한 상인들의 후원이다. 이해타산적이었던 그들은 가톨릭의 종교적 권위와 거래 활동을 저해하는 윤리적 규범에 반발하는 한편, 자신들과 성향이 비슷한 예술가, 철학자, 인문학자 등을 후원함으로써 문화적 욕구를 충족하고 예술적 식견을 확장했다. 다시 말해 상업적 귀족 계급으로 부상한 지배 세력은 시민 계층 중심의 새로운 문화 운동인 르네상스의 후원자가 되었다.

셋째, 중세의 유산인 봉건제의 해체와 도시국가의 형성이다. 이탈리아 귀족들은 봉건제 성채 문화에서 벗어나 도시의 부유한 상인들과 함께 공화제 도시국가를 형성했다. 처음에는 자치도시가 귀족 계층의 지배를 받았으나 도시 인구와 상인들의 재력이 커지면서 전통적 귀족 가문의 권위나 영향력이 약해졌다. 그리하여 도시 지배 계층은 단독으로 또는 다른 계층과 제휴해 정치적 지배력을 확장해가면서 사회경제적 안정을 추구했고, 정치권력과 결합한 경제력은 르네상스의 사회문화적 발전에 크게 기여했다.

넷째, 시민사회와 도시 문화의 발달이다. 도시국가를 지배하던 귀족 계층이나 상인 계급은 권력과 재력을 이용하여 세련된 사회생활을 영위했다. 그러나 13세기 이후 식자층이 증가하자 유식한 시민들은 귀족이나 성직자의 틈새를 비집고 고전 문예와 학문 등에 대한 욕구를 표출했다. 당시 가톨릭 세계관에 염증을 느낀 귀족이나 부유층이 식자층의 문예 활동을 후원함으로써 중세와는 결이 다른 새로운 시민사회와 도시 문화가 발달하며 르네상스의 발판이 되었다.

다섯째, 풍부한 고대 그리스·로마 문헌과 문화유산이다. 이탈리아 반도는 오랫동안 비잔틴 제국과의 활발한 교류로 서로마 제국에서 파괴된 고대 로마의 문헌과 기술을 거의 복원해왔다. 더욱이 비잔틴 제국의 멸망을 전후하여 당대를 대표하던 학자, 문인, 예술가가 피렌체로 모여들었고, 이들을 통해 고전 문화와 예술을 접할 기회가 많았다.

여섯째, 피렌체는 이탈리아 중부 토스카나주의 중심 도시이자 동서 교통의 요충지다. 이러한 지리적 장점 덕에 11세기부터 직물 산업과 상업이 발달했으며, 13세기경 대상인과 금융업자 중심의 부르주아 계급이 등장하여 공화정을 수립하고 도시국가로 성장했다. 1252년 피렌체에서 주조된 플로린은 표준 통화수단이 되어 유럽 경제를 선도했으며, 이탈리아 군주들은 주로 피렌체에 있는 은행을 이용했다.

일곱째, 메디치 가문*의 등장과 역할이다. 조반니 데 메디치^{Giovanni} ^{di Bicci de' Medici}(1360~1429년)는 메디치 은행의 설립·운영과 로마 교황청 재정 관리를 계기로 피렌체 금융계의 실세로 부상했다. 아들 코시모(1389~1464년), 손자 피에로(1416~1469년), 증손자 로렌초(1449~1492년)는 막대한 재력을 문예와 인문학에 투자해 피렌체의 황

● 피렌체의 평범한 중산층이던 메디치 가문은 은행업을 거쳐 유럽 귀족 사회로 진입했다. 또 피렌체 정계로 진출하여 막강한 영향력을 행사했으며, 르네상스 예술의 대표적 후원자였다. 그 주역인 조반니 데 메디치는 1395년 삼촌이 운영하던 로마의 메디치 은행을 인수해 1397년 피렌체에 본점을 개설했고, 1402년 피렌체 금융업 종사자 길드의 회장으로 취임했다. 메디치 가문은 명문가답게 네 명의 교황(레오 10세, 클레멘스 7세, 비오 4세, 레오 11세)과 두 명의 왕비(프랑스의 카트린 드 메디시스와 마리 드 메디시스)를 배출했다. 또 다른 귀족 가문(밀라노의 비스콘티와 스포르차, 페라라의 에스테, 만토바의 곤자가 등)과 함께 이탈리아 르네상스에 크게 기여했다.

금기와 르네상스 전성기를 이끌었다. 따라서 르네상스의 중심이 이탈리아라면 이탈리아의 심장은 피렌체이고, 심장을 펌프질한 주역은 메디치 가문이라 해도 과언이 아니다.

요컨대 이탈리아 르네상스는 지중해에 위치한 지정학적 중요성, 중계무역으로 부를 축적한 상인들의 후원, 중세 봉건제 해체와 도시국가 형성, 인쇄 도시와 식자층이 주도한 시민사회와 도시 문화의 발달, 고대 그리스·로마의 풍부한 문화유산, 메디치 가문의 재정적 지원이 복합적으로 작용한 결과다. 그 중심인 피렌체는 르네상스의 발상지로서 고품격 유럽 문화의 정수를 간직하고 있다. 대표적인 예가 피렌체 소귀족 출신인 단테가 정치적 이유로 추방당해 이탈리아 각지를 유랑한 경험을 바탕으로 집필한 대서사시 『신곡La Divina Commedia』•이다. 라틴어가 아닌 토스카나 방언으로 기록한 『신곡』은 이탈리아 국민문학의 출발점으로, 이후 무수한 영화와 연극으로 각색되었다.

르네상스의 확산과 쇠퇴

13세기 후반 이탈리아반도에서는 밀라노, 베네치아, 나폴리, 로마, 피렌체 등에서 도시국가가 형성되고 있었다. 그 가운데 피렌체는 신성 로마 제국과 교황의 갈등, 국가 지배권을 둘러싼 신흥 부유층인 상인과 성직자의 대립 속에서도 다른 도시보다 경제적으로 안정되고

• 원래 단테의 『신곡』은 '슬픈 시작'에서 '행복한 결말'에 이르는 구성이어서 희극Commedia이었으나 보카치오가 형용사 '신적인Divina'을 추가했다. 단테는 1307년경 집필을 시작해 1314년 이전에 지옥편과 연옥편을 탈고했고, 1320년 천국편을 완성했다. 단테가 지옥과 연옥을 거쳐 천국으로 가면서 인간의 위치와 신의 영광을 깨닫는다는 것이 작품의 요지다.

정치적·종교적으로 자유분방한 도시였다. 거부 상인들의 후원으로 피렌체는 고대 로마군 주둔지에서 르네상스 발상지로 변신했다.

14세기 피렌체를 거점으로 개화한 이탈리아 르네상스는 로마, 볼로냐, 베네치아, 밀라노 등으로 확산되었고, 16세기 알프스산맥을 넘어 독일 스트라스부르, 프랑스 파리, 벨기에(당시는 네덜란드의 일부) 브뤼셀, 영국 런던과 옥스퍼드, 스페인 마드리드 등으로 전파되었다. 이탈리아 르네상스가 시민 중심의 탐미적이고 새로운 예술의 색채가 강했다면, 알프스 북쪽의 르네상스는 왕정 중심이고 사회 개혁적이었다.

이탈리아 르네상스를 대표하는 인물로 인문학 분야에서는 시인 페트라르카, 『군주론』을 저술한 사상가 겸 정치철학자 마키아벨리, 『신곡』의 단테, 『데카메론』의 보카치오 등을 들 수 있다. 예술 분야에서는 〈다비드상〉과 〈최후의 만찬〉으로 유명한 미켈란젤로, 〈아테네 학당〉을 그린 라파엘로, 르네상스 초기의 프레스코화를 대표하는 마사초, 이탈리아 르네상스의 금자탑인 〈모나리자〉를 그린 천재 미술가 다빈치, 바티칸 궁전을 건축한 브라만테 등의 거장들이 있다. 학술 분야에서는 지동설을 주창한 폴란드 출신의 코페르니쿠스, 망원경을 제작하고 지동설을 확증한 갈릴레이, 영국 경험철학의 비조鼻祖 베이컨 등이 대표적이다.

알프스 북쪽 르네상스의 경우 독일에서는 비텐베르크 대학 교수로서 종교개혁을 주도한 루터와 인문주의자 로이힐린, 프랑스에서는 휴머니즘을 대변하는 지성인이자 콜레주 드 프랑스Collège de France의 창립자 뷔데와 『수상록』의 저자 몽테뉴를 들 수 있다. 벨기에에는 바로크 시대를 대표하는 인문주의자이자 화가 루벤스, 로마 가톨릭교회 성직자이자 인문주의자였던 에라스뮈스, 빛의 마법사 렘브란트가 있으며, 영국에는 세계 최고의 극작가 셰익스피어와 스콜라학파의 인문주의자로『유토피아』를 저술한 모어, 스페인에는 소설『돈키호테』로 유명한 세르반테스 등이 있다.

그러나 약 130년간 지속된 유럽 르네상스는 16세기 중반 쇠퇴의 길로 접어들었다. 정치적으로는 프랑스의 이탈리아 침략, 이탈리아를 무대로 한 스페인과 프랑스의 전쟁 등 이탈리아에서 30년간(1499~1529년) 계속된 침략과 전쟁으로 후원금이 줄어 르네상스의 동력이 상실되었기 때문이었다. 경제적으로는 1492년 콜럼버스가 포르투갈인과 함께 신대륙 해로를 개척하면서 북서부 유럽 무역의 중심이 지중해에서 대서양의 포르투갈 리스본과 벨기에 앤트워프로 옮겨가 세계 교역 중심지였던 이탈리아의 지위가 약화되었기 때문이었다. 그리고 종교적으로는 16세기경 로마 가톨릭교회의 세속화와 타락에 저항하는 종교개혁이 일어나 교회가 가톨릭과 개신교로 분열되면서 교회 납부금과 세금에 크게 의존하던 재정이 고갈되었기 때문이었다. 게다가 개신교 신교도주의Protestantism를 차단할 목적으로 사상과 예술을 통제하여 르네상스가 크게 위축되었다. 요컨대 이탈리아 중심의 르네상스는 정치적 혼란, 경제적 위축, 종교적 분열로 쇠퇴할 수밖에 없었다.

종교개혁의 배경

15세기 중반 독일 마인츠에서 태동한 인쇄술은 라인강 배후 도시에 머물다가 유럽 전역으로 전파됨으로써 식자층 확대와 지적 혁명을 초래했다. 이를 자양분 삼아 이탈리아 피렌체에서 잉태된 르네상스는 중세 봉건제와 가톨릭 중심의 질서에 도전장을 내밀었다. 르네상스 시대에 형성된 기호학적 사유와 과학적 이성은 신의 섭리를 초월하는 담론을 양산함으로써 견고하던 정치적·종교적 질서에 도전하기 시작했다. 이러한 도전의 필연적 결과가 종교개혁이었다. 종교개혁의 배경과 원인을 여러 측면에서 살펴보면 다음과 같다.

첫째, 인쇄술의 전파와 지식 대중화가 르네상스로 표출되었고 유럽 사회의 지적 소비와 인식을 변화시켰다. 고대 그리스·로마 시대에 융성했던 고전 문예로의 회귀, 개인주의적 성향과 비판의식, 동서 문화의 활발한 교류, 오컴William of Ockham이 주장한 신앙과 이성의 분리, 대학 인문주의의 득세 등이 중세의 사상적 기반을 흔들었으며 지적 혁명으로 이어졌다. 특히 성서 인문주의는 신학과 성서 연구를 촉진하며 종교개혁의 이념적 배경을 제공했다.

둘째, 봉건제가 와해되면서 국가체제와 사회구조가 획기적으로 변했다. 중세의 농업 기반 경제체제가 거래와 무역 중심의 상업 경제로 이행하는 과정에서 국가주의가 등장하고 왕권이 강화되었다. 예컨대 로마 교황청 중심의 국제주의 또는 보편주의는 근대적 국가 형태를 갖춘 민족주의와 충돌했고, 교황의 내정 간섭을 원하지 않는 국가들은 교황권 남용을 지적하고 나섰다. 또 지방 영주와 제후가 지배하던 교회에 국가 재정이 지출되는 것에 반발하고, 프랑스와 스페인에서는 국가가 교회를 지배했다. 이처럼 가톨릭교회의 초국가적이고 초법적인 지위가 무너지는 상황에서 교황이 세속권력에 굴욕적으로 항복하면서(아비뇽 유수*) 교황권 약화가 가속화되며 종교개혁의 빌미를 제공했다.

셋째, 사회적으로는 도시의 형성과 독서 문화 조성, 식자층 증가, 인문주의적 사유와 비판의식의 확대 등으로 종교적 관심과 종교에 대한 비판이 혼재했다. 교회나 성직자를 거치지 않고 신과 직접 대면하려 했고, 한편에서는 인간 중심의 세속적이고 자유로운 정신을 갈구했다. 반면 당시 가톨릭교회는 재산을 축적하는 데 주력하여 사회의 불만과 비판이 증가했다. 특히 교회의 권력화와 세속화에 이어 교황청의 조세 인상과 지나친 사치 행태는 대중의 개혁 의식을 불러일으켰다.

넷째, 가톨릭교회의 부패와 세속화, 교황의 탐욕과 부정이 극심했다. 탐욕적인 교황으로는 추기경을 매수해 제213대 교황으로 등극한 인노켄티우스 8세(재위 1484~1492년)가 대표적인데, 그는 바티칸에서 사생아 두 명의 성대한 결혼식을 거행했고, 사돈인 메디치 가문의 13세 소년 조반니 데 메디치(교황 레오 10세)를 추기경으로 임

• 제175대 교황 첼레스티누스 3세 등이 북동유럽 일대를 기독교화하기 위한 군사 원정에 나섰다가 실패하자 이를 주도했던 교황의 권위가 급속히 추락했다. 이에 프랑스 국왕 필리프 4세는 전비를 충당하기 위해 교회에 세금을 부과했고, 제193대 교황 보니파키우스 8세가 반발하자 교황 별궁인 아나니Anagni를 습격해 교황을 납치하고 3일간 유폐했다. 이후 국왕의 간여하에 제195대 교황으로 클레멘스 5세가 선출되었는데, 클레멘스 5세는 국왕의 요청에 따라 로마로 귀환하지 않고 아비뇽에 교황청을 만들고 국왕의 지배를 받았다. 이를 고대 유대인이 바빌론으로 끌려간 사건에 비유하여 '아비뇽 유수'라 한다. 그 기간은 1309년부터 1377년까지다.

명했다. 역시 성직 매매로 제214대 교황이 된 알렉산데르 6세(재위 1492~1503년)는 르네상스 시대 교황 중 최악이었다. 다섯 사생아 중 한 명인 보르자^{Cesare Borgia}를 추기경으로 임명하고 나머지는 교황령 영주로 임명하는 등 족벌주의적 행태를 일삼았고 호색과 탐욕에 몰두했다. 이어 교황의 자리에 오른 비오 3세(재위 1503년)는 성직 매매를 엄격히 금하고 신앙심도 깊었으나 제216대 교황 율리오 2세(재위 1503~1513년)는 정치가나 투사 이미지가 더 강할 정도로 세속적이었고,[•] 과도한 축재와 부도덕으로 비난받았다. 교황의 탐욕은 교회의 부패, 성직 매매와 직결되었다. 당시에는 성직을 매매하는 것이 관례였고, 특히 귀족들은 돈으로 친인척을 성직에 등용했다.[20]

요컨대 인쇄술 전파와 지식 대중화가 불러온 비판의식, 상업 경제로 인한 신흥 부유층의 등장, 국가와 교황청의 갈등, 교회의 부패와 세속화 등이 종교개혁의 불씨로 작용했다. 인문주의자들은 교회의 세속화와 부정부패, 교황의 타락과 귀족의 성직 매매 등을 비판했고 이에 대중이 동조함으로써 종교개혁으로 번졌다.

종교개혁과 인쇄술

신학에 기반을 둔 철학 사상인 스콜라주의는 9세기부터 약 500년간 유럽 정신세계를 지배했으나 14~15세기에 쇠퇴하기 시작했다.

[•] 율리오 2세는 즉위 후 로마 및 인접 지역의 안전을 확보할 의도로 베네치아 공화국의 도시와 요새를 탈환했고, 프랑스 및 신성 로마 제국과 군사 동맹을 맺었으며, 직접 군대를 이끌고 페루자와 볼로냐를 점령했다. 또 1506년 교황을 지키는 스위스 근위대를 창설하고, 1508년 프랑스, 신성 로마 제국, 아라곤과 캉브레 동맹^{Ligue de Cambrai}을 결성했으며, 1511년에는 아라곤 및 베네치아 공화국과 신성 동맹을 맺어 프랑스에 대항했다.

이는 중세의 와해, 교회와 교황청의 몰락을 의미했다. 교회는 세속 권력과 경제적 이권의 각축장이었고, 교황은 가톨릭의 영적 지도자가 아닌 정치적 지배자로 변질되었다. 교황은 재물과 권력을 탐했고, 사치와 타락이 절정에 달했다.

이러한 탐욕과 타락에 대한 도전과 거부는 독일에서 시작되었다. 교황의 착취가 극심했고 이를 비판한 활판 인쇄물의 전파력이 강했기 때문이다. 주도자는 가톨릭 사제이자 비텐베르크 대학 신학 교수인 루터(1483~1546년)였다. 교황의 착취와 교회 세속화에 대한 비판이 극심하던 당시에 제217대 교황 레오 10세(재위 1513~1521년)가 1513년 성 베드로 대성당(바티칸 대성당) 건축 기금을 마련하려고 '천국행 티켓'인 면죄부Indulgentia를 판매하자* 1517년 10월 31일 루터는 교황 중심 사상을 정면으로 비판하며 오직 성서에 근거한 믿음을 강조하고 누구나 신 앞에 평등하다는 주장을 담은 이른바 「95개조 반박문」**을 대학 부속교회 정문에 게시했다. 이 반박문은 활판 인쇄술에 힘입어 1517~1520년 사이에 30판이 인쇄되었고 30만 부가 소비되었다. 2주 만에 독일 전역에 배포되었고, 4주 만에 유럽의 지식인들

• 교황 레오 10세는 마인츠와 마그데부르크 대주교이자 할버슈타트Halberstadt 주교인 알브레히트Albrecht von Brandenburg를 소환하여 그의 교구와 브란덴부르크 일부 지역에서 면죄부를 판매하도록 지시했다. 교황은 8년간 면죄부 판매권을 부여했고, 판매 대금의 절반을 성 베드로 대성당 건축 기금으로 바치도록 했다.

•• 「95개조 반박문」은 속죄에 대한 규정(1~4조), 교황의 사죄권의 한계(5~7조), 교회법이 부과한 속죄와 연옥 영혼에 대한 구원 문제(8~29조), 면죄와 참회 및 사죄 문제(30~40조), 면죄부 구입과 면죄 시행의 남용(41~52조), 면죄 설교와 복음 설교의 가치 비교, 교리의 보화, 면죄부 판매 설교의 과장 등(53~80조), 면죄부 남용에 따른 평신도의 산발적 질문과 면죄 시행에 대한 공박(81~91조), 루터의 십자가 신학에 입각한 기독교인의 진정한 생활(92~95조)로 구성되어 있다.

에게 퍼져나갔으며, 문맹이던 농민에게는 판화로 보급함으로써 종교 개혁의 뇌관으로 작용했다. 루터는 인쇄술을 '복음 전파를 위해 신이 내린 최대 선물'이라고 극찬했는데, 인쇄술이 없었더라면 종교개혁은 실패로 끝났을지도 모른다.

인쇄술과 더불어 종교개혁 운동에 날개를 달아준 주역은 인문주의 자들이었다. 그들은 지성과 양심을 바탕으로 면죄부 판매 같은 비성 서적 문제를 반박하는 논리적 근거를 제공하고 교회의 부패상과 개혁의 당위성을 설파했다. 종교개혁을 위한 신학 운동은 루터 사후에도 계속되었고 16~17세기 유럽 전역으로 확산되었다. 루터의 신학에 영향을 받은 칼뱅˙의 교리는 프랑스, 영국, 스위스에 영향을 미쳤고, 프랑스 위그노 및 영국 청교도 운동을 촉발했다.

인쇄술은 문맹률 저하, 독서 문화 조성, 식자층 증가에 기여했고, 비판적 논리를 신속·정확하게 전파하고 개혁적 시대정신을 결집했다. 그 토대 위에서 행동하는 양심이 종교개혁을 주도했다. 그런데도 인쇄술과 종교개혁을 선후 관계가 아니라 상호 영향 관계로 보기도 한다. 인쇄술이 서구 사회에 종교개혁을 연착륙시킬 수 있는 콘텐츠를 제공했지만, 종교개혁이 일어나지 않았다면 서적 인쇄의 발전도 없었을 것이라는 주장이다.[21] 그러나 1455년 인쇄된 『구텐베르크 성서』와 1517년 점화된 종교개혁 사이의 시간차가 62년이라는 점을 고려하면 인쇄술과 종교개혁을 선후 관계로 보는 것이 타당하다.

• 프랑스 출신의 종교개혁가인 칼뱅은 칼뱅주의(개혁주의)의 개창자로, 종교개혁을 완성했다고 평가받는다. 칼뱅주의를 표방하는 대표적 개신교 교파로는 장로교회와 개혁교회, 개혁침례교회 등이 있다.

요컨대 인쇄술과 르네상스에 기반을 둔 루터의 종교개혁은 가톨릭 교회를 넘어 유럽 사회를 총체적으로 변화시키는 데 이바지하며 중세의 가을과 근대의 봄을 구분하는 이정표가 되었다. 또한 이어지는 계몽 시대, 과학혁명, 산업혁명, 자본주의의 발달에 사상적 기반을 제공했다.

4
근대 도서관의 파노라마

고대 왕실도서관이나 궁정문고의 전통이 중세에는 수도원 도서관과 스크립토리움으로 이어졌다. 그러나 수도사들이 양피지에 필사한 성서 등은 고가의 귀중품이었기에 1452년 건립한 이탈리아 체세나의 말라테스티아나 도서관Biblioteca Malatestiana처럼 많은 수도원 도서관이 책을 서장과 열람대에 쇠사슬로 고정해놓은 이른바 '체인 도서관chained library'의 형태로 분실을 방지했다.[22] 수도원 도서관의 장서는 소수 특권층, 지배 계급, 부유층, 성직자, 학자의 전유물로 대중의 범접을 허용치 않았다. 12~13세기에 대학을 설립하면서 부속 시설로 설치한 대학도서관이 수도원 도서관을 승계하여 지식정보와 학문 연구의 거점으로 부상했지만, 왕실도서관이나 수도원 도서관과 마찬가지로 대중의 지적 호기심을 충족하는 서비스와는 거리가 멀었다. 현재와 같은 개방형 도서관은 거의 없었다.

그림 3-6 체인 도서관(영국 웜번 민스터)

　그러나 중세의 가을과 근대의 봄이 중첩된 14~16세기에는 과거와 다른 조짐이 나타났다. 이러한 변화의 배경에는 인쇄술의 발명과 르네상스 운동, 종교개혁이 있었다. 구텐베르크의 인쇄술은 책의 대량 생산과 신속한 확산을 초래했고 시민의 독서 활동에 기여했다. 인쇄물의 보급은 청각 중심의 주술적 세계에서 시각 중심의 추상적 세계로의 이행을 촉진했다. 그 결과, 지식정보가 대중화되고 접근이 용이해졌을 뿐만 아니라 르네상스 및 종교개혁과 맞물려 지적 수요가 급증했다. 이탈리아에서 시작된 르네상스가 그리스·로마 고전에 대한 지적 갈증과 욕구를 촉발했다면, 독일에서 시작된 종교개혁은 성서에 대한 지적 호기심과 종합적 지식을 요구했다. 소수 계층의 전유물이던 각종 지식정보에 대한 피지배 계층의 도전은 지식정보의 대량 유통을 가능케 한 인쇄술과 대중에게 보편적 이용 기회를 제공한 도서관에 의해 성사되었다. 이러한 기조는 19세기 후반까지 지속되어 도서관의 양적 팽창과 다양한 도서관의 출현을 낳았다.

15~17세기 도서관

르네상스가 개화한 15세기, 유럽인의 의식은 신본주의에서 인본주의로 바뀌기 시작했다. 이에 따라 도서관계도 대도시를 중심으로 근대적 토대가 마련되고, 지역사회와 주민에게 개방하는 개인도서관, 공공도서관, 대학도서관 등이 발아했다.

먼저 독일은 프로이센과 바이에른 등에 거주하던 유력 봉건제후가 많은 사설도서관을 건립했다. 스페인에서 분리된 오스트리아계 합스부르크 가문*의 여름 궁전인 빈의 쇤브룬 궁전Schloss Schönbrunn**이 대표적이다. 이 궁전은 1569년 합스부르크 가문의 시조이자 신성 로마 제국*** 황제였던 페르디난드 1세(재위 1556~1564년)의 아들 막시밀리안 2세(재위 1564~1576년)가 바로크 양식으로 건립했다. 그러나 1696년 터키의 침공으로 폐허가 되자 레오폴드 1세(재위 1658~1705년)가 건축가 에를라흐J.B.F. von Erlach에게 재건을 지시하여 베르사유 궁전을 본떠 바로크 양식으로 개축했다. 18세기 중순에는 합스부르크 왕가의

• 13~20세기 초 오스트리아를 거점으로 중부 유럽의 패권을 잡았던 황실 가문이다. 신성 로마 제국의 황제위를 세습한 근대 유럽의 유일한 황실 가문으로서 최고 권위와 영예를 누렸다. 제1차 세계대전 패전으로 황실 특권이 폐지되고 영광도 사라졌지만, 여전히 유럽인의 향수를 자극하는 선망의 가문이다.

•• 현재 대통령궁으로 사용되는 쇤브룬 궁전은 600년간(13~18세기) 합스부르크 왕가의 본궁으로 사용되었다. 신성 로마 제국(오스트리아)을 통치한 합스부르크 제왕들은 권위를 과시할 의도로 왕궁을 아름답고 웅장하게 건축했다. 고딕, 르네상스, 바로크 등의 양식이 혼재되어 있다.

••• 신성 로마 제국은 1806년 나폴레옹 1세에 의해 해체되고 오스트리아 제국에 편입되었다.

그림 3-7 신성 로마 제국 쇤브룬 궁정도서관(현 오스트리아 국립도서관)

마지막 여제 테레지아(재위 1740~1780년)의 지시로 건축가 파카시[N. Pacassi]가 궁전을 확장하여 현재에 이르고 있다. 외관은 바로크 양식이고, 내부는 1,441개 방을 로코코 양식으로 구성했다.

쇤브룬 궁전 안에 있는 궁정도서관은 1575년 막시밀리안 2세가 임명한 블로티우스[H. Blotius]가 초대 관장으로 봉직했으며, 1624년 8월 페르디난드 2세(재위 1619~1637년)의 칙령에 따라 납본도서관이 되었다. 세상에서 가장 아름다운 도서관의 하나로 평가받는 쇤브룬 궁정도서관을 계승한 것이 현재 1,200만 권을 수장한 오스트리아 국립도서관[Österreichische Nationalbibliothek]이다. 이를 뒤따라 베를린, 뮌헨, 빈 등에도 유럽 최고 수준의 공개도서관이 등장했다.

이탈리아는 독일에서 전파된 인쇄술과 르네상스 운동으로 단행본 제작이 급증하면서 도시국가와 교회가 설립한 사설도서관이 늘어났다. 이탈리아 근대 도서관사를 견인한 양대 축은 도시국가 귀족 가문

그림 3-8 이탈리아 산마르코 도서관

이 만든 개인도서관과 가톨릭교회 도서관이다. 이 시기 개인도서관
으로는 메디치 가문이 피렌체에 건립한 산마르코 도서관Biblioteca di San
Marco과 라우렌치아나 도서관Biblioteca Medicea Laurenziana이 대표적이다.

1444년 개관한 산마르코 도서관은 메디치 가문의 수장으로서 사
실상 피렌체의 통치자로 군림했던 코시모 데 메디치의 업적이다.
어려서부터 지식인, 예술가와 교류했을 만큼 인문학에 열정적이
었을 뿐만 아니라 훗날 '이탈리아의 현자'로 칭송받은 코시모는 여
러 수도원에 산재하던 고문서를 통합 보존할 의도로 건축가 미켈로
초Michelozzo di Bartolomeo에게 설계를 의뢰하고 총 3만 6,000플로린을 투
입해 산마르코 성당과 부속 도서관(세로 48, 가로 11미터, 독서대 64개)
을 건설했다. 코시모는 인문학자 파렌투첼리T. Parentucelli를 도서관장
으로 임명하고 유럽 16개국 은행 지점을 통해 필사본과 초기 인쇄

본을 열정적으로 수집했다. 그 덕에 1469년에는 장서가 약 250권으로 늘었고, 1492년에는 1,000권에 달했다. 장서 중에는 모든 피렌체 시민에게 공개하는 조건으로 시민이 기증한 장서 600권도 포함되어 있었기 때문에 근대 유럽 최초의 공공도서관으로 불린다.[23] 그리스 고전 건축의 절제미와 대중을 위한 공개라는 역사적 가치가 공존하는 문화유산이다.

1494년 메디치 가문이 피렌체에서 추방되면서 산마르코 도서관에 보관하던 장서의 산실이 우려되었다. 이에 코시모의 증손자 교황 클레멘스 7세(재위 1523~1534년)는 불세출의 명장 미켈란젤로의 설계를 바탕으로 메디치 저택 뒤 산로렌초 성당 중정 회랑 2층에 건축비 1만 2,000플로린을 들여 무려 11년 만인 1534년에 라우렌치아나 도서관을 개관했다. 라우렌치아나 도서관은 건축 규모(세로 50, 가로 12미터, 독서대 80개)와 장서(필사본 1만 1,000권, 초기 인쇄본 4,500권) 면에서 산마르코 도서관보다 방대했다. 르네상스 지식 문명을 대표하는 라우렌치아나 도서관은 세계에서 가장 아름다운 도서관 중 하나로 손꼽힌다. 미켈란젤로가 설계한 1층과 2층 사이의 열다섯 개 계단은 메디치 가문을 위한 '무지에서 지혜로'를 은유한다.•

이처럼 메디치 가문은 유럽에 인문주의의 씨앗을 심었을 뿐만 아니라 공공도서관을 통해 노블레스 오블리주noblesse oblige를 실천했다.

• 미켈란젤로는 도서관과 1~2층 사이의 계단을 은유적으로 설계했다. 1층 입구에서 2층 서가로 들어가는 전실前室 바닥은 토스카나 지방의 회색 사암으로 포장했기 때문에 서늘하고 어두운데, 계단을 오를수록 계단 폭이 조금씩 바뀌며 밝아지는 느낌이 든다. 그리고 2층 서고에 진입하면 도서관 내부로 햇빛이 쏟아지는데, 그 함의는 메디치 가문이 '열심히 계단을 밟아 무지와 어둠에서 벗어나야 하며, 빛과 지혜의 세계를 향하여 공부하고 전진해야 한다'라는 것이다.

그림 3-9 이탈리아 라우렌치아나 도서관

문예와 교양으로 유럽 상류 문화를 주도하면서 궁전, 대성당, 르네상
스식 정원, 철학 아카데미, 박물관, 도서관, 플라톤 전집의 번역과 편
찬 등 위대한 발자취를 남겼다. 메디치 가문의 뛰어난 안목, 문화에
대한 투자, 문예인 후원은 미켈란젤로, 다빈치, 보티첼리, 보카치오,
단테, 갈릴레이, 페트라르카, 마키아벨리, 몽테뉴, 셰익스피어 같은
걸출한 인문주의자, 예술가, 과학자를 배출하는 데 이바지했다. 그
산실이 비잔틴 제국, 그리스·로마, 이슬람 제국, 이집트, 인접 국가
에 이르기까지의 고전 지식을 수집·필사하여 제공한 메디치 도서
관이다. 그러므로 메디치 효과*는 방대한 양의 고대 필사본, 파피루

- 15세기 피렌체에 모여든 동서양의 철학자, 건축가, 화가, 조각가, 과학자, 문인 등이 메디치 가
문의 후원하에 함께 숙식하면서 연구·토론하고 프로젝트를 진행함으로써 수학과 예술을 융합한
건축과 천문학이 발달하고 새로운 철학 사조가 생성되는 등 르네상스의 기폭제가 되었다. 이에 주
목해 프란스 요한슨F. Johansson이 만든 용어가 '메디치 효과Medici Effect'다. '여러 상이한 생각이 교차하
는 지점에서 혁신적 아이디어가 창출되거나 폭발하는 현상 또는 전혀 다른 역량이 융합되어 발생

그림 3-10 이탈리아 암브로시아나 도서관

스 사본, 초기 인쇄본을 소장한 메디치 도서관에서 시작되었다고 해
도 과언이 아니다.

교회도서관은 1607년 밀라노 추기경 보로메오^{F. Boromeo}가 설립하여
1609년 개관한 암브로시아나 도서관^{Biblioteca Ambrosiana}이 대표적이다.
약 3만 권의 장서 중에는 추기경 필사본을 비롯해 단테의 『신곡』 초
판, 다빈치의 드로잉과 『코덱스 아틀란티쿠스^{Codex Atlanticus}』 원본 등 중
요한 고문서도 있다. 하지만 선별된 학자만 출입·이용할 수 있었다.

한편 1714년 피렌체의 학자 마글리아베키^{A. Magliabechi}는 필사본 1만
권을 비롯한 자신의 소장 자료 약 5만 권을 시민에게 개방하도록 유
언을 남겼는데, 이를 계기로 1743년부터 토스카나 전역에서 출판된
도서를 납본 수집하는 피렌체 국립도서관으로 발전했다.

하는 창조와 혁신의 빅뱅 현상'을 뜻한다.

그림 3-11 프랑스 마자랭 도서관

프랑스는 절대주의 왕조가 책을 중앙집권적 방법으로 수집했다. 1537년 프랑수아 1세(재위 1515~1547년)는 자국에서 출판된 도서를 퐁텐블로Fontainebleau의 왕실도서관에 납본하도록 규정한 몽펠리에 칙령Édit de Montpellier을 공포했다. 이는 국가도서관 법정 납본의 시작이었다. 이후 파리로 옮긴 왕실도서관은 루이 13세(재위 1610~1643년) 때 재상 리슐리외(1585~1642년), 이탈리아 출신 추기경이자 재상을 지낸 마자랭(1602~1661년), 재무상 콜베르(1619~1683년)가 장서를 크게 확충했다.

특히 유럽 최고 도서관을 꿈꾸던 마자랭 도서관Bibliothèque Mazarine은 사서 노데G. Naudé의 설득으로 4만 권 이상을 확보하고 사회에 개방함으로써 프랑스 최초의 공공도서관으로 발전했다. 1627년 세계 최초로 『도서관 설립에 대한 지침』을 저술한 노데는 태양왕 루이 14세(재위 1643~1715년)를 설득하여 1643년부터 학문 연구를 목적으로 방문

그림 3-12 영국 옥스퍼드 대학 보들레이언 도서관

하는 이용자에게 도서관을 주 1회 개방했고, 1648년부터는 매일 개방했다. 마자랭 사후에는 대학도서관에 기증되었고, 현재는 프랑스 학술원 부속 도서관이 되었다. 1789년 프랑스 혁명 이후에는 종교시설, 귀족, 개인의 도서관 장서를 강제 처분하여 국가 소유로 만들고 다수의 공립도서관을 설립했다.

마지막으로 영국은 납본제를 기반으로 하는 프랑스나 이탈리아의 왕실도서관과는 성격이 다른 대학도서관을 다수 설립했다. 외교관이던 인문주의자 보들리 경$^{T. Bodley}$(1543~1613년)이 1598년 모교 옥스퍼드 대학에 지은 보들레이언 도서관$^{Bodleian Library}$이 대표적인 예다. 1602년 8월 정식 개관한 보들레이언 도서관은 1610년 출판·인쇄·제본·판매 등 출판업계 종사자 조합$^{Stationers' Company}$과 계약을 맺고 도서 한 부씩을 무료로 제공받았다. 이것이 영국에서의 납본의 시작으로, 보들레이언 도서관은 18세기 중반까지 국립도서관 기능을 수행했다.

18~19세기 도서관

르네상스와 종교개혁 같은 문명사적 사건은 중세와의 결별에 결정적으로 기여했다. 그럼에도 근대 중기까지 정치적으로는 세습적 군주제나 귀족제가 지속되었고, 종교적으로는 기독교 근본주의에 충실했으며, 사회문화적으로는 이념적 색채와 폐쇄성이 강했다.

그러나 17세기 말에서 18세기 초반에 걸쳐 유럽 사회에서는 근대 철학이 발전하고 과학혁명이 계속되었다. 또 유럽인들의 의식도 상류층과 종교 중심에서 중하류층과 세속 위주로 바뀌면서 여가와 취미 차원에서 지적 탐구와 독서 활동이 활발해졌다. 이를 바탕으로 시민 사회는 초자연적 존재에 대한 의존, 외재적 권위에 대한 복종, 현실에 대한 고정관념 등에 도전하고 불합리한 제도, 사회적 폐습, 주술과 맹신, 종교적 정통주의 등에 대한 계몽을 시작했다. 유럽 전역에서 사회의 부조리와 전통적 사고를 비판하는 혁신적·진보적 사상인 계몽주의가 득세했고, 모든 영역에 걸쳐 계몽과 변화가 시작되었다.

다만 그 양태는 국가마다 달랐다. 영국은 1760~1820년 산업혁명을 거치면서 대중이 역사의 전면에 등장했고, 프랑스는 1789년 시민혁명으로 왕정에 종지부를 찍었으며, 미국은 1776년 영국으로부터 독립을 선언했다. 그 여파로 주요 국가에서 민족주의 또는 국가주의가 대두하자 국민의 의식 수준과 대외 경쟁력을 높이기 위한 전략적 조치로 지식정보 수집을 강화하고 국가도서관을 건립하는 한편 기존 도서관의 대중화와 개방을 추진했다.

이 시기 등장한 국가도서관은 18~19세기 유럽 국가주의의 부산물이자 20세기 강대국 식민통치로부터의 독립을 상징하는 건물이었다.

1세대 국가도서관은 19세기 초까지 20여 개국에 설립된, 왕실문고와 개인 장서를 기반으로 발전한 고전적 국립도서관을 말한다. 프랑스 국립도서관(1480년), 영국 대영박물관 도서관(1753년), 미국 의회도서관(1800년)이 여기에 속한다.* 대개 국위를 대외적으로 발양할 목적으로 건립한 이들 도서관은 납본제도를 의무화하여 자국 출판물을 폭넓게 수집함으로써 급속히 발전했고, 국가 문헌 보존 센터로서의 위상을 확보했다.

2세대 국가도서관은 19세기 중반부터 제2차 세계대전까지 약 50개국에 설립된 국가도서관을 말한다. 남아프리카공화국 케이프타운의 남아프리카 도서관(1818년)과 프리토리아의 국가도서관(1887년), 베네수엘라 국립도서관(1833년), 튀니지 국립도서관(1885년), 호주 국가도서관(1901년), 태국 국가도서관(1905년) 등이 대표적이다. 3세대 국가도서관은 제2차 세계대전 뒤 아시아, 아프리카, 기타 신흥국에 설립된 약 20개 국가도서관을 말하는데, 한국의 국립중앙도서관(1945년), 일본 국립국회도서관(1948년), 중국 국가도서관(1949년), 캐나다 국가도서관(1953년), 가나 중앙참고연구도서관Central Reference and Research Library(1964년), 뉴질랜드 국가도서관(1966년), 리비아 국립도서관(1966년), 말레이시아 국가도서관(1971년) 등이 있다.[24]

그런가 하면 18~19세기에는 대중을 위한 다양한 형태의 도서관이 등장했다. 인쇄술의 확산이 초래한 지식 대중화와 독서 계층 증가,

---

* 프랑스 국립도서관은 왕실문고, 영국 대영박물관 도서관은 슬론H. Sloane의 개인 장서, 미국 의회도서관은 토머스 제퍼슨의 개인문고를 기초로 설립·발전했다. 오스트리아, 덴마크 등도 왕실문고에 기초했다.

르네상스 이후 내면화된 인문주의와 정신문화적 성숙, 종교개혁으로 경험한 비판적 사고와 사회 질서의 재편, 계몽주의의 결과물인 이성적 사고와 평등 의식, 산업혁명을 거치며 터져 나온 기본권 요구와 차티스트 운동* 등이 일으킨 변화였다.

첫 번째 유형은 소규모 사립 독서 클럽에서 진화한 회원제 도서관이다. 이미 영국에서는 17세기 후반에서 18세기 초반까지 맨체스터의 체담 도서관Chetham's Library(1653년),** 스코틀랜드의 이너페프레이 도서관Innerpeffray Library(1680년), 맬든Maldon의 토머스 플룸 도서관Thomas Plume's Library(1704년) 등이 회원제로 운영되었다.[25] 그러나 도서관사에서 가장 많이 거론되는 사례는 18세기에 등장한 미국 식민지 시대의 필라델피아 도서관 회사Library Company of Philadelphia***와 영국 리버풀 도서관이다.

필라델피아 도서관 회사는 미국의 건국자 중 한 명인 벤저민 프랭클린이 설립한 회원제 도서관의 후신이다. 프랭클린은 1731년 근대 공공도서관의 원형으로 여겨지는 회원제 대출도서관을 개관했다. 회원들은 최초 회비 40실링, 이후 연간 10실링을 부담해야 했으며, 도서관 정관에 따라 장서를 관리하고 이용했다. 처음에는 회원 자택 건물에서 시작해 1740년 펜실베이니아주 의회가 제공한 공간으로 이관한 뒤 필라델피아 도서관 회사로 이름을 변경했다. 개관 초기에는 회

- 영국이 산업혁명 이후 도시 인구 집중과 산업 자본가 성장에 따른 선거제도의 모순을 해결하고자 선거법을 개정했음에도 여전히 선거권을 얻지 못한 노동자 계급을 중심으로 1830년대 후반~1850년대 전반에 일어난 참정권 확대 운동이다.
- ●● 1653년 체담H. Chetham이 자료 구입비 1,000파운드, 부지 매입비 1,000파운드 등을 기부하여 설립되었다. 1826년에는 장서가 1만 4,276권에 달했다.
- ●●● 현재 도서관 회사는 독립된 비영리 연구도서관으로 운영되고 있다.

그림 3-13 미국 필라델피아 도서관 회사 건물

원만 이용할 수 있었으나 한 주에 2~3시간씩 대중에 개방했으므로 공공도서관의 성격도 띠었다.

리버풀 도서관은 리버풀의 부유한 상인들과 전문가들이 주도하여 1758년 4월 1일 로드가Lord Street에 설립했다. 도서 177권과 팸플릿 48매로 시작한 소규모 회원제 도서관으로, 교장 출신 에버라드W. Everard가 첫 사서로 근무했다. 1801년에는 장서가 8,000권으로 증가해 영국 최대 회원제 도서관으로 부상했으나 1942년 4월 폐쇄되었다. 그 밖에 1768년 설립된 리즈 회원제 도서관Leeds Subscription Library은 영국에서 가장 오랫동안 운영되었다.

요컨대 영미 회원제 도서관은 지불 능력이 있는 소수 특권 계급과 부유층을 위한 자료 열람 및 대출 공간이었을 뿐 대중에게는 제한된 시간과 범위 안에서만 접근과 이용을 허용했다. 따라서 모든 대중에게 개방하는 현대 공공도서관과는 괴리가 있다.

두 번째 유형은 회원제 도서관 가운데 대중에게 유료로 개방하거나 도서 출판 및 판매업자가 상업적 이윤을 추구할 의도로 설립한 유료 대출도서관*이다. 식자층이 늘어나고 소설 등 문학에 대한 수요가 증가한 것이 그 등장 배경이었다. 대출도서관이 언제 태동했는지는 확실하지 않지만, 1674년 영국의 서적 판매상 커크먼F. Kirkman이 웨스트민스터의 서점 유리창에 유료 대출을 광고한 바 있다. 최초의 대출도서관은 시인 램지A. Ramsay가 1725년 개관한 에든버러 대출도서관이다.[26] 1737년에는 배토W. Bathoe가 런던에 두 곳의 대출도서관을 설립했다. 1780년 런던에서는 최소 19개 대출도서관이 운영되었고, 1800년에는 런던의 26개관을 포함해 영국 전역에서 200개관 이상이 대출 서비스를 제공했다.[27] 1730~1842년 대출도서관의 표준 연회비는 당시 유행하던 세 권짜리 소설 가격의 두 배였다.[28]

가장 성공적인 사례는 고딕 소설을 많이 발간한 레인J. Lane이 1770~1848년 미네르바 출판사와 함께 운영한 미네르바 대출도서관이다. 다른 주목할 사례는 영국 출판업자 무디C.E. Mudie가 1842년 시작해 1937년까지 운영한 무디 대출도서관Mudie's Select Library**과 1860년 시작해 1961년까지 운영한 스미스 도서관Smith and Son Library이다. 무디

• 대여도서관이라고도 하며, 영어로는 circulating library 또는 lending library, 독일어로는 Leihbibliothek라고 부른다.

•• 도서관 이름에 'Select'라는 단어를 사용했는데, 대중적 교양·문학 자료 중심의 대다수 대출도서관과 달리 수준 높은 자료를 엄선해 지식층에게 대출하는 엘리트 지향적 도서관이었기 때문이다.

대출도서관은 런던 및 지방의 주거 지역 이용자를 대상으로 주로 도덕·윤리 자료를 유료로 대출하는 전국 체인망을 운영한 반면, 스미스 도서관은 런던 및 영국 북서부 지역을 중심으로 철도역 서점을 독점했다. 이러한 체인점 대출도서관에는 소설이 가장 많았고, 주 이용자는 중산층 여성이었다.

그림 3-14 영국 무디 대출도서관 앞 풍경(1869년)

미국에서는 1763년 린드[W. Rind]가 메릴랜드 아나폴리스에 도서 150종과 지도 일부를 소장한 대출도서관을 설립했고, 1767년 니콜라[L. Nicola]가 필라델피아 최초로 대출도서관을 개관했다. 18세기 후반에는 길드[B. Guild]가 보스턴에 서점 및 대출도서관을 열었고, 1804년에는 서적상, 출판인, 사서로 활약한 블라그로브[W. Blagrove]가 보스턴에 유니언 대출도서관을 설립했다. 1762~1890년 미국에서는 439개관에 달하는 대출도서관이 운영되었다.[29]

독일에서도 고조된 독서 열풍에 편승하여 대출도서관이 성행했다. 1750년대에 독일 최초의 대출도서관이 프랑크푸르트에 설립된 이래 운영 방식, 시설 규모, 취급 자료 등에 따라 다양한 유형이 등장했다.[30] 고객의 집을 방문하여 대출·회수하는 이동식 대출도서관[Wandernde Leihbibliothek], 대도시 근교에서 소형 도서·문구점을 병행하는 벽지 대출도서관[Winkelleihbibliothek], 상업 및 지식 계층 중심지에 훌륭한 시설을 구

그림 3-15 독일 대출도서관을 묘사한 그림

비한 독서 캐비닛Lesekabinette과 독서 자료관Lesemuseen,[*] 19세기 후반에 등장한 신간 구독 클럽Novitätenlesezirkel,[**] 정기 구독이 가능한 잡지 클럽을 보유한 대출도서관,[***] 연극 대본·악보·아동 및 청소년 도서·전문서적과 외국어 자료 등을 취급한 특수도서관Spezialbibliothek 등이 있었다.[31] 1790년대에는 대다수 중소도시와 촌락에 한 개 이상의 소형 대출도서관이 운영되었다. 1800년경에는 라이프치히 9개, 브레멘 10개, 프랑

• 도서 대여는 물론 시사 정보나 책을 판매하고, 그 자리에서 읽을 수 있는 열람실, 신간 전시 공간 등을 갖추고 지역민과 이방인에게 만남과 정보 교환 장소를 제공했다. 18세기 말에 형성된 프랑크푸르트 에슬링거 독서연구소(1789~1845년), 라이프치히 바이강 박물관(1794~1819년), 드레스덴 아르놀트 자료관(1799~1835년) 등이 대표적이다.

•• 1864년 베를린에서 운영된 '보르스텔 독서 클럽'이 대표적이다. 신간을 신속하게 대량 비치하여 공공도서관과의 경쟁에서 우위를 점했으며, 당시 통속문학만 취급한다고 비난받던 대출도서관의 부정적 이미지를 개선하는 데 도움이 되었다.

••• 1865년경에는 617개 대출도서관에 310개 잡지 클럽이 있었고, 1890년에는 1,216개 대출도서관에 927개 잡지 클럽이 있었다.

크푸르트 18개 등 거의 모든 도시에 대여점이 있었고, 19세기 후반에는 그 수가 4,000여 개에 달했다. 독일의 대출도서관은 도시와 농촌을 불문하고 대중의 지적 욕구를 충족하고 독서 활동을 지원함으로써 독일이 문화 중심지로 발전하는 데 크게 기여했다.[32]

프랑스는 1761년 도서 판매자 퀼로G.F. Quillau가 최초로 공인된 대출도서관인 루 크리스틴Rue Christine을 오픈했다. 또 1779년 8월에는 모로F. Moureau가 학술독서실Cabinet Académique de Lecture을 개관했다. 1820년경 파리에는 32개 대출도서관이 상업적 독서실로 운영되었는데, 1823년에는 책과 신문을 대여하는 독서실이 83개, 서점이 67개로 크게 늘어났다.[33]

이러한 도서대여점은 18세기 조선의 한양 종루에서 남대문에 이르는 광통교와 그 일대에서도 성행했는데, 바로 세책점貰冊店이다. 세책점은 책의 대여뿐 아니라 제작도 담당했는데, 중국 소설 번역본과 창작 소설이 대종을 이뤘다. 세책본●의 주요 고객은 한글 소설을 읽는 서민층이나 여성이었다. 그러나 엄밀히 말하면 세책점은 대여 서점일 뿐 도서관 기능과는 거리가 멀었다. 1912년부터 활판본 고소설이 대량 생산·유통됨에 따라 전통적인 세책점은 쇠퇴했다.

요컨대 18~19세기 각국에서 운영된 유료 대출도서관은 회원제 도서관보다 훨씬 많고 다양했으나 규모는 더 작았다. 다만 이용자로부

● 현재 국내외에 남아 있는 세책본은 약 90종이다. 일본의 동양문고·교토대·덴리대, 러시아 동방학연구소, 프랑스 국립기메동양박물관Musée national des Arts asiatiques-Guimet과 동양어문화대학, 영국 대영박물관, 그리고 국내의 고려대·서울대·연세대·이화여대와 국립중앙도서관, 한국학중앙연구원, 순천시립뿌리깊은나무박물관, 화봉문고 등에 소장되어 있다. 국립중앙도서관, 『조선의 독서열풍과 만나다: 세책과 방각본』, 국립중앙도서관, 2016, 50쪽

터 대출료를 받고 대중 소설 등을 제공했기 때문에 둘을 구별하기가 쉽지 않고 회원제 도서관 스스로 대출도서관이라고 지칭한 예도 많았다. 그러나 유료 대여 문화는 19세기 중반부터 사양길로 접어들었는데, 대여할 주제와 종수의 제약, 절차와 비용의 부담, 신매체인 신문의 등장, 무료로 이용할 수 있는 공공도서관의 등장 등이 주원인이었다. 대출도서관은 19세기 말에서 20세기 초에 걸쳐 대다수 국가에서 종적을 감췄다.

세 번째 유형은 19세기 초 유럽과 북미에 설립된 직공학교 도서관Mechanics' Institute Library이다. 18세기 중반에서 19세기 초반까지 진행된 산업혁명의 여파로 대도시에 많은 공장이 들어서고 각지에서 노동자가 모여들었다. 당시 지역 기업가나 부유층은 직공이 기술 교육을 받으면 공장과 사회에 유익할 것이라는 박애주의적 입장에서 직공학교를 설립하고 도서관, 박물관, 문화센터 등을 부설했다. 그 최초 사례가 1821년 10월 호너L. Horner와 브라이슨R. Bryson이 스코틀랜드에 설립한 에든버러 기술학교(헤리엇와트 대학의 전신)로, 글래스고에도 설립되었다. 잉글랜드에서는 1823년 6월 리버풀 기술직공학교,* 동년 10월 버크벡G. Birkbeck이 주도한 런던 직공학교(버크벡 대학의 전신)에 이어 1824년 입스위치와 맨체스터에도 설립되었다. 1832년 핸슨J. Hanson 등이 설립한 브래드퍼드 직공학교는 70년 넘게 성인 교육을 선도했다. 19세기 중반까지 영국 전역 및 해외의 직공학교는 700개에

• 리버풀 기술직공학교Liverpool Mechanics School of Arts는 1832년 리버풀 직공학교Liverpool Mechanics' Institution로 개칭되었고, 1996년 현재의 리버풀 공연예술학교Liverpool Institute for Performing Arts로 바뀌었다.

그림 3-16 런던 직공학교 도서관

달했으며,[34] 각각 부속 도서관을 두었다. 그중 일부는 훗날 대학도서
관이나 학교도서관으로 발전했다.

영국의 직공학교 도서관 설립 운동은 호주에 이식되었는데,
1827년 빅토리아주의 프라란Prahran 직공학교가 가장 먼저 설립되었
다. 이어 1833년 시드니 기술직공학교와 1839년 멜버른 직공학교 등
에도 각각 부속 도서관이 설치되었다. 1890년대에 호주의 직공학교
는 2,153개에 달했다. 미국은 1854년 금광 노동자, 다운타운 고용자,
학생, 영화 애호가, 체스 선수 등의 직업적 요구에 부응할 의도로 샌
프란시스코 직공학교에 도서관을 설치했다.

그러나 대다수 도서관은 기증에 크게 의존했으며, 영국은 주로 교
육 자료가 많았던 반면 미국은 자기 계발과 오락 자료에 치중했다.[35]
도서관은 전임 사서를 두고 하루 10~12시간 개관했다. 1860년경 절
정에 달했던 직공학교는 19세기 말 줄어들었고, 부속 도서관도 명맥

그림 3-17 호주 프라란 직공학교(1856년)

만 유지하다가 대학도서관으로 발전하거나 공공도서관으로 간판을
바꿨다.

네 번째 유형은 성직자와 신도를 위한 소규모 교구도서관이다. 영
국 출신 성공회 목사 브레이[T. Bray](1658~1730년)는 잉글랜드와 웨일스
에 61개 이상의 교구도서관을 설립했을 뿐 아니라 미국 남부에 지역
공공도서관 5개, 교구도서관 38개, 평신도 대출도서관 37개를 설립
하고 직접 자료 수집을 책임질 정도로 열정적이었다.[36] 그러나 교구도
서관은 문호를 제한적으로 개방했고 대다수 자료가 종교 서적이었기
때문에 일반 시민은 거의 이용하지 않았다.

독일, 이탈리아, 프랑스, 영국, 스페인 등 근대 유럽 국가들이 선
도한 인쇄술, 르네상스, 종교개혁, 과학 발전, 산업혁명은 중세 봉건
제를 와해시키고 가톨릭 신본주의를 인본주의로 전환했으며 산업화
와 자본주의의 토대를 제공했다. 그 여파로 왕족, 지배 계층, 엘리트

집단, 성직자, 부유층의 전유물이던 도서관의 빗장도 조금씩 풀리면서 다양한 유형의 도서관이 등장했다. 이들 도서관은 19세기 중반부터 본격화된 무료 공공도서관 설립과 운영의 마중물이 되었다.

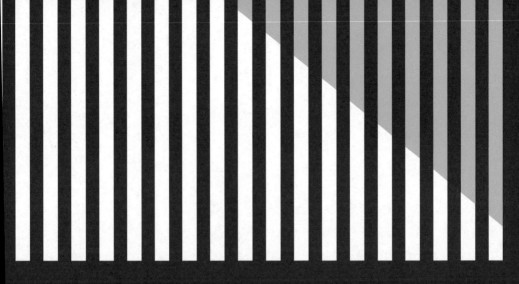

4장

현대 도서관, 지식을 어떻게 분배할 것인가

1
공공도서관의 시작

근대와 마찬가지로 현대의 시대적 범주도 명확하지 않다. 학자나 분야에 따라 관점과 기준이 다르기 때문이다. 다만 르네상스와 산업혁명이 초래한 근대 사회의 산업화와 자본주의는 현대의 도시화와 민주주의의 모체가 되었다. 따라서 근대와 현대의 도서관사도 상당히 중첩적이다.

이는 중세 1,000년에 이어 근대 400년간 다양한 도서관이 출현했고, 그 가운데 일부는 변용되었지만 대부분 공공도서관으로 계승되었다는 사실이 방증한다. 예컨대 수도원 도서관은 대학도서관 등으로 이전되었고, 군주가 설립한 왕실도서관 중 일부는 국립도서관으로 바뀌었다. 또 18세기를 전후로 등장한 여러 도서관(회원제·대출·직공학교·교구 도서관)은 일부 개방형 유료 서비스를 통해 소위 사회도서관social library으로서의 역할을 수행함으로써 현대 공공도서관에 근접

그림 4-1 피터버러 타운 도서관

했다. 19세기 초중반에는 회원제나 유료로 운영되었음에도 '공공도서
관'이라는 명칭을 내건 도서관이 등장했는데, 1833년 애벗^{R.A. Abbot}이
미국 뉴햄프셔주에 설립한 피터버러 타운 도서관^{Peterborough Town Library}
은 세계 최초로 세금 지원으로 운영된 작은 공공도서관이었다.

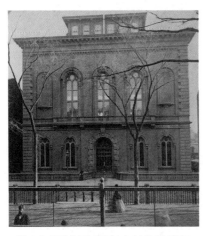

그림 4-2 1858년부터 1895년까지 보스턴 공공도
서관으로 사용한 건물

1848년 매사추세츠주 보
스턴시는 세금으로 운영하
는 보스턴 공공도서관을 설
립하고, 1854년 3월 20일 독
자적 건물에서 장서 약 1만
6,000권을 시민에게 제공하
는 최초의 무료 시립 공공도
서관을 개관했다. 따라서 도
서관사 측면에서 현대는 만
인 공개와 무료 이용을 핵심

가치로 삼는 공공도서관이 시작된 19세기 중반 이후로 보는 것이 타당하다. 그 전까지는 여전히 지배 계급, 엘리트 계층, 식자층이 도서관을 독점하는 구조였을 뿐 대중에게 문호를 개방하는 데 인색했고 문턱 또한 높았다. 가진 자들이 선민사상에 빠져 기득권 수호와 계급 사회 유지를 우선했기 때문이다.

영미 공공도서관의 태동

15세기 인쇄술을 기반으로 르네상스, 종교개혁, 산업혁명을 경험하면서 학습되고 누적된 인본주의 사상과 기본권의 요구는 서구 사회 전반에 변화와 개혁의 동력으로 작용했다. 그중 하나가 무료 공공도서관의 출현이었다. 통계 자료를 바탕으로 당시 주요 국가들에서 무료 공공도서관이 등장한 배경과 공공도서관의 발전 과정을 살펴보자.

영국, 무료 공공도서관의 요람

비록 독일, 이탈리아, 프랑스 등이 인쇄술과 종교개혁, 르네상스를 이끌었지만, 무료 공공도서관 시대를 선도한 나라는 산업혁명의 발상지인 영국이었다. 18세기 말 산업혁명의 여파로 영국에서는 대대적인 사회 개량 운동이 진행되었다. 1832년 선거법 개정을 시작으로 1833년 제1차 공장법, 1848년 제1차 공중보건법 등 사회개혁법이 제정되거나 개정되었는데, 그 연장선에서 세계 최초 공공도서관법이 등장했다.

이를 주도한 인물이 에드워즈^{E. Edwards}(1812~1886년)다. 에드워즈는 벽돌공장 직원으로 직공학교 도서관에서 독학하다가 1839년 대영박물관 간행부 직원(사서)이 되었다. 1852년에는 맨체스터 무료 도서관^{Manchester Free Library}의 초대 관장으로 활동했으며, 훗날 영국 공공도서관 운동의 정신적 대부로 칭송받았다. 그가 1848년 8월 호《런던 통계학회지》에 발표한 논문을 보면, 당시 1만 권 이상을 소장한 유럽의 공공도서관은 총 383개관(프랑스 107개, 오스트리아 41개, 영국 및 아일랜드 29개 등)이었다. 에드워즈는 인구당 장서 수를 산출해 영국 공공도서관의 장서 현황을 42개국 중 41위로 평가했다.[1]

1840년부터 인민헌장 운동가(차티스트)로 활동한 브로더튼^{J. Brotherton}(1783~1837년)과 함께 공공도서관 시스템 확립을 위한 캠페인을 벌인 이워트^{W. Ewart}(1798~1869년)는 에드워즈가 평가한 영국 공공도서관의 장서 현황에 주목했다. 당시 하원의원이던 이워트는 교육 문제의 법제화, 형량제 개혁을 주도하다가 에드워즈와 접촉하고 1849년 초 하원에서 공공도서관 문제를 제기했다. 이어 하원에 '공공도서관 설치 촉진을 위한 대책 위원회'를 구성하고 위원장을 맡았으며, '시의회에 도서관 설치·유지를 위한 과세 권한 부여 및 도서관 설립을 위한 국고 보조금의 필요성'을 골자로 하는 보고서를 제출했다. 그리고 1850년 공공도서관 확립을 위한 법안을 제출해 가결되었다.[2]

이러한 과정을 거쳐 공포된 영국 최초의 도서관법이자 전국 모든 공공도서관을 적용 대상으로 삼은 세계 최초의 법률이 '공공도서관

국가	도서관이 있는 도시 인구(P)	장서 1만 권 이상 도서관 수	모든 도서관의 총 장서 수(C)	도서관당 평균 장서 수	인구 100명당 장서 수(C÷P×100)
안할트	11,749	1	20,000	20,000	170
오스트리아	1,381,331	41	2,193,000	53,488	159
바덴	66,730	4	320,000	80,000	480
바이에른	339,8837	11	1,178,000	107,091	347
벨기에	538,564	14	509,100	36,364	95
브레멘	42,000	1	70,000	70,000	167
브런즈윅	8,500	1	200,000	200,000	2,353
크라쿠프	37,000	1	12,000	12,000	33
덴마크	156,692	5	645,000	129,000	412
프랑스	3,183,120	107	3,975,695	37,165	125
프랑크푸르트	66,244	1	50,000	50,000	75
영국 및 아일랜드	3,524,416	29	1,542,400	53,186	43
함부르크	128,000	1	160,000	160,000	25
하노버	46,700	3	454,000	151,333	972
헤센	88,700	4	227,000	56,750	256
다름슈타트	30,300	2	200,000	100,000	660
힐트부르크하우젠	10,200	1	12,000	12,000	118
네덜란드	349,010	5	219,000	43,800	63
루벡	26,000	1	30,000	30,000	115
루카	24,092	1	25,000	25,000	104
메클렌부르크	18,067	1	43,000	43,000	238
메클렌부르크슈트렐리츠	4,500	1	50,000	50,000	1,111
모데나	27,000	1	90,000	90,000	333
나폴리 및 시칠리아	550,453	7	363,000	51,857	66
나소	15,000	1	40,000	40,000	267
올덴부르크	5,564	1	60,000	60,000	1,078
교황령	358,600	15	953,000	63,533	266
파르마	71,500	3	146,000	48,667	204
포르투갈	363,000	7	276,000	39,429	76
프로이센	884,405	30	1,637,000	54,577	196
루돌슈타트	4,000	1	46,000	46,000	1,150
러시아	1,063,823	12	851,390	70,949	80
사르데냐 및 피에몬테	302,497	9	286,000	31,778	94
작센코부르크고타	22,950	2	150,000	75,000	551
작센마이닝엔	6,000	1	24,000	24,000	400
작센바이마르	17,029	2	150,000	75,000	881
작센	132,927	5	504,000	100,800	379
스페인	650,359	17	687,550	40,444	106
스웨덴 및 노르웨이	120,528	8	323,000	40,375	268
스위스	137,083	13	465,300	35,792	340
토스카나	153,466	9	411,000	45,667	268
뷔르템베르크	57,799	3	414,000	138,000	716
계(평균)	18,084,735	383	20,012,435	(64,096)	(377)

표 4-1 유럽 공공도서관 현황(1848년 기준)

그림 4-3 윌리엄 브라운 도서관·박물관(현 리버풀 세계 박물관 및 리버풀 중앙도서관)

법Public Libraries Act'이라고 부르는 「공공도서관 및 박물관 설립을 위한 시의회 권한에 관한 법률Act for Enabling Town Councils to Establish Public Libraries and Museums」이다. 공공도서관법은 인구 1만 명 이상인 자치구를 적용 대상으로 하되 납세자로 구성된 특별회의에서 총투표의 3분의 2 이 상을 얻으면 공공도서관 설립을 위한 독립세를 징수할 수 있도록 규 정했다. 영국 공공도서관법은 세금에 의한 공공도서관 설치·운영 및 무료 공개주의 원칙을 확립했다는 점에서 세계 도서관 법제사에서 매우 중요한 의미를 지닌다. 이 법은 인구 1만 명 이상의 자치구에 공 공도서관 설립을 위한 과세권을 인정함으로써 도시 지역 공공도서관 설립 및 운영을 위한 재정적 여건을 마련했으며, 유럽 각국 공공도서 관법의 모델이 되었다.[3]

샐퍼드Salford, 윈체스터, 맨체스터, 옥스퍼드, 리버풀, 케임브리 지 등 13개 도시가 공공도서관법을 수용했고, 일부 재정을 지원받 아 도서관을 설립했다. 건립비 전액을 지원받은 첫 사례는 1857년 노리치에 설립한 복합건물(공공도서관+박물관+예술학교)이었다. 1857~1860년 알롬^{T. Allom}과 웨이트먼^{J. Weightman}의 설계로 건립한 리버풀 윌리엄 브라운 도서관·박물관^{William Brown Library and Museum}은 19세기 중반 유행한 신고전주의 사조의 웅장한 건물이다. 박물관에는 더비 백작^{Earl of Derby}이 기증한 동물과 새들이 입구 왼쪽에 있고, 오른쪽에 중앙도서관이 있다.[4] 1867년에는 27개 자치단체가 공공도서관법을 채택했으며, 1868년까지 설립된 27개 도서관 가운데 14개는 리버풀, 맨체스터, 버밍햄 등 상공 지역에 위치했다. 그로부터 약 20년간 답보 상태에 있다가 1887년 빅토리아 여왕 50주년 기념 이벤트인 골든 주빌리^{Golden Jubilee} 축하 행사를 계기로 77개관이 신축되었다.[5] 1850년부터 약 60년간 영국에 설립된 공공도서관은 무려 521개관에 달했다.[6]

한편 스코틀랜드계 미국인 사업가이자 박애주의자였던 카네기도 19세기 말에서 20세기 초까지 영국 공공도서관 확산과 발전에 크게 이바지했다. 카네기는 46년간(1883~1929년) 세계 각국에 총 2,509개 도서관 건립을 지원했는데, 그중 26.3%(660개관)가 영국에 있었다.

	잉글랜드	웨일스	스코틀랜드	북아일랜드
1850~1859	18	–	1	1
1860~1869	12	1	1	–
1870~1879	38	5	5	–
1880~1889	51	5	9	5
1890~1899	121	17	15	8
1900~1909	125	29	42	12
소계	365	57	73	26
계	521			

표 4-2 영국의 신설 공공도서관 수(1850~1909년)

그림 4-4 스코틀랜드 던펌린 카네기 도서관

첫 사례는 조국 스코틀랜드의 고향에 건립한 던펌린Dunfermline 카네기 도서관이다. 에든버러의 건축가 워커J.C. Walker가 설계하고 1883년 8월 29일 개관한 이 도서관의 건립과 장서 구입에 카네기는 8,000파운드를 지원했다. 도서관 입구에는 "빛이 있으라Let there be light"라는 문구가 새겨져 있다. 1889년 1월에는 두 번째 카네기 도서관인 빅토리아 도서관이 그레인지머스Grangemouth에 등장했다. 이어 1890년에는 약 5만 파운드를 지원받은 영국 최초의 시립 공공도서관인 에든버러 중앙도서관이 건립되었다. 잉글랜드에 들어선 최초의 카네기 도서관은 1904년 1만 파운드를 지원받아 웨스트요크셔 브래드퍼드에 개관한 키슬리Keighley 카네기 도서관이다. 이후로도 영국에 총 195개관(잉글랜드 145개관, 스코틀랜드 30개관, 웨일스 15개관, 북아일랜드 5개관)이 카네기 기금으로 건립되었으며, 1913년에는 고향 던펌린을 기반으로 하는 카네기 영국 재단Carnegie United Kingdom Trust이 출범해 그가 사망한 1919년 이후에도 도서관의 건립과 운영을 계속해서 지원했다.

그림 4-5 잉글랜드 키슬리 카네기 도서관

공공도서관법과 카네기의 후원에 힘입어 19세기 후반부터 20세기 중반까지 영국의 공공도서관은 지속해서 확충되었다. 1871년 99만 6,000권에 불과하던 장서가 1959년 7,100만 권으로 급증했고, 대출자 수도 1939년 900만 명에서 1959년 1,400만 명으로 증가했다.[7] 1964년에는 공공도서관법을 대체하는 「공공도서관·박물관법Public Library and Museum Act」이 제정되었다. 직접적 이유는 도서관 공백 지대가 해소되어 공공도서관법의 제정 취지였던 채택제의 의미가 사라졌기 때문이었다. 공공도서관법은 중앙정부가 도서관 설치를 규정하고 자치단체가 채택 여부를 결정하는 임의성 법률로, 지역 내의 서비스 사

	1871	1881	1911	1935	1939	1959
장서(1,000권)	996	1,811	9,357	22,855	32,500	71,000
대출(1인당)	0.93	–	2.27	3.57	–	–
대출자 수(1,000명)	–	–	–	–	9,000	14,000

표 4-3 영국 공공도서관의 장서 및 대출 증가 추이(북아일랜드 포함, 1871~1959년)

각지대를 해소하는 데 치중했다. 이러한 법률을 한 세기에 걸쳐 적용한 결과, 도시와 농촌을 불문하고 미설치 행정구역이 사라져 실정법으로서의 존재 가치가 상실되었기에 신법 제정이 불가피했다. 공공도서관·박물관법은 지방정부나 자치단체가 '모든 주민에게 효율적이고 균등한 도서관 서비스를 제공해야 한다'라는 당위를 규정함으로써 행정기관의 서비스 책무를 강조했다.

다음 그래프는 공공도서관·박물관법 제정 이후 1965년부터 2015년까지 영국 공공도서관 수의 변화를 보여준다(북아일랜드 제외, 주당 10시간 이상 개관한 도서관 대상).[8] 영국의 공공도서관은 2010년을 기준으로 5년 사이에 10%가량 줄었는데, 400개관이 폐관하고 도서관 일자리 1만 개가 사라지는 퇴행적 상황이 계속되고 있다. 이를 두고 아동 작가 기번스[A. Gibbons]는 "공공도서관 서비스가 역사상 최대 위기에 직면했다"라고 경고하기도 했다.[9] 이에 따른 부정적 효과 중 하나가 지난 10여 년간(2005~2016년) 연 1회 이상 공공도서관을 이용하는 성인의 비율이 갈수록 감소하고 있다는 점이다. 2016년에는

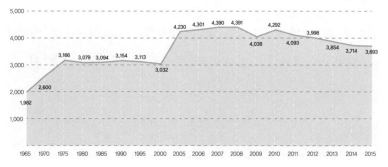

그림 4-6 영국의 공공도서관 수 변화(북아일랜드 제외, 1965~2015년)

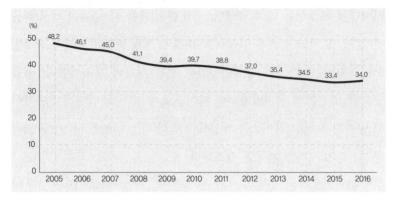

그림 4-7 영국 성인의 공공도서관 이용률 감소 추이(2005~2016년)

2005년과 비교해 이용률이 무려 29.5%나 감소했다.[10] 공비 운영, 무료 제공, 만인 공개를 이념적 지주로 삼는 현대 공공도서관의 종주국인 영국에서 일어나는 상황이기에 주목하지 않을 수 없다.

미국, 무료 공공도서관의 개화

1492년 이탈리아 제노바 출신의 콜럼버스에 이어 1497년 피렌체 태생의 탐험가이자 지도 제작자 베스푸치(1454~1512년)가 신대륙을 발견한 이후 아메리카•는 스페인, 영국, 프랑스 등 서구 열강의 각축장이었다. 1775년 4월 19일 신대륙을 지배하던 영국군이 매사추세츠 민병대 무기고를 접수하려는 과정에서 렉싱턴·콩코드 전투가 일어났고, 영국군을 격파한 13개 식민지••는 전쟁 중이던 1776년 독립을 선

• 독일의 지도 제작자 발트제뮐러M. Waldseemüller가 1507년 제작한 지도에서 신대륙 발견자인 아메리고 베스푸치의 이름을 따서 신대륙을 '아메리카'로 표기했다.

•• 뉴햄프셔, 매사추세츠, 로드아일랜드, 코네티컷, 뉴욕, 뉴저지, 펜실베이니아, 델라웨어, 메릴랜드, 버지니아, 노스캐롤라이나, 사우스캐롤라이나, 조지아를 말한다.

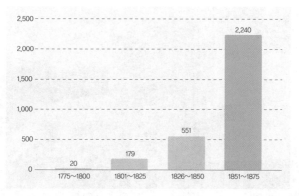

그림 4-8 미국 사회도서관 증가 추이(1775~1875년)

언했다. 이로써 미국 역사가 시작되었다.

당시 미국에는 회원제 도서관에 이어 사회도서관이 유행했고 무료 공공도서관은 소수에 불과했다. 1775년에서 1875년까지 사회도서관은 2,240개관으로 급증했다.[11] 이와 동시에 19세기 초 세금을 지원받는 공공도서관이 등장했으나 1840~1850년대에 운영된 1,559개 타운 도서관township library 중에서 진정한 의미의 무료 공공도서관은 484개관에 불과했다.[12]

1803년 보스턴 서적상 겸 출판업자 빙엄C. Bingham이 기증한 150종을 모체로 코네티컷주 솔즈베리에 미국 최초 무료 공공도서관인 스코빌 기념 도서관Scoville Memorial Library이 개관했다.[13] 그로부터 30년이 지난 1833년에는 뉴햄프셔주가 건립비 전액을 세금으로 충당한 피터버러 타운 도서관이 설립되었는데, 이는 세금 지원으로 운영되는 최초의 공공도서관이었다. 1835년에는 뉴욕주에서 학교도서관 지원을 위한 세금 부과를 허용하는 법안이 통과되었고, 1848년에는 뉴햄프셔주에서 무료 공공도서관 설립을 위한 세금 징수에 관한 법안이 통과

그림 4-9 스코빌 기념 도서관

되었다. 같은 해 매사추세츠주 입법부는 보스턴시에 공공도서관 설립을 허용하는 조례를 제정했고, 이에 근거하여 1854년 3월 20일 자로 미국 최초 시립도서관인 보스턴 공공도서관이 개관했다.

19세기 중반에 접어들어 미국에서는 민주사회 건설을 위한 평생교육 촉진과 지식정보의 보급과 확산이 시대적 과제로 부상했다. 이에 따라 평생교육을 제공하고 민주주의 시민의식을 높이기 위한 사회 거점으로서의 공공도서관 운동이 활발하게 전개되었고 이용자층도 확대되었다. 특히 1876년에는 미국도서관협회ALA 설립, 세계 최초의 도서관 잡지인 미국도서관협회의 《라이브러리 저널Library Journal》 발간, 듀이십진분류법DDC 간행, 연방정부의 「미국 공공도서관: 역사, 현황, 관리 특별보고서」[14] 발표 등 도서관과 관련한 제도적·이론적·기술적 진전이 있었다. 또한 대중을 위한 관외 대출, 개가제開架制 도입, 일요일 개관, 개관 시간 연장 등 이용자를 중시하는 공공도서관 시스템을 마련했다. 1876년 당시에는 348개관[15] 중 세금을 지원받는 도서관이 188개관에 불과했지만, 1880~1889년 70개 지방자치단체, 1890~1899년 161개 지방자치단체가 공공도서관 법률을 제정해 도서관 설립을 촉진했다.[16]

이어 19세기 말에서 20세기 초에는 카네기가 막대한 재산을 기부함으로써 미국뿐 아니라 세계 여러 국가에서 공공도서관이 획기적으로 발전했다. 카네기는 열세 살이던 1848년, 가난에서 벗어나기 위해 미국 이민을 택한 부모를 따라 피츠버그의 슬럼가 앨러게니 산업단지에 정착했다. 소년 카네기는 학교 교육을 받지 못하고 대신 방직 공장 보조공, 증기기관 조수, 전보 배달원, 전신기사 등 여러 일을 했는데, 당시 예비역 대령 앤더슨J. Anderson이 장서 400권의 개인도서관을 매주 토요일 밤 노동자에게 개방하자 독서를 통해 경제 지식을 습득하고 인문학적 소양을 축적했다.* 카네기는 '재산을 모으면 앤더슨처럼 가난한 소년들에게 기회를 주겠다'고 다짐했다.

이후 성공한 산업자본가로 세계 최고 재벌이 된 카네기는 '부자로 죽는 것은 수치'라는 소신에 따라 은퇴 후 18년 여생을 자선사업에 몰두하며 많은 재산을 사회에 환원했다. 카네기는 "부유한 사업가라면 인생 전반부에는 부를 축적하고, 후반부에는 자선사업으로 부를 분배해야 한다"[17]라고 주장하며 재산의 약 90%인 3억 5,000만 달러(현재 가치 약 786억 달러)를 사회교육 및 문화사업에 기부했다.

---

* 당초 앤더슨 개인도서관은 은퇴한 상인이 소장하던 장서 400여 권으로 개관했기 때문에 이용 대상도 기술공과 견습공으로 한정했다. 전보 배달원이어서 대출 자격이 없던 카네기는 지방 신문 《피츠버그 디스패치Pittsburgh Dispatch》에 모든 근로 소년은 도서관을 이용할 권리가 있고, 전보 배달원도 근로 소년이기 때문에 이용 자격을 부여해야 한다는 서신을 보냈고, 이를 접한 앤더슨은 도서관 이용 자격을 확대했다.

그림 4-10 앨러게니 카네기 무료 도서관 기념 조형물

그중 카네기가 가장 주력했던 사업이 공공도서관 건립비 지원이었다. 여기에는 가난했던 소년 시절 앤더슨 개인도서관에서의 독서 경험, 무료 공공도서관은 '민중의 대학'이라는 인식, 박애주의자 프랫E. Pratt의 영향* 등이 결정적으로 작용했다. 그는 1889년 3월 펜실베이니아주 피츠버그 브래독Braddock에 철강 노동자를 위한 미국 최초의 카네기 무료 도서관을 건립했으며, 1890년에는 피츠버그 앨러게니에 또 다른 무료 도서관을 건립했다. 그해 2월 20일 개관식 연설에서 카네기는 "생계를 위해 하루 종일 노동에 시달리는 가난한 시민, 가난한 남성과 여성이 도서관에 전시된 책을 고르고 오르간 연주를 들으며, 갤러리에서 미술을 감상할 수 있도록 하는 것이 나의 바람"이라며 도서관을 기부 대상으로 설정한 배경을 설파했다.[18]

1904년 6월 15일 앨러게니의 카네기 무료 도서관 입구에 조각가 프렌치D.C. French가 만든, 미국에서 가장 뛰어난 청동 조형물로 평가받는 기념 조형물이 세워졌다. 상단에는 카네기의 은인 앤더슨의 흉

• 프랫은 '인종이나 피부색을 구별하지 않고, 부자와 빈자 모두에게 정성을 다하고, 책을 조심스럽게 취급하라'는 조건을 제시하며 볼티모어시에 중앙도서관 및 4개 분관, 105만 8,333달러를 기부했다. 이에 감명받은 카네기는 1905~1908년 5만 달러를 기부했고 프랫 도서관은 20개 분관을 신설했다.

상이 있고, 중간에는 무릎에 책을 올려놓고 보는 노동자의 동상이 있다. 조형물 하단에는 다음과 같이 기록되어 있다.

제임스 앤더슨 대령, 서부 펜실베이니아주 무료 도서관 설립자. 그는 근로 소년들에게 자신의 도서관을 개방했고 토요일 오후에는 사서로서의 역할을 수행하면서 자신의 책뿐만 아니라 고귀한 일에 헌신했다. 이 기념비는 근로 소년 중 한 명이었던 앤드루 카네기가 청소년에게 도움이 되는 지식과 상상력이라는 소중한 보물을 받은 데 감사하며 이를 기념하기 위해 세웠다.

1901년에는 카네기 재단이 뉴욕시에 520만 2,261달러(현재 가치 약 1억 5,300만 달러)를 출연하여 1923년까지 뉴욕 문화의 상징인 뉴욕 공공도서관 건립을 지원했다. 이 외에도 카네기는 미국에서 총 1,689개 공공도서관을 지원했다. 그중 인디애나(165개관), 캘리포니아(142개관), 뉴욕·오하이오·일리노이(각 106개관), 아이오와(101개관) 등의 주는 100개관 이상을 지원받았다.[19] 카네기는 미국 외에도 조국인 영국을 비롯한 해외에 도서관(대학도서관 100여 개관 포함) 건립을 지원했다. 1883년부터 사후인 1929년까지 총 2,509개관을 지원했는데, 그중 미국이 1,689개관으로 가장 많았고, 영국은 660개관, 캐나다는 129개관을 지원받았다. 그 외 호주, 뉴질랜드, 남아프리카공화국, 프랑스, 벨기에, 세르비아, 모리셔스, 말레이시아, 피지 등에서도 총 31개관을 지원했다. 하지만 도서관 건립비를 무조건 지원한 것은 아니었다. 도서관 건립을 원하는 지방정부 및 선출직 공무원에게 일정 조건을 요

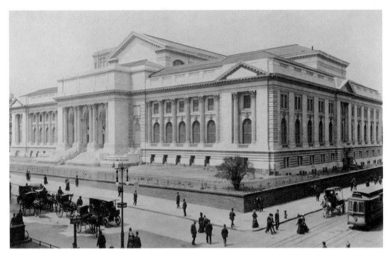
그림 4-11 뉴욕 공공도서관(맨해튼, 1908년)

구했다. 즉, 지역사회가 공공도서관을 공립학교 및 부속 기관처럼 지방정부 자산의 일부로 수용하여 유지·관리해야 한다는 조건이 충족될 때에만 건립비를 지원했다. 이것이 이른바 카네기 공식Carnegie Formula과 질의서다. 이러한 기부 조건에 대해 당시 노동자 계층은 대체로 찬성했으나 일부 집단은 '유지·관리비 10% 확보'가 시민 증세를 초래한다는 이유로 반대했다. ˙ 또 공공도서관 설립이 늘 성공적인 것은 아니라는 경험˙˙을 들어 반론을 제기했으나 찬성 여론이 우세했다.

• 예컨대 카네기는 1901년 버지니아주 리치먼드시에 공공도서관 건립비 10만 달러 지원을 제안하면서 시의회가 건축 부지를 제공하고 매년 시예산 중 1만 달러를 도서관 예산으로 책정해야 한다는 조건을 제시했다. 당시 대다수는 지지했으나 시의회는 새로운 세금에 대한 거부감, 근대화에 대한 두려움, 흑인의 도서관 이용 요구에 대한 공포 등을 이유로 거부했다. 하지만 결국 1904년 카네기의 자금으로 리치먼드 공공도서관이 건립되었다. 다른 사례로, 1892년 홈스테드 밀Homestead Mill 파업에 대한 폭력 진압 때문에 일부 도시에서는 카네기의 도서관 기부금에 대한 반론이 치열했다.

•• 미시간주나 인디애나주의 경우 1840~1850년대에 1,599개관을 만들었으나 타운 도서관을 의무화한 주법이 통과된 뒤인 1876년에는 81개관만이 존재했다. H. McMullen, *American Libraries*

카네기 공식	질의서 내용
도서관 건립의 필요성 제시 도서관 건립 부지 제공 도서관 유급직원 고용과 유지 개인 기부만이 아닌 공적 자금으로 운영 건립비의 10%에 달하는 공적 자금을 연간 운영관리비로 확보 모든 시민에게 무료 서비스 제공 도서관의 용도 전용 금지	도시명 도시의 법적 위상과 인구 도서관의 유무와 위치 도서관의 공개·비공개 여부 도서관 장서 수 도시 소유의 부지 등

표 4-4 공공도서관 건립 지원을 위한 카네기 공식과 질의서 내용

사업가 카네기는 노동 착취, 노동운동 탄압 등의 악행으로 비판받기도 하지만, 인류의 진보를 위해 공공도서관 건립에 헌신한 그의 박애주의적 행적은 비판할 여지가 없다. 카네기는 "지구상에 무료 공공도서관 이상의 민주주의의 요람은 없다"라고 역설했다. 미국에서 카네기의 공공도서관 지원은 당시 도시 개발 및 도서관 확장의 도화선으로 작용했으며, 19세기 후반 많은 주정부의 공공도서관 건립을 촉진했다. 위스콘신 밀워키 공공도서관(1878년), 미네소타 미니애폴리스 공공도서관(1885년), 뉴저지 뉴어크 공공도서관(1888년), 뉴욕 공공도서관(1895년) 등이 대표적 사례다.[20]

미국 공공도서관은 19세기 말에서 20세기 초까지의 진보적 시대에 고조되었던 사회운동, 자선사업, 정치개혁의 산물이었다. 공공도서관 운동은 '선량한 시민의식을 증진하는 민주주의 장치, 공립학교를 보완하는 지속적 성인교육기관, 여가용 독서자료 제공 시설, 청소년 양성과 도덕성을 개선하는 인도주의적 사명 수행'을 그 이데올로기적

---

before 1876, Greenwood Press, 2000

논거로 삼았다.[21] 이를 실천한 카네기는 세계 곳곳에 민주주의의 요람인 무료 공공도서관 건립을 지원했다. 그중 일부는 박물관, 사무실, 주민센터 등으로 전용되었지만 여전히 대다수는 카네기 도서관으로 운영되고 있으며, 건립 당시 외관을 유지하는 비율도 67.4%(1,137개관)에 달한다.

카네기 도서관을 토대로 지난 160년간(1856~2016년) 미국 공공도서관 수는 지속적으로 증가해왔다.[22] 1856년에는 1,297개관에 불과했으나 1955년 6,033개관으로 100년간 4.8배 증가했고, 2000년에는 9,074개관으로 1.5배 증가했다. 그 후 16년간은 정체되거나 다소 감소하는 추세이긴 하지만 2016년 말 기준 총 9,057개관이 운영되고 있다. 지난 1996~2016년 미국민 1인당 연평균 공공도서관 방문 횟수는 4.69회, 대출 수는 7.17권을 기록했다.[23]

1997년에는 빌 앤드 멜린다 게이츠 재단Bill & Melinda Gates Foundation이 한 세기 전 카네기가 구축한 무료 공공도서관에 디지털 박애주의를 추가했다. 마이크로소프트사의 창립지인 빌 게이츠 부부는 개인과 공동체가 디지털 혁명과 동행해야 한다는 취지로 2004년까지 2억 4,000만 달러를 공공도서관에 지원해 누구나 인터넷에 무료로 접속할 수 있는 환경을 조성했다.[24]

요컨대 미국 공공도서관의 역사는 1850년 제정된 영국 공공도서관법의 이념 수용, 사회도서관을 승계한 무료 공공도서관의 등장,* 평

• 1876년 이전 미국에는 3,286개의 사회도서관이 존재했는데, 그중 많은 수가 공공도서관으로 전용되었다. 구성원이 사회도서관 장서에 흥미를 잃으면 지방정부가 재정을 지원하고 개방을 유도해 공공도서관으로 바꾸었다. 일부 지역에서는 한때 공공도서관과 사회도서관이 경쟁하기도 했다.

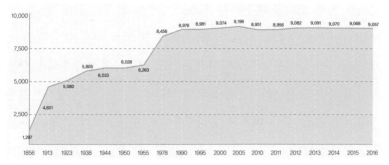

그림 4-12 미국 공공도서관 수 변화(1856~2016년, 분관 및 서비스 포인트 제외)

생교육 촉진과 공공도서관 운동, 개가제[•] 및 개방형 공공도서관 시스템 도입, 주정부의 도서관협회 설립,[••] 지방자치단체의 도서관법(조례) 제정, 카네기의 공공도서관 건립 지원 등이 누적된 결과다. 그 기반 위에서 확립된 이념적 지주가 '공비 운영, 무료 제공, 만인 공개'다.

미국의 공공도서관은 설립 초기부터 사회의 가장 근본적이고 민주적인 이상을 유지·강화하고 실현하는 중추 기관의 역할을 했다. 따라서 미국 민주주의를 공공도서관 발전과 진화의 궤적으로 단정해도 무리는 아니다. 미국 사회는 공공도서관을 가장 중요하고 소중한 건

H. McMullen, *American Libraries before 1876*, p.59, 123

• 1890년 이전의 미국 공공도서관은 개가제에 부정적이었다. 1890년 3월 클리블랜드 공공도서관의 브렛[W.H. Brett] 관장은 소설을 제외한 전면 개가식 운영을 《라이브러리 저널》에 보고했다. 이를 계기로 주요 도서관에 개가제를 문의한 결과, 대도시 도서관의 관장은 개가제에 신중했을 뿐만 아니라 소설책을 개가제로 운영하는 사례도 거의 없었다. L.A. Eastman, *Portrait of a Librarian William Howard Brett*, ALA, 1940, p.20

•• 미국의 주 도서관협회는 1889년 뉴햄프셔주를 시작으로 1890~1899년 21개, 1900~1909년 17개, 1910~1919년 5개, 1920~1929년 4개, 1930년 이후 2개 주에서 설립되었다. 약 90%의 주가 1920년 이전에 협회를 설립했다. Michael Kevane, William A. Sundstrom, 「State Promotion of Local Public Goods: The Case of Public Libraries, 1880-1929」, 2012

물이자 시민 생활을 지원하는 허브로 간주한다. 1억 7,100만 명 이상(2016년 기준)[25]이 도서관 카드를 소지하고 있을 만큼 미국인은 여러 공공기관 중에서도 공공도서관을 가장 신뢰하며 민주주의의 산물이자 소중한 사회문화적 자산으로 받아들인다. 미국의 공공도서관은 자국민의 지적 갈증 해소와 문화생활에 기여함으로써 존재 이유를 정당화하고 있다.

3
중일 공공도서관의 성립

중국 공공도서관의 발전

고대에서 근대까지 중국은 동양 지식문화의 종주국답게 많은 전적을 생산·보존해왔는데, 그 중심에는 왕실 장서처가 있었다. 주대의 맹부와 고부, 한대의 석거각石渠閣, 천록각, 난치각蘭治閣, 기린각麒麟閣, 비부祕府 등, 진대의 비서각, 남북조의 학사관學士館과 문덕전, 수대의 비각, 당대의 홍문관 등이 대표적이다.

이어 마지막 왕조인 청대(1636~1911년)·의 제6대 황제인 고종 건륭제(재위 1735~1796년)는 칙령을 반포하여 『사고전서四庫全書』를 편찬했다. 그는 1741년에 이어 1771년 지방 행정구역인 성(18개)과 현

● 청조는 1616년 만주족이 건국한 후금을 계승하여 1636년 건국한 근대 중국의 마지막 왕조다. 1911년 신해혁명으로 와해되고, 황실은 자금성 내에 고립된 채 사직을 연명하다가 1924년 평위샹馮玉祥의 정변으로 종지부를 찍었다.

(1,281개)에 천하의 전적을 수집하도록 명하고, 1772년 편찬 기능을 담당할 사고전서관을 설치했다. 수집한 책(궁중 장서, 지방 행정기관이 수집한 책, 민간이 헌상한 책 등)은 총찬관總纂官으로 임명된 기윤紀昀 (1724~1805년)˙을 비롯한 학자 360명과 필사생 3,800여 명이 편찬에 몰두했다. 건륭제는 책을 선별하는 과정에서 만주족을 경멸한 내용이 수록된 2,400여 종을 파괴했고, 400~500종은 내용을 개정했다. 이를 두고 세간에서는 '청조판 분서갱유' 또는 '최악의 문단 범죄'로 비판하기도 하고, 그에 대해 반론을 제기하기도 한다. 1772년 시작하여 선별 및 검열 과정을 거친 1만 680종을 경사자집經史子集으로 나누어 해제·편찬하고, 그중 3,503종(3만 6,304책)을 다시 필사해 1782년 완성했다. 동양 사상의 기념비적 총서, 인류의 위대한 지적 성과로 회자되는 『사고전서』 초간본은 궁중(베이징) 문연각에 소장했다. 이후 1787년까지 6질을 추가로 필사해 원명원圓明園의 문원각文源閣, 봉원궁(봉천, 현 선양)의 문소각文溯閣, 러허熱河 피서산장避暑山莊의 문진각文津閣, 전장鎭江의 문종각文宗閣, 양저우의 문휘각文彙閣, 항저우의 문란각文瀾閣에 분산 보존했다.[26] 현재 문진각 사고는 베이징도서관, 문연각은 대만 고궁박물원, 문소각은 간쑤성도서관, 문란각은 저장성도서관에 보존되어 있다.

조부 강희제에 이어 중국 역사상 황금기를 연출하고 동양의 맹주

• 하간부河間府(현 허베이성) 헌현獻縣 출신의 청나라 문인이자 대학자로, 자는 효람曉嵐 또는 춘범春帆, 호는 석운石雲이다. 건륭 때 진사가 되어 예부상서禮部尚書, 협변대학사協辦大學士 등 고관을 두루 역임했고, 사고전서 총찬관에 임명되어 『사고전서』와 그 총목록을 대략 설명한 『사고전서총목제요四庫全書總目提要』 편찬을 주도했다. 저작으로 『기문달공유집紀文達公遺集』, 『열미초당필기閱微草堂筆記』 등이 있다.

그림 4-13 문연각

로 군림했던 건륭제의 청나라도 19세기 중반에 접어들면서 쇠퇴하기 시작했다. 그 분기점이 된 아편전쟁*에서 청나라가 완패하면서 대륙을 지배하던 중화사상이 무너지고 대륙은 구미 열강의 각축장으로 변했다. 아편전쟁은 19세기 서세동점西勢東漸의 세계사적 조류 속에서 중국이 서구 열강의 반식민지로 전락하는 결정적 계기가 되었다.

그 와중에 19세기 말 귀국한 영미 유학파 및 국내 개혁가들의 주도로 서구 신문물이 도입되기 시작했고, 그들이 도서관 사업에 참여함으로써 현대 공공도서관이 등장했다. 1896년 일본에서 만든 '도서관'

• 18세기 이후 대중국 무역 적자가 계속되자 영국은 제국주의 선봉대인 동인도회사를 앞세워 인도산 아편을 청나라에 수출했다. 이에 아편 흡연이 심각한 사회 문제로 부상하자 청나라는 1838년 정치가 임칙서林則徐를 흠차대신欽差大臣으로 임명하고 광둥성 광저우에 파견해 아편 무역을 금지하고, 영국의 무역감독관 엘리엇C. Eliot을 체포·감금하고 아편 2만 291상자를 몰수했으며, 영국인을 마카오로 퇴거시켰다. 이에 영국은 1840년 6월 청나라에 군대를 파견해 승리한 뒤 1842년 아편 및 전비 전액 배상, 홍콩 할양, 광저우를 포함한 5개 항구 추가 개항, 개항지 조계의 치외법권 인정 등을 요지로 하는 난징조약을 체결했다.

이란 용어를 도입했으며, 청조도 18개 성에 대규모 장서루 건설을 제안했다. 1890년대에는 각종 학회가 창립되었는데, 특히 1895년 왕강년汪康年, 강유위康有為, 양계초梁啓超 등이 설립한 강학회强学会는 서장書藏(학습도서관)을 설치해 일반에 공개했다. 이를 계기로 1900년대 초에는 일반에 공개하는 장서루 설립이 사회적 풍조가 되었다.[27] 1902년 서수란徐樹兰이 동서양 도서관 규정을 적용하여 저장성에 설립한 중국 최초 사립 공공도서관인 고월장서루古越藏书楼(사오싱도서관의 전신)와 1903년 후베이성 우창의 문화공서림文华公书林이 초기 공공도서관에 해당한다.

1904년에는 중국 최초 성省급 공공도서관인 창사의 후난도서관과 후베이성도서관이 건립되었고, 이어 장쑤성, 산둥성, 산시성, 저장성, 허베이성 등에도 지방 공공도서관이 등장했다. 1909년에는 청조가 「경사도서관 및 각급 성도서관 실무 규정」을 공포하여 공공도서관 설립과 발전을 장려했는데, 그 첫 결과가 문진각을 모체로 설립된 국립 베이징도서관이다. 1910년에는 국립난징도서관이 건립되었고, 같은 해 경사도서관(중국 국가도서관의 전신) 건립을 시작해 1912년 일반에 공개했다. 당시 지방에도 총 18개 공공도서관이 있었다.[28] 이처럼 청조 말기에 시작된 현대식 공공도서관은 1911년 20여 개로 늘어났다.

이어 1911년 쑨원이 주도한 신해혁명으로 왕조 시대가 막을 내리고 1912년 초 난징에 임시정부가 수립되었다. 그해 2월 12일 마지막 황제 푸이가 퇴위하고 중화민국이 탄생했다. 신정부는 제국주의 시험제 폐지, 학교 및 공공도서관 설립과 같은 새로운 정책을 추진했다. 교육부 사회교육과는 공공도서관 업무를 관장하면서 세 차

그림 4-14 고월장서루

례(1915년, 1930년, 1947년) 도서관 규정을 발표하는 등 대중을 위한 통속적 도서관의 발전을 추진했다. 그 결과 공공도서관은 1915년 200개, 1928년 642개, 1935년 2,520개로 증가했다. 1925년 6월 2일 에는 전국적 조직인 중국도서관협회(중국도서관학회의 전신)가 설립 되어 도서관 발전과 도서관인 양성 교육의 기폭제가 되었다. 이처럼 1920년대 말부터 1930년대 중반까지는 개혁 세력, 해외 유학파, 문 인 등이 주도한 도서관 사업이 전성기를 구가하며 발전했으며, 대중 에게 무료 서비스를 제공하는 새로운 도서관 운동이 일어났다.

그러나 15년간(1931~1945년) 계속된 일본의 침략 전쟁으로 많은 도서관이 파괴되고 장서가 소실되거나 약탈당했다. 그 최초 사례가 1906년 건립한 헤이룽장성립도서관인데, 1931년 10월 일본군의 포 격으로 전소되어 희귀 서적이 대다수 소실되었다. 1932년 1월 28일 에는 일본 군대가 상하이 상무인서관商务印书馆을 포격하여 대형 화재 가 일어나 유명 출판인 장원제张元济가 건립한 부설 동방도서관이 전소되었다. 1936년 9월에는 상하이시립도서관 신관이 파괴되어 장서 5만 권 중 3만 권이 피해를 입었고, 상하이 최대 구區급 원먀오文廟도 서관 장서도 1만 권이나 소실되었다. 1937년 8월 15일에는 일본군이 투하한 폭탄 파편으로 난징시립도서관 장서가 모두 불탔고 중앙연 구원 생물학연구소, 난징시립중앙대학, 둥난대학, 난징여자대학 등 의 대다수 학술도서관도 큰 피해를 보았다. 1938년 4월 10일에는 후 난대학도서관이 폭격을 당해 희귀서 1만 2,000권을 비롯해 장서 4만 8,000권이 소실되었다. 1939년 10월에는 간쑤성립도서관 파괴로 도 서 8,000여 권, 잡지 2만 2,000권, 신문 6만 7,000매가 불탔을 뿐만 아니라 귀중서인 송대의『오경』과『사서』, 명대의『감숙통지甘肅通志』가 소실되었다. 1944년에는 광시성립 구이린桂林도서관의 장서 수만 권 이 포격으로 사라졌다.[29] 일본 제국주의 침략 전쟁의 시작이자 중화 민국의 전면적 항전 기점인 칠칠사변(1937~1945년)으로 도서관 장서 2,500만 권 중에서 약 60%가 폭격, 화재, 약탈, 반출 등으로 사라졌 다.[30] 공공도서관의 경우 상하이에서만 100개가 넘는 도서관에서 장 서 19만 권이 파손되거나 소실되는 등 전국적으로 274만여 권(공립도 서관 225만 3,000권, 사립도서관 48만 8,000권)이 사라졌다.[31]

20세기 중반 중화민국의 국력은 항일전쟁과 4년간의 내전으로 매우 쇠퇴했는데, 이는 도서관 발전에 걸림돌이 되었다. 그러던 중 1949년 10월 1일 마오쩌둥이 톈안먼 광장에서 '중화인민공화국'을 선 언하면서 도서관도 전환점을 맞이했다. 그 이후 현재까지 공공도서 관 중심의 발전 과정을 5단계로 간추리면 다음과 같다.[32]

1단계(1949~1953년)는 새 인민 정부가 과거 해방구 지역의 도서관을 계속해서 통합·발전시킨 가운데 국민당 정부의 유산인 여러 수준의 도서관을 변화시킨 시기다. 우선 마르크스-레닌주의, 마오쩌둥 사상의 원칙을 수립한 뒤 그들을 기술한 책을 검토하여 반동적이거나 외설적이고 부조리한 것을 제적했다. 한편으로는 도서 유통 업무를 개선하고 인민들에게 장서를 제공했으며 불합리한 규칙과 규정을 개정했다. 또한 베이징대학, 우한武汉대학, 시난西南사범학원에 도서관학 단기 과정을 개설해 인재를 양성했다. 이러한 노력의 결과로 도서관은 마르크스-레닌주의, 마오쩌둥 사상, 과학 문화를 배우는 중요한 시설이 되었다.

2단계(1954~1965년)는 다양한 규정과 계획이 발표된 시기다. 1955년 7월 문화부의 「공공도서관 업무의 강화 및 개선에 관한 지침」, 1956년 7월 문화부 사회문화사업관리국의 「과학 발전을 위한 도서관 방침 및 임무」 보고서, 1957년 9월 6일 국무원 전체회의에서 의결한 「전국 도서관 협조 방안」, 1962년 12월 과학기술위원회와 문화부의 「1963~1972년 과학기술 발전 계획」 등이 도서관 건설과 발전을 가속화했다. 공공도서관이 문헌 유통을 통해 마르크스-레닌주의, 마오쩌둥 사상을 대중에게 홍보하고 문화 교육 활동을 수행하며 과학 연구에 필요한 서비스도 제공할 것을 제안했다. 또한 베이징과 상하이에는 전국중앙도서관위원회를 설립하고, 주요 지역(톈진, 하얼빈, 선양, 쑤저우, 청두, 난징, 우한, 광저우)에는 지역중앙도서관위원회를 설립해 전국 도서관들의 협력을 장려했다. 그리고 소련 도서관학 전문가를 초빙해 연구서를 번역하고 소련 도서관의 이론과 실제를 학습·연구하도록 했다. 그 외에 1956년에는 베이징대학과 우한대학의 도서관학 단기 과정을 4년제로 변경했다. 그 결과, 1949년 55개에 불과하던 현縣급 공공도서관이 1965년 573개로 증가했다.

3단계(1966~1976년)는 문화대혁명으로 도서관 사업이 심각하게 후퇴하거나 파괴된 시기다. 과거 17년 성과가 수포가 될 정도로 많은 도서관이 폐쇄되었고, 도서와 정기간행물이 봉인되어 이용자의 접근이 차단되었다. 1965년 573개에 달했던 공공도서관이 1970년에는 323개로 줄었다. 대학도서관도 434개에서 328개로 축소되었고, 대다수 노동조합 및 학교 도서관은 폐쇄되었다.

4단계(1976~2016년)는 문화대혁명 동안 무소불위의 권력을 휘둘렀던 공산당 지도자 4인방(장칭, 왕훙원, 장춘차오, 야오원위안)이 제거된 뒤 중앙위원회 부서에 도서관 업무가 배정되면서 도서관의 신속한 복원·발전이 개시된 시기다. 1977년 8월 다칭과 하얼빈에서 '문화유물, 박물관 및 도서관 심포지엄'이 개최되었고, 1978년 4월 24일에는 국무원이 국가문물사업관리국의 '도서 개방 문제 보고서'를 승인했다. 1978년 11월에는 국가문물사업관리국이 「성, 시, 자치구 도서관 업무 조례」 시행 초안을 공표했다. 1980년 5월 중국 공산당 중앙위원회 사무국은 도서관 문제에 대한 특별보고를 청취하고 「도서관 업무 보고서 개요」를 통과시켰으며 도서관 업무를 문화부 주관으로 결정했다. 1982년 12월 문화부가 개정 공포한 조례는 공공도서관의 기능과 역할을 다음의 여섯 가지로 규정했다.

· 마르크스-레닌주의와 마오쩌둥 사상의 선전, 중국 공산당 및 정부의 정책·법령 홍보, 인민에게 공산주의 및 애국주의 교육 실시

- 해당 지역 경제 발전과 과학 연구를 향상시키기 위한 도서·간행물 제공
- 과학 문화 지식의 전파, 광범위한 대중의 과학 문화 수준 제고
- 문화 전적 및 지방 문헌 자료의 수집·정리·보존
- 도서관학 이론 및 기술 방법의 연구, 해당 시·현 도서관에 대한 업무 지도
- 성(자치구·시) 정부 관련 기관의 지도하에 해당 지역 각급 도서관 협력 추진

그 결과, 현급 공공도서관이 1987년 2,440개로 급증했고 1995년 2,615개, 2010년 2,884개, 2015년 3,138개로 늘어났으며, 대다수 민주국가에서처럼 현대적 의미의 공공도서관 기능을 수행하고 있다.

5단계(2017년~)는 중국 도서관계의 오랜 염원이던 「중화인민공화국 공공도서관법」이 제정되어 법적 근거가 확립된 시기다. 2017년 11월 4일 제12기 전국인민대표상무위원회 제30차 전국인민대표회의에서 약칭 '공공도서관법'이 통과되어 2018년 1월 1일 자로 시행되었다. 제19차 당대회 이후 처음으로 제정된 문화 분야 법률로, 중국 문화법률제도를 완성하고 공공도서관 발전을 추진하며 인민의 기본 문화권을 보장한다는 측면에서 중요한 의미를 지닌다. 총 6장 55개조로 구성된 법률의 주요 조문을 발췌하면 다음과 같다.[33]

제1조. 이 법은 공공도서관 발전을 촉진하고 공공도서관 기능을 발휘하여 시민의 기본 문화 권익을 보장하고, 시민의 과학 문화 소양 및

사회 문명을 향상하며, 인류 문명을 전승하고 문화적 자긍심을 확립하는 것을 목적으로 제정한다.

제2조. 이 법에서 공공도서관은 문헌 정보를 수집·정리·보존하여 사회와 공중에게 무료로 개방하고, 검색·대출 및 관련 서비스를 제공함으로써 사회교육을 실시하는 공공 문화시설을 말한다.

제5조. 국무원 문화 주관 부서는 전국 공공도서관의 관리 업무를 담당한다. 국무원과 기타 유관 부서는 각자의 직책 범위 내에서 공공도서관 관리 및 관련 업무를 담당한다.

제13조. 국가는 도농을 망라한 편리하고 실용적인 공공도서관 서비스망을 구축한다. 공공도서관 서비스망 구축은 정부가 주도하되 사회 참여를 권장한다. 현급 이상의 지방 인민 정부는 해당 행정구역 내의 인구수와 인구분포, 환경 및 교통 여건 등을 고려하여 현지 실정에 맞는 공공도서관의 수, 규모, 구조와 분포를 확정하고 도서관 건물, 이동 서비스 시설, 셀프 서비스 시설의 설치를 강화해야 한다.

제14조. 현급 이상 인민 정부는 반드시 공공도서관을 설립해야 한다.

제19조. 정부가 설립한 공공도서관 관장은 상응하는 문화 수준, 전문지식, 관리 기능을 갖추어야 한다. 공공도서관은 기능, 장서 규모, 도서관 면적, 서비스 지역 및 인구 등을 고려해 인력을 배치해야 한다.

제26조. 출판사는 국가 관련 규정에 따라 국가도서관과 출판사 소재지 성급 공공도서관에 정식 출판물을 무상 납본해야 한다.

제31조. 현급 인민 정부는 각 지역의 특징적 상황에 따라 현급 공공도

서관을 본관으로, 가도街道·종합문화센터·사구社区 도서실 등을 분관이나 서비스 포인트로 하는 '본관-분관' 체계를 구축하고 디지털화 및 네트워크화 서비스 배송 체계를 정비하여 대출·반납 통합 서비스를 실현함으로써 공공도서관 서비스가 농촌 등 저변 지대까지 확장되도록 촉진해야 한다.

제33조. 공공도서관은 평등·개방·공유의 요구에 따라 사회 공중에게 서비스를 제공해야 한다. 공공도서관은 반드시 무상으로 다음 각호 서비스를 대중에게 제공해야 한다.

① 문헌 정보 검색 및 대출

② 열람실, 자습실 등 공공장소와 시설의 개방

③ 공익성 강좌, 독서 보급·육성, 전시

④ 기타 국가가 규정한 무상 서비스 항목

제47조. 국무원 문화 주관 부처, 성·자치구·직할시 인민 정부의 문화 주관 부서는 공공도서관 복무 규범을 수립해 복무의 질량 및 수준을 평가해야 한다. 평가는 대중을 참여시켜 진행해야 한다. 평가 결과는 사회에 공포해야 하며, 공공도서관 보조금 및 인센티브 지급의 근거로 한다.

지금까지 살펴봤듯이 중국의 현대 공공도서관사는 마지막 제국인 청조 말기에 발아했다. 19세기 말 신문물을 수용한 영미 유학파, 개혁가, 문인 등 지식층의 주도로 공공도서관이 곳곳에 건립되었으며, 신해혁명을 계기로 1930년대 중반까지 지속적으로 발전했다. 그러나 공공도서관 증감 추이[34]에서 보듯 일본의 침략(1931~1945년)과 문

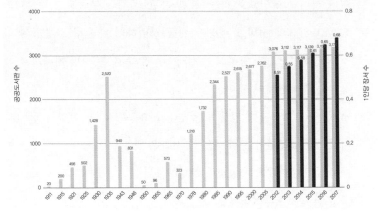

■ 공공도서관 수   ■ 1인당 장서 수

그림 4-15 중국 공공도서관 증감 및 장서 수 변화 추이(1911~2017년)

화대혁명(1966~1976년)으로 많은 도서관과 장서가 소실되는 등 퇴행적인 역사를 경험했다. 이후 개혁과 개방을 가속화한 중국은 1980년 도서관 업무의 주관 부처를 문화부로 결정하고 조례 개정을 통해 공공도서관 발전을 유도해왔다. 중국은 지난 2017년 「공공도서관법」을 제정함으로써 무료 제공과 만인 공개를 이념적 지주로 삼는 선진형 공공도서관을 운영하는 방향으로 나아가고 있다.

일본 공공도서관의 발전

18세기까지 일본에는 서양의 공공도서관 개념과 시스템이 도입되지 않았다. 대본실, 문고, 서부, 경장, 서적관書籍館 등이 부분적으로 도서관 역할을 대신했다. 그중에서도 일본어로 서고를 의미하는 문고와 서적관이 대표적인데 구시다문고櫛田文庫, 아오야기문고青柳文庫, 아사쿠사문고浅草文庫 등에서 공공도서관 태동의 흔적을 찾을 수 있다.

구시다문고는 에도 시대 후기인 1818년(분세이 원년) 후쿠오카 대영 지를 관할하던 기시다岸田文平의 지시 와 하카타정博多町 주민이 기증한 도 서로 구시다신사 부지 내에 설치되 었다. 구시다문고는 소장 도서를 근 현대 공공도서관처럼 대중에게 개

그림 4-16 아오야기문고

방했다는 측면에서 일본 최초 서민문고이자 마을도서관이라 할 수 있다.[35]

1831년 개설한 아오야기문고는 에도 시대 소송을 대행하던 공사 사公事師 겸 상인이던 아오야기青柳文藏가 센다이번 소재 센다이 의학관 에 기증한 서적 2,885부 9,937책으로 시작되었다. 메이지 유신 때까 지 존속했으나 보신전쟁戊辰戰爭[*] 이후 혼란한 정세 속에서 장서가 산실 되었다. 1874년(메이지 7년) 미야기 사범학교가 개설될 때 일부 장서 가 인계되었고, 1881년 미야기서적관이 개설될 때 장서도 승계되었 다. 제2차 세계대전이 끝나자 후신인 미야기현도서관 내에 아오야기 문고(459부 3,339책)가 개설되어 현재에 이르고 있다.

아사쿠사문고의 모태는 문부성 박물국 서적관이다. 그 설립 및 변 천 과정을 추적해보면 다음과 같다.[36] 막부 말기에 미국과 유럽 제국 을 순방한 후쿠자와福沢諭吉가 『서양사정西洋事情』[**]에서 서구 도서관 제도

• 보신전쟁은 1868~1869년 도쿠가와 막부 세력과 교토고쇼京都御所(교토 소재의 황궁)에 정치권력을 반환할 것을 요구하는 세력 간에 일어난 내전이다. 그 결과 막부는 망하고 일본 제국이 탄생했다.

•• 후쿠자와는 에도 막부의 명에 따라 1860년 미국, 1862년 유럽을 방문한 뒤 1866년 『서양사정』

를 소개했고, 이를 참고한 이치카와市川清流가 1872년 사절단 일행으로 유럽을 방문한 뒤 제출한 「서적원설립건백서書籍院設立建白書」에서 박물관에 서적원 병설을 건의했다. 같은 해 문부대승文部大丞(주임관) 마치다町田久成는 문부경文部卿(장관) 다카도大木喬任에게 「박물관 서적원 건설안」을 제출했고, 문부성 박물국은 그해 8월 1일 유시마湯島 성당 내의 옛 대학 강당에 임시로 근대 일본 최초의 관립 공공도서관인 '서적관'을 개관했다. 당시 규모는 동서 약 18미터, 남북 14.4미터였고 2층에 열람실이 설치되었으며 장서는 1만 3,000종(13만 책)이 넘었다.

1873년 3월에는 박물국이 태정관太政官 박람회사무국 소속으로 바뀌자 율령제하에서 사법·행정·입법을 관장하는 최고 국가기관인 태정관과 문부성 간에 갈등이 일어났다. 태정관 마치다는 박물관과 서적관의 일체화를 주장한 반면, 문부성 다나카田中不二麻呂는 서적관을 학교 교육을 보완하는 기관으로 삼아야 한다고 주장했다. 이에 따라 서적관은 1874년 7월 7일 유시마 성당에서 아사쿠사의 옛 에도 막부 미창적지米倉跡地로 이전해 '아사쿠사문고'로 개칭했다. 1875년 5월 6일 다시 문부성 소관 '도쿄서적관'으로 바뀌었으나 1876년에서 1877년까지 격심했던 농민 봉기와 사족 반란에 대응하여 정부가 비용 절감과 기구 개혁을 추진하는 과정에서 폐지되었다. 1877년 1월 11일 교부성敎部省과 경시청 폐지, 18일 태정관정원太政官正院 폐지에 이어 19일 도쿄서적관도 박물관과 함께 폐지되었다.[37]

초편 3권을 출간했다. 1867년 다시 도미한 뒤 1868년 외편 3권, 1870년 2편 4권을 간행했다. 서양의 정치, 세제, 국채, 지폐, 회사, 외교, 군사, 과학기술, 학교, 도서관, 신문, 병원, 박물관, 증기기관, 통신기계, 가스 등을 망라하여 소개했다.

그림 4-17 아사쿠사문고

1878년에는 도쿄서적관의 관리가 도쿄부로 이관되어 유시마 성당에서 '도쿄부서적관'으로 다시 개관했고, 1880년 문부성 소관 '도쿄도서관'으로 개칭되었다. 1881년 5월 6일 도쿄도서관은 우에노 공원에 신축된 도쿄교육박물관(국립과학박물관의 전신) 구내의 서적차람장書籍借覽場으로 이전했고, 통칭 우에노도서관 내의 아사쿠사문고 관인이 찍힌 장서가 궁내청 서릉부書陵部, 내각문고, 도쿄국립박물관으로 분산됨으로써 종지부를 찍었다.[38]

개관 당시 무료였던 서적관이 도쿄부서적관, 도쿄도서관을 거쳐 1885년 우에노로 이전하여 유료 서비스를 제공하기까지의 약 10년간이 일본에서 무료 공공도서관이 성립된 시기다.[39] 1895년 청일전쟁에서 승리한 뒤 국립도서관을 요구하는 목소리가 비등하자 정부는 1897년 4월 22일 일본 최초로 '사서'를 규정한 「제국도서관 관제」를 공포하고 제국도서관(국립국회도서관 국제어린이도서관의 전신)을 개관했다. 당시 이용자는 하루 평균 수백 명에 달했고, 이용 계층도 지식

그림 4-18 교토집서원의 후신인 교토부립도서관

충에서 일반 대중으로 확대되었다.

  그런가 하면 교토에서는 무사 겸 교육자로서 게이오기주쿠대학을 설립한 후쿠자와, 관료이자 정치가였던 마사무라槇村正直 등이 구상하여 1872년 9월 교토 최초의 유료 공공도서관인 교토집서원京都集書院을 건립하고 이듬해 5월 개관했다. 민간이 경영한 집서원은 서양식 2층 구조로, 연면적 약 500평에 서고와 열람실, 사무실을 두었다. 이용료는 1회에 1전 5리였다. 그러나 일서 중심의 낡은 장서, 교토부의 지원 축소와 재정난, 핵심 인물 다이고大黑屋의 사망, 지지하던 인물의 일선 후퇴 등으로 인해 1882년 폐쇄되었다가 1898년 교토부립도서관으로 재탄생했다.

  도서관의 전신인 문고와 대본실이 공공도서관으로 계승된 사례는 적다. 오히려 1880~1890년대 대일본교육회(후에 제국교육회로 개칭)와 지방교육회가 공공도서관 설립과 발전에 크게 기여했다. 대일본

교육회는 1883년 도쿄에서 교원을 중심으로 결성된 전국적 교육단체로, 일본 교육을 개선하는 데 목적이 있었다. 대일본교육회는 1887년 도쿄 히토쓰바시東京一ッ橋에 부속 서적관을 개설해 1911년까지 운영했다.•

지방교육회는 각지 교육행정 담당자와 교원, 명망가로 구성된 지역 교육단체로, 지역 학사学事를 개선·확장할 목적으로 1890년경 전국에 700개 이상 설립되었다. 지방교육회는 대일본교육회 부속 서적관을 모델로 삼아 많은 도서관을 개설했다. 도쿄의 부속 서적관은 주로 학술참고 도서관 기능을 수행한 반면, 지방의 교육회 도서관은 학교 교육제도 밖의 국민교육을 위한 도서관으로서의 역할을 담당했다. 교육회 도서관은 1885~1912년 사이에 총 103개가 설립되었다.[40] 그뿐만 아니라 이시이石井敦는 교육회의 직간접적 지원으로 설립된 도도부현립都道府県立 도서관이 전체의 3분의 2에 달했다고 지적한 바 있다.[41] 이처럼 메이지 말기의 교육회는 지방 현지에 도서관을 직접 건립하거나 사립도서관 건립을 후원하는 등 근대 도서관 발전에 크게 기여했다. 교육회 도서관은 현재의 많은 공공도서관으로 이어졌다.[42]

이에 주목한 미조우에溝上智惠子는 근대 이후의 공공도서관이 사회 개방형 문고를 상속하여 자주적으로 발전한 것이 아니라 교육제도의 일환으로 도입되었다고 주장했다.[43] 메이지 중기(1889~1904년) 이래

• 대일본교육회 부속 서적관은 일본 최초로 아동도서실을 설치했다. 도쿄시로 이양된 후에 간다이간이도서관神田簡易図書館, 히토쓰바시도서관一橋図書館, 스루가다이도서관駿河台図書館으로 개칭되었다. 1947년 시행된 「지방자치법」에 근거해 도립 스루가다이도서관 관리권이 지요다구로 이양되어 1950년 지요다구립 스루가다이도서관으로 개칭되었으며, 현재는 지요다구립도서관이다.

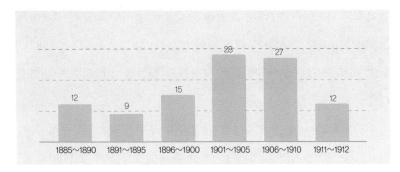

그림 4-19 일본 교육회 도서관 설립 추이(1885~1912년)

로 '통속 도서관'이라 부른 도서관이 설립되기 시작했는데, 도도부현
이나 시정촌市町村보다 교육 관계자 등으로 구성된 반관반민의 '교육
회' 내지 개인 독지가를 중심으로 설립이 추진되었기 때문이다. 그러
나 당시 문고와 대본실이 도서관과 유사한 독서시설 기능을 수행했
다는 사실, 1907년 설립된 일본문고협회의 후신이 일본도서관협회라
는 점 등을 고려하면 문고를 저류로 삼아 대중을 위한 새로운 공공도
서관이 본격 등장했다는 시각이 더욱 타당하다.[44]

한편 1899년에는 도서관을 위한 최초의 단독 법령인 「도서관령」(칙
령 제429호)이 공포되었고 이에 근거하여 다이쇼大正 및 쇼와昭和 초기
에 여러 공공도서관이 설립되었다. 1908년 도쿄시장 오자기尾崎行雄가
시민문화 향상을 위해 도쿄 히비야 공원 내에 건립한 히비야도서관日
比谷図書館,• 1909년 개관한 도쿄시립 후카가와도서관深川図書館이 대표적
이다. 그럼에도 1910년 당시 전국의 공공도서관 수는 374개에 불과

• 1945년 공습으로 히비야도서관은 소실되었다. 1957년 재건해 1973년 도쿄도립 중앙도서관으
로 재개관했다.

그림 4-20 히비야도서관

했다.[45] 그 대신 지역주민의 자발적 의지가 아닌 내무부 지방 개량 운동의 일환으로 지방 도시에 작은 도서관이 많이 설치되었다.[46] 1914년까지 도쿄 15개 구에는 각각 한 개씩 작은 도서관이 존재했다.

1899년 「도서관령」은 제7조에서 '도서열람료' 징수를 규정했는데, 1933년 전면 개정에서도 열람료 및 부대시설 이용료 명목으로 존치되었다. 당시 정부가 사상 통제와 국민 교화 차원에서 책과 매체에 대한 대중의 자유로운 접근에 부정적이었기 때문이다. 다만 근대 개방문고 및 공공도서관의 과도기적 존재로 1897년부터 활발히 건립된 사립도서관* 가운데 극소수는 무료로 개방했다. 따라서 당시 공공도서관은 무료 제공을 기본 원칙으로 삼는 현대적 의미의 공공도서관

• 당시 도쿄에는 제국도서관 외에 12개 사립도서관이 있었는데, 난기문고南葵文庫(1899년)와 오하시도서관大橋図書館(1902년)이 대표적이다.

이 아니었다.

19세기 말에서 20세기 초까지 일본의 공공도서관은 지속적으로 발전해 메이지 시기에 387개관, 다이쇼 시기에 3,244개관이 신설되었다.[47] 다만 대다수가 장서 1,000권 미만의 작은 도서관이었다. 이들을 위한 재교육 시설로 문부성은 1921년(다이쇼 10년) 6월 장기 강습을 위한 비법정시설인 '도서관원 교습소'를 설치했으며, 1925년에는 일본 유일의 사서 양성 기관인 '문부성 도서관 강습소'를 설치했다. 이 강습소는 전후 제국도서관 부설 도서관 양성소를 거쳐 문부성 소관 '도서관 직원 양성소'가 되었다. 그러나 제2차 세계대전 중 연합군의 공습으로 1945년 4월부터 4개월간 많은 도서관이 파괴되고 장서도 소실되었다. 1945년 4월 15일 가와사키시립도서관川崎市立図書館과 다이시도서관大師図書館을 비롯해 많은 시립 및 현립 도서관이 불탔다.• 특히 8월 6일에는 원자폭탄 투하로 히로시마시립 아사노도서관浅野図書館의 귀중서가 소실되었고 직원 열다섯 명 중 네 명이 사망했다.[48]

이후 공공도서관의 활동을 시노미塩見昇는 네 단계로 구분했는데, 제1기(1945~1950년대)는 도서관 서비스 모색, 제2기(1960~1970년대 초반)는 공립도서관 서비스 전체상을 기술한 활동지침의 개발과 공유, 제3기(1970년대 후반~1980년대 초반)는 현행 공립도서관의 기초가 된 도서관 만들기의 진전, 제4기(1980년대 후반~현재)는 도서관의 저

• 이때 소실된 시립도서관은 히비야, 코우지, 마치미타, 나카노, 테라시마, 시부야, 우베, 후쿠이, 오카자키, 시카이시, 도쿠야마, 이치노미야, 미토, 하치오지, 히로시마, 아쿠네, 사키 도서관 등이며 현립도서관은 후쿠오카, 구마모토, 도쿠시마, 가가와, 고치, 미야기, 기후, 와카야마, 오이타, 아오모리, 미에, 이바라키, 도야마, 나가사키, 오키나와, 시미즈 도서관 등이다.

성장 시대로 간주했다.[49]

패전 후인 1950년대는 피해 복구와 재정난 때문에 도서관 운영 축소나 도서관 폐쇄가 불가피했다. 그 대신 자동차를 이용한 이동도서관이 등장해 서비스 사각지대까지 확대·운영되었다. 또 1950년 4월 30일 자로 종래의 「도서관령」을 대체한 「도서관법」(법률 제118호)을 제정해 공공도서관을 일반 대중에게 무료로 개방하는 원칙을 도입했다. 이를 위해 서양의 선진 제도를 도입하되 그대로 가져오지 않고 독서시설로서의 문고와 대본실 기능 위에 서구적 개념과 시스템을 적용했다.

이처럼 1950~1960년대에는 개가식, 이동도서관, 참고 서비스 등 현대적 의미의 공공도서관이 도입되기 시작했다. 그럼에도 여전히 독서 활동 지원이나 단체 대출에 치중했을 뿐 도서관 이용은 답보 상태를 벗어나지 못했다. 이러한 정체 국면을 타개하는 데 결정적으로 기여한 인물이 1965년 설립된 히노시립도서관日野市立図書館의 초대 관장 마에가와前川恒雄다. 마에가와는 대출 및 아동 서비스를 중시했는데, 그 결과 도서관 이용 실적이 크게 증가해 전국 공공도서관에 신선한 충격을 주었다. 이에 도서관계는 중소 지역 소재 공공도서관 현황을 파악하고 대책을 강구하도록 요청했고, 일본도서관협회는 1963년 발표한 『중소도시의 공공도서관 운영』과 1970년 발간한 『시민의 도서관』을 통해 새로운 발전 방향을 제시했다.[50] 이를 계기로 공공도서관은 진정한 주인인 지역주민을 위한 사서의 의욕적 노력, 독서 환경 정비 및 충실화에 대한 주민 요구 증가, 지방자치단체의 적극적 시책과 대응 등을 통해 획기적으로 발전했다.[51] 대출 및 아동 서비스에 주력한 결과, 도서관 이용이 대폭 증가했고 도서관 건립도 늘어났다.

하지만 1980년대에는 이른바 행정개혁 여파로 공공도서관을 건립하더라도 충분한 전문인력을 배치하지 않고 촉탁 내지 임시직으로 보충하는 자치단체가 증가했다. 게다가 「도서관법」 취지에 역행하여 공립도서관 관리·운영을 공사나 재단 등에 위탁하거나 파견회사 사서로 충원하는 자치단체도 등장했다. 1990년대에는 경제활동의 세계화, 국제사회의 공헌 요청, 저출산 고령화 사회의 도래, 국가 및 지방의 재정 위기 등에 대응하기 위한 행정의 슬림화, 행정 서비스 민간화, 규제 완화, 신자유주의적 행정관리 수법인 신공공관리론New Public Management의 도입 등 구조개혁이 대대적으로 추진되었다. 그 영향으로 1998년에는 공공도서관 설립을 위한 국고 보조금이 폐지되었고, 지방자치단체의 자료 구입비가 대폭 삭감되었으며, 정규직원도 감소했다. 1999년에는 민간기업이 공공시설 건설·운영에 참여할 수 있는 「민간자금 활용에 의한 공공시설 등 정비 등의 촉진에 관한 법률」이 제정되었고 2004년 10월 미에현 구와나시립도서관桑名市立図書館에 최초로 PFI Private Finance Initiative•가 적용되었다. 2003년에는 「지방자치법」을 개정하여 종래의 관리위탁제도를 '지정관리자제도•••'로 대체

• 공공시설의 건설, 유지·관리, 운영 등에 민간의 자금과 경영 및 기술을 도입하거나 활용하는 방식이다.

•• 민간의 노하우를 활용해 주민 서비스 향상 및 비용 절감 등을 도모할 목적으로 공공시설(지방자치단체 출자 법인, 공공단체) 관리자가 민간 사업자(민간기업, 특수법인, NPO법인, 지역단체 등)를 지정하여 관리를 대행케 하는 제도다.

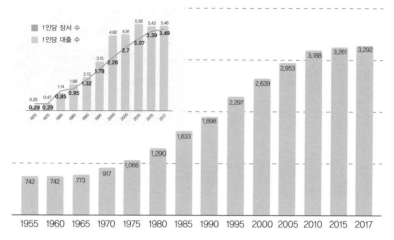

	1인당 장서 수	1인당 대출 수

0.25 0.47 0.85 0.95 1.14 1.68 2.13 3.15 4.82 4.91 5.56 5.43 5.46
0.29 0.29 1.32 1.78 2.26 2.7 3.07 3.39 3.49

742 742 773 917 1,066 1,290 1,633 1,898 2,297 2,639 2,953 3,188 3,261 3,292

1955 1960 1965 1970 1975 1980 1985 1990 1995 2000 2005 2010 2015 2017

그림 4-21 일본 공공도서관 수 변화 추이(1955~2017년)

해 2005년까지 11개 공공도서관이 이를 도입했고, 2017년 말 기준 638개관(약 19.4%)에 적용되었다.[52]

요컨대 일본 공공도서관의 전사前史는 문고, 서적원, 집서원 등이다. 1877년 도쿄대가 일본 최초로 '도서관'이란 명칭을 적용한 '도쿄대 법리문학부 도서관'을 개관했고[53] 1899년 「도서관령」에 따라 도서관이란 명칭이 정착되었다. 이는 중국과 한국에 전파되어 한자권에서 널리 쓰이는 용어가 되었다. 전후 부흥이 거의 완료된 1955년에는 공공도서관 수가 742개에 불과했으나 2018년 말에는 3,296개로 늘어났고, 국민 1인당 장서 수도 계속해서 증가했다.[54]

그러나 신자유주의, 구조개혁, 규제 완화를 이유로 「도서관법」을 개정하여 국고 보조금, 최저 기준, 공립도서관장의 사서 자격에 관한 조문과 조항을 삭제하고, 도서관협의회 구성을 완화했다. 또한 공공도서관에 PFI 및 지정관리자제도를 도입했다. 이에 공공성과 전문성을 악화시키는 퇴행적 정책에 대한 도서관 현장과 학계의 비판이 이어지고 있다.*

---

* 공공재 성격의 약화, 자료 구입비 대폭 축소에 따른 연차증가량 감소, 장서 수준의 양적·질적 저하, 단기 비정규직 채용 증가로 인한 전문인력 역량 약화 등이 문제로 지적되고 있다.

4
한국 공공도서관의 역사

우리나라 현대 도서관의 역사를 논하려면 조선 후기에서 시작해 근대 개화기와 일제 강점기를 거쳐 광복 이후 현재까지를 두루 살펴봐야 한다.

조선왕조 후기

조선왕조에서 서적과 문서를 보존·열람하는 시설로는 규장각, 홍문관, 교서관, 열고관, 개유와, 집옥재集玉齋 등을 들 수 있다. 그 가운데 조선 후기의 규장각*은 한국 도서관의 전사를 대표한다.

1463년(세조 9년) 양성지는 중국 관각제도館閣制度**를 벤치마킹하여

---

* 규장각의 '규장奎章'은 원래 고대 중국에서 '제왕의 글이나 시문'을 지칭했다.
** 당대에서 송대에 걸쳐 황제의 학술 자문, 비서, 문학적 조력자로서의 역할을 담당한 홍문관, 수문관, 숭문관, 집현전, 학사원, 한림원 등의 관각 기구를 말한다. 황제의 측근 관원이던 관각 학사

경복궁 교태전 동쪽 인지당麟趾堂에 선왕들의 문장과 글씨를 봉안하기 위한 규장각 설립을 건의했다.* 세조는 규장각 대신 홍문관을 건립해 왕실도서관 기능을 수행하도록 했는데, 인종 때 화재로 장서 절반이 소실되었고 임진왜란으로 경복궁이 전소되면서 남은 서적도 사라졌다. 그러다가 1694년 숙종이 종부시宗簿寺**에 건립한 작은 전각에 '규장각'이란 친필 편액을 걸어 어제존각지소御製尊閣之所가 되었다. 그러나 직제를 갖추지 못했고 규모 면에서도 종부시 부속 건물에 불과했다. 그마저도 1764년(영조 40년) 전소되었다.

이를 크게 탄식한 정조는 즉위 원년인 1776년 9월 25일 창덕궁 금원 북쪽에 선왕을 봉안하기 위한 어제각御製閣을 건립했고 후에 규장각으로 개칭했다. 김홍도가 그린 〈규장각도〉에서 건물 1층이 규장각이고, 2층 누각은 주합루宙合樓이다. 1777년 12월에는 교서관을 규장각에 소속시켜 외각으로 명명하고 서적 수집과 정리, 인각印刻과 포쇄曝曬, 출납 등을 담당하게 했다. 이처럼 규장각은 역대 국왕의 어제,

---

들은 각종 조칙을 작성하고 정치적 고문역을 통해 현실정치에 참여했다.

• 양성지는 세조에게 다음과 같이 상소했다. "신은 또 그윽이 보건대 군상의 어필御筆은 운한雲漢으로 더불어 그 소회炤回함이 같으며, 규벽奎璧으로 더불어 그 찬란함이 같으니 만세의 신자들이 마땅히 준각尊閣할 바이고 보장해야 하는 것입니다. 송조 성제의 예는 모두 건각建閣하고 간직하게 하되 관을 설치해 이를 관장했으니 태종은 '용도각', 진종은 '천장각', 인종은 '보문각', 신종은 '현모각', 철종은 '휘유각', 고종은 '환장각', 효종은 '화문각'이라 하여 모두 학사·대제·직각 등의 관직을 두었으니, 바라건대 이제 신 등이 어제시문御製詩文을 마감해 올리니 인지당 동쪽 별실에 봉안해 규장각이라 이름하고 또 제서소장諸書所藏의 내각을 비서각이라 이름하여 모두 대제학·제학·직각·응교 등의 관직을 두어 당상은 다른 관직을 겸대하게 하고, 낭청은 예문녹관藝文祿官을 겸차하여 출납을 관장하게 하소서."(『세조실록』 30권, 세조 9년 5월 30일)

•• 조선 시대의 속아문屬衙門으로 왕실 계보를 찬록하고 왕족의 허물을 살피던 관사다. 고종 때 종친부宗親府에 통합되었다.

어필, 왕실 족보 등을 보관하는 왕실도서관으로 출발해 문치주의를 추구하는 '우문지치右文之治'와 인재 양성을 중시하는 '작인지화作人之化'의 산실이자 학문연구기관으로 확대되었고, 국정운영에 필요한 국내외 서적

그림 4-22 〈규장각도〉(김홍도, 1776년)

의 수집·보관, 편찬과 출판 기능도 담당했다.

그러나 정조 사후 왕조가 급격히 쇠퇴하면서 규장각의 부침이 시작되었다. 세도 가문 여흥 민씨의 출세 통로로 전락하는가 하면, 1864년 고종 즉위 후에는 어제, 어보 등이 종친부로 이관됨으로써 기능이 더욱 축소되었고, 1884년 갑신정변 때는 폐지가 거론되었다. 1894년 갑오개혁 때 왕실 업무를 총괄하던 궁내부에 소속되었고, 1895년 도화 업무를 담당하던 '규장원奎章院'으로 개칭되었다가 1897년 '규장각'으로 환원되었다. 1907년 홍문관, 춘추관, 시강원侍講院, 집옥재 등의 도서를 규장각에 통합한 궁내부는 1908년 9월 다시 규장각 조직을 전모과典謨課, 도서과, 기록과, 문서과로 개편했고, 1909년에는 사고의 전적, 다른 기관의 편입 도서 등 10만여 권이 규장각 도서에 통합되어 '제실도서帝室圖書'로 명명되었다.

1910년 한일강제병합으로 규장각은 폐지되고, 구황실 사무를 관장하는 조직인 이왕직李王職이 설치되자 1911년 창덕궁 선원전 건물

에 이왕직 서무계 도서실을 두고 제실도서를 관리했다.[*] 1911년 3월에는 조선총독부 취조국이 제실도서를 강제로 접수했을 뿐만 아니라 사고(오대산, 태백산, 정족산)에 보존하던 도서를 취조국으로 인계했다.[**] 1912년 4월 조선총독부 취조국이 폐지되고 참사관이 설치되었는데, 산하의 분실에서 취조국 도서를 관리했다. 1915년 12월에는 참사관 분실에 소장되어 있던 도서에 '조선총독부지인朝鮮總督府之印'을 찍어 조선본과 중국본을 구분했는데, 조선본을 '규장각 도서'로 명명했다. 1922년 11월에는 학무국 학무과 분실에서 규장각 도서를 관리하다가 1930년 경성제국대학 부속 도서관이 준공됨에 따라 규장각 도서는 경성제국대학 부속 도서관으로 이관되었다.

이를 계승한 현재의 서울대학교 규장각 한국학연구원은 『조선왕조실록』 등 국보 7종 7,125권, 보물 26종 166점을 비롯해 유네스코가 지정한 세계기록유산 4종 등 귀중서를 다수 소장하고 있다. 하지만 규장각은 조선 후기 왕실도서관이었기 때문에 국립중앙도서관으로 이관되어야 한다. 그것이 규장각의 역사성을 복원하고 정체성을 학

- 이왕직 도서실 장서가 증가하자 1915년 12월 창경궁 낙선재 동남쪽에 4층 벽돌집을 건립해 이전한 후 1918년 '장서각'이라는 현판을 걸고 역대 왕의 어제, 어필, 선원보첩 등을 관리했다. 현재 이왕직 도서실의 대다수 자료는 한국학중앙연구원 장서각에 보존되어 있고, 이왕직을 감독한 조선총독부가 생산 또는 접수한 자료는 국가기록원에 있다. 그 외에 국립중앙도서관, 고궁박물관, 서울대학교 규장각 등에 이왕직 관계자들의 일기와 문서 및 유물, 이왕직과 총독부에서 생산한 전적의 일부가 있다. 이왕무, 「이왕직의 유래와 장서각 소장 이왕직 자료의 연혁」, 《장서각》 31, 2014, 37쪽

- "1911년 전 규장각 소관 도서 일체를 취조국(조선총독부 직속 기관)에 인계하다. 올해 2월부터 6월까지 새로 구입한 서적 3,528책, 또 구 궁내부에서 인수한 공문서와 아울러 서적 1만 2,615책, 무주 적상산 사고와 선원각에서 이송해온 서적 4,066책을 모두 도서관에 소장했다."(『순종실록』 부록 2권, 순종 4년 6월 19일)

그림 4-23 규장각의 경성제국대학 이관 기사(《동아일보》 1930. 9. 24)

립하는 정도일 뿐만 아니라 일그러진 도서관사를 바로잡고 지식문화사를 정립하는 출발점이다.

개화기에서 일본 강점기까지

조선왕조 500년은 태평성대를 축원한 경복궁에서 시작해 비운의 덕수궁에서 종료되었다. 구한말 서구 문물과 개화 사상이 유입되면서 왕실 및 지배 계층이 독점하고 보존 기능을 중시한 장서고를 지칭하던 전殿, 원院, 각閣, 실室, 루樓, 관館, 觀 등의 간판이 대중을 위한 '문고'와 '도서관'으로 교체되기 시작했다.

1876년(고종 13년) 강화도조약(조일수호조규 또는 병자수호조약)을 체결한 직후 일본의 요청으로 조선은 세 차례 수신사를 파견했다. 1876년 제1차 수신사는 서양의 각종 신문물을 도입하여 근대화된 일본을 목격하고 귀국했는데, 일행이던 김기수는 1877년 기록한 『일동기유日東記遊』에서 근대 도서관인 도쿄서적관을 소개했다. 1880년 제2차 수신사로 참여한 김홍집은 당시 유시마 성당 내의 도쿄도서관을 방문하고, 재일본 청국 외교관(참사관) 황준헌이 집필한『사의조선책략私擬朝鮮策略』을 가지고 귀국했다.『사의조선책략』의 골자는 러시아의 남하를 막고 조선을 지키려면 친중親中, 연미聯美, 결일結日의 외교 정책을 취하고 자강해야 한다는 것이었는데, 이에 찬반론이 제기되고 보수 유생 중심의 위정척사 운동이 일어났다.

그러나 개화와 개혁을 선택한 조선 정부는 1880년 개화 정책을 추진할 통리기무아문統理機務衙門을 설치하고 조사시찰단을 구성해 1881년 일본에 파견했다. 조사시찰단은 1881년 4월 10일 부산에서 출발해 3개월간 일본에 체류하면서 문교, 내무, 농상, 외무, 재무, 군부, 포병공창, 세관, 조폐, 도서관, 박물관 등 정부기관과 산업시설을 시찰한 결과인『견문사건見聞事件』을 정부에 제출했다. 시찰단을 수행했던 윤치호는 한국 최초의 근대 도서관인 대한도서관의 설립을 주도했다. 또한 시찰단 일행으로 방일하여 계몽사상가 후쿠자와의 게이오기주쿠에 기거하면서 공부하고 미국과 유럽도 방문했던 유길준은 후쿠자와의『서양사정』을 참고해 1895년 저술한『서유견문西遊見聞』• 제17편에서 근대 도서관인 '서적고'에 대해 다음과 같이 언급했다.

서적고는 정부가 설립한 것과 정부와 인민의 합작으로 건설한 것이 있고 경서, 사기, 각 학문 분야의 책에서 고금의 명화, 소설, 각국 신

• 『서유견문』은 서론(1~2편: 세계 지리), 본론(3~14편 전반: 국가의 권리, 국민의 교육, 국민의 권리, 정부, 세금, 군대, 화폐, 법률, 건강, 학문, 종교, 상업), 결론(14편 후반: 개화의 등급), 보론(15~20편: 혼례, 장례, 의식주, 농업, 목축업, 오락, 병원, 교도소, 박람회, 박물관, 도서관, 신문, 기차, 기선, 전화기, 서양 대도시)으로 구성되어 있다.

문에 이르기까지 비치되지 않은 것이 없다. 외국 서적은 새로 출판되면 구입하고 본국 서적은 출판자가 각지 서적고에 각 1책을 배포하기 때문에 장서 수는 날로 증가한다. (...) 서양 제국에는 대도시에 서적고가 없는 곳이 없고, 누구라도 책을 열람하고 싶은 사람은 서적고에 임의로 들어가 책을 볼 수 있도록 허용된다. 그러나 관외 대출은 허용되지 않고 공부하는 학생이 책이 없어서 배울 수 없는 경우에 한해 유료로 대출할 수 있다. 만약 대출한 책을 손상한 경우에는 대가를 변상한다. 각국 서적고 중에서 가장 유명한 것은 영국 수도 런던에 있는 것과 러시아 수도 페테르부르크에 있는 것, 그리고 프랑스 수도 파리에 있는 것이다. 그중에서도 파리의 서적고가 가장 크고, 장서 수는 200만 권을 넘어 프랑스 사람들은 항상 그 규모에 긍지를 가지고 있다.

이처럼 근대 공공도서관 사상과 제도를 도입하기 위한 해외 시찰단, 유학생 견문, 외국서 번역 등의 노력에도 불구하고 개화기 지식층은 근대 도서관에 대한 이해가 상당히 달랐고, 당국의 인식도 매우 부족했기에 근대 도서관의 성립과 발전을 앞당기지 못했다.[55] 그 결과, 19세기 말까지 근대 도서관이 설립되지 않았다.

1901년 10월 10일 부산 용두산 동쪽 기슭에 공공도서관 전 단계인 일본 홍도회弘道會 부산지부의 홍도도서실*이 개설되었다. 이는 일본

• 1903년 홍도회는 부산지부 사무실을 개축하면서 홍도도서실을 '부산도서관'으로 바꾸었고, 1911년 5월에는 부산 거류민단 교육사업을 발전시킬 목적으로 창설된 부산교육회가 운영을 승계하여 부속 부산도서관이 되었다. 부산교육회는 1911년 11월 용두산 중턱 남쪽에 신축(2층 44평)을

계몽사상가 니시무라西村茂樹가 창설한 공익법인 수양단체인 홍도회가 부산 거주 일본인의 지적 요구를 충족하고 오락을 제공하기 위한 시설이었다.[56] 따라서 홍도도서실이 후에 부산시민도서관으로 발전했다 하더라도 일제 강점기 전의 일본인 단체가 건립한 도서실을 국내 최초 공공도서관으로 기술하는 것은 바람직하지 않다.[57] 하지만 설립 주체를 불문하고 한국에 존재한 최초의 공공도서관이라는 사실은 부인하기 어렵다.

1906년 2월에는 이범구 등 민간 주도로 경성 이용문 집에 임시 사무소를 설치하고 '한국도서관' 설립 운동을 시작했으며, 3월에 '대한도서관'으로 개칭했다.[*] 관장에 문부대신 민영기, 평의원장에 궁내부대신 이재극, 서적위원장에 학부대신 이완용, 기타 평의원에 민상호, 윤치호 등 25명을 선출하고 건설비와 운영비는 관장 이하 임원이 공동 부담하기로 결정했다. 장서는 유지들의 기증 도서와 궁정문고 일부로 구성·운영했다. 그러나 1909년 4월 대한도서관이 왕실 업무를 총괄하던 궁내부 소관으로 변경되고 장서 또한 경복궁 동쪽의 종친부로 이관되면서 관립도서관으로 바뀌었다. 또 한일강제병합 직후인 1911년 5월 장서 10만여 권이 조선총독부 취조국에 몰수되어 조선총독부 도서관으로 옮겨짐으로써 대한도서관은 '미완의 국립도서관'이

시작하여 1912년 6월 '부산교육회 부속 부산도서관'으로 개관했다. 개관 당시 장서는 총 3,574권이었다. 1919년 4월 부산교육회가 도서관을 부산부로 이관해 '부산부립도서관'으로 개칭되었다가 광복 후 부산시교육위원회 청사(현 반도호텔 자리) 별관을 개조하여 재개관했다. 이어 1948년 8월 부산시립도서관으로 개칭되었고, 현재는 부산광역시립시민도서관으로 운영하고 있다.

● 대한도서관 설립 발기인으로 이근상, 박용화, 민형식, 윤치호, 이봉래 등이 참여했다.

그림 4-24 대동서관 설립 기사(《황성신문》1906. 3. 28)

되고 말았다.

1906년 3월에는 김대윤, 진문옥, 곽용순, 김홍윤이 건립 기금 8,000환을 마련해 평양에 대동서관을 개관했다. 이름에 '도서관'은 없지만 대동서관은 한국인이 설립·운영한 최초 사립 공공도서관이다. 신간 1만여 권을 갖춘 대동서관은 개관 후 주당 대출 수가 몇천 권에 달할 정도로 이용이 활발했다. '민지民智 개발과 문화 발전에 기여한다'는 설립자의 의도와 세계의 신지식을 원하는 대중의 기대가 부합한 획기적 대중도서관 사업이었지만 한일병합으로 폐관되었다.

1907년 논산 강경면의 농사조합장이던 사카우에板上富藏 등은 강경문고를 설립했고, 다카네高根信禮 등은 목포에 목포도서구락부(1911년 목포문고로 개칭, 현 목포시립도서관)를 설립했다. 1908년에는 김광제,

그림 4-25 경성도서관 전경(1916년)

이장제 등이 서적종람소書籍綜覽所*를 설립했다. 또 같은 해 9월에는 일본인상업회의소 서기장 야마구치山口精가 경성 수정壽町(현 주자동)에 위치한 일본인상업회의소 내에 경성문고를 설립하고 이듬해 2월 일반에 공개했으며, 1911년 남미창정南米倉町(현 남창동)으로 신축 이전하고 경성도서관으로 개칭했다. 1909년에는 신원영, 오성근 등이 경성에 동지문예관을 개관했다.

1919년 일제 지배에 항거한 3·1 운동을 계기로 일본은 조선 식민지 정책의 방향을 무단통치에서 문화통치로 선회했다. 이에 따라 조선인의 도서관 설립이 가능해지자 1920년 11월 5일 윤익선이 1919년 재정난으로 폐관한 야마구치의 경성도서관을 인수해 종로구 가회동

• 종람소는 소규모 사립도서관이나 개인문고에 주로 사용된 용어로 도서, 신문, 잡지 등을 자유롭게 열람하는 장소라는 뜻이다. 소장한 자료의 종류나 성격에 따라 서적종람소, 신문종람소, 잡지종람소, 신문잡지종람소 등으로 불렀다.

소재 취운정翠雲亭에 사립 경성도서관을 개관했다. 1921년 9월 10일에는 이범승*이 파고다 공원 서쪽의 국유지(531평)와 지상 건물을 무상 대여하여 윤익선의 경성도서관과 동일한 명칭으로 개관했고, 재정난에 봉착한 취운정의 경성도서관을 분관으로 운영했다. 1923년 이용자 7만 606명 중 일본인은 5.7%에 불과했을 정도로 경성도서관은 한국 청년들(이용자의 75%가 학생)이 지식을 흡수하고 독립 의지를 불태우는 장소로 활용되었다.[58] 1926년 경성부립도서관 종로분관(종로도서관의 전신)이 되었다.

한편 조선총독부는 1922년 2월 6일 제2차 「조선교육령」을 공포하고, 기념사업의 일환으로 사회교육시설(도서관, 박물관 등)을 건설하는 분위기에 편승해 1923년 11월 「조선총독부 도서관 관제」를 공포했다. 1924년 1월 헌병대 사령부 진단소 내에 임시 사무소를 설치하고 개관을 준비하여 같은 해 4월 3일 현 소공동 롯데백화점 자리에 한국 최초 관립도서관인 조선총독부 도서관을 개관했다. 초대 관장으로는 하기야마荻山秀雄**가 임명되었다. 일제가 조선총독부 도서관을 설립한 표면적 이유는 조선의 문화 발전에 기여한다는 것이었으나 그 저

• 이범승(1887~1976년)은 충남 출신으로 1917년 7월 교토제국대학 법과대 및 동 대학원을 졸업하고 1918년 9월 남만주철도주식회사에 취업했다가 1920년 6월 퇴사했다. 1921년 9월 경성도서관을 설립했고, 1926년 9월 조선총독부 식산국 농업과에 근무하다가 1930년 퇴직했다. 해방 후 1945년 9월 초대 서울시장과 국회의원을 역임했다. 그는 식민지 시대에 도서관 설립에 진력한 지식인이었다.

•• 1883년 일본 에히메현 출신으로, 교토제국대학 사학과 교수로서 한적에 조예가 깊던 나이토內藤湖南의 제자다. 문부성 도서관 강습소를 수료한 뒤 조선으로 건너와 1914년 5월부터 이왕직 도서실의 촉탁으로 근무하다가 1916년 10월 중추원으로 옮겨 조선반도사 편찬 사무를 담당했고, 조선총독부 조선반도사 편집관으로 근무했다.

의는 식민 정책을 위한 자료 제공과 조선인 교화 교육에 있었다. 개관 당시에는 직원 19명, 장서 2만 8,000권에 불과했으나 1942년 직원 98명, 장서 28만 권으로 늘어났다. 1945년 10월 조선총독부 도서관 장서는 현 국립중앙도서관으로 승계되었다.

또 다른 관립도서관은 일본의 남만주철도주식회사(약칭 만철)*가 만주 침략 기지로 활용할 목적으로 1920년 7월 용산 지역에 설립한 만철경성도서관이다. 1925년 4월 조선총독부 철도국 관할의 '철도도서관'으로 개칭하고 직영 체제로 바꿔 순회문고 등 다양한 활동을 전개하며 조선총독부 도서관과 함께 양대 관립도서관으로 발전했다. 1943년 12월 '교통도서관'으로 개칭했으며, 1945년에는 장서가 16만 권에 달했다.

그 외 지방에 설립된 도서관으로는 순천도서관(1911년), 대전도서관(1913년), 천안문고(1914년), 영암문고(1915년), 광주도서관과 마산 금차랑문고(1919년), 울산간이도서관(1923년), 어성혼 기념 해주도서관(1925년), 인정도서관(1931년) 등이 있다.

《조선지도서관朝鮮之圖書館》 기록에 따르면, 1901~1933년 일본이 한국에 설립한 공공도서관은 총 39개로, 한일병합 이전에 1개관, 1910년대에 6개관, 1920년대에 26개관, 1930년대에 6개관을 설립했다.[59] 또 1910~1942년 《조선총독부 통계연보》에 수록된 일제 치하의 공공도서관 수, 장서 수, 설립 주체를 살펴보면, 공공도서관이 가장

• 만철은 1910년부터 다롄, 펑톈, 창춘 등 중국 동부 주요 도시에 대형 도서관을 설립했다. 1924년 말에는 22개관에 달했는데, 그중 다롄과 펑톈은 참고도서관이고 나머지는 공공도서관의 성격을 띠었다.

연도	도서관 수	설립 주체			도서관 명
		관립	공립	사립	
1901	1			1	홍도도서실(부산부립도서관의 전신)
1911	1			1	순천도서관
1915	3			3	강경도서관, 김제교육회 성산문고, 영암문고
1919	2		1	1	논산문고, 대구부립도서관
1920	2	1		1	철도도서관, 광주읍서관
1922	3		1	2	경성부립도서관, 홍성간이도서관
1923	4	1	1	2	조선총독부 도서관, 인천부립도서관, 함안간이도서관, 동래간이도서관, 울산간이도서관
1924	2			2	개성도서관, 담양군도서관
1925	3			3	곡성군향교재산도서관총람소, 밀양도서관, 어성훈 기념 해주도서관
1926	2		1	1	경성부립도서관 종로분관, 신의주사립간이도서관
1927	3		1	2	마산복수회문고, 준양간이도서관(강원), 청진부립도서관
1928	6		3	3	공주도서관, 목포도서관, 마산부립도서관, 고성간이도서관, 평양부립도서관, 원산부립도서관
1929	1			1	경산도서관
1930	1		1		함흥부립도서관
1931	2		2		청주읍립도서관, 진남포부립도서관
1932	2			2	안성도서관, 군산부도서관
1933	1			1	회령도서관(함경)
계	39	2	12	25	

표 4-5 일본인이 한국에 설립·운영한 공공도서관(1901~1933년)

많았던 해는 1932년으로 총 52개관(관립 2개관, 공립 17개관, 사립 33개관)이 있었다.* 1932년부터 1941년까지 설립 주체별로 평균을 내보면, 관립이 2개관, 공립이 19.6개관, 사립이 22.9개관이며, 일제 치하 후기로 접어들수록 공립은 증가한 반면 사립은 감소했다.[60]

그 외 1932~1940년에는 경기(포천, 산막), 전북(죽림), 함남(회목), 평남(문발), 평북(마성, 수송), 경남(대천), 전남(금내리) 등에 농촌문고가 설립되었다. 문맹 퇴치와 농촌소비조합 등을 통한 농촌의 갱생이

● 공립도서관은 도립 1개관(전북), 부립 13개관(경성, 경성 종로분관, 인천, 군산, 목포, 대구, 부산, 마산, 평양, 진남포, 함흥, 청진, 원산), 읍립 3개관(청주, 광주, 해주)이었다.

연도	공공도서관 수	장서 수	설립 주체		
			관립	공립	사립
1910	3	9,582	–	–	–
1911	3	–	–	–	–
1912	5	–	–	–	–
1913	8	24,420	–	–	–
1914	11	27,492	–	–	–
1915	12	32,789	–	–	–
1916	15	35,322	–	–	–
1917	16	37,138	–	–	–
1918	16	40,514	–	–	–
1919	20	45,803	–	–	–
1920	18	60,441	–	–	–
1921	19	54,148	–	–	–
1922	24	88,355	–	–	–
1923	23	98,723	–	–	–
1924	29	183,981	–	–	–
1925	36	137,710	–	–	–
1926	42	160,882	–	–	–
1927	45	177,563	–	–	–
1928	46	286,692	–	–	–
1929	49	285,150	–	–	–
1930	49	315,244	–	–	–
1931	50	352,854	–	–	–
1932	52	380,433	2	17	33
1933	51	407,976	2	17	32
1934	49	440,080	2	17	30
1935	46	501,098	2	17	27
1936	46	543,960	2	18	26
1937	44	582,484	2	18	24
1938	43	625,494	2	20	21
1939	44	681,237	2	20	22
1940	42	732,993	2	21	19
1941	42	777,789	2	26	14
1942	43	823,966	2	41	

표 4-6 일제하 공공도서관(1910~1942년)

명분이었지만, 실제로는 농촌의 불경기로 비등하던 반일 감정을 무마하고 전쟁 수행을 위한 총동원령과 물자 공급을 원활하게 하기 위해서였다. 농촌문고는 일본이 '조선농촌진흥운동'을 전개하면서 그들의 지배 이데올로기를 주입하기 위한 식민지 동화 정책의 일환이자 교화수단이었다.[61]

요컨대 조선왕조가 와해하고 20세기 초 공공도서관의 전 단계인 '도서실'이 등장한 이래로 일제 강점기 36년간 적지 않은 도서관과 농촌문고가 설립·운영되었다. 대다수는 조선총독부나 행정기관과 일본인이 주도한 것으로, 한국인이 설립·운영한 곳은 극소수에 불과했다. 일본은 왜 식민지에 공공도서관과 문고를 설립했을까?

일본은 '일본과 조선이 한 몸'이라는 내선일체內鮮一体를 앞세운 한민족 말살 정책과 황국 식민화를 획책했다. 모든 민족적 문화 활동과 조선어 교육을 금지하고 일본어 사용을 강제했다. 한글 신문과 잡지를 폐간하고 조선어학회 간부들을 구속했으며 창씨개명을 강요했다. 이를 위해 도서관을 민족 동화 및 사회 교화의 거점으로 이용했다. 그렇기에 일제 치하의 대다수 공공도서관은 한민족의 자주적 정신에 입각한 것이 아니라 일본의 식민지 전략에 따라 설립된 것으로 일반 대중을 위한 도서관 본래의 기능을 발휘하지 못했다.[62]

다시 말해 일제는 도서관을 자주적 학습과 독서 활동을 통해 지적 자유를 누리는 지식문화·평생교육기관이 아니라 식민주의 이데올로기를 전파하기 위한 교화기관으로 삼았다. 한국인의 사립도서관 설립 운동을 방해하고 관립으로 전환하는 등 일제 중후기에 공립도서관은 계속 증가한 반면 사립도서관은 급감했다는 사실이 이를 방증한다.

광복에서 현재까지

광복 이후의 공공도서관은 남북 분단, 미군정 신탁통치를 둘러싼 좌우 대립, 사회 무질서, 4·19 혁명, 한국전쟁 등 정치적 격동과 질곡 속에서 가사 상태에 처해 있었다. 1947년 《조선연감》에 수록된 공공도서관은 총 27개관에 불과했고, 그중 남한에서는 17개관이 운영되었다.* 이들 대부분은 일제 치하에 설립되었으며, 1945~1950년 총 12개 공공도서관이 신설되었다.** 그러나 진주도서관은 1950년 6월 25일 폐관되었다가 1953년 4월 18일 진주문화도서관으로 재개관했고, 사립도서관 중 일부는 한국전쟁 뒤 시립 또는 군립 도서관으로 변경되었으며, 서울의 영민도서관과 대구 동촌 후생문고 등은 폐관되었다.

광복 직후 공공도서관은 서울과 강원을 제외한 대다수가 휴관 상태였으며,[63] 그마저도 한국전쟁으로 다시 퇴행의 길로 접어들었다. 1950년 6월 27일 서울을 점령한 인민군은 국립도서관을 접수하고 7월 3일 '인민공화국 국립도서관'으로 개칭했다.[64] 당시 이재욱 관장과 박봉석 부관장은 납북 또는 행방불명 상태였으며, 서울 시내의 모든 공공도서관도 폐관되었다. 1952년 《대한연감》에 수록된 시도별 공공도서관 피해 상황을 보면 한국전쟁이 전국 공공도서관의 발전과

• 관립 1개관(국립도서관), 공립 14개관(남대문, 종로, 부산, 인천, 개성, 대구, 군산, 대전, 마산, 광주, 청주, 목포, 안성, 고령민중), 사립 2개관(춘천, 강릉) 등이었다. 남조선과도정부, 《조선연감》, 1948, 213쪽

•• 수원시립, 군산시립, 전북도립, 전남도립 등 공립 4개관과 원주, 춘천, 영민(서울), 중경고(경기), 이리, 진주, 녹산(전남), 대구 동촌 후생문고 등 사립 8개관이 신설되었다.

시·도	도서관 수	건물(평)			도서(1,000권)		
		연면적	파괴	피해율(%)	장서 수	분실 도서 수	피해율(%)
서울	3	6,613	2,810	42.5	170	51	30.0
경기	2	1,150	312	27.1	200	80	40.0
충북	1	100	156*	–	50	15	30.0
충남	1	100	156*	–	50	25	50.0
전북	3	2,312	624	27.0	50	25	50.0
전남	3	1,734	468	27.0	150	60	40.0
경북	1	1,734	–	–	150	–	
경남	2	2,437	–	–	150	–	
강원	3	1,734	468	27.0	150	60	40.0
제주	1	580	–	–	150	–	

* 피해 면적이 건물 연면적보다 큰 것은 수치 오류로 추정됨

표 4-7 한국전쟁으로 인한 전국 공공도서관의 피해

서비스에 심각한 저해 요인으로 작용했음을 짐작할 수 있다.[65] 이러한 정체는 휴전 후에도 계속되었다.

1955년 전국의 공립 공공도서관은 11개관에 불과했다. 당시는 전쟁 후유증으로 사회 불안정이 계속되었고 경제 침체도 심각했기에 도서관 건립에 투자할 여력이 없었다. 그 결과, 1956~1963년까지 재개관한 8개관을 포함해 연평균 5.5개관, 총 44개관이 신설되는 데 그쳤다. 특히 사립 공공도서관은 운영예산 부족으로 개관 1주년을 넘기지 못하고 휴관하거나 폐관하는 사태가 속출했다.

그러다가 1963년 「도서관법」 제정을 계기로 도약의 발판이 마련되었다. 1968년 시작된 문교부의 '공공도서관 설치 5개년 계획'과 1990년 문화부 출범을 계기로 도서관 수가 급증했고, 2000년 '도서관 정보화 사업'에 이어 2002년 시작된 '도서관 발전 종합계획'에 따라 2007년 말 607개관(공립 583개관, 사립 24개관)으로 늘어났다. 2013년에는 대통령 소속 도서관정보정책위원회가 2008년 8월 확정·발표하

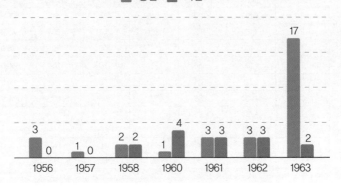

그림 4-26 전후 국내 공공도서관 건립 수(1956~1963년)

고 추진한 '도서관 발전 종합계획 2009~2013'에 따라 총 865개관으로 증가했고, 또 도서관정보정책위원회가 2014년 1월 수립·발표한 '제2차 도서관 발전 종합계획 2014~2018'에 따라 2018년 말 1,000개관을 넘어섰다.[66]

조선 시대 왕실도서관이었던 규장각 등은 왕가나 특권층의 전유물이었으며 보존 기능에 치중했다. 왕조가 붕괴한 구한말과 개화기를 거쳐 20세기 초 공공도서관의 아류인 도서실이 등장했고, 일제 치하에서 다수의 도서관과 농촌문고가 설립·운영되었으나 대부분 조선총독부와 일본인이 주도했고, 한국인이 설립·운영한 곳은 극소수였다. 일본은 도서관을 민족 동화와 사회 교화의 거점으로 삼았기에 무료 공개와 공비 운영을 원칙으로 하는 현대적 의미의 도서관과는 거리가 멀었다. 광복 후 공공도서관은 분단과 전쟁 등 혼란과 질곡의 소용돌이 속에서 가사 상태에 있다가 1963년 「도서관법」 제정과 이후의 각종 진흥 정책에 힘입어 양적 확대와 질적 충실화에 주력하고 있다.

하지만 OECD 주요 국가와 비교해보면 국내 공공도서관 1개관 당 서비스 대상 인구는 여전히 최하위 수준이다.[67] 2013년 기준으로 유럽연합 28개국에는 약 6만 5,000개(국가당 약 2,321개)의 공공도서관이 존재하며, 매년 1억 명이 방문·이용한다.[68] 2018년 말 현재 세계 99개국에 존재하는 약 220만 개의 도서관 중 공공도서관은 34만 5,886개에 달한다.[69]

구분	국가(기준 연도)	도서관 수	1개관당 서비스 대상 인구
북미	미국(2016)	9,057	35,787
	캐나다(2016)	3,226	9,799
유럽	네덜란드(2016)	781	21,767
	노르웨이(2016)	744	7,086
	덴마크(2016)	500	11,400
	독일(2017)	7,530	10,709
	벨기에(2016)	1,150	9,826
	스웨덴(2016)	1,132	8,830
	스위스(2017)	580	14,613
	스페인(2016)	4,626	10,096
	영국(2015)	3,693	18,814
	오스트리아(2016)	1,316	6,611
	이탈리아(2016)	6,042	10,046
	프랑스(2015)	7,737	8,323
	핀란드(2017)	719	7,707
	헝가리(2016)	3,574	2,747
오세아니아	호주(2016)	1,408	17,133
	뉴질랜드(2015)	305	15,130
아시아	대만(2015)	536	43,828
	일본(2017)	3,292	15,921
	한국(2017)	1,042	49,692
평균		2,809	15,994

표 4-8 OECD 주요 국가의 공공도서관 수 및 서비스 대상 인구(비회원국 대만 포함)

도서관은 건축비, 인건비, 자료 구입비, 유지관리비 등 막대한 재정을 요구한다. 그런데도 왜 선진국일수록 공공도서관을 많이 설립하고 운영할까? 독일의 대문호 괴테는 도서관을 '인류의 기억'이라고 표현했다. 신화와 전설에서 출발한 고대 도서관이 인류 문명의 기둥이었다면, 중세 도서관은 지식 창조와 지혜 증득의 산실이었고, 이를 계승한 근대 이후 공공도서관은 대중사회와 동행하는 지적·문화적 삶의 터전이자 중심이다. 공공도서관이 사회에 지식정보, 프로그램, 시설과 공간 등을 제공하여 대중의 지적·문화적 욕구를 충족할 때 개인의 잠재적 역량이 제고되고 사회공동체의 형성과 결속이 가능해진다. 그렇기에 공공도서관을 지속해서 확충하고 대중 서비스를 극대화해야 한다.

공공도서관은 책을 보관하는 성전聖殿을 기반으로 지식을 경험하고 공유하는 공공장소이자 지식에 접근하는 다양한 방법과 학습·모임을 위한 장소를 제공하는 사회적 플랫폼, 가정과 직장 사이의 열린 공간이어야 한다. 미래 사회에서도 공공도서관은 선택적 소비재가 아니라 필수적 공공재다.

5장

도서관의 에토스·파토스·로고스

1
도서관의 진화와 변용

인류의 문화유산은 무수히 많다. 기억의 측면에서 압권은 문자와 매체가 조합된 책, 그리고 그 책들을 누적한 도서관이다. 인간의 창조적 사유와 지적 편린이 한 줄 한 줄 문자로 기록되고, 여러 줄의 문단이 한 페이지를 구성하며, 여러 페이지를 묶은 책들이 질서화된 장소가 도서관이다. 인류 역사가 한 줄기 기록에서 시작되었다면 무수한 기록의 줄기가 집적된 도서관은 인류의 지적 사유를 기억하는 공간이자 인류 역사 그 자체라 할 수 있다. 이러한 의미 부여가 여전히 유효한지 해명하려면 도서관의 진화와 변용을 반추할 필요가 있다.

고대 문명에서 도서관은 권력과 권위의 상징이었다. 왕가 중심의 소수 지배 계층은 신전을 건립하고 권력과 체제를 유지하는 데 지식인을 동원했으며, 그들이 생산·수집·번역·재해석한 지식을 도서관에 집적시켜 통제했다. 메소포타미아, 이집트, 페르가몬 등에 존재했던 신전도서관, 왕실도서관, 궁정문고가 그 예다. 고대 그리스·로마 시대에는 제왕들이 궁전과 도심에 설립한 제국도서관, 신전도서관, 대학자 및 명문 집안의 개인도서관, 공공도서관이 혼재했다.

중세에는 유럽 전역에 수도원 부속의 스크립토리움과 도서관이 건립되었다. 스크립토리움은 성서를 비롯한 고전 자료를 필사하여 고대 지식사를 복원하는 거점이었으며, 도서관은 필사본을 비롯한 고전 자료를 수집·보존하고 해석하는 지식정보의 보고였다. 그런가 하면 이슬람 세계는 이슬람 사원인 모스크에 지혜의 집을 병설했다. 고대와 중세 초기의 성서, 다양한 고전 자료, 과학 지식 등 위대한 사상과 과학적 성취를 집대성한 도서관이었다. 비록 1258년 몽골 제국의 파괴로 지혜의 집은 잿더미로 변했지만, 이슬람 세계의 지적 유산은 14세기 시작된 르네상스의 초석이 되었다.

근대는 독일, 이탈리아, 프랑스 등이 선도한 제지산업과 인쇄술의 전파, 르네상스, 종교개혁, 과학 발전, 산업혁명으로 왕족, 지배 계층, 엘리트 집단, 성직자, 부유층의 전유물이던 도서관이 와해되고 회원제 도서관, 대출도서관, 직공학교 도서관, 교구도서관 등 다양한 유형의 도서관이 등장해 19세기 중반 무료 공공도서관 설립의 마중물이 되었다.

이어 19세기 후반에서 20세기 초반 영미 양국에서 일어난 사회개혁의 결과로 현대인에게 친숙한 공공도서관이 등장했다. 현재 세계에서 공비 운영, 무료 제공, 만인 공개를 이념적 지주로 삼는 공공도서관은 34만 개가 넘는다. 따라서 인류의 역사와 문명사적 측면에서 보면 공공도서관은 우연의 부산물이 아니라 필연적 창조물이며 진화와 변용의 결과다.

그럼에도 국내외를 불문하고 공공도서관의 사회적 역할을 거론할 때 진화를 배제한 변용에만 비중을 두면서 본질적 정체성을 부정하거나 격하하는 사례가 급증하고 있다. 이러한 참을 수 없는 가벼움은 이미 시디롬CD-ROM, 인터넷, 디지털 등이 시대의 화두로 부상했을 때 절감한 바 있다. 시디롬이 등장하자 '21세기 파피루스'라 극찬하면서 종이책의 사멸을 점치고, 인터넷이 지구촌을 연결하고 디지털 패러다임이 부상하자 이구동성으로 '디지털 도서관이 전통적 도서관을 대체한다'는 논리를 전파하면서 '소장ownership이 아닌 접근access'을 외쳤다. 최근에는 인문학, 빅데이터, 창조공간, 4차 산업혁명 등의 시류에 편승하여 '수집collection에서 연결connection'을 강조하는 추세다. 앞으로도 또 다른 키워드가 등장해 공공도서관의 본질을 훼손하고 핵심 역량을 약화하는 도구로 남용될 우려가 크다.

하지만 공공도서관의 발전과 진화는 단절이나 대체가 아니라 헤겔이 역설한 정·반·합이 반복되는 변증법적 진화다. 기록 매체는 점토판, 파피루스, 죽간목독, 양피지, 종이, 마이크로폼, 시디롬, 디지털 포맷 등으로 진화했다. 하지만 그중 일부가 종이로 대체되었을 뿐 여전히 종이책은 공공도서관 자료의 주류를 차지하고 있다. 도서관 이용자 역시 소수 지배 계층이나 지불 능력이 있는 부유층에서 일반 대중으로 확대되었을 뿐이지 특권층이 대중으로 대체된 것은 아니다. 다시 말해 고대 그리스·로마의 개인문고에서부터 현대의 무료 공공도서관으로 진화하는 동안 책은 더 포괄적인 자료로 확장되고 이용자도 소수 회원에서 모든 대중으로 확대되었을 뿐 여전히 도서관은 장서가 중심이고 대출·열람 서비스가 핵심이다.

장서가 상수라면 나머지 서비스, 프로그램, 시설과 공간, 사회적 장소 등은 변수다. 어떤 변수도 상수인 장서를 대체할 수 없다. 장서는 도서관의 본질을 일깨우는 단초인 동시에 본질이 발현된 결과다. 종이책이든 그 변용인 전자 자료든 도서관은 그것을 수장하고 서비스하는 장소와 공간이다. 장서를 배제한 창조공간화, 장서 중심의 지식정보 서비스를 요체로 삼지 않는 평생학습 지상주의, 감성적 언어와 일시적 공감에 방점을 두는 인문학 프로그램, 장서와의 연계성이 거의 없는 일반열람실 설치·운영, 음식물 반입을 원천 봉쇄하는 구시대적 사고 등을 해체하지 않는 한 문화기반시설 및 사회적 장소로서의 도서관을 기대하기 어렵다.

결국 도서관 진화의 변증법적 인식은 장서에서 출발해야 한다. 상이한 시간과 공간에서 제기되는 유행어를 동원하여 장서의 본질과 함의를 왜곡하거나 축소하려는 시도가 격화되면 도서관에 조종^{弔鐘}이 울릴 것이다.

2
도서관의 가치와 편익

도서관의 가치

　도서관은 장구한 세월 동안 지식과 문화를 결합해왔다. 이는 다른 기관이나 시설이 범접할 수 없는 지적 전통으로, 도서관이 지식정보센터 및 문화기반시설로서의 정체성을 확립하는 데 기여했다. 그래서 고대 도서관이 인류 문명의 기둥이었다면, 중세 도서관은 지식 창조와 지혜 증득의 산실이었고, 근대 이후의 공공도서관은 대중사회를 위한 지식정보의 광장, 지식문화적 삶의 터전, 사회적 공공장소, 민주주의의 요람으로 간주된다. 그렇다면 도서관의 존재와 역할은 국가와 지역사회 그리고 대중에게 어떤 가치가 있을까?

　첫째는 이념적 가치로, 도서관은 고대와 중세의 신본주의, 근대의 물신주의와 차별주의를 전복시킨 인본주의의 증거다. 어느 국가나 사회를 불문하고 공공도서관은 종교, 정치 이념, 경제력, 민족과

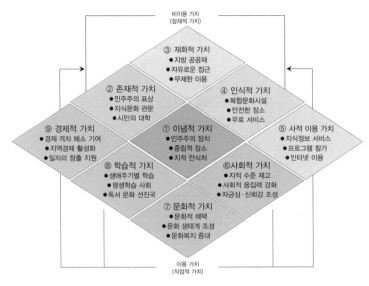

그림 5-1 공공도서관의 가치

인종 및 언어 등을 이유로 접근과 이용을 제한하지 않는 것이 원칙이
다. 이를 위한 이념적 지주가 법령에 규정된 무료 제공, 만인 공개,
공비 운영이다. 공공도서관은 만인을 위한 중립적 장소이며 지적 안
식처다. 어떤 명분과 이유로도 지역주민의 지식정보, 문화 활동, 평
생학습 등에 대한 욕구와 이용을 제한할 수 없다.

둘째는 존재적 가치로, 공공도서관은 폭정과 강압에 저항하면서
무지의 장막을 해체하고 자유와 평등을 양립시킨 민주주의의 표상인
동시에 지식문화의 관문이다. 대중사회가 요구할 권리와 공적 기관
이 제공해야 할 의무가 철저하게 적용되는 민주주의의 공간이며 시
민을 위한 대학이다. 고대 그리스의 아고라처럼 민주주의가 작동·유
지되는 공간이며 진리 탐구, 지혜 습득, 지적 갈증 해소, 독서 및 학
습 활동, 지식문화 향유, 정보해득력 제고 등을 위한 게이트웨이다.

지역주민이 서지정보나 데이터베이스를 검색할 때, 인터넷을 항해할 때, 과제를 수행할 때, 각종 프로그램에 참여할 때, 지식 발견을 위한 서비스를 요청할 때, 미소장 자료의 상호대차를 원할 때, 대화나 회의 공간을 원할 때 공공도서관은 주민과 지식정보와 공간을 연결하는 게이트웨이로서의 역할을 수행한다.

셋째는 재화적 가치로, 공공도서관은 비배제성과 비경합성을 담보하는 지방 공공재다. 비록 소수가 일반열람실이나 창조공간을 독점함으로써 다수가 배제되는 상황도 있지만, 전반적으로는 자유로운 접근과 제한 없는 이용을 허용한다. 특히 지불 능력이 부족한 주민과 사회적 약자의 상대적 격차 및 접근·이용의 불편을 해소하기 위한 관계 법령 개정, 시설환경 개선, 대체자료 확보, 상호대차 서비스, 아웃리치 서비스 등은 공익성, 공민성, 공개성, 공정성을 핵심 요소로 삼는 공공재의 특성에 부합한다.

넷째는 인식적 가치로, 대출과 열람을 기반으로 다양한 문화 및 평생학습 프로그램 개설, 시설·공간 제공, 사회적 장소로서의 기능을 수행하는 복합문화시설로서의 긍정적 인식도를 말한다. 이를 방증하는 조사 결과는 무수히 많다. 예컨대 2015년 11월 스웨덴 최대의 도서관 자동화 시스템 공급사인 악시엘Axiell은 25~34세 영국 성인 2,000여 명을 대상으로 공공도서관 이용 실태를 조사한 결과를 발표했는데, 성인의 56%가 공공도서관을 방문하며 방문 목적은 대출(65%), 도서관에서의 독서(36%), 인터넷 접속(29%), 학습 및 연구 수행을 위한 시설 이용(23%) 순으로 높게 나타났다.[1] 2015년 잉글랜드 예술위원회Arts Council England 조사에서는 지역 공공도서관을 이용하는

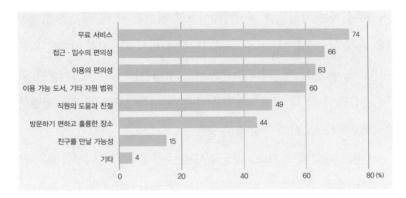

그림 5-2 영국 성인의 공공도서관 방문 이유

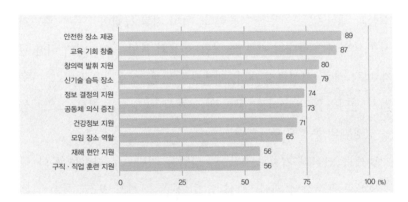

그림 5-3 미국 공공도서관의 지역사회 기여도에 관한 설문 결과

이유로 무료 서비스(74%), 접근·입수의 편의성(66%), 이용의 편의성 (63%) 등의 응답이 많았다.[2]

2016년 퓨 리서치 센터Pew Research Center는 16세 이상 미국인 1,600명 을 대상으로 지역 공공도서관이 자신과 지역사회에 어떤 의미를 지 니며 얼마나 기여하는지 조사했다. 그 결과, 시간을 보낼 수 있는 안 전한 장소 제공, 모든 연령대의 교육 기회 창출, 젊은이의 창의력 발 휘 지원, 신기술 습득을 위한 장소 제공, 신뢰할 수 있는 정보 결정의

지원, 다른 집단 간의 공동체 의식 증진, 건강정보 지원, 과제 해결을 위한 모임 장소 역할 등의 순으로 높게 나타났다.[3] 2018년에는 온라인 컴퓨터 도서관 센터^{OCLC}와 미국도서관협회가 공동으로 미국 유권자 1,400명을 대상으로 공공도서관의 핵심 가치에 대한 인식을 조사했는데, 사회적 약자를 위한 도서 등의 무료 접근, 컴퓨터 및 인터넷 무료 접근, 조용한 공간 제공, 지역사회의 요구를 충족할 수 있는 유능한 직원 확보 등이 높게 나타났다.[4]

다섯째는 사적 이용 가치로, 공적 가치*와 달리 지역주민이 직접 공공도서관 서비스를 이용하거나 각종 프로그램에 참여함으로써 얻는 사적 가치를 말한다. 이를 산출하는 대표적 방식이 매사추세츠주 도서관협회가 개발한 '도서관 이용 가치 계산기'다. 많은 공공도서관이 이를 활용하고 있는데, 미국도서관협회는 홈페이지에서 직접 자신의 도서관 이용 가치를 계산할 수 있도록 이용 가치 계산기를 제공하고 있다.[5] 물론 이를 국내 공공도서관이 활용하려면 일부 입력 요소(박물관 이용증 대여, 음악 다운로드 등)를 제외하는 대신에 일반열람실 사용료 등을 추가하고 서비스 기준값을 국내 상황에 맞게 재구성해야 한다.

여섯째는 사회적 가치로, 도서관의 존재와 역할이 지역사회에 미치는 순기능과 기대효과, 도서관 이용으로 얻는 성과나 편익을 말한다. 도서관 지식정보 서비스는 지역주민의 지적 수준을 높이고 상상

---

* 개인이 도서관 서비스를 직접 이용하지 않지만 다른 사람이 이용함으로써 사회에 기여하는 영향과 가치를 말한다.

이용 횟수	도서관 자료 및 서비스	이용 가치 총액($)	서비스 기준값($)	서비스 기준값 산출 근거
	도서 대출(성인)		17.00	평균 가격(Amazon.com)
	도서 대출(청소년)		12.00	〃
	도서 대출(아동)		17.00	〃
	오디오북 대출		9.95	다운로드 평균 가격(추정, Audible.com)
	상호대차 요청		25.00	평균 가격+우송료(Amazon.com)
	eBooks 다운로드		15.00	다운로드 평균 가격(B&N/Amazon)
	잡지 독서		5.00	구입 평균 가격(추정)
	신문 독서		9.50	《보스턴 글로브》 구독료
	영화 대출		4.00	평균 가격(추정, Netflix)
	CD 대출		9.95	앨범 다운로드 평균 가격(iTunes)
	음악 다운로드		1.00	음악 다운로드 평균 가격(iTunes)
	회의실 이용(시간당)		25.00	추정
	프로그램 참가(성인)		15.00	성인 오락/프로그램 참가비(1인당 추정 평균)
	프로그램 참가(청소년)		12.00	청소년 오락/프로그램 참가비(1인당 추정 평균)
	프로그램 참가(아동)		7.00	아동 오락/프로그램 참가비(1인당 추정 평균)
	박물관 이용증 대여		20.00	성인 박물관 입장료(2명 기준 추정 평균)
	컴퓨터 이용(시간당)		12.00	가격(FedEx/Kinkos)
	데이터베이스 탐색		19.95	온라인 논문 탐색당 평균 비용
	참고 서비스 지원		7.00	도서관 평균 비용

표 5-1 미국도서관협회의 도서관 이용 가치 계산기

력과 창의력을 자극하며, 각종 프로그램을 통해 소통과 참여의 기회를 제공하고 사회적 응집력 제고에 이바지한다. 또 지역사회의 다양한 요구를 이해하고, 취약 계층의 요구에 부합하는 맞춤형 지식정보를 제공한다. 특히 제3의 장소 또는 사회적 장소로 자리매김하기 위해 신뢰할 수 있는 폭넓은 지식정보센터, 조용한 학습 공간, 가치중립적이고 안전한 사랑방, 일상 탈출과 휴식을 위한 쉼터, 노숙자와 빈곤층을 위한 피난처, 지역주민의 상호작용 및 공동체 의식을 형성할 수 있는 개방형 공유 공간, 지적 탐험을 위한 환경, 디지털 포용 공간 등을 제공하고, 아동·청소년의 발전을 지원한다. 그 결과로서

삶의 질 향상, 사회적 고립 해소, 사회통합 촉진, 주민과 사회의 신뢰감 조성, 지역사회에 대한 자긍심 제고, 지식 도시로서의 발전과 브랜드화에 기여한다.

일곱째는 문화적 가치로, 지역 문화유산으로서의 공적 가치와 주민의 다양한 문화 활동을 보장하고 적극적 참여를 지원·촉진함으로써 발생하는 문화적 혜택을 말한다. 문화·예술에 대한 접근성 제고, 지역의 역사와 문화가 수록된 향토 자료 제공, 다양한 문화 프로그램 개설과 지원, 문화 행사 주최와 장려, 전시 및 체험 공간 제공, 문화 중심 도시 재생 사업에서의 주도적 역할 등을 통해 지역 문화 생태계 조성과 문화 수준 제고, 문화 복지 증대, 지식문화 도시로서의 정체성 강화 및 브랜드화에 기여한다.

여덟째는 학습적 가치로, 생애주기별 교육과 학습을 지원함으로써 발현되는 긍정적 외부 효과를 말한다. 영유아를 위한 북스타트 운동, 학령기 아동을 위한 독서 운동과 숙제 도우미 서비스, 아동의 사회적·교육적·창조적 발전 촉진, 청소년을 위한 교육 및 인격 함양 자료와 서비스, 성인용 평생학습 및 디지털 격차 해소 프로그램, 노인용 대체자료 제공과 여가·치유 프로그램, 다문화가정을 위한 맞춤형 학습 프로그램, 저소득층 자녀를 위한 외국어 강좌 등은 개인적 가치를 생성하는 동시에 그 시너지 효과가 사회적 편익으로 발현되어 책 읽는 도시, 평생학습 사회, 독서 문화 선진국의 초석이 된다.

아홉째는 경제적 가치로, 공공도서관의 존재와 활동이 부유층과 빈곤층의 격차를 줄이고 평등한 기회를 제공하며, 지역 발전을 촉진하고 경제 활성화에 미치는 영향을 말한다. 대다수 공공도서관은 보편적 지식정보 서비스, 주제별(취업, 건강, 법률, 복지 등) 맞춤정보 서비스, 취업 준비 공간 제공, 소통과 참여를 위한 커뮤니티 공간 제공, 창조공간 조성 등을 통해 지역의 경제 발전, 일자리 창출, 사회문화적 복지에 기여한다. 이미 외국의 많은 프로젝트와 학술 연구에서 공공도서관의 투자 대비 수익을 산출한 바 있다. 그 결과는 1:3에서 1:9로 나타났는데, 다시 말해 공공도서관에 1달러를 투입하면 3~9달러의 수익이 발생할 만큼 공공도서관은 경제적 기여도가 크다.[6]

도서관의 사회적 편익

공공도서관의 사회적 편익은 지역주민이 도서관 서비스를 이용하거나 경험을 통해 얻는 주관적 보상이나 기대를 말한다. 예컨대 어떤 지역에 공공도서관이 건립될 경우 주변에 상권이 형성되거나 집값이 오를 수 있고, 주민들은 거주지에 건립된 문화·학습시설 덕분에 삶의 질과 자긍심이 높아질 수 있다.

이처럼 지역사회에서 공공도서관의 잠재적·현실적 편익은 다양한 각도에서 제시할 수 있다. 라이트[B. Light] 등은 창조적 공간으로서의 공공도서관이 지역사회에 기여하는 편익을 자원 접근, 아이디어 창출, 시민 관여, 지역사회 개발, 문화적 참여, 건강과 복지, 교육적 성취, 경제적 생산성의 여덟 가지로 제시했다.[7] 그러나 너무 거대 담론인데다 일부는 중복된다. 이를 압축해 재구성하면 그림 5-4와 같다.

공공도서관은 지식정보 및 프로그램 서비스, 시설과 공간의 제공, 제3의 장소로서의 역할을 전제로 지역사회의 문화적 발전, 경제 활성

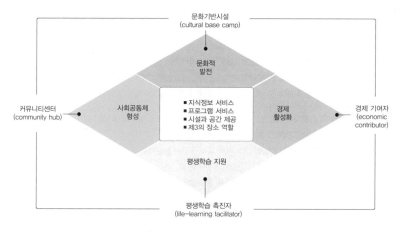

그림 5-4 공공도서관의 사회적 편익

화, 평생학습 지원, 사회공동체 형성에 기여한다. 지식문화, 지역사
회, 교육학습, 산업경제로 구분하여 공공도서관의 사회적 편익과 기
여를 구체적으로 제시하면 표 5-2와 같다.

요컨대 공공도서관의 사회적 편익은 공공도서관의 존재와 운영의
결과인 산출물과 그것이 개인과 사회에 직간접적으로 미치는 영향과
기여를 포괄하는 거시적 기대 효과다. 공공도서관은 문화적·사회적·
학습적·경제적 측면에서 이용자 개개인과 지역사회에 다양하게 기여
한다. 이러한 편익을 반영한 공공도서관의 대외적 표상이 지식정보
센터, 문화기반시설, 평생학습 거점, 시민의 거실과 서재, 민중의 대
학, 민주시민의 요람과 도량, 민주주의의 보루, 지혜의 집, 지성의 전
당, 제3의 사회적 장소, 인류 문명의 기둥 그리고 영혼의 치유소 등
이다.

영역	사회적 편익과 기여
지식문화	지역사회의 기억과 문화의 보존 및 배포 지식정보에 대한 보편적 접근·이용을 통한 지식문화 수준 제고 다양한 문화 프로그램, 문화 행사의 주최와 지원을 통한 다양한 문화 활동 및 창의력 향상 지원 지역사회의 문화적·창조적 풍요, 문화·예술 발전, 문화 도시로서의 이미지 제고
지역사회	참여와 소통의 촉진을 통한 커뮤니티 형성, 사회적 응집력 및 결속력 강화 사회적 약자, 지식정보 취약 계층의 격차 해소 안전하고 중립적인 만남의 장소 제공, 공적 공간의 활성화를 통한 사회 자본화 활력 넘치는 도시(교외) 생활, 건강하고 행복한 삶, 자긍심 고취 등 지원 지적 자유, 지식정보 접근에 대한 기본권 보장을 통한 건강한 민주사회 구축
교육학습	조기 독서 및 지식정보 이용의 필요성에 대한 인식 제고 아동·청소년의 독서 습관 및 독서 기술 배양 다양한 학습자원 제공·이용을 통한 학업 성취도 제고 디지털 마인드 및 정보해득력 강화 자주적 학습을 위한 시설과 공간, 프로그램 등의 제공을 통한 평생학습 지원과 촉진
산업경제	경제·산업정보 제공 서비스를 통한 지역사회 경제 발전 지원과 촉진 취업정보 제공, 경력 개발·관리 지원, 창조공간 등을 통한 일자리 창출 기여 인쇄·출판산업 지원, 지역상권 활성화 기여 지식경제사회를 위한 지식 인프라 제공

표 5-2 공공도서관의 사회적 편익과 기여

3
도서관 위기론과 해법

위기론과 쟁점

현재 지구촌 공공도서관은 위기 국면일까, 아니면 안정적 기반이 지속되고 있을까? 최근 10년간 영미 공공도서관의 현주소를 분석해 보면 이를 가늠할 수 있는데, 영국은 근대 공공도서관의 요람이자 종주국이고, 미국은 현대 공공도서관의 산실이기 때문이다.

영국은 2005년에서 2016년까지 11년 사이에 공공도서관을 방문한 인구 비율이 48.2%에서 33.8%로 감소했다.[8] 미국도 같은 기간 공공도서관 주요 지표가 전반적으로 감소했다.[9]

그럼에도 작금의 공공도서관을 바라보는 입장은 시계추의 양단을 오가는 모양새다. 일각에서는 위기론과 무용론을 제기하는가 하면, 다른 일각에서는 사회적 장소로서의 가치와 중요성을 더욱 부각하고 있다. 과연 인터넷 범용화, 디지털 정보 유통, 그리고 여전히 선문답

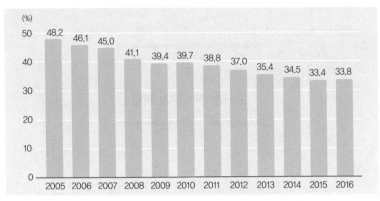

그림 5-5 영국 공공도서관 방문 인구 비율 변화(2005~2016년)

에 가까운 '4차 산업혁명 시대'를 이구동성으로 외치는 상황에서 장소 기반의 공공도서관은 온전할 것인가, 아니면 쇠퇴의 길로 접어들 것인가? 이를 판단하려면 먼저 외재적 동인과 내발적 요인의 실체, 그리고 각각이 초래하는 위기의 정황을 살펴봐야 한다.

먼저 위기론을 촉발한 최대의 외재적 동인은 인터넷과 디지털화다. 그 파장이 공공도서관의 정체성과 역할을 약화하는 정황은 도처에서 확인할 수 있다. 도서관 전산화는 업무 수행 방식을 혁신했고, 기술 진보 덕분에 서지정보가 데이터베이스로 변환됨에 따라 정보 검색 혁신이 초래되었으며, 자료 자체의 디지털화로 전문 검색이 가능할 뿐만 아니라 전자형 원문 제공 서비스로 확장되고 있다. 또한 과거 도서관을 방문해서 열람하던 신문이나 잡지를 온라인이나 모바일로 이용할 수 있게 되면서 도서관 방문자 수가 줄고 있다. 더욱이 라이선스형 전자 자료는 방문 이용의 필요성을 감소시키고, 대출 및 참고 서비스 실적도 하향 곡선을 그리고 있다.

와이즈F. Weise는 "지난 20년간의 기술이 과거 200년간의 기술보다

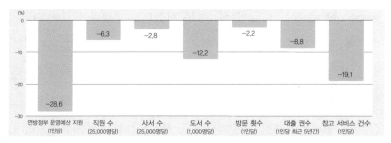

그림 5-6 미국 공공도서관의 주요 지표 변화(2005~2014년)

도서관에 더 많은 영향을 미쳤고, 도서관이라는 장소를 재검토하도록 강요하고 있다"라고 주장했다.[10] 루드윅L. Ludwig과 스타S. Starr의 델파이 연구에 참여한 전문가들은 2025년이 되면 도서관 건물에 수장된 인쇄 자료는 많지 않을 것이며, 대부분은 교육적·임상적 가치가 아닌 예술적·역사적 가치로 존재할 것이라고 예측했다.[11]

다음으로 위기 담론이 부상한 배경은 기업체 경영기법을 공공도서관에 도입한 신공공관리론과 경제 불황에 따른 운영예산 축소다. 도서관의 주요 업무를 아웃소싱하거나 운영·관리를 제3섹터 등에 위탁하는 비율이 증가하면서 핵심 역량이 약화되고 장서 개발과 정보 서비스가 부실해졌으며, 그에 따라 지역주민의 불만이 증가하고 도서관을 외면하는 부메랑 효과가 곳곳에서 나타나고 있다. 자료 중심의 도서관 업무를 대신할 정도로 유능한 민간시장이 존재하지 않음에도 비용 절감을 이유로 아웃소싱을 추진하거나 도서관을 단순 영조물로 간주하는 무지의 결과인 위탁관리는 도서관 생태계를 위축시키고 있다. 선무당이 사람 잡는 형국이다.

국내 공립 공공도서관은 위탁 여부와 상관없이 세금으로 운영되기에 개관 시간 단축이나 폐관 사례는 없지만, 영미를 비롯한 선진국 공공도서관은 모든 운영예산을 정부 재정으로 보전하는 것이 아니기 때문에 경제 불황이 닥치면 개관 시간 단축, 직원 무급 휴가나 해고, 일정 기간 폐관 등과 같은 극단적 조치를 강구해왔다. 예컨대 영국은 정보기술 발전과 디지털화, 다문화주의 증가, 지역 공동체 파편화로 근본적 변화에 직면한 상황에서 공공 부문의 재정 위기와 경제적 압박이 극심해 지역 기반 공공 서비스를 대표하는 공공도서관이 직격탄을 맞고 있다. 2010~2015년 동안 343개관이 폐관했으며, 일자리 8,000개가 사라지고 자원봉사자 1만 5,500명으로 대체되었다.[12] 미국 공공도서관에서도 최근 6년간(2009~2015년) 6,172개의 일자리가 사라졌다. 퓨 리서치 센터의 2016년 조사에 따르면 미국인의 66%가 공공도서관이 문을 닫으면 지역사회와 가족에 부정적 영향을 미친다고 응답했다.[13] 그런데도 2017년 3월 트럼프 대통령은 연방정부 행정조직인 박물관·도서관 서비스기구Institute of Museum and Library Services의 단계적 폐지와 공공도서관에 지원하는 연방 예산의 삭감을 발표했다.*

한편 도서관계가 위기를 자초한 측면도 적지 않다. 이를 대표하는 내발적 요인으로는 지역 문화기반시설인 공공도서관의 본질적 정체성을 평생학습관으로 왜곡하는 행위, 도서관 장서 및 서비스와 무관한 프로그램의 방만한 개설, 소수가 독점하는 공부방인 일반열람실 방치, 시류에 역행하는 음식물 전면 반입 금지, 소형 공간 제공에 불과한 창조공간의 과대 포장, 지식정보 중심의 콘텐츠 충실화보다 외

---

* 다행히 미국도서관협회를 비롯한 도서관계의 반발로 2018년도 도서관 및 연구 관련 예산은 2017년보다 증액되었다.

형과 시설에 집착하는 사고, 지역사회에 중요한 주제정보(건강, 복지, 금융, 경제 등) 서비스 취약, 포털 또는 게이트웨이 기능이 부실한 홈페이지 등이 있다.

특히 근래 강조되는 사회적 장소로서의 역할은 말의 성찬에 머물고 있다. 도서관이 각종 정보기기(컴퓨터, 프린터, 빔프로젝터, 실물화상기 등)를 구비한 소규모 세미나실이나 토론·학습 공간을 제공하는 데 인색하기에 커피숍이나 사설 대여공간을 이용하는 지역주민이 증가하고 있다. 도서관이 이용자를 다른 공간으로 내몰고 있는 형국이다. 지역주민이 무엇을 요구하는지, 도서관이 제공해야 할 서비스를 왜 도서관 밖에서 비용을 지불하면서 이용해야 하는지에 대한 고민이 부족하다.

그것도 모자라 최근 도서관계에는 여전히 실체가 불분명한 4차 산업혁명*에 편승해야 한다는 주장이 난무하고 있다. 물론 도서관계도 4차 산업혁명이 초래할 사회적·기술적 변혁에 대비해야 하지만, 현재 가장 중요한 혁신은 장서와 서비스의 디지털 확장성이다. 상용 전자 자료, 심층 웹 디지털 정보, 다양한 애플리케이션을 통해 생성·유통되는 양질의 지식정보를 장서 개발 영역에 포함하고 웹으로 접근·이용할 수 있는 환경을 조성하는 것이다. 하지만 변죽만 울리고 있다.

● 2016년 다보스 포럼에서 '4차 산업혁명 시대'가 거론되었다. 인공지능, 사물인터넷, 클라우드 컴퓨팅, 모바일 등 지능형 정보기술이 기존의 산업과 서비스에 융합되거나 3D 프린팅, 로봇공학, 생명공학, 나노기술 등과 결합하여 모든 제품과 서비스를 네트워크로 연결하고 사물을 지능화한다는 주장이다. 요컨대 현실과 가상을 융합한 사이버 물리 시스템cyber physical system을 4차 산업혁명의 핵심 키워드로 제시했다.

외재적 요인이 공공도서관에 가하는 충격은 국가나 시대에 따라 다를 뿐만 아니라 도서관의 통제범위 밖에 있더라도 도서관이 일부 대형서점처럼 사멸의 위기에 직면할 우려는 크지 않다. 그러나 7만 여 명이 294개 언어로 4,100만 건이 넘는 항목을 편집·관리하고 업데이트하는 위키피디아와 달리 100여 명이 4만 건의 항목을 영어로 편집하던 『브리태니커 백과사전』은 2010년 인쇄본 출간을 중단했다. 그렇다면 디지털 만능주의의 입장이 아니더라도 과연 구글과 위키피디아가 득세하는 디지털 세계에서 공공도서관은 온전할 것인지 반문할 필요가 있다.

반면 내발적 요인은 주체적으로 해소할 능력이 있고 반드시 개선해야 할 영역이다. 이를 방치한 채 외치는 디지털 도서관론, 창조공간화, 책 읽는 문화 도시 거점, 도서관 도시 등은 선동적 구호에 불과하다. 기술맹신주의에 입각한 디지털 도서관론은 신기루이고, 최근 급부상한 창조공간화는 본질과 지엽에 대한 몰이해의 산물이며, 책과 도서관 중심의 문화 도시는 거대 담론에 지나지 않는다. 어느 것도 공공도서관의 대명사가 될 수 없다. 예산 삭감과 디지털의 위협이 심해질수록 지식정보 서비스, 지역문화 창조, 평생학습 촉진, 만남과 소통의 공간, 사회적 장소로서의 역량을 강화하기 위한 전략적 고민이 필요하다. 그것이 공공도서관의 위기와 무용론을 극복하는 정도이기 때문이다.

위기의 전략적 해법
지난 150년간 근대 민주주의의 산물을 대변해온 공공도서관은 그

역사적 궤적을 반추해보면 비단길보다 진흙탕과 늪지대가 더 많았다. 절대 권력의 지식 통제, 지배 계층의 기득권 유지, 지불 능력에 따른 접근·이용 차별, 신자유주의와 시장경제 논리에 의한 정체성 훼손, 야만인들의 지식문화 반달리즘* 등이 도서관을 궁지로 몰아넣었다. 지식 통제를 위한 금서와 분서, 접근·이용을 차단하기 위한 비밀서고 관리, 재정 감축에 따른 개관 시간 단축 또는 폐관, 누구나 운영·관리할 수 있다는 천박한 사고와 위탁관리, 주요 핵심지표(방문자 수, 대출 권수, 참고 서비스 건수, 직원 수 등)의 지속적 하향 곡선 등이 질곡의 역사이며 위기의 실체다.

하지만 부화뇌동할 필요는 없다. 위기는 곧 기회이기 때문이다. 미국 정치경제학자 라이시R. Reich는 『위기는 왜 반복되는가』에서 지구촌 경제 위기를 극복하기 위한 아홉 가지 해법(역소득세 신설, 탄소세 부과, 부자들의 한계세율 인상, 재고용 대책, 소득수준에 따른 학교 바우처 제도 실시, 학자금 대출과 향후 소득 연계, 전 국민 메디케어 정책, 공공재 활용, 정경유착 지양과 깨끗한 정치풍토 마련)을 제시했다.[14] 그중 공공도서관과 관련 있는 대안이 '공공재 활용'이다. 요컨대 도서관, 박물관, 공원, 오락시설 등 공공재를 늘리고 무료로 제공하면 사적재

• 5세기경 게르만족 일파이던 반달족은 훈족을 피해 서쪽으로 이동하면서 갈리아(현재의 프랑스, 벨기에, 스위스 등) 일부를 침입해 국토를 황폐화했다. 또한 유럽에서 지브롤터 해협을 건너 북아프리카에 독립왕국을 건설한 뒤 다시 지중해를 건너 로마를 침공해 유적을 파괴하고 약탈했다. 이처럼 '고의 또는 무지로 공공시설이나 예술품을 훼손·약탈하는 행위'를 반달리즘vandalism이라고 부른다. 그리스 헤로스트라투스의 아르테미스 신전 방화, 진시황의 분서갱유, 무슬림의 이집트 알렉산드리아 도서관 파괴, 임진왜란 당시 왜군의 문화재 파괴, 병인양요 당시 프랑스군의 외규장각 약탈, 제2차 세계대전 당시 나치의 유럽 도서관 파괴, 탈레반의 바미안 석불 파괴와 문서 유출, 이슬람국가IS의 바그다드 모술 도서관 파괴 등이 대표적인 사례다.

만큼 자원을 낭비하거나 환경을 훼손하지 않으면서 삶의 질을 높이는 동시에 일자리와 수요를 창출할 수 있다는 말이다. 따라서 정부나 지방자치단체가 공공도서관에 대한 투자를 늘려 사회경제적 편익이 증대되면 민주주의를 위협하는 불균형과 불평등을 해소할 수 있고, 공공도서관의 위기도 극복할 수 있다. 그러나 문제는 행정 당국의 관심과 투자가 인색한 상황에서 지역주민이 공공도서관을 외면함으로써 초래되는 존재의 위기를 도서관 스스로 극복해야 한다는 점이다. 이를 위해서는 위기를 기회로 삼는 혜안, 발상의 전환 그리고 실천이 중요하다.

먼저 공공도서관은 지식과 문화가 결합된 지방 공공재이자 지역사회를 위한 지식문화 베이스캠프다. 이러한 인식이 전제되어야 여러 교육문화시설과 차별화되는 공공도서관의 정체성을 주장하고 유지할 수 있다. 그리고 지식과 문화는 선후 관계에 있다. 지식정보의 수집·보존이 선행되고, 그 기반 위에서 지식문화가 개화한다. 따라서 "도서관은 더 이상 낡은 책 보관소가 아니다. 도서관은 책이 아니라 사람에 관한 것이다"라는 궤변을 경계해야 한다.[15] 낡은 책에 방점을 두고, 이용자가 책보다 중요하다는 주장이라면 이해할 수 있다. 그러나 어떤 공공도서관도 낡은 책을 보존하는 데 주력하지 않는다. 은유적 표현일지라도 도서관은 사람에 관한 것이 아니다. 책으로 대표되는 최신 지식정보가 없다면 도서관을 찾을 이유가 없다. 프로그램에 참여하고 사회적 장소를 이용할 의도라면 굳이 도서관에 갈 필요가 없다. 책을 요체로 삼지 않는다면 도서관이란 간판은 내려야 한다. 공공도서관은 장서를 매개로 지역주민을 끌어당기는 자석이다. 화려한 외관, 심미적 공간, 고성능 정보기술, 창조공간 등은 지식정보 중심의 사회적 장소를 위한 수단이다. 지식정보가 공공도서관의 뿌리라면 시설·공간은 줄기와 가지이며, 그 뿌리가 자양분을 섭취해 줄기와 가지로 보내고 개화 과정을 거친 열매가 지역주민이 누리는 지식문화다. 따라서 공공도서관은 충실한 장서 개발을 전제로 커뮤니티의 중심지가 되어야 한다. 장서를 후순위로 생각하는 논객이 많을수록 공공도서관의 미래는 암울하고 위기에 직면할 수밖에 없다.

둘째, 공공도서관은 지식문화의 개화에 필수적인 독서 활동을 선도하는 시설이자 공간이다. 도서관 입장에서 협의의 독서는 '책을 읽는 행위'지만, 광의로는 책 읽기 외에 독서 지도, 독후감 쓰기, 독서 프로그램 참여, 독서클럽 운영, 독서회 활동, 대출과 열람, 웹서핑 등을 포함한다. 특히 공공도서관은 자료 열람과 관외 대출, 상호대차, 아웃리치 서비스(택배·우편, 방문 배달, 대면 낭독 등)를 통하여 서민과 취약 계층의 지식정보 접근 및 독서 활동을 촉진하고 독서력을 증진하는 데 기여해왔다. 문자는 눈의 확장이고, 책은 기억의 확장이며, 독서는 사유의 확장이라면, 도서관은 인간다운 삶의 확장이라 할 수 있다. 다양한 독서 자료를 제공하고 지식정보 입수에 기여하며, 사유의 폭을 넓히고 창의력을 촉진하며 평생을 함께해야 할 동반자이기 때문이다. 개인의 독서가 쌓이면 독서 문화 도시와 성숙한 민주주의로 사회적 편익이 발현된다. 따라서 공공도서관은 다양한 지식정보 서비스를 기반으로 디지털 문화의 그림자인 문자문화 쇠퇴, 인문학 위기, 독서력 저하 등을 저지하는 보루의 역할을 해야 한다. 독서의 위기가 곧 도서관의 위기이기 때문이다.

셋째, 곳곳에서 디지털 파시즘*이 장소와 공간으로서의 공공도서관을 사지로 몰아넣고 있는데, 디지털 접근주의가 도서관 건물과 공간을 무용지물로 만들고 방대한 서고를 쓰레기 창고로 전락시키며 인터넷이 공공도서관을 대체한다는 주장에 대한 근본적 성찰이 필요하다. 2017년 뱅크스[M. Banks]는 도서관이 인터넷보다 유익한 이유로 '안전한 공간, 역사의 존중, 거짓 정보 및 오염된 콘텐츠 차단, 이용자 맞춤형 정보의 제공, 프라이버시 존중과 개인정보 보호, 검열 거부' 등을 제시했다.[16] 요컨대 공공도서관은 지역주민과 지식문화가 상호작용하는 장소와 공간이며 사회 시스템이다. 유형의 지식정보뿐만 아니라 무형 서비스와 문화를 공유하며 개인정보 보호, 지적 자유와 같은 편익을 지속적으로 제공한다. 또 도서관 건물은 지식정보의 저장 기능을 넘어 창의적 영감을 키우고 자유로운 지적 작업을 촉진하는 장소다.[17] 디지털·모바일화가 심화될수록 인간은 휴식과 정담을 위한 둥지, 흙과 같은 공간을 갈구하기 때문이다. 따라서 디지털 파시즘이 초래하는 위기를 극복하려면, 인터넷과 디지털은 결코 공공도서관을 대체할 수 없다는 신념과 논리적 무장이 필요하다.

넷째, 도서관 건물과 디자인의 혁신은 지역주민에게 가시성을 높이고 잦은 발길을 유도함으로써 위기 국면을 타개하는 데 일조한다. 과연 현재와 같은 박제형 건물, 칸막이 공간구조, 딱딱한 분위기, 엄

• 파시즘은 제1차 세계대전 후 유럽에서 발생한 극단적 민족주의와 독재를 공개적으로 주장하는 극단적 이념이나 정치 행동을 말한다. 그 동기는 자기중심적 판단에 근거한 감정적 행동으로, 집단적 성향을 띠며 이성과 합리를 배격한다. 따라서 '디지털 파시즘'은 인터넷과 디지털 정보기술을 선으로, 아날로그를 악으로 규정하는 극단적 폐쇄주의를 뜻한다.

격한 운영 방식하에서 더 많은 지역주민이 방문하기를 기대할 수 있을까? 도서관은 다른 장소와 어떻게 다르며 어떤 편익을 제공하는가? 주문한 음식을 먹으면서 인터넷을 검색하고 장시간 토론하는 커피숍이나 제과점 고객을 도서관으로 유인할 수 있을까?

이러한 질문에 답하기 위해서는 지리적 위치와 공간 구성의 혁신이 필요하다. 예컨대 도시 재생 차원이라면 선진국 문화 도시처럼 도심 광장, 쇼핑몰, 의료센터, 공원, 교통 요충지에 공공도서관을 설립하거나 인접시키는 것이 중요하다. 신축이나 리모델링을 한다면 외형적 가시성, 대중교통 연계성, 접근 편의성을 중시할 필요가 있다. 그리고 내부는 개방형 공간, 거부감을 최소화하는 중립적 가구와 조명, 소음 공간과 정숙 공간의 계통 구분을 통한 소음 전도 차단, 층별 식음코너 설치 등이 필요하다. 도서관이 지역사회의 거실과 생활 공간의 일부로 인식되려면 평상복 차림으로 쉽게 방문할 수 있는 위치, 매력적이고 중립적인 장소, 체류하는 동안 다양한 프로그램에 참여하거나 소통·교류할 수 있는 공간 등이 필요하다.

다섯째, 공공도서관의 장소적·공간적 외연을 확장하여 제3의 장소 또는 사회적 장소로 격상시킬 필요가 있다. 인터넷과 애플리케이션 활용으로 도서관의 실물 공간과 가상 공간은 공존하거나 통합되는 양상이다. 지식정보의 접근·검색에서도 이용자들은 도서관보다 검색엔진, 포털사이트, 소셜 네트워크 서비스[SNS]를 선호하고 있다. 이처럼 디지털 파고가 거세게 몰려오는 상황에서 도서관이 지식정보를 수집·보존하고 후대에 전승하는, 이른바 고답적 정체성인 '책 보관소'에 집착한다면 가장자리로 내몰리고 무용론이 득세할 것이다.

이러한 위기 국면에서 벗어나려면 검색엔진이나 포털사이트와 경쟁할 것이 아니라 고품질 장서 중심의 지식정보 서비스 역량을 높이고, 이용 계층별 맞춤 프로그램을 제공하며, 지역주민이 편안하게 자료와 시설을 활용할 수 있는 정보공동체를 운영해 지식문화공간으로서의 입지를 강화해야 한다. "공공도서관의 변신은 무죄다"라는 유행어처럼 소통과 동행을 위한 사회적 장소의 역할을 극대화하기 위한 변신이 필요하다. 그것이 개별 도서관 차원의 위기 극복 전략이든 지역사회의 도시 재생과 문화 도시 브랜드화 차원이든 상관없다. 현재처럼 사회적 공공장소가 사유화되고 통제되는 경향이 심할수록 성별, 나이, 종교, 이념 등 다양한 스펙트럼의 지역주민이 만나고 소통하는 기회가 줄어들고 같은 실물 공간에서의 상호작용이 감소하기 때문이다.[18]

공공도서관이 지역 자료를 비롯한 주요 지식정보를 수집·보존하고 온라인 접근·이용을 보장한다면 건물과 장소로서의 중요성은 계속될 것이다. 그러나 개방형 공간을 창출하지 않으면 휴식과 재충전, 참여와 사회화, 공동체 모임을 촉진하는 제3의 사회적 장소로서의 역할을 기대할 수 없다. 그러면 지금보다 더 극심한 위기를 초래할 것이다.

여섯째, 가장 우려되는 지역주민의 무관심과 외면을 극복하려면 투 트랙 전략이 필요하다. 먼저 아동·청소년을 대상으로 공공도서관 이용의 중요성을 인식시켜야 한다. 이미 조기 교육, 프로그램 참여, 직업기술 훈련, 인적 자원에 대한 투자 대비 회수율에서 입증되었듯이[19] 유년기의 공공도서관 이용 가치와 편익은 중년 이후보다 훨씬 크

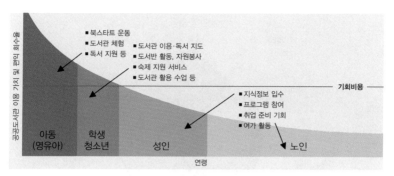

그림 5-7 공공도서관의 연령대별 이용 가치 및 사회적 편익 감소곡선

므로 개인적 이용 가치와 사회적 편익은 연령이 증가할수록 감소한
다. 따라서 아동·청소년 시기에 공공도서관 이용을 습관화하면 성인
이 되더라도 도서관에 무관심해질 우려가 줄어든다.

또 지역주민이 도서관을 이용하지 않는 이유를 분석하여 해소함
으로써 주류 이용 집단으로 편입시키려고 노력해야 한다. 2018년 페
르난데스 아르데볼^{M. Fernández-Ardèvol} 등은 스페인 카탈루냐에 거주하
는 15세 이상 주민 중 공공도서관을 이용하지 않는 주민 368명을 유
인하기 위한 요인을 10점 척도로 조사·분석했다.[20] 그 결과, 개인적
호감(9.0), 안락함(8.6), 최신 자료, 컴퓨터와 인터넷 연결(8.5), 가정
과 직장에서 가까운 거리, 매력적 서비스(8.4)의 순으로 높게 나타났
다. 이는 지역주민이 공공도서관에 호감을 갖게 하려면 홍보와 소통
이 중요하고, 안락한 공간, 최신 자료, 접근 편의성, 인터넷 연결 환
경 등을 갖춰야 함을 시사한다.

일곱째, 지역주민의 연령대별 방문·이용의 극심한 편차를 줄이기
위해서는 생애주기별 기대와 요구에 부합하는 맞춤형 서비스 전략이
필요하다. 대다수 공공도서관은 서비스 계층별 특성과 요구를 세분

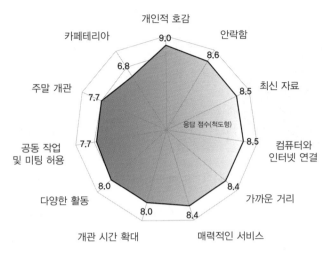

그림 5-8 공공도서관 비이용자의 유인 요인

하지 않은 채 보편적 장서 개발을 통한 지식정보, 각종 프로그램, 시설과 공간을 제공해왔다. 그러나 도서관이 지역주민을 위한 서비스 기관인 이상 마케팅 전략에서 가장 중요한 단계인 시장 세분화를 바탕으로 재화(자료, 시설·공간, 프로그램 등)와 용역(대출·열람, 참고·질의, 상호대차, 아웃리치 등)을 제공해야 한다. 이를 위해 아동(영유아 포함), 학생·청소년, 성인(직장인, 주부), 노인으로 이용자를 구분한 뒤 공통된 요구를 기반으로 계층별 특정 요구를 충족하는 방향으로 도서관 서비스를 제공할 필요가 있다.

마지막으로, 도서관의 위기 가능성에 선제적으로 대비하고 위기 상황을 극복하기 위해서는 도서관 관련 단체의 주도로 지역 언론, 출판계, 저작단체(작가 모임, 문인협회, 번역가협회 등)와 공감대를 형성하고 동행해야 한다. 예컨대 영국에서 공공도서관의 위기를 대중에게 알리고 폐관 등에 대한 항의를 주도하는 민간단체인 '도서관을 위한

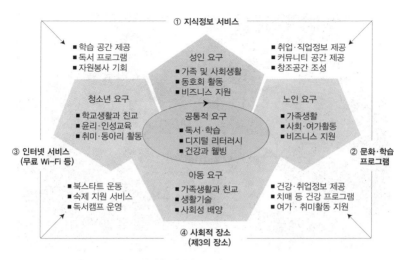

그림 5-9 생애주기별 이용 집단의 요구와 공공도서관 서비스 전략 모형

목소리Voices for the Library' 같은 조직과 캠페인이 필요하다.

리버풀의 사례는 도서관이 위기에 봉착했을 때 사회와의 호흡이 얼마나 중요한지를 잘 보여준다. 2014년 리버풀 행정 당국은 불황을 이유로 11개 도서관을 폐관하기로 결정했는데, 이에 500명이 넘는 작가, 배우, 예술가, 음악가, 교육가 등이 '도서관이 사라지면 리버풀이 황폐해질 것이며 무엇보다 리버풀의 아이들이 희생된다'라는 요지의 서한을 발송해 폐관 계획을 철회시켰다.[21] 2018년에는 잉글랜드 노샘프턴셔 카운티가 예산 절감을 이유로 36개 공공도서관 중 절반 이상을 폐쇄하려는 계획을 발표하자 시민들이 이를 막기 위한 조직을 결성하고 변호사의 법률 자문을 받아 항의 캠페인에 착수하기도 했다.[22] 이처럼 공공도서관은 지역사회에 지식정보 서비스를 제공하는 사회적 장소로서의 역할에 집중하는 가운데 예산 삭감, 인력 감축, 개관 시간 단축 등의 구조조정이나 폐관 위기에 직면했을 때 동

그림 5-10 영국 공공도서관 폐관 항의 캠페인

행할 수 있는 생태계를 조성해야 한다.

요컨대 국내 공공도서관은 본질적 정체성과 직결되는 지식정보 수집·보존과 서비스에 무게중심을 두고 독서 활동 선도, 사회적 장소로의 확장, 무관심 집단의 유인, 디지털 파시즘 경계, 생애주기별 서비스 전략 등을 구사해야 한다. 최근 영미 등 선진국에서 예산 절감을 목적으로 진행되는 전문인력 감축, 개관 시간 축소에 이은 폐관 사태는 '강 건너 불'이 아니다. 국내의 경우 정부 주도형 공공도서관 확충 정책이 계속되고, 공립 공공도서관의 운영예산 전액을 세금으로 충당하므로 외국과는 사정이 다르다.

그러나 비정규직·계약직 증가, 문화재단 등 제3섹터 위탁관리 급증, 각종 산출지표 하락, 평생학습과 창조공간을 앞세운 미래상 추구, 여전히 음식물 반입 금지 등을 고수하면서 변죽만 울리는 사회적 장소로서의 역할 등은 위기를 배태할 개연성이 충분하다. 이러한 잠재적 위기 요인을 사전에 제거해야 재정 축소에 따른 구조조정 압박이나 디지털 파시즘의 위협을 견뎌낼 수 있다.

4
도서관의 에토스·파토스·로고스

19세기 중반 영미를 중심으로 무료 제공과 만인 공개를 이념적 지주로 삼는 공공도서관의 역사가 시작되었다. 이를 기준점으로 삼으면 일제 강점기를 제외한 한국 공공도서관의 역사는 서양보다 100년이나 늦어서 이제 막 걸음마 단계를 지난 셈이다. 그래서 정부는 문화선진국에 근접하기 위해 공공도서관 확충 정책을 강력하게 추진해 왔다. 그 결과로 모든 기초자치단체에 공공도서관이 존재하며, 서비스 포인트인 분관·분실, 작은 도서관도 증가하고 있다. 그러나 내적 역량이 부족하고 지역주민의 인식 수준이 낮아 생활밀착형 문화공간, 제3의 사회적 장소로 자리매김하지 못하고 있는 것이 우리 공공도서관의 현주소다. 따라서 정부 주도형 확충 정책 못지않게 내실화에 주력해야 할 시점이다. 특히 지역사회 중심부로 진입하려면 언론, 시민사회, 지역주민을 향한 설득이 중요하고 시급하다.

고대 그리스 아테네의 정치가이자 철학자였던 아리스토텔레스는 대중과 사회를 겨냥한 설득의 대가였다. 아리스토텔레스가 『수사학』에서 주창한 설득의 세 가지 요소인 에토스, 파토스, 로고스는 대중에게 공공도서관의 개인적 가치와 사회적 편익을 인식시키고 방문과 이용을 유도하는 데 매우 유효하다.

먼저 에토스는 화자와 관련된 것으로서 명성과 권위, 매력과 카리스마, 메시지의 일관성·진정성 등 인간적 신뢰감을 말한다. 여기에는 언어적 표현뿐만 아니라 비언어적 행동과 제스처, 외모와 표정 등도 포함된다. 아리스토텔레스는 세 가지 설득 수단 중 에토스를 가장 강력한 수사 능력으로 간주했다. 예컨대 국가 지도자나 기업체 대표가 가난하던 시절에 공공도서관을 많이 이용한 경험을 바탕으로 성공했다는 사실을 대중에게 역설하면 설득력이 커질 수 있다. 다음으로 파토스는 화자의 내용이 정서적 호소력을 지닐 때 청자가 표출하는 공감 등 주관적 정념을 말한다. 파토스는 에토스와 달리 감정 상태와 상황에 따라 가변적이다. 가령 유명한 문인이 자신의 작품과 연계해 독서 및 도서관과 함께하는 삶의 가치와 중요성을 진솔하게 표출하고 대중이 그에 공감한다면 파토스가 설득력을 발휘한 것으로 평가할 수 있다.

마지막으로 로고스는 화자가 객관적 사실 또는 논리적 근거에 입각하여 주장함으로써 청자에게 믿음을 주는 설명력을 뜻한다. 아리스토텔레스는 인간적 신뢰감을 앞세워 감성에 호소하더라도 합리적 이치나 근거를 결여하면 대중을 설득할 수 없으므로 로고스를 가장 중요한 수단으로 보았다. 이를테면 문헌정보학자가 지역주민에게 공공도서관이 지적 욕구와 문화적 갈증의 충족, 평생학습 촉진 등을 통해 사회경제적 발전에 기여한 사실을 투입 대비 성과로 계량화하여 제시한 뒤 언론과 시민사회가 도서관 예산 삭감이나 폐관을 저지하는 데 동참한다면 에토스나 파토스보다 로고스의 설득력이 강한 것으로 평가할 수 있다. 로고스는 에토스(화자의 인간적 신뢰감)나 파토스(청자의 주관적 정념)를 넘어서는 증거 기반의 논리적 메시지이기 때문이다.

책은 도서관에 어떤 존재이며, 왜 도서관은 책에 목숨을 거는가? 그리고 책과 도서관이 인간 사회에 던지는 메시지는 무엇인가? 대중을 상대로 책과 도서관의 중요성을 설파한 에토스, 파토스, 로고스는 무수히 많다. 대표적 사례로 나치의 분서焚書를 상징하는 베를린 베벨 광장의 조형물, 미국 환상 문학의 거장 브래드버리R.D. Bradbury(1920~2012년)의 『화씨 451』, 아르헨티나 소설가이자 시인 보르헤스J.L. Borges(1899~1986년)의 단편 「바벨의 도서관」을 들 수 있다.

나치의 베를린 분서

베를린 베벨 광장은 서쪽의 훔볼트 대학과 옛 왕실도서관Alte Bibliothek, 동쪽의 국립 오페라 극장, 남동쪽의 성 헤트비히 대성당으로 둘러싸인 독일의 심장부이자 베를린 중심가다. 그곳에서 현대판 분서갱유에 해당하는 치욕적인 지식 파괴 사건인 '나치의 베를린 분서'가 있었다. 그것은 홀로코스트*의 서막이었고, 인류 지성사와 지적

---

* 홀로코스트Holocaust의 어원은 그리스어 '홀로스'(전부)와 '카우스토스'(태우다)를 합성한 '홀로카우스톤'으로, 고대 그리스에서 신에게 바치기 위해 전부 태우는 방식으로 희생된 동물을 의미한다. 제2차 세계대전 중 나치는 독일과 점령지에서 유대인, 슬라브족, 집시, 동성애자, 장애인, 정치범

문화유산에 대한 반달리즘이었다. 그래서 베벨 광장에 조성된 베를린 분서 조형물은 책과 도서관의 에토스와 파토스를 대변한다.

나치의 베를린 분서는 미국에서 시작된 대공황으로 국제사회가 요동치고 파시즘의 먹구름이 드리운 1930년대 초반으로 거슬러 올라간다. 1932년 7월 독일 총선에서 승리한 나치당 히틀러는 이듬해 1월 총리에 취임했다. 독일 국민의 계몽을 최우선 과제로 설정한 히틀러는 민족 재건을 명분으로 국민계몽선전부를 설치하고 괴벨스[*]를 초대 장관에 임명했다. 이로써 참혹한 역사가 시작되었다. 1933년 4월 나치당 어용단체인 독일학생연합Deutsche Studentenschaft은 나치 기관지《푈키셔 베오바흐터Völkischer Beobachter》[**]에서 '비독일적 사상에 대한 전국적 항의운동 전개'를 제안했고 유대인, 외국인, 공산주의자, 자유주의자 등이 저술한 책을 불태우자고 선동했다.

1933년 5월 10일 저녁 베벨 광장에는 이슬비가 내리고 있었다. 국민계몽선전부 괴벨스 장관 주도하에 베를린 대학 학생회가 1817년 개최된 바르트부르크 축제[***]를 모방해 비독일적 서적 2만 권을 소각

등 1,100만 명을 계획적으로 학살했다. 그중 유대인 희생자가 약 600만 명이었기 때문에 홀로코스트는 '나치 독일의 유대인 학살'을 대변하는 용어로 쓰인다.

- 1897년 독일 노르트라인베스트팔렌주 라이트의 노동자 가정에서 태어난 괴벨스는 1922년 하이델베르크 대학에서 언어학 박사 학위를 받았다. 히틀러를 신봉했던 괴벨스는 1925년 나치에 입당해 1928년 5월 총선에서 국회의원으로 당선되었다. 1945년 히틀러가 자살한 뒤 나치 총리에 올랐으나 다음 날 총리관저 대피호에서 가족을 청산가리로 살해하고 권총으로 자살했다.

- 원래는 민족사회주의독일노동자당이 1920년부터 뮌헨에서 발행한 기관지로 나치와 상관이 없었으나, 히틀러가 인수하여 나치당 기관지로 바꿔 매주 발간하다가 1923년 2월 8일부터 일간지로 변경했다. 1945년까지 나치를 공식적으로 대변하는 신문이었다.

- 1817년 10월 17~18일 독일의 13개 대학생 1,300여 명은 바르트부르크에서 '유대적 균열 정신에 대항하는 총체적 행동'을 강령으로 채택하고 종교개혁 300주년과 라이프치히 전투 4주년을 기

그림 5-11 나치의 베를린 분서

했다. 학위복을 착용한 교수, 학생회, 나치 돌격대와 친위대, 히틀러 청소년단 등 약 7만 명이 운집한 가운데 '비독일적 정신'에 대항하는 구호와 함께 분서가 단행되었다. 비가 내렸기 때문에 책 위에 기름까지 부었다. 가톨릭교회와 정교 협약을 맺은 나치당과 대학생들이 '비독일인의 영혼을 정화시킨다'는 명분이었다. 인접한 여러 대학 도서관에서 유대인, 가톨릭을 비판한 작가, 종교개혁가 등의 책을 색출해 불태웠다. 이처럼 책을 공개처형하는 행위는 그해 10월까지 독일 전역 70여 개 도시에서 계속되었다. 독일 라인란트 출신의 공산주의 혁명가 마르크스, 종교개혁가 루터, 소설가 토마스 만, 케스트너, 레마

넘하는 축제를 열었다. 17일 저녁 급진 성향의 학생들이 모닥불을 피우고 '비독일적이고 보수적인 것'으로 판단되는 서적을 불태웠다. 그중에는 나폴레옹 법전과 프로이센 경찰 법령도 포함되어 있었다.

르크, 시인이자 극작가 브레히트, 작가이자 언론인 오시에츠키, 프랑스의 소설가이자 비평가 에밀 졸라, 유대계 소설가 카프카, 오스트리아 정신분석학자 프로이트, 독일 출신 프랑스 의사 슈바이처 등 당대 석학과 노벨상 수상자들의 걸작이 연기 속으로 사라졌다.[23]

그뿐만이 아니다. 분서와 함께 언론·출판의 자유가 통제되고 지식인과 유대인의 유랑생활이 시작되었다.* 자신의 책이 불타고 나치의 박해가 심해지자 망명을 선택한 브레히트는 저항시 〈분서Die Bücherverbrennung〉와 〈살아남은 자의 슬픔Ich, der Überlebende〉을 남겼다. 스필버그 감독이 메가폰을 잡고 해리슨 포드가 주연한 영화 〈인디아나 존스와 최후의 성전〉에서도 나치 일행과의 전투 장면에서 1933년의 베를린 분서가 등장한다. 나치의 지식 파괴에 대한 우회적 고발이다.

20세기 최대의 분서 현장인 베벨 광장에는 분서 조형물과 함께 매장 도서관Versunkene Bibliothek이라는 기념물이 설치되어 있다. 1995년 이스라엘의 조각가 울만M. Ullman은 베벨 광장 중앙에 지하 서고를 만들고 길이 1미터가량의 정방형 유리판을 통해 내려다볼 수 있게 했다. 가로 7미터, 세로 7미터, 깊이 5.3미터의 지하 서고에는 2만 권을 수장할 수 있는 서가 14개를 배치했으나 책은 한 권도 없다. 나치가 위대한 지식 문명을 학살했으나 도서관은 여전히 건재하다는 침

• 대표적인 인물인 츠바이크S. Zweig는 브라질로 망명했으나 정신적 고향인 유럽의 자멸에 우울증을 겪다가 1942년 유서를 남기고 생을 마감했다. 벤야민W. Benjamin은 망명에 실패하자 무기력증에 빠져 자살했으며, 영국으로 망명한 프로이트는 나치의 보복으로 세 명의 누이가 가스실에서 잔인하게 살해되었다.

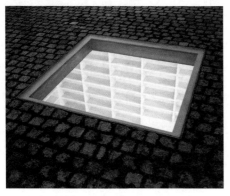

그림 5-12 독일 베벨 광장 바닥의 매장 도서관

묵의 저항이다. 유리판 옆으로 책 모양의 동판 두 개가 있는데, 오른쪽 동판에는 "1933년 5월 10일 광장 한복판에서 나치 사상에 물든 대학생들이 수백 명의 작가, 언론인, 철학자, 학자들의 저술을 불태웠다"라고 기록되어 있다. 왼쪽 동판에는 독일 작가 하이네(1797~1856년)의 희곡 『알만조르Almansor』에 나오는 "그것은 서막일 뿐이다. 책을 불태우는 곳에서는 결국 사람도 불태울 것이다"라는 구절이 새겨져 있다.

나치는 자신들을 비판하거나 반대하는 책을 쓰레기로 취급해 모조리 불태웠다. 책만 불태운 것이 아니라 사상과 출판의 자유도 매장했다. 베벨 광장은 인류의 지혜와 지식이 나치의 화마로 잿더미가 된 전대미문의 역사적 현장으로, 인류 지식문화사에서 가장 처참했던 과거를 기억하고 교훈으로 삼기 위한 공간이다. 나치의 광기가 춤추던 베벨 광장에 들어서서 유리판 아래 빈 서가를 주시하노라면 지성의 공백에 가슴이 아리다. 지식인들의 절규와 저항이 허공을 배회한다. 하이네의 문구는 책을 위한 에토스이며, 베벨 광장의 조형물과 매장 도서관의 빈 서가는 책을 중시하고 도서관을 기억해야 한다는 파토스다.

브래드버리의 『화씨 451』

　미국 환상 문학의 거장 브래드버리가 1953년 발표한 디스토피아*
소설 『화씨 451』은 파토스에 가깝다. 한 번도 베스트셀러 대열에 오
른 적이 없지만, 35개국어로 번역되고 공공도서관과 학교의 필독서
가 되었다. 1966년 프랑스 트뤼포[F. Truffaut] 감독이 영화로 제작하기도
했다. 소설 제목인 '화씨 451'**은 책이 불타는 온도를 상징하는데,
이 소설은 책과 도서관의 중요성을 설파하는 데 크게 기여한 에토스
이자 파토스다. 줄거리를 간추리면 다음과 같다.

　소설의 배경은 책이 금지된 가까운 미래다. 등장인물은 주인공인 서
른 살의 몬탁, 그의 아내 밀드레드, 이웃의 17세 소녀 맥클란, 소방서
장 비티, 전직 영문학 교수이자 주인공의 멘토인 페이버 등이다. 몬
탁의 직업은 할아버지와 아버지에 이어 책을 불태우는 소방관[fireman]이
다. 그는 동료들과 함께 책 소지자를 찾아내고 책과 집을 불태운다.
책을 읽다가 발각된 자를 불태워 죽이기도 한다. 직업정신이 투철한
몬탁에게 책은 가연성 좋은 종이에 불과하고 익숙한 등유 냄새는 향
수처럼 매력적이다. 하지만 왜 책을 태우는지에 대한 고민은 없다. 오

---

* 디스토피아는 유토피아와 대비되는 가상 사회를 은유하는 표현이다. 주로 전체주의적 정부가
억압·통제하는 사회를 말하는데, 이를 묘사한 디스토피아 소설의 원조는 오웰의 『1984』이다. 그
외에 헉슬리의 『멋진 신세계』, 자먀찐[E.I. Zamiatin]의 『우리들』, 웰스의 『타임머신』, 애트우드[M. Atwood]의
『시녀 이야기』 등이 있다.

●● 화씨 451도는 섭씨 약 232도이다. 브래드버리가 표현한 화씨 451도는 책이 불타는 온도에 대
한 은유적·상징적 표현이다. 실제로는 지질에 따라 화씨 440~470도(섭씨 226.7~243.3도)에서 책
이 불탄다.

히려 평등한 지식수준의 사회를 만드는 데 앞장서서 지식을 파괴하고 무지를 확대할 의도로 분서한다는 사명감이 있다.

어느 날 이웃에 사는 소녀 맥클란을 만난 몬탁은 짧은 대화에서 따뜻하고 사려 깊다는 인상을 받는다. 특히 '행복한지, 그동안 태운 책 중에서 읽고 싶은 책은 없었는지' 같은 맥클란의 질문이 기억에 남았다. 그러던 어느 날 맥클란은 실종되고 아내 밀드레드는 그녀가 교통사고로 사망했다고 전한다. 반면 소방서장 비티는 맥클란 가족이 사회를 위협한다는 이유로 살해당했다고 말한다.

살해된 맥클란, 소방관에 맞서다가 화형당한 할머니, 책을 소지한 죄로 만난 적이 있는 페이버 교수의 조언은 몬탁의 직업적 신념을 무너뜨리고 삶을 변화시킨다. 무의식적으로 책을 불태운 과거를 후회하고, 아무 생각 없이 TV의 노예로 살아가는 아내에게 환멸을 느낀다. 그러던 중 왜 정부는 금서 정책을 펼치고 책을 불태우는지 궁금해하고 책에 대한 호기심을 느낀다. 몬탁은 페이버 교수에게 도움을 요청하고, 페이버 교수는 자신과 소통할 수 있도록 몬탁에게 대화용 도청기를 준다.

몬탁이 책을 태우지 않고 자기 집에 숨기자 이를 의심한 소방서장 비티는 몬탁에게 스스로 집을 불태우라고 명령한다. 화염 방사기로 자신의 집을 태우기 시작한 몬탁은 도망간 아내가 TV를 즐겨보던 방을 잿더미로 만들며 과거의 잘못된 흔적을 지운다. 하지만 집이 전소된 후 페이버 교수와의 소통수단이던 도청기가 발각되고, 그것을 역추적해 교수를 잡겠다는 비티의 말에 이성을 잃은 몬탁은 화염 방사기로 비티를 태워 죽인다.

상관을 살해한 죄로 도망자 신세가 된 몬탁이 지역 뉴스에 나오고 모든 시민에게 몬탁을 잡으라는 지시가 내려진다. 페이버 교수의 집으로 피신해 있던 몬탁은 은신처를 옮기기 위해 강으로 이동하다가 하류의 문학가 은둔지에 도착한다. 그들과 함께 전쟁으로 잿더미로 변한 도시를 복구하기 위해 돌아가면서 소설은 막을 내린다.

『화씨 451』의 배경은 의식주 문제가 해결된 사람들이 자동차로 스피드를 즐기고 벽면 TV를 보고 이어폰을 끼고 살지만, 책을 소지하는 것은 불법이며 독서를 사악한 범죄로 간주하는 미래 사회다. 이소설은 책이 금지된 반지성적 디스토피아에서 책의 가치와 책에 대한 경외심을 표출한 역설의 미학이자 TV로 대변되는 과학기술의 발달로 인해 피폐해지는 정신문화를 복원하려는 몸부림이다.

소설이 발표된 당시에는 1950년대 미국의 마녀사냥식 매카시즘*을 고발하는 의미가 있었다. 그러나 세월이 흐르면서 책과 독서, 도서관, 교육에 대한 물질문명과 대중매체의 위협을 경고하는 메시지로 확장되어 고전으로서의 생명력을 이어가고 있다.

그렇다면 디지털 질주가 더욱 가속화될 미래에도 책과 독서는 유효할까? '책 속에 길이 있다'는 비실체성, '독서가 삶을 풍요롭게 한다'는 비물질성은 신화가 아닐까? 브래드버리는 "도시가 대지진으로

• 1950년 2월 위스콘신주 출신의 공화당 상원의원 매카시J.R. McCarthy가 국무부 내에 205명의 공산당원이 있다고 주장하면서 미국 사회가 '적색 공포'에 휩싸이고 대대적 사상 검증이 시작되었다. 그 결과, 많은 공산주의자와 동조자, 간첩 활동 혐의자가 공직에서 해고되었다. 매카시즘은 '사소한 꼬투리를 잡아 무고한 자를 공산주의자로 매도하고, 자신에 적대적인 자를 적색분자로 몰아붙이는 행동 양식'을 뜻하며, 현재까지도 정치는 물론이고 사회·문화 분야에서도 악용되고 있다.

폐허가 되어도 건물 두 채만 온전하다면 하나는 병원으로, 다른 하나는 도서관으로 사용해야 한다"라고 주장했다. 독서가 삶의 중심이라면 도서관은 인간의 두뇌이며, 문자와 영혼이 만나는 매혹적 공간이다. 그래서 세계 여러 지식인이 인용하는 "우리에게 도서관이 없다면 과거도 미래도 없다"라는 브래드버리의 절규는 파토스에 가깝다. 디스토피아적 미래 사회에 경종을 울리는 진언이자 주문呪文이다.

보르헤스의 「바벨의 도서관」

아르헨티나의 시인, 소설가, 수필가, 평론가인 보르헤스는 라틴계 지성인을 대표하는 인물로, 아르헨티나 국립도서관장을 역임했다. 포스트모더니즘 창시자로도 추앙받는 그가 1941년 발표한 「바벨의 도서관」은 로고스의 향연이다. 이 단편소설을 이해하려면 먼저 그의 출신지와 배경, 문학적 행보를 살펴볼 필요가 있다.

보르헤스는 1899년 8월 24일 부에노스아이레스 교외에 위치한 빈민촌 팔레르모의 중산층 집안에서 태어났다.• 유년 시절 조부의 서재에서 많은 시간을 보냈고, 영국계 조모와 가정교사로부터 영어를 배우는 등 개인 교육을 집중적으로 받으면서 아르헨티나 문화를 육화했다. 7세 때 그리스 신화를 영어로 요약했고, 9세 때는 오스카 와일드의 『행복한 왕자』를 스페인어로 번역하여 일간지 《나시온Nación》에 발표했을 정도로 문학적 재능이 뛰어났다. 1914년 부친의 시력 치

• 보르헤스의 조부는 우루과이 출신 아르헨티나 군인이었고, 조모는 영국인이었다. 부친은 변호사이자 심리학자였고, 모친은 우루과이 출신으로 번역가 등으로 활동했다.

료 때문에 스위스로 이주해 제네바 대학에서 영어, 스페인어, 프랑스어, 독일어, 이탈리아어, 라틴어 학습에 열중했고 유럽 문화도 익혔다. 제1차 세계대전이 끝나고 보르헤스 가족은 스페인으로 이주해 당시 풍미하던 아방가르드 문예운동인 울트라이스모Ultraísmo(전위주의 또는 최후주의)에 참여했다. 1921년 부에노스아이레스로 귀향한 보르헤스는 담

그림 5-13 호르헤 루이스 보르헤스

벼락 대자보 형식의 잡지 《프리스마Prisma》와 《프로아Proa》를 창간하는 등 왕성한 문학 활동을 벌이고, 책벌레로 불릴 만큼 독서에 몰두했다. 1923년에는 첫 시집인 『부에노스아이레스의 열정』을, 1935년에는 첫 소설집 『불한당들의 세계사』를 발표했다.

부친의 건강이 악화되고 가세가 기울자 1937년 초 보르헤스는 부에노스아이레스의 미구엘 카네 시립도서관Biblioteca Munuel Miguel Cané에 사서로 취직했다. 1938년 부친이 타계하고, 계단에서 넘어져 창문에 머리를 부딪친 후 패혈증을 겪기도 했지만, 도서관 지하 서고에서 독서와 창작 활동에 매진했다. 그러나 1943년 쿠데타를 일으킨 페론J.D. Perón이 1946년 대통령에 당선되자 보르헤스를 비롯한 아르헨티나 지식인들이 페론 정부에 반대하는 시국선언문을 발표했고, 그 여파로 보건소 직원으로 좌천된 보르헤스는 사직했다. 1950년 아르헨티나 작가협회 회장으로 취임했고, 1955년 페론 정권이 실각한 뒤 국립도서관장으로 복귀하여 1973년까지 관장직을 수행했으며,

1956~1970년 부에노스아이레스 대학에서 영문학을 강의했다.

보르헤스는 30대 후반부터 가족력인 약시에다 상당한 독서로 시력이 약화되기 시작했다. 그럼에도 보르헤스는 문학에 조예가 깊었던 어머니나 비서, 친구 등에게 대필을 부탁하면서 집필을 이어갔다. 보르헤스는 1956년 완전히 실명한 뒤에도 집필 활동과 강연 여행을 계속했는데, 1975년 모친의 타계로 더욱 의지하게 된 비서 코다마M. Kodama와 세계 여행과 책 여행을 시작하면서 연인으로 발전했고, 1978년에는 공동으로 『앵글로색슨 약선집Breve Antología Anglosajona』을 발간했다. 그리고 1985년 정신적 고향인 제네바로 이주하여 1986년 4월 코다마와 결혼했으며, 그해 6월 14일 간암으로 생을 마감했다.

주요 작품으로는 단편집 『불한당들의 세계사』(1935년)를 비롯해 『픽션들』(1944년), 『알레프』(1949년), 『모래의 책』(1975년), 『셰익스피어의 기억』(1983년) 등의 소설과 『부에노스아이레스의 열정』(1923년)과 『창조자』(1960년) 등의 시집, 『심문』(1925년)과 『영원의 역사』(1936년) 등의 수필집이 있으며, 대부분 국내에도 번역·출판되었다. 이러한 업적으로 보르헤스는 1966년 베케트와 함께 국제편집자상Prix Formentor을 수상했으며, 이어 1970년 제1회 인터아메리카 문학상, 1971년 예루살렘 도서상, 1980년 세르반테스 문학상을 받았으나 끝내 노벨문학상은 받지 못했다.•

• 2017년 스웨덴 노벨위원회가 50년 만에 공개한 문서에 따르면 보르헤스는 1967년 영국 소설가 그린G. Greene, 그해 수상자가 된 과테말라 소설가 아스투리아스M.Á. Asturias와 함께 최종 후보에 올랐다. 일각에서는 보르헤스가 노벨문학상을 받지 못한 이유가 그가 칠레 독재자 피노체트와 친분이 있고 그로부터 상을 받았기 때문이라는 설이 있다.

보르헤스의 무수한 작품 가운데 세계 문단과 지식인 사회가 가장 주목한 걸작 중 하나가 「바벨의 도서관」이다. 이 7쪽 분량의 단편소설은 서구 지성계에 지대한 영향을 미친 단편집『픽션들』에 재수록된 작품으로, 보르헤스의 철학 세계가 압축된 역작이다. 소설의 주인공은 도서관에서 일생을 보낸 시각장애인 사서로, 가상의 도서관에서 꿈과 현실의 경계를 넘나드는 기발한 상상력을 회상의 형식으로 기술했다. 주요 내용을 정리하면 다음과 같다.

　소설은 "우주(사람들은 그것을 도서관이라 한다)는 수많은 그리고 아마도 무한수의 육각형 열람실로 구성되어 있다"라는 문장으로 시작한다. 우주를 은유하는 바벨의 도서관에는 출구가 없다. 무한 계단이 있는 도서관 내부는 어디서 왔는지 확실하지 않다. 도서관 구조는 임의의 육각형이며, 그 둘레는 도달할 수 없는 우주다. 열람실 중앙에는 거대한 통풍구가 있고, 그것을 통과하면 다른 열람실로 이동하는 복도가 계속되며, 좌우에 문이 있고 각각에 침실과 화장실이 있다. 조명이 부착된 나선형 계단을 통하여 상하로 끝없이 많은 열람실로 갈 수 있다. 모든 열람실의 구성은 동일하며, 4개 벽면에는 5단 서가가 설치되어 있고, 각 서가에는 똑같이 32권씩 배가되어 있다. 육각형 열람실에는 자신의 미래를 알 수 있는 책, 도서관 구조와 시간의 기원을 이해할 수 있는 책, 다른 모든 책에 무엇이 기록되어 있는지를 종합적으로 알 수 있는 책 등 동서고금의 모든 책이 수장되어 있다. 다만 책의 크기는 동일하고, 각 권의 분량도 똑같이 410페이지다. 각 페이지는 40행으로 이뤄져 있고, 한 행은 80자로 구성되어 있다. 따라서 책 한 권당

문자 수는 131만 2,000자(80자×40행×410페이지)다. 모든 책은 25개 문자(라틴어 알파벳 23자+문자 구분용으로 찍은 쉼표와 마침표)로 조합이 가능하기에 도서관 장서는 천문학적 숫자인 25의 131만 2,000제곱을 초과한다.[24]

그러나 문자의 조합은 무의미한 나열에 불과하므로 대다수 책의 제목과 내용이 일치하지 않는다. 동일한 책(복본)은 한 권도 없다. 따라서 한 글자밖에 차이가 없는 책이 무한한 층의 어딘가에 있기 때문에 "다른 모든 책을 완벽하게 요약한 한 권의 책이 존재하며, 그것을 읽은 사서는 신과 닮은 존재가 되었다"라고 사서들은 독백한다. 결국 바벨의 도서관에서는 역행적인 방법을 동원하여, 가령 책 A의 소재를 밝히기 위해 A의 위치를 나타내는 책 B의 해당 부분을 보고, 책 B의 소재를 밝히기 위해 B의 위치를 나타내는 책 C의 해당 부분을 읽는 등의 추적이 무한정 계속될 수밖에 없다. 사서들에게 도서관은 수수께끼의 거울 앞에서 무한한 회랑에 자신을 떨어뜨리는 심연과 같다. 외부에 대한 의식이 전혀 없다. 거기에서 살고 생을 마감하며, 시신은 통풍구에 던져진다.

이 단편소설은 가장 안정적이고 완전한 구조인 육각형 열람실과 부정수 또는 무한수로 도서관의 영원성을 표현했다. 또한 관념의 유희처럼 보이는 언어들이 던지는 이단적 메시지, 인류의 비밀에 대한 기존 형이상학적 지반의 붕괴, 현실이 아닌 그림자를 반영한 내면, 그리고 인간 존재의 깊은 음영 속으로 잠입하여 입구는 물론 출구도 찾을 수 없는 미로의 세계를 묘사했다.[25]

그렇다면 보르헤스는 왜 도서관을 소설 제목으로 선택했을까? 27년(시립도서관 8년, 국립도서관 19년) 세월을 도서관에서 보낸 경험이 결정적 영향을 미쳤다고 볼 수 있다. 세상에 존재했거나 현존하는 그리고 미래에 존재할 모든 책이 결국 도서관에 수장되고 그 분량 또한 우주의 원소보다 많을 것으로 생각했기에 도서관을 우주로 묘사한 상상력이 가능했다.

그런데 왜 '바벨'의 도서관일까? 그것은 구약성서 『창세기』에서 대홍수가 일어난 후 노아의 후손들이 하늘에 도달하기 위해 바벨탑을 쌓았던 것처럼 모든 지식을 단일 공간에 집적하려는 인간의 원대한 야망과 오만에 대한 표상이다. 또 가변성이 무한정 지속되면서 무질서가 반복되는 지식정보 세계의 존재 형식을 비유한 것으로도 볼 수 있다. 책들은 가변적인 지식정보가 잠정적으로 질서화된 결과지만, 상호 참조·인용되는 가운데 수정되고 보완됨으로써 새로운 지식정보가 반복적으로 재생산된다. 결국 도서관은 지식정보가 무한정 링크된 '동일한 책들'의 세계로서 모든 책의 암호인 동시에 '한 권의 책'으로 해석될 수 있다. 인류는 우주의 신비를 간직한 한 권의 책을 찾기 위해 도서관의 미로를 헤매지만 찾지 못한다.

20세기를 지배한 문학가이자 지성계를 대표하는 국립도서관장을 역임한 보르헤스는 "천국이 있다면 그곳은 도서관과 같을 것이다"라고 설파한 도서관 예찬론자다. 그가 도서관을 천국에 비유함으로써 도서관은 가장 환상적이고 뛰어난 지적 상징으로 격상되었다. 「바벨의 도서관」에는 에토스, 파토스, 로고스가 혼재한다. 보르헤스의 문학적 필력과 업적, 허구의 마술은 에토스다.

놀란C.E. Nolan 감독은 2014년 영화 〈인터스텔라〉에서 바벨의 도서관을 재현했다. 2000년 그라시아Gracia 가문은 부에노스아이레스의 오페라 극장을 개조해 객석과 발코니를 서가로 채움으로써 바벨의 도서관을 연상케 하는 엘 아테네오El Ateneo 서점을 만들었다. 프랑스 철학자 푸코는『말과 사물』의 첫 장에 "이 책은 보르헤스의 한 텍스트에서 태어났다"라고 밝혔다. 이탈리아의 기호학자 에코는 미래 1,000년간 인류에게 양식을 제공한 인물로 제임스 조이스와 보르헤스를 꼽았다. 이 모든 오마주와 헌사는 보르헤스에 대한 청자의 파토스다.

그리고 혼돈과 무질서를 뚫고 진리를 찾으려는 인간 세상의 이야기, 출구가 없는 가상 도서관의 열람실, 그 속에서 언어라는 기호로 더듬어가는 책의 미로는 오랫동안 사서직과 국립도서관장을 역임한 전문가로서의 경력이 절묘하게 조합된 로고스의 극치다.

마술적 사실주의의 대가, 라틴 문학의 거장인 보르헤스는 영면하지 않았다. 유년기에는 조부의 서재에서 문학적 재능을 키웠고, 청년기에는 책과 독서를 사랑한 시립도서관의 수도사였으며, 중장년기에는 국립도서관장으로서 세계 문단과 지성계를 대표한 지독한 책벌레였다. 그에게 책은 시집인 동시에 이야기다. 행복을 안겨주는 그 무엇이며, 현실과 이상의 정수가 내재되어 있다. 보르헤스는 "도서관은 영원하리라. 불을 밝히고, 고귀한 책들로 무장하고, 부식하지 않고, 비밀스러운 모습으로"라고 말했다. 보르헤스는 여전히 육각형 도서관에서 우주를 담은 책을 찾고 있다. 책의 우주인 바벨의 도서관에 영원한 사서로 남아 있다.

6장

도서관이 움직인다

1
도서관의 고답적 정체성

모든 실체에는 고유한 명칭이 있다. 대다수 명칭은 외형이나 이미지를 직관적으로 드러내지만, 은유적으로 표현하기도 한다. '도서관'은 외형과 속내를 포섭하는 명칭이지만 후자에 방점을 둔다. 원래 도서관은 '책의 집합'이다. 비록 최소 단위인 '도서'가 매체 변용으로 가장 폭넓은 의미인 '지식정보'로 확대되었지만, 여전히 책이 중심이다. 따라서 건물이나 시설, 첨단 정보기술, 각종 프로그램은 도서관의 본질이 아니다.

고전적 도서관의 본질과 정체성을 최초로 명시한 국제 규범은 1949년 발표한 「유네스코 공공도서관 선언」이다. 이 선언은 1972년 유네스코와 국제도서관협회IFLA가 사회 변화와 발전을 반영해 수정했고, 1994년 11월 다시 수정·발표했다. 이 선언은 공공도서관을 "교육, 문화, 정보에 활력을 불어넣고 인간의 마음에 평화와 정신적 행복을 성숙시키는 필수 기관이자 개인과 집단의 평생교육, 자주적 의사 결정, 문화적 발전의 기본 조건"으로 규정했다. 이러한 인식과 신념을 바탕으로 모든 국가와 지방정부에 공공도서관 발전을 지원하고 적극적으로 관여할 것을 권장했으며, 대중에게 다양한 지식과 정보를 지원하는 지역 정보센터이자 주요 창구가 되어야 한다고 역설했다. 이를 위한 공공도서관의 기본 원칙과 사명은 다음 표와 같다.[1]

이어 국제도서관협회와 유네스코는 2001년 초판에 이어 2010년 전면 개정한 「공공도서관 서비스 지침」을 발표했다.[2] 이 지침은 공공도서관을 "인종, 국적, 연령, 성별, 종교, 언어, 장애, 경제적·직업적

기본 원칙	사명
• 공공도서관은 특정 법률에 근거하여 운영되어야 한다. • 공공도서관은 문화정보 제공, 문맹 퇴치 및 교육을 위한 장기 정책의 요소로 간주되어야 한다. • 공공도서관은 국가행정 및 지방자치단체의 책임과 경비 조달하에 무료로 운영되어야 한다. • 장서에는 전통적 자료뿐만 아니라 모든 종류의 미디어와 현대적 기술이 적용된 자료가 포함되어야 한다. • 서비스는 사회적 조건(연령, 인종, 성별, 종교, 국적, 언어, 신분 등)에 관계없이 모두에게 평등하고 동일하게 제공되어야 한다. • 장서와 서비스는 어떤 종류의 사상적·정치적·종교적 검열, 상업적 압력에도 굴복하지 않아야 한다.	• 아동의 독서 습관을 창출하고 강화한다. • 모든 교육 수준에서 정규교육은 물론이고 개인적·자주적 교육을 지원한다. • 개인의 창조적 발전을 위한 기회를 제공한다. • 아동 및 청소년의 상상력과 창의력을 자극한다. • 문화유산의 인식, 예술 감상, 과학적 업적과 혁신을 촉진한다. • 모든 공연예술의 문화적 표현에 접근할 수 있도록 한다. • 다양한 문화 교류를 장려하고 공존할 수 있도록 한다. • 구전에 의한 전승을 지원하고 유지한다. • 모든 시민이 모든 종류의 지역정보를 입수할 수 있도록 한다. • 지역의 기업, 협회 및 관련 단체에도 적절한 정보 서비스를 제공한다. • 정보 및 컴퓨터 해득기술의 발전을 촉진한다. • 모든 연령층을 위한 해득력 및 프로그램을 지원하고, 필요할 경우에는 스스로 착수한다.

표 6-1 「유네스코 공공도서관 선언」의 기본 원칙과 사명

지위, 학력을 불문하고 모든 구성원에게 지식정보 서비스를 제공하고 평생학습을 지원하는 시설"로 정의했다. 또한 주요 목적인 교육, 정보, 레크리에이션 및 여가를 달성하기 위해 개인이나 집단에 다양한 자원과 서비스를 제공하고 광범위한 지식과 견해에 대한 접근을 보장함으로써 민주주의를 발전시키고 유지하는 데 중요한 역할을 하는 것으로 규정했다.

이처럼 국제도서관협회와 유네스코는 공공도서관을 지역사회에 서비스하는 지식정보센터, 평생학습과 문화 활동의 거점, 모든 구성원의 지식정보 접근권을 보장함으로써 민주사회의 발전과 유지에 이바지하는 시설로 보았다. 이를 위한 기본 원칙이 법적 근거 확보, 만인 공개, 무료 개방, 공비(세금) 지출, 민주적 운영이다. 요컨대 공공도서관의 요체는 지식정보의 무료 제공이다. 이를 기초로 외연을 확장하여 평생학습과 문화 활동을 촉진함으로써 사회 발전에 기여한다. 또한 지불 능력이 없는 지역주민에게도 공적 자금으로 구축한 장서와 서비스를 무료로 제공하는 문화복지의 아이콘이다.

다만 오랫동안 고답적 정체성과 역할이 강조된 결과, 동서를 불문하고 많은 공공도서관의 이미지가 박제화되었다. 철근 콘크리트 구조물, 사각형 벽돌과 대리석으로 마감한 외형, 인위적 질서를 강요하는 내부 공간과 칸막이, 여백의 미가 배제된 무미건조한 공간 구성, 독서실로 전락한 일반열람실, 정숙을 강조하는 실내 분위기, 강의형·주입식 프로그램 운영 등이 대표적이다.

그럼에도 도서관 현장과 학계는 고답적 이미지의 부정적 측면을 해소하지 않은 채 시류에 편승한 유행어를 양산하는 데만 혈안이다.

디지털, 모바일, 빅데이터, 소장이 아닌 접근, 복합문화공간, 지역 공동체 문화의 중심지, 평생학습시설, LAM^{Library+Archive+Museum}•이나 GLAM^{Gallery+Library+Archive+Museum} 등이 거론된 데 이어 요즘은 모바일 시대, 고령사회, 4차 산업혁명 시대 등에 부응한다는 명분으로 정보 공동체^{information commons}, 창조 인큐베이터, 무한상상실^{infinite imagination room}, 창조공간^{makerspace}•• 등이 난무하고 있다. 공공도서관은 지식정보를 매개로 서비스 권역 내의 대중사회와 호흡하고 동행해야 하므로 시류를 외면할 수 없다. 그럼에도 작금의 유행어나 주장은 공공도서관의 핵심역량과 동떨어진 측면이 적지 않다. 도서관의 고유한 정체성 및 핵심역량과 연계되지 않은 일과성과 소멸성, 형식논리를 앞세운 캐치프레이즈, 언론을 통한 세간의 이목 끌기 등은 본질과 지엽이 전도된 견월망지見月亡指이며 참을 수 없는 가벼움이다.

현 단계 공공도서관이 지구촌은 고사하고 국내에서 생산되는 지식정보마저 포괄적으로 수집할 여력이 없고, 따라서 지역사회를 위한 독점적 자료 공간과 대중이 절대적으로 의지하는 이용 공간은 아닐지라도 다른 관련 시설(서점, 도서대여점, 문화센터, 평생학습관 등)과 비교하면 여전히 우위에 있다. 이를 방증하듯 뉴욕 공공도서관은 홈페

• 국내에서는 2008년 텍사스 대학 윈젯^{M. Winget} 교수가 조어한 '라키비움^{Larchiveum}'이 도서관, 문서관, 박물관을 융합한 명칭으로 사용되고 있으나 국제사회에서는 LAM이라는 용어가 널리 통용된다.

•• 디지털 공간과 물리적 공간에서 사람들이 아이디어를 탐색하고 정보기술을 배우며 예술·과학·공학 등 다양한 분야의 새로운 창작물을 만들어내는 비정규 교육 공간, 최신 정보기술(3D 프린터, 모델링 도구, 레이저 커터 등)과 도서관 장서를 연계한 프로그램을 기획·운영하고 사용자가 원하는 것을 직접 만들 수 있는 창의 공간, 지역주민이 자원과 지식을 공유하고 소통과 협력을 기반으로 하는 학습 및 창작 공간 등을 의미한다.

이지에서 "장서는 곧 도서관의 심장"이라고 천명하고 있으며,[3] 온라인 컴퓨터 도서관 센터가 '도서관을 떠올리면 무엇이 생각나는지'를 조사한 결과에서도 '도서관=책'이라는 인식이 압도적으로 높았다(전체 응답의 75%).[4] 지식정보센터, 지적 놀이터, 제3의 장소라는 공공도서관의 정체성은 여전히 유효하므로 마땅히 이를 미래를 위한 전략적 선택지로 삼아야 한다.

2
시류와 혁신의 아이콘

책 중심의 지식정보센터라는 도서관의 정체성은 동서고금을 막론하고 불변의 진리다. 그런데 최근 도서관의 고답적 정체성에 반기를 든 사례가 속출하고 있다. 전통적 이미지와 역할로는 지식 기반 사회, 디지털 패러다임과 모바일 환경, 고령사회, 4차 산업혁명 기반의 초연결사회hyper-connected society*에 대처하기 어렵고 지역주민의 다양하고 역동적인 요구를 충족할 수 없다는 인식이 그 배경이다. 이러한 인식은 도시 재생 전략과 맞물려 '도서관의 변신은 무죄'라며 공공도서관의 사회적 역할을 재해석·확장하는 방향으로 진행되고 있다. 카페 같은 도서관, 복합문화공간, 창의적 지식발전소, 융합형 지식 생

---

* 다양한 네트워크를 기반으로 인간 대 인간, 인간과 기기를 넘어 기기와 사물 등과 같은 객체도 상호 유기적인 소통으로 새로운 가치와 혁신을 창출하는 사회를 말한다. 사물인터넷, 인공지능, 빅데이터 등을 활용하는 4차 산업혁명의 본질을 대변한다.

산 공간, 지역사회 큐레이터, 아이디어 스토어, 지능형 통합검색센터 등이 대표적이다. 주요 국가의 대표 사례를 중심으로 고답적 정체성과 역할이 어떻게 확장·변신하고 있는지 추적해보자.

미국 시애틀 중앙도서관

1891년 4월 8일 워싱턴주 시애틀시 옥시덴탈 블록Occidental Block(시애틀 호텔의 전신) 3층에 독서실을 개관한 것이 시애틀 공공도서관의 시작이었다. 그러나 1901년 1월 1일 화재로 건물과 장서 6,541권이 소실되었고, 1906년 20만 달러의 카네기 지원금으로 시애틀 카네기 도서관을 설립했다. 그로부터 50여 년이 지난 1960년 4,500만 달러를 투입해 연면적 1만 9,100제곱미터의 현대식 건물인 시애틀 중앙도서관을 신축했다.

그림 6-1 미국 시애틀 중앙도서관

1998년 시애틀 유권자의 69%가 찬성한 시애틀 중앙도서관 신축 계획이 통과되어 시애틀시 당국은 총공사비 1억 6,550만 달러를 투입해 12층 규모(연면적 3만 4,000제곱미터)의 중앙도서관과 총 26개 분관을 개축하는 '만인을 위한 도서관Library for All' 사업을 추진했다. 쿨하스R. Koolhaas와 프린스 라무스J. Prince-Ramus의 설계로 6년간의 공사 끝에 시애틀 중앙도서관은 2004년 5월 23일 개관했다. 시애틀의 랜드마크이자 도서관 건축사의 새 지평을 개척한 시애틀 중앙도서관의 주요 특징은 다음과 같다.

첫째, 장서의 효율적 배치와 시민을 위한 공공복지를 도서관 설계의 기본 원칙으로 삼고 파격적인 나선형 서가, 275석에 달하는 대강당, 개방형 공간 등으로 구성했다.

둘째, 외관은 다섯 개 모듈형 상자를 지그재그로 쌓은 형상이며 미래 확장성을 고려하여 옥상에 증축할 수 있도록 했다.[5]

셋째, 지그재그 형상 덕분에 최대한의 자연 채광이 가능하고, 3층 이상은 높이 15미터의 천장을 확보함으로써 넓은 창문을 통해 도시와 바다의 풍광을 즐길 수 있다.

넷째, 입구에 들어서면 이용자의 가시성과 동선을 고려한 에스컬레이터와 엘리베이터가 연두색으로 채색되어 있다.

다섯째, 모든 외벽을 유리로 마감한 3층 핵심 공간은 '독서실Reading Room'이 아닌 '거실Living Room'이다. 소수가 독점하는 열람실이 아니라 커뮤니티 친화형 공공 영역을 표방함으로써 누구나 차를 마시고 체스를 즐기며 휴식할 수 있다.

여섯째, 5층 이하에 배치된 열람실과 다른 공간은 장서 보존 및 이

용 영역을 침범하지 않으면서 공공성에 충
실하도록 구성했다.

일곱째, 6층에서 9층까지 연결된
나선형 서가는 계단을 통해 이용할
수 있도록 구성했으며, 비소설 위
주로 전체 장서의 75%가 수장
되어 있다.

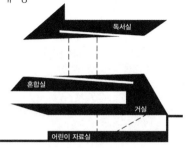

그림 6-2 시애틀 중앙도서관의 지그재그 모듈

마지막으로 입구의 구릿빛 조형물에 새겨진 "지혜의 샘"은 시애틀
중앙도서관이 전통과 본질을 중시하는 도서관임을 천명한다.

시애틀 중앙도서관은 강철과 유리를 결합한 혁신적인 다면체 건축
물이다. 각층의 공간 규모가 상이할 정도로 비전통적이지만 절묘하
게 조화를 이룬다. 가장 파격적인 점은 대다수 도서관이 하층 핵심 공
간에 배치하는 장서를 상층부로 이동하고 하층을 커뮤니티 소통 공
간으로 구성한 점이다. 직원 692명(전일제 환산 기준 581.25명)이 장서
264만 권을 관리하고 있으며, 연간 대출 건수는 528만 건, 방문자 수
는 1,700만 명을 넘어선다(2017년 말 기준).[6] 시애틀의 랜드마크이자
세계 여행객의 관광명소가 된 시애틀 중앙도서관의 향후 10년간 경제
유발 효과는 3억 1,000만 달러로 추산된다.[7]

영국 아이디어 스토어

런던시 동부와 템스강 북부에 위치하는 타워햄리츠Tower Hamlets 자
치구는 30만이 조금 넘는 인구 중 절반 이상이 아시아, 아프리카, 카
리브해 출신 이민자다. 런던의 32개 자치구 중에서 네 번째로 가난한

지역이다.

1980년대 후반 타워햄리츠에는 13개 공공도서관이 영어 도서를 중심으로 운영되었다. 그러나 매우 초라하고 운영이 부실했을 뿐만 아니라 다양한 인종과 종교 분포, 경제적 빈곤 등을 이유로 구민의 80% 이상이 1년에 한 차례도 도서관을 방문하지 않았다. 이에 1988년 구청은 13개 공공도서관을 7개로 통합·재편하는 계획에 착수했는데, 그 첫 단계로 2년간 지역주민 600명을 대상으로 왜 도서관을 이용하지 않는지, 어떤 도서관을 원하는지 설문했다. 그 결과, 도서관을 이용하지 않는 주된 이유는 시간 부족(50%), 짧은 개관 시간(31%), 무관심(30%), 도서의 다양성 부족(30%), 열악한 환경(12%) 등으로 나타났다. 또 개선해야 할 사항으로는 개관 시간 연장(63%), 쇼핑 거리 근처 위치(59%), 지역정보 서비스(58%), 일요일 개관(56%), 예술품 전시, DVD 대출, 더 많은 자료의 확보 등을 들었다.[8]

이러한 설문 결과를 반영한 신개념 공공도서관이 아이디어 스토어Idea Store다. 상점에 진열된 물건처럼 여러 새로운 아이디어를 제공한다는 의미에서 붙인 이름이다. 1999년 발표된 「타워햄리츠 도서관 및 평생학습 발전 전략」 보고서에 근거하여 2002년 5월 최초의 아이디어 스토어인 바우Bow(연면적 1,350제곱미터)가 개관했고, 2004년 크리스프 스트리트Chrisp Street(연면적 1,240제곱미터)를 개축했으며, 이어 2005년 아이디어 스토어를 대표하는 화이트채플Whitechaple(연면적

• 타워햄리츠 주민의 종교는 이슬람교 34.5%, 기독교 27.1%, 힌두교 1.7%, 불교 1.1%, 기타 1.1%다.

그림 6-3 영국 런던 타워햄리츠 아이디어 스토어(화이트채플)

3,700제곱미터), 2006년 캐너리 와프^{Canary Wharf}(연면적 940제곱미터), 2013년 와트니 마켓^{Watney Market}(연면적 1,270제곱미터)을 신축했다.

아이디어 스토어는 도서관이나 학습장 이상이다. 소매상점을 벤치마킹하여 접근성이 우수한 대로변에 위치한 아이디어 스토어는 전통적 서비스는 물론이고 구직을 위한 교육·훈련을 지원하고, 식음이 가능한 카페와 회의 장소를 제공하며, 예술·여가 활동 등 다양한 학습과정을 운영한다.* 또 메디컬 클리닉, 비공식 사교활동 장소, 간이 행정 서비스와 민원을 처리하는 원스톱 숍, 커뮤니티 허브의 역할도 한다. 그리고 아이디어 온라인^{Idea Online} 사이트는 24시간 도서관, 전자책과 오디오북을 다운로드할 수 있는 eLibrary, 비즈니스 서비스, 음

• 5개 아이디어 스토어가 제공하는 각종 프로그램은 900개가 넘는다. 컴퓨터 이용 교육, 이민자 영어 교실 등의 어학 강좌, 요리·무용·뜨개질·요가 등의 다양한 평생교육 프로그램, 창업 교실, 구직자 훈련, 이력서 작성법 수업 등이 개설되어 있으며, 연간 등록자 수가 1만 명에 달한다.

악 다운로드 서비스, 신문·잡지 서비스, 컴퓨터 기술과 운전 이론 강좌 등을 제공한다.

그 결과, 1998년에는 이용률이 영국 전체 공공도서관 평균(50%)보다 훨씬 낮았고(18%) 런던 32개 자치구 중 최하위였던 타워햄리츠 도서관은 아이디어 스토어로 재편한 2009년에는 런던에서 3위, 잉글랜드 전체에서 4위의 이용률을 기록했다(2008년 기준 56%). 아이디어 스토어가 개관하기 전인 2001년에 비해 2011년에는 방문자(옛 역사자료관 포함)가 무려 240% 증가했고 대출 건수(온라인 도서관, 성인학습센터 대출 포함)도 28% 늘어났다.[9] 2014년 주민 조사에서도 응답자(1,147명)의 61%가 공공도서관 서비스를 높게 평가했다.

도서관이란 간판을 배제한 아이디어 스토어가 혁신의 아이콘, 성공의 대명사로 불리는 이유는 어디에 있을까? 타워햄리츠 주민은 물론이고 세계의 건축가, 도서관 관계자, 여행객을 유혹하는 매력은 무엇일까? 아이디어 스토어의 수장인 주디스 존J. St John은 아이디어 스토어의 성공 요인으로 '일상적 삶에 필요한 것, 사회적 모임을 위한 공간, 사람들과의 소통'을 제시했다. 이를 구체적으로 설명하면 다음과 같다.

첫째, 도서관 대신에 아이디어 스토어라는 파격적 명칭을 채택한 점이다. 여기서 스토어는 상점이 아니라 저장소, 보관소라는 의미를 함축한다.

둘째, 타워햄리츠 행정 당국은 공공도서관의 개수보다 접근성을 중시하여 13개 공공도서관을 7개(기존 도서관 2개, 아이디어 스토어 5개)로 통합·재편함으로써 어디든 주민들이 도보로 20분 안에 도착할 수 있게 했다.[10] 아이디어 스토어는 주민의 일상적 동선인 지역 중심지, 대로변, 시장이나 대형 슈퍼마켓 근처 등에 위치해 접근성과 가시성이 뛰어나다. 또한 대중교통으로 접근하기 쉬운 위치에 있다.

셋째, 영국의 전통적인 공공도서관 건축과 달리 외벽을 유리로 마감하고 실내를 선명한 색상으로 디자인하여 외부에서의 시인성을 높였다. 또 도서관 입구 근처에 카페를 설치하는 등 독서를 목적으로 방문하지 않는 주민도 이용할 수 있는 공간을 창출했다.

넷째, 개관 시간을 상점 운영 시간과 일치시키고 대폭 연장했다. 평일은 오전 9시에서 오후 9시까지, 금요일은 오전 9시에서 오후 6시까지, 토요일은 오전 9시에서 오후 5시까지 개관하며, 일요일에도 여섯 시간 동안 개관함으로써(와트니 마켓 제외) 편의성을 극대화했다.

다섯째, 다양한 교육 과정을 제공한다. 영어 문맹 이민자와 고등교육 비수혜자를 위한 학습을 지원하며, 패션·요리·댄스 등 다양한 평생학습 과정을 제공한다. 최근에는 취업을 지원하는 외국어 및 컴퓨터 강좌, 건강 유지를 위한 피트니스 강좌 등도 제공하고 있다.

여섯째, 대다수 도서관이 엄격하게 규제하는 휴대전화 사용, 음식물 반입 등의 행위를 제재하지 않으며 자율을 강조한다. 실내 정숙도 강요하지 않는다.

일곱째, 구청이나 주민자치센터와 연계해 관내에서 각종 행정과 민원을 신속하게 처리할 수 있는 원스톱 숍을 설치했다.

그렇다면 아이디어 스토어는 동서를 막론하고 공공도서관이 직면한 위기를 극복할 수 있는 대안일까? 공공도서관이 벤치마킹해야 할 미래상일까? 그렇지 않다. 도시 재생 또는 활성화 차원에서는 충분히 동의할 수 있지만, 중장기적 관점에서 보면 지식정보 중심의 본질적 정체성이 약화될 개연성이 있다. 파격적 명칭에도 불구하고 도서관이라는 정체성을 포기하지 않는 한 본질과 정도에 무게중심을 두면서 다양한 프로그램을 제공하는 편안하고 친숙한 공간, 커뮤니티 사랑방으로서의 기능을 강조해야 한다. 아이디어 스토어의 궁극적 지향은 지식의 전당, 지혜의 집이어야 한다.

네덜란드 DOK 라이브러리 콘셉트 센터

13세기 중반에 조성된 고도古都 델프트는 네덜란드 남부의 자위트 홀란트주에 있다. 16세기 네덜란드 독립전쟁의 지도자로 초대 총독을 역임한 오렌지공 윌리엄(1533~1584년)이 거성居城으로 정했을 만큼 유서 깊은 곳이다. 현재 인구 10만 명을 약간 웃도는 작은 도시지만, 네덜란드가 배출한 바로크 시대의 세계적 화가 베르메르Johannes Jan Vermeer(1632~1675년)의 고향이며, 명품 도자기 로열 델프트Royal Delft와 델프트 공과대학 덕분에 국내외 관광객이 많다.

이 작은 도시에 세계의 이목을 집중시키는 혁신적 공공도서관이 DOK 라이브러리 콘셉트 센터DOK Library Concept Centre(이하 DOK)다. 기존의 델프트 도서관이 너무 낡고 장서도 적으며 기술적으로 부적절하다고 판단한 시 당국은 건축가 폴L. Van der Pol에게 의뢰하여 1970년대까지 복합 용도로 사용하던 도심부 건물을 대대적으로 개축·확장했다. 2006년 완공하고 2007년 5월 21일 개방한 DOK는 전형적인 공공도서관의 모습이지만, DOK란 이름이 의미하듯 음악·영상실Discotheek, 도서관Openbare bibliotheek, 아트센터Kunstcentrum가 융합되어 있

그림 6-4 네덜란드 델프트 DOK 라이브러리 콘셉트 센터

다. 이 혁신적 도서관이 주목받는 이유는 다음과 같다.

첫째, 특이한 도서관 명칭은 도서관, 갤러리, 박물관, 음악·영상실이 망라된 복합문화공간을 의미한다. 여전히 진화 중인 LAM이나 GLAM을 선제적으로 적용한 멀티플렉스다.

둘째, 도서관 위치가 절묘하다. 델프트 최대 번화가인 역사지구 문화광장Cultuurplein 내 주상복합 건물에 자리하고 있다. 주변에 비디오게임방, 공연장, 레스토랑, 카페 등이 있고 로비는 문화시설, 상업지구, 거주지와 연결되어 있으며 전시와 공연이 빈번하다. 정숙과 내밀함을 강조하는 공공도서관의 분위기를 무색하게 할 만큼 요란하고 소란스럽다.

셋째, 건축적 측면에서 자연 친화적이고 인간의 일상적 행태를 중시했다. 건물을 계획할 때 조명을 최우선 과제로 삼아 외관 유리 벽뿐 아니라 건물 중앙에 대형 유리 지붕을 설치하여 자연 채광을 극대화했다. 내부는 백화점처럼 설계되어 있고 조명과 표지판도 쇼핑몰과 일체화되어 있다. 쇼핑하듯 둘러보면서 지식정보를 탐색하고 프로그램에 참여하며 사람을 만나고 소통할 수 있다. 로비는 공연·전시 공간이며 가끔 디스코장으로 활용한다. "사람이 컬렉션이다"라는 슬로건을 충실하게 이행하고 있다.

넷째, 사명과 모토가 거시적이고 원대하다. DOK는 '세계에서 가장 선도적인 도서관을 창출·유지하는 것'을 사명으로 삼고 델프트시·네덜란드·세계의 회원·방문객·파트너에게 영감을 주는 원천, 민주주의에 필수적인 지식정보에의 자유로운 접근을 보장한다. 또 "델프트에서 세계를 빌려라"라는 모토를 기반으로 진정한 의미의 문화정보센터를 창출하고 있다.[11]

다섯째, 건물 연면적 4,300제곱미터(사무 공간 약 600제곱미터), 직원 50여 명, 장서 11만여 권에 불과하지만 비도서 자료의 구성이 다양하다. CD 4,000장, LP 9,000장, DVD 3,000장, 악보집 1만 권 이상을 보유하고 있으며, 대형 비디오게임 컬렉션과 아트워크도 있다. 관내에서 음악을 듣거나 게임을 즐길 수 있다.

이러한 이유로 DOK는 네덜란드에서 가장 혁신적이고 흥미로운 도서관으로 꼽힌다. 2008년 전문가들이 평가한 세계에서 가장 현대적인 도서관 25개 중 하나로 선정되었고, 2009년 네덜란드 최고 도서관 상을 받았다. 더욱 놀라운 점은 지역주민의 약 80%가 도서관을 이용하며, 연간 방문자 수가 43만 명에 달한다는 사실이다. 매력의 실체를 확인하거나 벤치마킹할 의도로 이곳을 찾는 외국인들의 발걸음도 분주하다.

노르웨이 베네슬라 도서관·문화센터

노르웨이 최남단 베스트아그데르주에 있는 베네슬라Vennesla는 인구 1만 4,630명의 조그마한 촌락이다. 이곳의 행정 당국은 2005년 기존 커뮤니티센터와 성인학습센터 사이의 공터에 도서관을 만들기로 했다. 2008년 도서관 디자인 공모에서 서부 해안가 스타방에르를 무대로 활동하는 건축회사 헬렌 앤드 하드Helen & Hard가 당선되어 설계를 맡았고, 건축가 스탄겔란드Siv H. Stangeland와 크로프R. Kropf의 주도하에 8,000만 크로네(약 156억 원)를 투입해 2010년 착공했다. 그리하여 2011년 10월 개관한 2층 건물(바닥 면적 1,938제곱미터)이 세계가 주목하는 베네슬라 도서관·문화센터Vennesla Library & Cultural Center다.

베네슬라 도서관·문화센터는 기존의 두 공공건물인 커뮤니티센터(영화관 포함)와 성인학습센터를 연결한 타운 광장 옆에 위치하고 있으며, 합병된 도서관과 커뮤니티센터가 입구와 공간을 공유한다. 정문 앞은 타운 광장으로 이어지고, 산책로 및 시장의 동선과 연결되어 있어 자연스럽게 도서관을 방문·이용할 수 있다. 이러한 입지적 장점, 복합적 문화 기능, 개방형 구조 등을 들어 설계사인 헬렌 앤드 하드는 베네슬라 도서관·문화센터를 '도시의 로지아*'라고 자평했다. 건물 외관은 우주선을 연상케 할 정도로 독특하다.

2층 높이의 대형 홀에 들어서면 27개 원목 구조물이 고래 갈비뼈처럼 웅장한 모습을 드러낸다. 이 원목 구조물은 건물의 지지대인 동

• 이탈리아 건축에서 많이 쓰이는 로지아loggia는 한쪽에 벽이 없는 특수한 개방형 방이나 홀을 뜻한다. 주로 건물과 도심의 연결고리 역할을 한다.

그림 6-5 노르웨이 베네슬라 도서관·문화센터

시에 방화 스프링클러, 전등과 전기설비를 연결하는 통로로 활용된다. 또 벽면에서 바닥까지 연결된 원목 구조물은 갈비뼈의 경계를 따라 서가와 선반, 의자로 사용하고, 우묵하게 들어간 곳은 아늑한 독서 공간이 되도록 활용하여 공간 효율성을 극대화했다.[12] 베네슬라 도서관·문화센터의 최대 독창성은 바로 이 고래 갈비뼈를 형상화한 디자인에 있다. 내부 구조인 천장과 의자, 테이블 및 독서 공간을 유기적으로 연결하고 있는 원목 구조물은 거대한 작품으로 착각할 정도로 매력적이다.

또한 다기능 문화 공간(도서관, 문화·학습센터, 카페, 회의 장소)으로서의 정체성, 보행자 전용 도로와 연결된 통로 등 접근 편의성을 극대화한 입지, 벽체가 없는 개방형 공간, 정면 유리창을 통한 자연 채광, 에너지 저감 시스템 등도 주목할 만하다. 그 덕분에 개관 첫해인 2012년 10만 명이 넘게 방문했으며,[13] 그해 노르웨이 정부가 수여하는 건축상을 받았다. 또 모든 부문에 에너지 절약형 솔루션을 적용하는 등의 노력으로 노르웨이 정부로부터 'A급 에너지 절약' 건물로 인

그림 6-6 베네슬라 도서관·문화센터 내부

증받았다. 2016년 미국의 인터넷 신문 《허핑턴 포스트The Huffington Post》는 지상에서 가장 아름다운 도서관 25개 중 하나로 선정하기도 했다.

비록 건물은 아름다우나 도서관 용도로 사용하기에는 불편하다는 비판을 받기도 했지만, 베네슬라 도서관·문화센터는 '21세기형 공공 공간'이라는 강력한 정체성을 확보하며 도시의 문화 중심지로 자리매김했다. 지적 허기와 문화적 욕구를 충족하는 공간이자 만남과 소통을 위한 사랑방이며 지역의 행정·경영센터이기도 하다. 그야말로 소도시를 위한 복합문화공간의 전범이라 할 수 있다.

일본 다케오시도서관

다케오武雄는 규슈 사가현 서쪽 약 28킬로미터에 위치한, 일본의 개화기를 주도한 역사 도시다. 인구 4만 8,939명의 소도시임에도 다케오시가 주목받는 이유는 도서관과 역사자료관을 묶은 다케오시도서관武雄市図書館 때문이다.

1930년(쇼와 5년) 다케오도서관으로 출발하여 1954년 현재 명칭으로 개칭된 다케오시도서관은 1988년 도서관·역사자료관 건립을 시작하여 2000년 10월 1일 개관했다. 이후 2012년 5월 시의회는 주식회사 CCC^{Culture Convenience Club}를 다케오시도서관 지정관리자로 승인했고, 2012년 11월 1일부터 5개월간 리모델링 공사를 거쳐 2013년 4월 1일 전면 개관했다. CCC는 목적 외 사용 허가를 얻어 도서관 내에 스타벅스와 유료 대여점을 포함한 츠타야서점^{蔦屋書店}*을 설치했으나 2017년 서점 내 대여점은 폐쇄했다. 현재 시설은 반납 카운터, 참고 서비스 카운터, 희귀본 코너, 점역·대면 낭독 서비스실, 학습실, 역사자료관(난학·기획전시실, 일반 및 특수 수장고), 기타 부속 시설(미디어홀, 츠타야서점, 어린이 화장실, 수유실)로 구성되어 있다.

다케오시도서관은 도서관과 서점을 융합한 새로운 시도다. 입구에 들어서면 카페, 서점, 도서관이 결합된 복합공간으로 보인다. 개관 시간을 연장한 것과 열람석에서 음료를 마시며 독서할 수 있도록 배려한 점은 진취적이다. 시 당국에 따르면 개관 후 1년간 방문자는 92만 명, 경제 유발 효과는 200억 원으로 추산되며, 지역 신문 설문에서 이용자 만족도가 85%에 달할 정도로 성공적이었다.

그러나 최근 행정전문가, 도서관 직원, 시민단체를 중심으로 비판이 일고 있다. 도서관이 아니라 지정관리자가 이익 창출에 몰두하는 사실상의 공설 민영 북카페이고, 서점에 매몰되어 도서관의 정체성과 기능이 퇴조했으며, 도서관 장서를 서점 재고로 채운다는 점이 비판의 골자다. 특히 민간기업인 지정관리자가 T카드를 이용해 방대한

• 츠타야서점은 일본 최대의 음악, 영상 자료 대여점이다.

그림 6-7 일본 다케오시도서관

대출 기록을 관리한다는 점에서 독서 비밀 준수를 명시한 「도서관의 자유에 관한 선언」에 위배된다는 비판도 있다. 이를 방증하는 사례가 가나가와현 에비나시립도서관海老名市立図書館이다. 에비나시립도서관은 CCC에 운영을 맡긴 결과 장서 품질이 하락했다는 비판에 직면했으며, 일시적 유명세가 수그러들자 방문객이 2014년 80만 명에서 2016년 69만여 명으로 급감했다.[14]

최근 다케오시도서관을 벤치마킹하려는 국내 기업체, 자치단체, 도서관계의 발길이 분주하다. 그러나 서점과 도서관을 결합한 변신, 붉은 벽돌로 장식한 외형, 통유리를 설치한 개방형 입구, 스타벅스를 앞세운 카페 같은 분위기 등에 현혹되어 도서관의 본질과 기능을 약화하는 우를 경계해야 한다. 장서 구성과 사서직이 부실하기 때문이다. 도서관을 복합문화시설로 확장하고 매력 포인트를 창출하더라도

'서점에 포박되지 않는 도서관다움'에 방점을 두어야 한다.

3
장소로서의 도서관

장소와 제3의 장소

도서관의 장소적 정체성을 논하기 전에 일상에서 흔히 혼용하는 '공간space'과 '장소place'의 개념 차이를 살펴볼 필요가 있다. 공간은 3차원의 물리적 영역으로 정의되는 추상적·포괄적·객관적 개념인 반면 장소는 인간의 경험과 시간, 문화와 가치관 등을 포함하는 구체적·개별적·주관적 개념이다. 장소는 인간의 생활공간 또는 경험세계와 연계되어 있다는 측면에서 공간과 차별화된다.

또 장소는 공식적·비공식적 사회관계와 정체성(소속감)이 형성되는 지리적 환경을 뜻한다. 즉, 특정 건물의 위치나 지점이 아니다. '장소로서의 도서관'을 지칭할 때의 '장소'는 건물의 지번이나 부지를 넘어선다. 따라서 장소는 단순한 물리적·지리적 위치를 넘어 인간의 실천적 행위를 포괄하는 수준에서 이해되어야 한다.

요컨대 추상적 개념인 공간과 달리 장소는 특정적 상황과 의미가 풍부한 개념이다. 장소는 개인의 기억, 경험, 관계가 존재하는 컨텍스트다. 가령 고향의 초가는 추억과 경험, 마을과의 관계가 집적되어 있는 장소다. 달리 표현하자면, 공간에 의미를 부여할 때 장소가 된다. 예컨대 '수도원을 성스러운 장소'라고 지칭할 때는 공간에 종교적 의미를 부여한 것이다.

(1) 장소로서의 도서관

도서관은 배후 공간에 의미가 부여될 때 장소로 성립된다. 이 경우 장소로서의 도서관은 건물을 지칭하는 것이 아니라 지식정보와 프로그램을 매개로 사서와 지역주민, 이용자인 주민 상호 간에 소통을 통한 인간관계가 이루어지고 문화 발전에 이바지하는 장소를 말한다. 그럼에도 실제 장소로서의 도서관을 거론할 때는 입지적·지리적 성격이 강한 반면에 자료 수장, 이용 열람, 프로그램 운영 등을 위한 시설은 공간으로 지칭하는 경우가 많다. 수장 공간, 이용 공간, 보존 공간 등이 대표적 예다. 그러나 이들은 장소로서의 도서관을 구성하는 단위 공간일 뿐 추상적인 공간에 의미를 부여한 장소가 아니라는 점에 유의해야 한다.

1978년 랭커스터F.W. Lancaster는 '종이 없는 정보 시스템'을 예견했고, 1990년대 초반부터 물리적 장소로서의 도서관의 가치와 기능을 재검토해야 한다는 주장이 난무했다. 당시 다양한 정보 자료의 디지털화, 네트워크화가 시작되는 상황에 주목한 버클랜드M.R. Buckland와 버드설W.F. Birdsall의 '전자 도서관', 칼슨S. Carlson의 '도서관 무용론'이 대표적이다.[15] 한마디로 디지털 도서관이 전통적 도서관을 대체함으로써 이제 도서관의 장소와 공간으로서의 존재감은 시대착오라는 논지다.

이러한 주장을 접한 도서관계는 본질적 기능과 역할을 냉정하게 검토하는 한편, 강요되는 디지털 도서관에 대적하기 위한 이론적 무장의 토대로 '장소로서의 도서관'을 제창했다. 그 요체는 기존 도서관이 아날로그 자료가 집적된 공간에 그치지 않고 디지털 도서관과 전자 자료를 포섭한 장소를 기반으로 다양한 사회문화적 기능을 수행하고 가치를 창출한다는 것이다. 이를 계기로 '철옹성을 자랑하던 서고', '책을 빌리는 장소', '공부하는 곳' 등의 이미지가 사람이 체류하고 소통하는 '장소로서의 도서관'으로 확대되기 시작했다.

그렇다면 장소로서의 도서관, 다시 말해 도서관의 장소적 존재감은 무엇을 말하는가? 도서관의 위치는 입지적 장소, 당대의 이용과 후대의 접근을 위한 보존서고 등은 물리적 장소, 다양한 자료 중심의 서비스가 이루어지는 자료실과 데스크 등은 지식정보 광장, 각종 프로그램실과 세미나 공간 등은 사회적 장소, 인터넷과 온라인 전자 자료를 위한 디지털 게이트웨이는 사이버 공간이다. 이러한 도서관의 장소와 공간적 함의는 지역주민이 도서관을 방문하거나 홈페이지에 접속하여 지식정보를 입수하고 문화 활동과 평생학습에 참여하며, 열람실과 세미나실 등의 학습 공간을 이용하고 커뮤니티 공간에서 소통·교류함으로써 정당화된다. 작금의 공공도서관은 과거(인쇄자료)와 현재(새로운 정보기술)를 융합한 장소이며, 미래에도 그러해야 한다. 따라서 장소로서의 공공도서관은 지역사회에서 독특하고 독보

적이다. 도서관을 제외한 어떤 건물도 물리적으로나 상징적으로나
지식문화기관을 대표하지 못하기 때문이다.

그런데 2000년대 들어 영국의 아이디어 스토어처럼 과거와 차원을
달리하는, 파격적 외형과 매력적이고 참신한 기능을 앞세운 대규모
공공도서관이 세계 곳곳에 등장했다. 그에 따라 도서관의 물리적 장
소에 대한 가치와 기능을 재평가하기 시작했다. 2005년 미국 도서관
정보자원진흥재단Council on Library and Information Resources은 「장소로서의 도
서관Library as Place」이라는 보고서에서 학습 공간을 재배치하고 다양한
교류의 장을 제공하며 유익한 발견을 위한 안전성, 쾌적성, 정숙성을
갖춘 장소로서의 도서관 기능을 제시했다.[16] 2009년에는 국제도서관
협회가 '장소와 공간으로서의 도서관'을 주제로 위성 회의를 개최하
여 도서관계의 이목을 집중시켰다.[17] 공공도서관은 물리적 공간과 사
회적 장소를 내포하고 있으며, 제1의 장소인 가정과 제2의 장소인 직
장이 아닌 제3의 장소로서의 역할을 하려면 학습 및 교류의 장으로
변신해야 한다는 것이 회의의 요지였다. 최근에는 미국 학계를 중심
으로 전통적 건축·공간디자인 이론의 틀을 넘어 사회학, 역사학, 지
리학, 문화인류학 등 다양한 분야의 이론과 방법을 적극적으로 도입
해 장소와 공간으로서의 도서관을 기능적·심리적·사회학적으로 해
석하려는 시도가 본격화되고 있다.[18]

하지만 국내에서는 여전히 피상적 담론 수준에 머물고 있다. 장소
로서의 도서관을 이야기할 때의 '장소'가 인적 공동체를 위한 사회적
장소를 가리킴에도 지도에 좌표로 나타나는 지점이나 시설이 있는
물리적 장소로만 인식하는 경향이 강하다. 디지털 정보기술의 확충,

자료열람실 축소와 세미나실 설치, 장애인·노인 이용 환경 개선, 식음코너 신설, 커피숍 유치 등을 통해 변신하더라도 장소적 정체성이 견고해지는 것은 아니다.

그렇다고 변신을 위한 노력에 위화감을 느끼거나 반격할 필요는 없다. 다만 장소와 공간으로서의 공공도서관은 건물이나 시설보다 거기에 모인 사람들이 중요하다. 지역주민이 도서관이라는 장소를 기반으로 다원적·중층적·잠정적 공간을 창출하기 때문이다. 이는 장소가 물리적으로 고정된 개념이 아니며 다양한 행동 양식, 지적 활동, 상호관계를 포섭해야 변화와 발전을 지속할 수 있음을 의미한다.

(2) 제3의 장소로서의 도서관

디지털, 인터넷, 모바일 때문에 도서관이 새로운 위축과 위기에 직면하자 도서관계는 '제3의 장소로서의 도서관'이라는 새로운 정체성을 외치며 돌파구를 모색하고 있다. 지역사회와 이용자의 요구에 따라 다양한 변신을 시도하는 다목적·다기능 도서관을 지향함으로써 다원적 장소로서의 존재 가치를 설파하는 데 혈안이다. 심지어 공공도서관은 책의 집성체가 아니라 지역주민의 일상생활과 평생학습을 지원하고 지적 만남과 사회적 교류를 촉진하는 제3의 장소임을 주장하면서 모든 사람이 자유롭게 이용할 수 있는 친밀한 공공시설이자 무한한 포용력을 지닌 공간, 교류와 만남의 장이자 대화와 토론의 공간, 사회관계자본을 창출·축적하는 시설로 포장한다.

그러나 디지털화와 온라인 접근, 모바일 서비스 등이 강조되면서 도서관의 장소적 중요성이 약화된 것처럼 보이지만 여전히 학습과 공동체 활동을 위한 장소와 디지털 정보 검색·이용 공간 등이 필요하며,[19] 실물 자료를 계속 수집·보존하는 한 장소로서의 정체성과 역할에는 큰 변화가 없다. 그럼에도 물리적 장소로서의 정체성을 초월하는 제3의 장소로 변신해야 한다는 주장이 만연하다. 그 실체는 무엇이며, 과연 공공도서관에 적합한 논리일까?

'제3의 장소'라는 말은 1989년 미국 웨스트플로리다 대학의 사회학자 올덴버그R. Oldenburg가 고안했다. 그가 말한 제3의 장소는 제1의 장소인 가정과 제2의 장소인 직장이 아닌 지역사회의 심장으로서 특별하고 아늑한 행아웃hangouts*을 뜻한다. 다양한 배경과 직업을 가진 이웃이나 친구와 만나 가정과 직장에서의 스트레스를 풀고 세상사를 이야기하며 삶의 페이스를 조절하는 공간으로, 카페, 미장원, 동네시장, 선술집, 노인정, 서점, 미술관 등이 대표적이다. 올덴버그는 제3의 장소가 함축하는 특징을 다음 여덟 가지로 제시했다.[20]

① 사회적 중립지대socially neutral: 법적 의무감, 정치적 제약, 경제적 차별 등이 배제된 중립성을 강조한다. 그래서 부담 없이 만나고 소통하는 공간이다.
② 평등성 담보status levelers: 개인의 사회적 지위에 방점을 두지 않는다. 참여하는 데 어떤 조건도 요구하지 않기에 칸막이나 경계가 없다.
③ 대화 중심성conducive to conversation: 대화와 소통이 중심인 공간이다. 누

• 범인의 은신처, 악당의 소굴, 집합소, 수다방 등 다양한 의미로 번역되는데 '사회에 존재하는 비공식적 모임 장소'로 통칭할 수 있다.

구나 편안하게 대화하고 유머, 위트, 놀이를 강조한다.

④ 접근 및 수용성이 높은 시설accessible and accommodating: 모든 주민이 방문하기 쉬운 위치, 시설 환경이 우수한 공간이다.

⑤ 단골의 존재a group of regulars: 단골이 있다. 아늑한 공간과 자연스러운 분위기가 사람들을 유인하며, 새로운 방문자에게 관대하고 친화적이다.

⑥ 겸손한 태도와 자세low profiles: 배타적이지 않은 건전한 공간이다. 고급스럽거나 화려하지 않은 가정적 분위기를 조성하므로 모든 개인과 계층에게 장벽이 없다.

⑦ 장난기 넘치는 분위기playful mood: 긴장감이나 적대감을 조성하지 않는 분위기가 보편적이다. 재치 있는 대화, 장난기 넘치고 털털한 농담을 환영한다.

⑧ 제2의 가정homes away from home: 가정이 아님에도 또 다른 가정과 같은 분위기가 충만하다. 마치 오래된 식구처럼 따뜻한 감정을 공유하고 소속감과 일체감을 느끼는 가운데 정신적으로 교감하고 위로도 받는다.

그렇다면 공공도서관은 올덴버그가 정의한 제3의 장소에 해당할까? 올덴버그는 저서에서 도서관을 사례로 언급하지 않았다. 1970~1980년대 공공도서관이 장서 중심의 다양한 서비스를 제공하고 각종 프로그램을 개설했음에도 관외 대출과 독서 활동을 위한 정숙성을 강조하는 분위기 등이 제3의 장소에 부합하지 않는다고 간주했기 때문이다. 자율적 모임과 자유분방한 대화에 방점을 둔 카페와 같은 장소가 아니라는 것이다.

여전히 그럴까? 스콧R. Scott은 공공도서관이 지역사회에 활력을 불어넣는 핵심요소이기 때문에 공동체가 구축되고 장소가 창출되는 제3의 장소로 보았다.[21] 현재 국내외를 불문하고 지역밀착형 소규모 도서관(분관, 작은 도서관)을 비롯한 대다수 공공도서관은 제3의 장소를 함축한다. 대화 중심성과 장난기 넘치는 분위기를 제외하면 대체로 제3의 장소로서의 특징에 부합한다.

다만 전통적이고 고답적인 이미지에서 확장하여 제3의 장소로 진화하려면 주민의 일상적 삶과 평생학습을 충분히 지원하고, 지역사회 활성화를 위한 만남과 교류를 촉진하며, 사회관계자본을 포섭해야 한다. 그리고 도시 공공 영역에서 원활한 커뮤니케이션을 촉진하

제3의 장소의 특징	공공도서관의 각종 서비스와 외부 효과	충족 여부		
		충족	보통	미흡
사회적 중립지대	이용자의 대출 이력, 프로그램 참가 등 개인정보 보호, 자료 수집 및 서비스에서의 정치적·사상적 편견 배제	○		
평등성 담보	인종, 국적, 성별, 종교, 장애, 경제적·직업적 지위, 학력을 불문하고 공평하고 동등한 접근·이용권 보장	○		
대화 중심성	정숙성 강조, 정보 데스크 이용, 질의응답 서비스, 독서 토론, 세미나실 등			○
접근·수용성이 높은 시설	시내 중심가 위치, 교통 편리성 강조		○	
단골의 존재	충성 고객, 일반열람실, 도서관 친구들 등	○		
겸손한 태도와 자세	지방 공공재로서의 정체성, 사서 직업정신		○	
장난기 넘치는 분위기	어린이자료실, 이벤트 행사			○
제2의 가정	각종 프로그램 이용, 지식 대화방, 지식 놀이터 등		○	

표 6-2 제3의 장소로서의 특징과 공공도서관의 충족 여부

고 공공 문화 형성에 기여해야 한다. 그렇게 될 때 공공도서관을 미화하는 수사들, 즉 '지역사회를 위한 지방 공공재', '지역 지식문화의 상징적 중심지', '모든 이용자의 접근·이용을 차별하지 않는 중립적 공간', '지역 공동체 공간을 제공하는 시민기관', '사회적 연결망을 형성하는 교량', '지식문화 베이스캠프', '지역사회 허브', '디지로그 정보 세계를 위한 지역 공동체의 닻', '정보 공동체' 등이 정당화될 뿐만 아니라 비로소 공공도서관을 제3의 장소로 지칭할 수 있다. 또한 영국 사례에서 목격한 행정 당국의 공공도서관 경시 풍조와 퇴행적 행위를 막을 수 있다.[22]

고대 그리스의 아고라는 정치적·경제적·사회적·문화적 활동의 핵심 무대였고 지역사회 허브였다. 지리적 중심지로서의 공공광장이 아니라 각종 공공시설을 배치하여 아테네 시민의 만남과 교류를 보장한 제3의 열린 장소였다. 같은 맥락에서 공공도서관이 단순한 물리적 장소를 넘어 제3의 사회적 장소가 되려면 원칙과 정도에 무게중심을 두고 방향성을 모색해야 한다. 2004년 피셔K.E. Fisher는 시애틀 공공도서관이 올덴버그가 제시한 제3의 장소인지 조사·분석하여 물리적 장소, 지식정보 장소, 사회적 장소임을 입증했다.[23]

그러나 기본과 정도를 이탈한 다케오시도서관 열풍은 사상누각과 같아서 반면교사로 삼아야 한다. 요컨대 가장 중요한 전제조건은 '지식정보 중심의 문화 향유 광장'이다. 그 기반 위에서 소탈한 모임 장소, 가정처럼 포근한 장소, 삶을 풍요롭게 하는 장소 같은 사회적 장소로 진화해야 한다. 이를 위해서는 사회적 중립지대, 평등주의, 접근·이용의 편의성 보장을 넘어 자유로운 대화를 허용하고 친숙한 분

위기를 조성할 필요가 있다. 그래야 일상적 공간, 제2의 가정과 같은
도서관으로 자리매김할 수 있다.

장소창출과 창조공간

최근 공공도서관 혁신을 이야기할 때 '제3의 장소'와 함께 가장 많
이 회자되는 키워드가 '장소창출placemaking'과 '창조공간makerspace'이다.
둘은 어떤 차이가 있으며, 제3의 장소와 어떻게 다를까? 과연 도서관
의 전략적 선택지가 될 수 있을까?

(1) 장소창출의 중요성과 착시

장소창출은 '장소'에 방점을 둔다. 장소창출은 저마다 거주지에서
자신을 찾을 수 있는 공적 장소를 만들어가는 방법이자[24] 일상생활의
만족도를 높이고 삶의 질을 제고시킬 의도로 도시 공간을 계획하는
행위다.[25] 또는 도시 공간에서 편안함이나 애착 같은 심리적 가치를
동반하는 공적 공간을 창출하는 계획과 철학으로 볼 수도 있다. 장소
창출에는 다음과 같은 특징과 함의가 있다.

첫째, 장소창출은 공적 공간을 커뮤니티 중심지로 발전시키는 노
력이므로 주민과 사회의 공감대 형성 및 협력이 전제되어야 한다.

둘째, 사회와 주민이 공유할 수 있는 장소를 창출하려면 계획·설
계·관리·운영 과정에서 사회의 특징과 자원, 주민 의견과 영감을 최
대한 활용해야 하므로 다각적 접근이 필요하다.

셋째, 장소창출은 주민이 공유하는 장소의 사회적·문화적·경제
적·생태적 연계성을 강조한다. 그래야 지속적 성장과 발전, 사회적

통합과 행복한 삶에 기여할 수 있다.

넷째, 장소창출의 궁극적 목적은 활력이 넘치는 지역사회를 조성하고, 건강하고 행복한 삶을 영위할 수 있는 공적 공간을 창출하는데 있다. 그 결과 지역 재생과 활력, 경제적 활성화, 주민의 행복과 자긍심을 높이는 데 기여한다.

이러한 장소창출에는 보통 네 가지 유형이 있는데, 가장 널리 쓰이는 표준형은 장기에 걸쳐 여러 소규모 프로젝트를 통해 장소의 품질과 활력을 점진적으로 개선하는 방식이다. 마을이나 공원의 개선, 건물 외관의 리모델링, 시가지 보도 교체, 문화거리 조성 등이 대표적이다. 반면 나머지 세 유형은 대개 도시 재생이나 지역 재개발 등 계획적이고 의도적인 접근으로 '양호한 공적 장소'를 창출한다는 공통분모를 갖는다. 전술형은 신중하고 단계적이며, 단기간과 저비용을 강조한다. 도로 개선, 새로운 주거단지 건설, 태양광 하우스, 팝업 카페, 기타 공적 장소의 재발견 등이 여기에 포함된다. 전략형은 주민

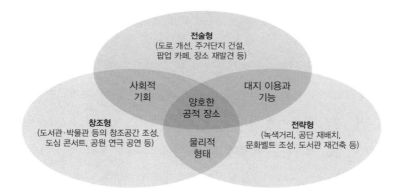

그림 6-8 장소창출의 유형

의 인간다운 삶, 일자리 창출, 경제 활성화, 사회적 활동에 초점을 맞춘다. 녹색거리 조성, 공단 재배치, 복합용도 개발, 문화벨트 조성, 도서관 재건축 등이 대표적이다. 창조형은 주민 활용도가 낮은 공적 공간에 문화·예술 향유, 창조적 활동을 보장함으로써 자발적 참여와 소통을 촉진하고 커뮤니티의 정체성을 형성하며 구성원의 연대감과 자긍심을 높이는 데 기여한다. 최근 공원에서의 영화 상영과 연극 공연, 도심 광장 콘서트, 참여형 창조공간 조성을 위한 도서관·박물관·공연장·전시관 등의 몸부림이 여기에 속한다.

따라서 장소창출은 공적 공간을 계획·설계·조성·관리하기 위한 다차원적 접근이라 할 수 있다. 궁극적으로는 주민 행복과 건강을 보장하고 이를 전제로 지역사회 성장 동력 확보와 경제 활성화를 추구하여 '명품 도시' 또는 '살기 좋은 고장'을 만드는 데 그 목적이 있다. 이를 위해서는 장소창출이 당해 지역의 역사문화적 가치, 사회경제적 배경, 자연지리적 환경을 기반으로 공적 공간에 가치와 의미를 부여하는 전략적 계획인 동시에 과정이어야 한다. 그래야 생활밀착형 공적 공간이 창출되고 지역주민의 공유 가치가 극대화될 수 있다.

공공도서관에 있어서 장소창출은 제3의 공적 장소를 창출하기 위한 개념적 수단 또는 전략적 선택지다. 그것이 거시적 도시 재생 차원이든 도서관 건물에 국한한 미시적 재건축 수준이든 지리적 위치와 건물 중심의 물리적 장소, 공적 공간으로서의 도서관의 사회적 가치와 편익을 제고하는 계획과 방법이어야 한다. 도서관 건물이나 주변을 매력적이고 주민 친화적으로 개조해야 한다. 최근 몇 년간 세계 대도시뿐 아니라 여러 중소도시에서도 많은 공공도서관이 신축이나

그림 6-9 네덜란드 암스테르담 공공도서관

리모델링을 통해 장소창출을 시도해왔다. 시애틀, 밴쿠버, 버밍엄, 암스테르담, 슈투트가르트, 도쿄, 상파울루 등에서 그 시도를 확인할 수 있는데, 그중 네덜란드 암스테르담 공공도서관과 영국 버밍엄 도서관이 장소창출에 성공한 대표적 사례로 꼽힌다.

네덜란드 오스테르도크Oosterdok섬은 암스테르담 도크랜드Amsterdam docklands의 일부로 중앙역 동쪽에 있다. 1960~1970년대에 선박과 컨테이너의 크기가 커지면서 항구 기능을 상실하고 암스테르담 중앙역 하역장으로 활용하던 도시의 블랙홀이었다. 그러다 1995년 시의회가 오스테르도크 지역의 도시 재생 사업을 허가하면서 2007년 최초의 재생 프로젝트 건물인 암스테르담 공공도서관이 개관했다. 네덜란드 출신의 세계적 건축가 쿠넌J. Coenen이 설계하고 약 8,000억 유로를 투입해 건축한 암스테르담 공공도서관은 유럽의 초대형 공공도서관이자 장소창출의 백미다. 연면적 2만 8,500제곱미터에 10개 층으로 구성된 암스테르담 공공도서관은 중심부에 위치한 입지, 뛰어난 건축미, 문화공간으로서의 역량 그리고 인근의 호텔, 주택, 사무실 등과 공유하는 지하주차장 덕분에 '지식의 섬'으로 불리는 오스테르도크섬의 랜드마크로 부상했다.

카페가 있는 도서관 광장에서는 라이브 공연이 열리며, 최상층에는 레스토랑도 있다. 7층에는 컴퓨터로 작업하는 디지털 유목민이나 독서하는 시민을 위해 좌석 1,375개를 배치했다. 그 외 260석의 대규모 극장과 4개의 회의실, 행사용 무대와 전시 공간이 있고, 1,450대를 수용하는 주차장이 있다. 하루에 4,000명 넘게 방문하며, 연간 방문자 수는 150만 명에 달한다. 오스테르도크는 암스테르담 공공도서관을 중심으로 지식 플랫폼을 형성한 데 이어 인접한 왕궁, 동물원, 음악당, 박물관, 미술관, 전시관 등과 함께 세계가 주목하는 복합문화벨트를 조성했다.

다음으로 영국 버밍엄은 잉글랜드 중서부, 런던에서 북서쪽으로 160킬로미터 떨어진 웨스트미들랜즈주의 주도로 영국 제2의 도시다. 전체 인구 126만 명 중 25세 미만 인구가 38%로 영국뿐 아니라 유럽에서 가장 젊은 층이 많으며, 인종 분포도 매우 다양하다. 13세기경 버밍엄은 시장 도시로 번창했고, 18세기 말 산업혁명 때는 증기기관을 발명한 와트J. Watt를 비롯한 많은 발명가의 거점이었으며, 그 이후에도 철강과 자동차 중심 산업 도시로 성장했다. 그러나 대다수 산업 도시와 마찬가지로 1970년대 제조업 쇠퇴와 실업률 증가로 침체되었고, 도시 외연의 확장으로 도심 공동화와 슬럼화가 진행되었다.

그림 6-10 영국 버밍엄 도서관

이에 버밍엄 시의회는 두 가지 계획을 추진했다. 2007년 수립한 장기 전략인 '빅 시티 플랜Big City Plan'은 버밍엄을 세계적 도시로 육성하기 위한 뉴스트리트역 중심의 도심 활성화 사업이었다. 다른 하나는 버밍엄 북서쪽 도시 재생을 위한 '그레이터 이크닐드 마스터플 랜The Greater Icknield Masterplan'인데, 이에 근거해 추진한 재생 프로젝트를 대표하는 걸작이 약 1억 8,880만 파운드를 투입하여 네덜란드 건축가 후벤F. Houben이 설계하고 건축회사 메카누Mecanoo가 공사를 맡아 2013년 9월 개관한 버밍엄 도서관이다.

종래의 버밍엄 중앙도서관을 대체한 버밍엄 도서관은 유럽 최대의 공공도서관으로 연면적 3만 1,000제곱미터의 11개 층(지상 10층, 지하 1층)으로 구성되어 있다. 직원은 100명이며 장서도 80만 권에 달한다. 특히 5~6층의 황금 박스Golden Box에는 버밍엄시의 주요 문서, 유산, 사진 등 6,000점이 보관되어 있고, 최상층의 셰익스피어 기념실Shakespeare Memorial Room에는 세계 최대 규모의 셰익스피어 자료(4만 3,000점)가 소장되어 있다. 2013년과 2014년에는 건축상을, 2017년 에는 국제디자인상을 수상했고, 영국에서 가장 매력적인 10대 건물의 하나로 선정되었다. 개관 뒤 1일 방문자 수가 두 배 이상 증가했고, 2014년에는 방문자 수가 241만여 명에 달했다.[26] 2016~2017년 에는 개관 시간 단축으로 방문자 수가 160만여 명으로 줄었지만, 여전히 영국에서 방문자 수가 가장 많은 공공도서관이다.* 도서관 건물을 설계한 후벤의 주장처럼 버밍엄 도서관은 '시민의 궁전'으로 인식되고 있다.

암스테르담과 버밍엄의 도시 재생 프로젝트가 방증하듯이 건축적으로 매우 특별한 외관과 구조로 설계된 공공도서관 건물은 도시 재생과 발전을 위한 교두보이자 브랜드 가치를 높이고 관광객을 유혹하는 원동력이다. 건물의 웅장함과 건축미는 지역주민뿐만 아니라 전 세계인을 끌어당길 만큼 매력적이다. 그래서 성공적인 장소창출로 평가할 수 있지만, 이는 착시에 불과하다. 그들도 장서 중심의 지식정보 서비스에 무게중심을 두고 있기 때문이다. 설령 파격적인 장소창출의 효과를 인정하더라도 세계에는 도시 재생과 무관하거나 막

• 2016~2017년 영국에서 방문자 수가 가장 많은 5대 공공도서관은 버밍엄(160만 1,520명), 맨체스터(147만 4,655명), 웸블리(138만 9,199명), 울위치(118만 7,332명), 크로이던(94만 1,282명)이었다. Vivienne Russell, 「Council spending on libraries cut by £66m last year」, *Public Finance*, 2017. 12. 11

대한 예산을 투입할 수 없는 지역과 도서관이 훨씬 많다. 그들에게는 그림의 떡과 같다.

지역사회를 기반으로 설립·운영되는 공공도서관은 본질적 정체성에 못지않게 시대가 요구하는 사회문화적 기능인 제3의 장소, 열린 공간으로서의 역할을 강화해야 한다. 그것은 당위다. 재론할 여지가 없다. 그러나 본말이 전도되면 존립 기반이 요동칠 수밖에 없음을 경계해야 한다. 문화센터나 평생학습관이 아닌 도서관이기 때문이다.

요컨대 도서관의 장소창출은 지역사회를 위한 복합문화공간으로서 매력적인 공적 공간을 창출하는 과정이다. 이를 위한 의제는 '도시 재생 및 활기찬 공적 공간을 창출하려는 계획에 어떻게 기여할 것인가', '어떤 방법으로 지역주민을 끌어들이고 상이한 사회집단의 만남을 주선하고 소통과 교류를 지원할 것인가'이다. 그리고 그 전략은 도서관을 도시의 정치경제적·사회문화적·교통지리적 경계 지점에 위치시키고 도서관과 도시의 전환지대인 트랜스존transzone을 만들되 지식정보 중심의 다기능 복합공간을 창출하는 것이다. 이러한 의제와 전략은 공공도서관을 이전하거나 도시 재생 차원에서 접근할 때 금과옥조로 삼아야 한다. 그렇지 않은 장소창출은 시류에 편승한 언어유희에 지나지 않는다.

(2) 창조공간의 실체와 허상

창조공간의 무게중심은 '창조'에 있으며, '창조자'를 위한 공간 제공 혹은 창출을 내포한다. 창조공간은 거시적·전략적으로 접근하는 장소창출과 달리 미시적이며, 건물 내에 창의활동 공간 또는 '무한상상공간'을 제공하는 데 방점을 둔다. 따라서 창조공간 창출은 도서관이 창의적 사유와 협업을 통해 창조력을 발휘할 수 있는 학습 공간을 만드는 작업을 말한다. 주요 현상과 특징은 다음과 같다.

첫째, 여러 논문과 자료에서 창조공간을 공동작업 공간co-working space, 해커 공간hackerspace, 혁신적 제조 공간fabulous laboratory(약칭 팹랩fab lab)과 동의어로 취급하고 있다. 그러나 이용 집단과 목적 등이 상당히 다르다.*

둘째, 창조공간은 지식과 자원의 공유, 공동 창작, 프로젝트 및 네트워크 작업이 가능한 물리적 장소다. 때로는 전문가 집단이 개입한다.

셋째, 창조공간의 핵심은 학습과 교육으로, 학습자는 지식정보 소비자가 아니라 생산자다. 협업, 실습, 프로젝트 수행, 체험학습을 권장한다.

넷째, 창조공간의 목적은 이용자가 스스로 생각하고 창조적으로 사고하며 해결책을 모색하도록 가르치고 지원하는 데 있다. 지식 공유 공간 및 커뮤니티 교육 제공자로서의 도서관 서비스를 확장하는 것이다.

다섯째, 창조공간의 성패는 컴퓨터, 3D 프린터, 소프트웨어, 프로그램과 같은 기술이나 자원을 제공하는 데 있는 것이 아니라 창조자

• 팹랩은 제조에 방점을 두며, 통상 레이저 커터, CNCComputer Numerical Controlled 밀링 머신, 3D 프린터 같은 컴퓨터 제어 장비를 이용하여 개인 품목을 제조하도록 설계된 실험실이자 작업 공간이다. 반면 해커 공간은 로봇공학 측면에서 팹랩과 겹치지만 컴퓨터 프로그래머나 웹디자이너가 선호하는 컴퓨터와 기술에 더 중점을 둔다.

를 수용하고 제작·수행하는 학습을 촉진함으로써 훌륭한 커뮤니티를 형성할 수 있느냐에 달려 있다.

여섯째, 창조공간은 도서관의 전유물이 아니다. 학교, 박물관, 아트센터, 커뮤니티센터, 기업체 등도 창조공간을 조성하고 각종 도구를 제공한다.

도서관의 창조공간은 지식정보를 소비하는 장소에 새로운 지식과 제품을 생산하는 공간의 역할을 추가하는 것이다. 그것은 창조 문화가 DIYDo It Yourself의 확장이듯이 지역주민을 위한 도서관 서비스의 확장이다. 다만 장서와 프로그램을 매개로 하는 서비스가 아니라 창작과 개발을 위한 도구와 장비, 소프트웨어 등을 지원한다.

이런 측면에서 도서관의 창조공간은 새로운 것이 아니다. 18세기 중반 프랭클린은 도서관 구석에서 과학장비를 이용해 피뢰침, 다초점 렌즈 등을 실험했다. 1873년 뉴욕 고완다 무료 도서관Gowanda Free Library은 여성 주민들의 정기적 만남과 사교, 뜨개질과 바느질, 독서와 토론 등을 위한 공간을 제공했다. 1905년 피츠버그 카네기 도서관의 아동부서 책임자였던 올콧F.J. Olcott은 노동자가 가족 도서관을 만들도록 지원했고, 거기서 아동에게 봉제나 공예품 제작을 가르쳤다.[27] 따라서 창조공간은 현대 도서관이 탄생한 시점으로 회귀하는 것에 불과하다. 그럼에도 창조공간이 마치 도서관의 구세주인 것처럼 요란하게 등장한 배경에는 2000년대 중반의 창조자maker 운동 및 창조 문화가 있다. 여기에 편승하여 여러 논객이 협업 프로젝트 수행에 필요한 도구와 장비를 중시했고, 도서관들도 이를 수용하는 추세다.

이러한 창조공간 창출은 북미와 유럽이 선도하고 있다. 2009년 시카고 공공도서관은 고등학생의 디지털 매체 기술 습득을 지원하기 위해 중앙관 내 해럴드 워싱턴 도서관 센터Harold Washington Library Center에 'YOUmedia'라는 5,500제곱미터 규모의 독창적 공동학습센터를 개설했다. 또 해럴드 워싱턴 도서관 센터는 2012년 박물관·도서관 서비스기구IMLS로부터 25만 달러를 지원받아 과학산업박물관과 함께 도서관 중심부에 공공 디지털 디자인·제조 실험실을 추가로 만들었다.[28] 2011년 페이엣빌 무료 공공도서관은 뉴욕 최초로 현대식 창조공간을 설치했고, 2012년에는 웨스트포트 공공도서관이 기업가 정신을 육성할 목적으로 창조공간을 마련했다. 2014년 베르토트J.C. Bertot 등이 조사한 바에 따르면 미국 내 공공도서관 1만 6,695개관(분관 포함) 중에서 창조공간을 설치한 비율은 2.5%(420개관), 3D 프린터를 구비한 비율은 2.6%(428개관)로 나타났다. 신기술을 이용한 창조 행사를 연중 개최한 경우도 15.1%(2,520개관)에 달했다.[29]

캐나다 오타와 공공도서관은 2014년 초 미국 대사관과 협력하여 파일럿 프로젝트 '상상 공간Imagine Space'을 만들었는데, 이 공간은 대중에게 신기술과 도구를 제공하고, 서로 아이디어를 교환하며 혁신을 촉발하는 협력 환경을 조성하는 데 그 목적이 있다. 영국은 창조공간이 디지털 전략에 미치는 가치와 영향이 인정되면서부터 창조공간 설치를 강력하게 추진하고 있다.[30] 그 결과로 영국 곳곳의 공공도서관에 창조공간이 설치되었는데, 풀 중앙도서관Poole Central Library과 스태퍼드 도서관Stafford Library의 3D 프린터 설치, 리즈 중앙도서관의 '스튜디오 12'가 대표적이다. 독일에서는 쾰른 시립도서관이 교육제도 밖의 주민들에게 평등한 기회를 제공할 목적으로 본관 4층에 창조공간을 설치했다. 스웨덴에서는 2013년 크니브스타 도서관[Knivsta Bibliotek]이 처음으로 창조공간을 만들었다. 그러나 국내는 2017년 조사에서 2개관만이 창조공간을 의미하는 무한상상실과 미래상상실을 운영할 정도로 저조하며,[31] 2018년 6월 기준으로 창조공간을 운영하는 공공도서관은 전체 1,042개관의 2% 미만이다.[32]

그렇다면 시류로 부상한 창조공간은 공공도서관이 디지털 파고를 극복하고 장소로서의 외연을 확장하기 위한 방향이자 전략일까? 이에 대해서는 다각적 검토가 필요하다. 일반적으로 창조공간은 공공도서관의 평생학습 지원 기능에 부합하며, 지역사회를 위한 지식문화 공간 및 제3의 장소적 역할을 강화하는 전략으로 간주할 수 있다. 도서관은 창조공간을 통해 지역주민의 창의적 사고와 창조적 능력, 커뮤니티 구축, 지역사회의 변화와 발전 등에 기여할 수 있다.

그런데 문화인류학자 맬러비[T. Malaby]는 사서와 언론이 공공도서관 창조공간을 거론할 때 다수가 첨단 기술을 광범위하게 이용하면 사회적 편익이 증가한다는 이른바 '기술주의적 이데올로기[technoliberal ideologies]'에 경도되어 있다고 지적한다.[33] 유행이 된 창조공간은 혁신을 촉발하거나 도약할 가능하게 해주는 베타 공간[beta spaces]* 혹은 핫스팟[hot spots]에 불과하다. 창조공간의 가장 일반적인 환유[換喩]는 '3D 프린터'이지만, 창조공간을 포섭하는 공공도서관의 주된 환유는 '책(지식정보)'이기 때문이다.

• 베타 공간은 도서관 생태계의 핵심 공간이 아니라 거시적 환경 내의 공간 구성 요소로서 새로운 모험을 시작하기 위한 공간이다. 따라서 베타 공간은 유연성을 강조하는 다목적 학습 공간일 수밖에 없으며, 모험을 전제로 미완성 버전 또는 초기 모델을 창출하는 데 유용하다.

창조공간에 대한 사서들의 시각도 상반적이다.[34] 3D 프린터를 도서관 창조공간의 마스코트로 간주하는 옹호론자들은 정숙한 독서 공간인 도서관에 첨단기술을 갖춘 요란한 창조공간을 도입하면 도서관 이용자와 지역주민의 관심을 끌 수 있고, 또 사회가 도서관을 다시 생각하게 하는 계기가 될 수 있다고 본다. 반면 비판론자들은 '도서관=책'으로 규정했을 때 비독자층이 거부감을 보였듯이 3D 프린터가 창조공간을 대변한다면 기존 자료 이용자나 디지털 격차가 상당한 주민은 창조공간을 이용하지 않을 것이며, 결국 도서관에 대한 부정적 이미지가 커질 수밖에 없다고 본다. 1992년 미국 대선에서 클린턴 후보가 유행시킨 '바보야, 문제는 경제야!'라는 구호를 패러디하자면 '바보야, 문제는 3D 프린터가 아니라 커뮤니티 구축이야!'라는 이야기다.

요컨대 창조공간은 공공도서관의 본질적 정체성과 괴리가 있으며 장소와 공간으로서의 사회적 역할도 제한적임을 분명하게 인식할 필요가 있다. 오늘날 공공도서관은 당대는 물론 후대를 위한 장서 개발과 보존뿐 아니라 하이브리드형 지식정보 서비스, 지역주민에게 필요하거나 지역주민이 기대하는 프로그램 서비스, 개방형 공간과 시설 제공, 다양한 문화 행사 주최와 장려 등을 통해 지방 공공재로서의 역할을 수행해야 한다. 여기서 창조공간은 하나의 필요조건일 뿐 충분조건이 아니며 공공도서관의 모든 공간과 활동을 대변하지도 못한다. 본질과 정체성, 다양한 기능과 서비스, 무수한 공간과 시설 등을 고려할 때 창조공간이라는 부분이 도서관 전체를 호도하지는 않는지 분별할 필요가 있다.

창조공간으로의 폭주는 디지털 시대의 공공도서관에 풍요와 진화를 안겨주는 축복의 성배聖杯일까, 아니면 참을 수 없는 가벼움으로 공공도서관 생태계를 약화하고 사지로 몰아가는 저주의 독배毒杯일까? 누구도 단언할 수 없다. 마중물에 불과한 창조공간에 대한 침소봉대를 경계할 따름이다.

4
도시 재생과 도서관

최근 여러 선진국에서 공공도서관을 혁신하는 배경과 저의는 세 가지로 압축할 수 있다. 하나는 도시의 랜드마크로 상정하는 경우로 미국 시애틀 중앙도서관, 네덜란드 DOK 라이브러리 콘셉트 센터, 노르웨이 베네슬라 도서관·문화센터가 대표적이다. 다른 하나는 전통적 도서관을 파격적으로 바꾸어 혁신의 아이콘으로 삼는 경우로 영국 아이디어 스토어와 일본 다케오시도서관을 들 수 있다. 그리고 마지막은 도시 재생 차원에서 장소 또는 제3의 장소로서의 중요성과 이미지를 창출하기 위한 것으로 암스테르담 공공도서관과 버밍엄 도서관이 대표적이다. 이 가운데 도시 재생 차원의 접근이 가장 포괄적이고 거시적이다.

도시 재생에서 문화의 중요성

도시 재생*은 무엇을 의미하는가? 2013년 12월 제정된 「도시 재생 활성화 및 지원에 관한 특별법」 제2조 제1항 1호는 도시 재생을 "인구의 감소, 산업구조의 변화, 도시의 무분별한 확장, 주거환경의 노후화 등으로 쇠퇴하는 도시를 지역 역량의 강화, 새로운 기능의 도입·창출 및 지역 자원의 활용을 통하여 경제적·사회적·물리적·환경적으로 활성화시키는 것"으로 규정한다. 에번스$^{G.\ Evans}$와 쇼$^{P.\ Shaw}$는 재생을 "환경적(물리적)·사회적·경제적 쇠퇴 징조가 있는 장소(주거지, 상업공간 또는 광장)의 변형^{transformation}"으로 정의하고 토지와 건물의 적극적 재설계, 재건설, 재배치를 재생의 키워드로 제시했다.[35]

협의의 재생은 노후화 또는 쇠락한 지역에 대한 물리적 개선이지만, 광의의 재생은 쇠퇴한 지역의 인프라(주거, 도로, 산업단지 등) 재정비를 넘어 정체성 확립, 거버넌스 구축, 공동체 회복, 주민 복리 및 삶의 질 개선, 지역문화 창출, 경제 활성화를 포괄한다. 그리고 궁극적 지향점은 생태환경 및 생활공간 창출을 통한 물리적 환경의 인간화^{humanization}, 도시 정체성의 재구성과 주인의식 강화, 상업과 문화의 창조적 상호작용, 자발적 참여와 사회통합 등이다. 따라서 도시 재생은 '낙후되었거나 쇠퇴하는 도시의 물리적·사회경제적·문화적 환경을 적극적으로 개선하거나 변형함으로써 도시 전체를 활성화하기 위한 전략과 과정'으로 정의할 수 있다. 그것은 지리적·공간적 개조와

• 도시 재생을 지칭하는 용어로 영국에서는 'urban regeneration', 미국에서는 'urban renewal' 또는 'urban redevelopment'가 주로 사용된다.

재구성에서 출발하여 경제적 복리를 거쳐 사회적·문화적 활성화로 귀착되는 것이 가장 바람직하다.

그렇다면 도시 재생 사업은 왜 '문화'에 방점을 두어야 할까? 도시 재생은 단순히 벽돌과 모래의 반죽이 아니다. 그것은 지역주민의 복리와 인간다운 삶과 직결되어 있다. 건물과 시설을 넘어 공공 영역의 품질에 관한 것이다. 2013년 12월부터 2014년 1월까지 영국의 여론 조사기관 입소스 모리Ipsos MORI가 미국, 영국, 독일, 브라질, 인도, 중국 등 6개국 18~34세 성인 6,051명을 대상으로 국가의 매력에 영향을 미치는 요인을 조사한 결과, 문화·역사적 명소(61%)가 첫 번째로 꼽혔다. 이어 전원과 풍경(60%), 사람(59%), 도시(52%), 예술(52%), 안전성(50%)의 순서였다.[36] 부언하면 문화와 예술이 어우러진 도시가 매력의 요체다. 이는 도시 재생 프로젝트를 추진할 때 문화를 가장 중요한 자산으로 간주하고 우선순위를 부여해야 함을 시사한다.

또 2007년 미국에서 인구 25만 명 이상의 도시(49개)에 소재하는 29개 기관을 대상으로 도시 재생을 통한 문화적 시설 및 활동의 가장 중요한 편익을 조사했는데, 삶의 질 개선(27.93%), 방문자 및 여행객 유치(17.59%), 도시 경쟁력 강화(10.34%), 고용기회 창출(7.24%), 다른 집단 및 문화에 대한 인식과 이해 촉진(6.21%), 지역 비즈니스 및 서비스 지원(6.21%), 도시 이미지 향상(4.14%) 등의 순으로 높게 나타났다.[37] 도시 재생에서 문화가 지역사회의 환경적·경제적·사회적 재생에 기여하는 바를 간추리면 표 6-3과 같다.

그래서 1980년대부터 주요 선진국은 오페라 하우스, 콘서트홀, 박물관, 미술관, 도서관과 같은 문화시설에 방점을 두고 도시 재생 사

환경적(물리적) 재생	경제적 재생	사회적 재생
• 중복되거나 불필요한 건물의 재사용 • 주변 환경 개선 • 대중의 공간 이용 증가로 인한 파손 감소 및 안전의식 증가 • 장소에 대한 자부심 • 스마트 도시 창조 • 도시 재생을 위한 문화예술가 고용 • 미래 계획에서 문화적 고려	• 방문객 증가로 소비시장 활성화 • 직간접적 일자리 창출과 유인에 따른 부의 창출 • 다양한 노동력 확보 • 새로운 사업, 소매업, 레저 분야 개발 촉진 • 기업체의 문화 참여 확대 • 주택 및 상업 건물 가격 상승 • 지역 졸업생(예술가, 광고 제작사) 보유	• 지역주민의 인식 변화 • 자신감과 포부 증대 • 자원봉사 증가 • 지역 차원의 조직 역량 강화 • 집단적 행동규범과 네트워크 등 사회자본 증가 • 특정 장소나 인구집단의 이미지·평판 변화 • 공공, 민간, 자원봉사 부문의 협력 강화 • 학교교육, 직업교육, 평생학습 등 교육 성취도 제고

표 6-3 문화의 환경적·경제적·사회적 재생 효과

업을 도시의 브랜드화와 이미지 개선을 위한 경제 전략의 일부로 추진했다. 그 기조가 최근까지 이어져 문화 중심 도시 재생이 강조되는 추세다.

이를 대표하는 국가가 영국이다. 2005년 영국 문화·미디어·스포츠부는 핵심 문화 정책을 담은 「재생의 심장, 문화Culture at the Heart of Regeneration」를 발표했다. 이는 사회적·경제적·환경적 요소가 도시 문화 변형에 미치는 영향을 측정하기 위한 시도로 진행되었는데, 문화 중심 재생의 세 가지 전략으로 '문화적 아이콘과 랜드마크, 장소창출 및 도시 정체성, 커뮤니티 통합'을 제시했다.[38] 2016년 영국 정부의 발표에 따르면 도서관, 박물관, 미술관 등의 경제적 기여는 54억 파운드에 달했다.[39]

요컨대 동서와 고금을 불문하고 문화의 뿌리는 지역 단위다. 따라서 도시 재생 사업은 지역사회의 문화와 그 다양성을 반영해야 한다.

도시 재생을 통한 문화적 장소의 창출이 지역, 도시, 마을의 명운과 직결되어 있기 때문이다.

문화 중심 도시 재생과 빌바오 효과

19세기까지 많은 국가에서 번창하던 제조업 중심 도시들이 쇠퇴의 길로 접어들었다. 이에 따른 사회개혁 수단으로 등장한 도시 재생 사업은 산업구조 개편, 도시 외연 확장 등에 따른 인구 감소, 지역경제 침체 등으로 쇠퇴하거나 우범화된 지역을 우선 적용 대상으로 삼았다. 가동을 중단한 산업시설이 버려져 있거나 노동자들이 다른 지역으로 이주하면서 생긴 폐가 등이 방치되어 있기 때문이다. 이러한 지역에 재생 사업을 펼치면 특정 시대의 역사와 건축 양식을 간직한 장소, 새로운 특징과 기능을 부여한 거점형 공간, 지역 문화자원과 연계한 관광명소 및 창조적 공간으로 탈바꿈하게 된다. 그래서 1940년 대부터 도시 재건축이라는 명목하에 리모델링이 활발하게 추진되었고 지금도 세계 곳곳에서 계속되고 있다. 그 가운데 가장 선호하는 방식이 문화 건축물의 파격적 리모델링과 브랜드화 전략이다.

대표적 성공 사례로는 스페인의 빌바오 구겐하임 박물관이 꼽힌다. 20세기 초반까지 빌바오는 철강, 화공, 조선, 무역 등으로 스페인에서 가장 부유한 도시였다. 그러나 1970년대 중공업 위기로 실업률이 20%를 넘기고, 인구는 100만 명에서 35만 명으로 급감하고, 산업시설과 항만의 폐부지가 증가하고, 경제 침체가 극심했다. 거기에다 극단적 민족주의, 마약과 테러의 온상이라는 이미지까지 더해졌다. 쇠락한 회색 도시의 부활을 고민하던 빌바오시는 95%의 시민이 반대한 구겐하임 재단에 박물관 건립을 요청했고, 캐나다 출신 미국 건축가 게리^{F. Gehry}가 설계해 1997년 10월 18월 완공했다.

네르비온강 변에 자리 잡은 빌바오 구겐하임 박물관은 개관 1년 만에 1억 440만 유로의 수익을 올렸다. 또 빌바오시는 박물관이 시 경제 성장에 기여한 공로를 인정한 유럽연합이 지원한 공적 자금을 공항, 고속철도, 항만, 지하철, 자전거 도로 등의 기반시설과 다양한 문화시설에 투자하고, 오염된 네르비온강을 정비하여 수변 녹지 공간을 조성했다. 그 선순환 효과로 빌바오시는 과거 4만 명도 안 되던 연간 방문객이 2017년 130만 명을 넘어설 정도로 화려한 문화 도시로 부활했다. 그래서 등장한 신조어가 '빌바오 효과'* 또는 '구겐하임 효과'다. 각국 정치인과 행정 책임자는 도시 재생을 계획할 때 새로운 건물에 '와우 효과^{wow-effect}'**를 기대하고 쇠락한 도시에 엄청난 수익을 안겨준 빌바오 효과를 노골적으로 요청한다.[40]

그러나 가시적 성과에 못지않게 우려하는 목소리도 크다. 빌바오 구겐하임 박물관이 바스크 지방 전통문화나 문화예술가들과는 괴리된, 이른바 문화제국주의를 부추기고 양산하는 단초라는 지적이다.[41] 또 빌바오 구겐하임 박물관의 성공으로 스타 건축가가 상징적인 건축물을 만들어야 도시를 널리 알리고 브랜드화할 수 있다는 믿음이

• 쇠락하던 산업 도시 빌바오가 구겐하임 박물관을 건립하여 관광 도시로 재탄생하면서 얻은 경제적 효과를 말한다. 넓은 의미로는 랜드마크로 건립된 건축물이 도시 경쟁력을 높이고 사회·경제·문화·관광 등에 미치는 영향이나 현상을 가리킨다.

•• 고객이나 방문자가 어떤 건물, 자연, 장면 등을 목격하고 '와우'라는 감탄사가 절로 나올 만큼 감동하거나 경탄하게 만드는 효과를 말한다.

만연해졌으나 투자비만 부풀려지고 대부분 실패로 끝났다. 영국의 밀레니엄 돔Millennium Dome•이 대표적 예로, 10억 파운드에 달하는 공적 자금을 투입했으나 기대했던 효과에 미치지 못하고 기업체 행사나 음악 콘서트용 임대 공간으로 전락했다. 여러 국가의 올림픽·월드컵 경기장도 비슷한 전철을 밟고 있다. 문화시설은 도시 개발의 핵심인 자로 간주되지만, 문화 중심 도시 재생의 성패는 그 긍정적 기대효과 가 얼마나 지속되느냐에 달려 있다.

하지만 문화 중심 도시 재생 사업을 추진할 때 공공도서관을 아이 콘으로 삼는다면 부정적 측면의 빌바오 효과를 우려할 필요가 없다. 지난 150년 이상 무료 제공과 만인 공개를 이념적 지주로 삼아 발전 과 진화를 거듭한 공공도서관은 대중의 일상생활과 밀착해 있기에 실패할 가능성이 거의 없다. 설령 어떤 지역에 공공도서관 카드를 소 지한 주민이 적고 주민들이 도서관을 자주 이용하지 않는다 하더라 도 박물관, 미술관, 영화관, 콘서트홀과 달리 도서관은 언제든 쉽게 접근할 수 있고 무료로 이용할 수 있다. 그래서 도시에 문화를 입히 려면 공공도서관에 우선순위를 두어야 한다. 이미 지구촌 도처에서 인상적인 공공도서관 건물이 도시에 활력을 불어넣고 있으며, 피폐 해진 지역을 재생시키는 앵커 포인트anchor point로 활용되고 있다.

• 2000년 1월 개장한 밀레니엄 돔은 새천년을 상징하는 세계 최대의 단일 지붕 구조체다. 그리 니치반도에 위치한 밀레니엄 돔은 1년 12개월을 상징하는 12개 타워가 지지하고 있으며, 높이는 100미터, 직경은 365미터(365일을 상징)다. 블레어 정부는 연간 1,200만 명이 방문할 것으로 기대 했으나 실제로는 650만 명 정도에 그쳐 적자에 시달렸고, 수억 원에 달하는 운영유지비를 감당하 지 못해 1년 만에 폐장했다. 이후 테마파크로 재개장하려던 계획도 무산되고, 미국 억만장자에게 인수되었다.

도시 재생 차원에서 성공한 공공도서관의 사례로는 영국 런던 서 더크 자치구의 페컴 도서관·미디어센터^{Peckham Library and Media Centre}를 들 수 있다. 런던 템스강 남쪽에 있는 페컴은 인구 1만 4,667명(2019년 1월 기준)의 소도시다. 주민 대다수는 아프리카계 흑인이나 히스패닉 이민자로 저소득층 노동자가 많으며, 2000년대 초까지 주택 노후화, 지역 경제 침체, 높은 범죄율 등으로 낙후된 지역이었다. 서더크 의 회는 1994년 시작된 영국 정부의 단일재생기금^{Single Regeneration Budget}• 을 지원받아 페컴의 주거시설과 공공 분야 개선을 추진했고, 그 일환 으로 쇼핑센터와 각종 상점, 극장 등이 운집한 중심부에 복합문화시 설인 페컴 도서관·미디어센터를 건립했다. 알솝^{W.A. Alsop}과 스토머^{J. Stormer}가 설계하고 총 500만 파운드를 투입하여 6년간의 공사 끝에 2000년 3월 개관했다.

연면적 3,454제곱미터(도서관 부문 2,300제곱미터)의 5층 건물인 페 컴 도서관·미디어센터는 녹색의 단순한 ㄱ자 외형에 후면은 색유리 모자이크로 마감했다. 독창적 외관으로 페컴 도서관·미디어센터는 2000년 영국 왕립건축학회가 수여하는 스털링상, 2002년 시빅트러 스트상^{Civic Trust Award}을 수상했다. 1~3층에는 지역정보센터와 미디어 교육 시설 등이 있고, 4~5층이 도서관이다. 지역 중심가인 광장과 연결되어 있어 접근성이 우수하고 주변 커뮤니티 공간으로 쉽게 이 동할 수 있으며, 도서 열람과 대출, 커뮤니티 활동 지원, 지역정보나

• 1994년 영국 정부는 도시 재생의 종합적 측면을 고려하여 각 부처에서 개별적으로 지급하던 도시개발보조금, 도시재개발보조금, 시 교부금 등 20여 개 보조금을 하나로 통합했는데, 그것이 단일재생기금이다. 단일재생기금은 총액의 80%를 빈곤이 심각한 지역에 할당했다.

그림 6-11 영국 서더크 페컴 도서관·미디어센터

상담 서비스를 위한 원스톱 숍, 탁아·교육시설, 사랑방 공간 등 다양한 기능을 수행함으로써 물리적 재생을 넘어 사회문화적 재생의 중심지로 부상했다. 또 개관 후 독서 그룹, 대출 관리, 열람실 운영 등을 주민 자율에 맡겨 주인의식과 애착심을 갖도록 했다. 그 결과, 페컴 도서관·미디어센터는 매월 3만 5,000명이 방문할 정도로 각광받고 있으며, 연간 대출 권수도 29만 7,000권에 달한다. 과거에는 페컴을 떠나겠다고 응답한 주민이 70%에 달했으나 재개발 후에는 35%로 줄었다.[42]

이처럼 낙후 지역에서 재생 사업을 추진할 때 문화시설을 요체로 삼되 가장 중요한 문화시설인 공공도서관을 시민광장 중심부 내지 인접 지역에 배치해 다른 생활공간과 연계시키고 다목적 복합문화시설로 운영해야 지속 가능성을 기대할 수 있다. 이에 주목한 영국 정부는 2015년 지방정부협회와 공동으로 'The Leadership for Libraries Taskforce'를 구성했다. 이 팀의 목표는 영국 공공도서관 서비스를 발전시켜 문화적 접근과 참여, 디지털 해득력, 건강과 복지, 지역사회 응집력 등을 향상하도록 지원하는 데 있다.[43]

1903년 카네기가 공공도서관 투자의 중요성을 강조하면서 남긴 "도서관은 지역사회가 사람들에게 편익을 주기 위해 할 수 있는 다른 모든 것보다 우선순위가 높다. 그것은 사막에서 결코 실패하지 않는 샘이다"라는 명언은 여전히 유효하다. 사막이 아름다운 것은 어딘가에 샘이 있기 때문인데, 그는 사막을 지역사회로, 사막의 샘을 도서관으로 은유했다. 가슴에 담아야 할 절묘한 표현이다.

도시 재생에서 공공도서관의 역할

도시 재생은 지역사회의 낙후된 생태환경과 생활공간을 개선하고 재구성하는 수단이다. 그러나 주민 만족도가 높더라도 문화적 편익이 극대화되지 않으면 지속 가능성을 담보할 수 없다. 도시 재생 사업이 지역문화 활성화에 방점을 둘 때는 공공도서관의 외연을 사회적 장소 및 다목적 지식문화센터로 확장시키는 전략이 매우 중요하다. 그 논거와 당위성은 다음과 같다.

첫째, 과거 종교 건물(교회)이 그러했듯이 현대 도서관은 지역사회에서 가장 중요한 지식문화시설이다. 도서관은 다른 교육문화시설과 달리 지역사회 발전을 주도하고 지식문화 수준을 높이는 베이스캠프다.

둘째, 지방정부 또는 자치단체가 설립·운영하는 모든 공공도서관은 비배제성과 비경합성을 요체로 하는 지방 공공재다. 어떤 이유로도 지역주민을 배제하지 않고 차별하지 않는 민주주의의 공간으로 이념적·정치적 중립성을 강조한다.

셋째, 공공도서관은 본질적 정체성인 지식정보센터를 기반으로 지식문화 광장, 문화 향유 거점, 평생학습의 산실, 문화·예술의 백과사전, 만남과 소통을 위한 사랑방 역할을 한다. 그래서 시민의 대학으로 불린다.

넷째, 공공도서관은 지식정보의 이용과 독서를 통한 지적 호기심 충족, 참여와 경험을 통한 영감 발현, 모임과 토론을 통한 아이디어 개발 등을 위한 창조공간을 제공하고 창조 문화를 숙성시킨다. 그렇기에 공공도서관은 개인 독자를 지원하는 차원을 넘어 불특정 다수를 위한 지식 창고이며, 공동 작업과 워크숍 공간을 제공하는 인큐베이터이자 현대판 17세기 커피 하우스다.[44]

다섯째, 공공도서관은 지식정보와 지역문화의 상호작용을 촉진한다. 특히 제3의 장소와 창조공간은 지역주민의 모험과 발견을 위한 닻이며, 지역사회의 다양한 문화·예술 활동을 보장하는 문화적 아이콘이다. 도시 공동체 문화를 촉진하고 문화적 르네상스를 선도한다.

여섯째, 공공도서관은 장소성과 시민성을 보장한다. 전자가 지리적·위치적 측면에서의 고유성과 역사성을 뜻한다면, 후자는 지역주민의 자발적·민주적 접근을 허용하고 참여와 소통 기회를 제공한다.

일곱째, 공공도서관은 도시 계획에서 중요한 부분이다. 특히 복합용도지구에서는 도시의 다양성에 기여하며, 경험을 위한 공공 도메인^{public domain}을 구축하는 장소창출자^{placemaker}다.[45] 이러한 이유로 도시 재생 지역에서 가장 먼저 건립되거나 파격적으로 재건축되는 경우가 많다.

여덟째, 공공도서관이 도시 재생 사업의 성공에 기여한 사례는 무수히 많다. 도시의 랜드마크로 자리 잡은 미국 시애틀 중앙도서관, 네덜란드 DOK 라이브러리 콘셉트 센터, 노르웨이 베네슬라 도서관·문화센터, 런던 서더크 페컴 도서관·미디어센터, 문화적 아이콘으로 부상한 타워햄리츠의 아이디어 스토어, 제3의 사회적 장소로서의 이미지를 창출한 암스테르담 공공도서관과 버밍엄 도서관이 대표적이다.

그런데 문화 중심 도시 재생을 추진하면서 빌바오 효과를 반면교사 삼아 지역문화의 베이스캠프인 공공도서관을 요체로 상정할 때는 낙수효과와 분수효과*를 경계해야 한다. 낙수효과는 지방행정이 주도하는 하향식 접근법에서 목격할 수 있다. 도서관의 본질과 핵심기능보다 도시 이미지 개선과 비용 절감에 치중한 다케오시도서관이 대표적 예다. 단기적으로는 이용자가 증가하고 세간의 이목을 집중시켜 각지에서 방문함으로써 도시 활성화와 관광 수입이 증가했으나 전문인력과 장서 개발의 부실로 정체성이 약화되고 핵심역량이 저하되어 지역주민이 외면하고 방문객도 발길을 돌리고 있다. 외화내빈^外

• 적하효과^{滴下效果}라고도 불리는 낙수효과는 물이 아래로 흐르는 것처럼 한 국가의 경제를 선도하는 대기업, 재벌, 고소득층 등에서 성과가 증가하면 후발주자인 중소기업과 연관 산업, 소비자에게 혜택이 돌아가 불균형이 해소되는 효과를 낸다는 주장이다. 반면 분수효과는 물이 위로 솟구치듯이 부유층의 담세율을 높여 회수된 세금을 사회경제적 약자층에 직접 투자하면 소비가 증가하고 그 결과가 생산 투자로 이어져 경기가 회복된다는 입장이다.

華內貧이 초래하는 착시 현상에 불과하다.

분수효과는 지역주민과 도서관이 주도하는 상향식 문화 재생 사례에서 확인할 수 있다. 도서관의 본질과 역량 강화에 무게중심을 두면서 외연을 사회적 장소로 확대하는 경우로, 런던의 아이디어 스토어와 페컴 도서관·미디어센터가 이를 대변한다. 지역주민의 도서관 비이용 이유 및 개선 사항을 조사·반영하거나 운영 과정에 주민을 참여시켜 애착심과 주인의식, 공동체 문화를 강조함으로써 도시 이미지를 개선하고 사회적 장소로서의 지속 가능성을 확보한 사례다.

그렇다면 어느 효과를 우선해야 할까? 낙수효과를 중시하면 공공도서관이 도시경영 수단으로 전락하며 공공재적 성격이 약화되고, 특히 사회적 약자를 위한 지식문화 서비스의 부실로 이어질 수밖에 없다. 반대로 분수효과에 경도되면 공공도서관의 본질적 정체성이 훼손되는 가운데 제3의 장소 또는 극소수를 위한 창조공간으로 왜곡될 개연성이 있다. 여러 사례를 반추하면 도시 재생으로 지식문화 생태계가 파괴되거나 위축되는 역설적 상황이 적지 않다. 도시의 랜드마크나 도시 문화의 아이콘화 전략으로 추진되는 공공도서관 간판 바꾸기, 기능을 무시한 파격적 디자인, 과대 포장된 제3의 장소성, 소수 독점을 부추기는 창조공간 등은 본질과 무관한 신비감과 와우 효과만 조장하는 참을 수 없는 가벼움이다. 미사여구를 동원하여 도시 활성화 및 문화 수준 제고에 기여한다고 항변하더라도 생활밀착형 지식정보공간을 기대하기 어렵다. 따라서 '공공도서관은 사회의 서재와 장소'라는 구호도 신기루에 불과하다.

어떤 효과를 기대하든 어떤 방식을 적용하든 문화 중심 도시 재생 사업에서 가장 중요한 원칙은 낙수효과와 분수효과를 선악이 아닌 선순환적 결합으로 인식해야 한다는 점이다. 이를 위해서는 공공도서관의 최대 강점인 '지식정보'와 지역사회의 미래 자산인 '문화'를 조합하여 지역주민이 지식문화를 향유할 수 있는 사회적 장소로 변형시켜야 한다. 그렇게 해야 미시적으로는 지식정보센터, 제3의 사회적 장소, 창조공간으로서의 역할을 기대할 수 있고, 거시적으로는 도시의 문화적 아이콘과 지속 가능성을 담보할 수 있다. 따라서 미래의 공공도서관은 다음과 같은 전략적 사고와 접근을 강조할 때 도시 재생에 기여할 수 있다.

먼저 모든 공립 공공도서관은 본질적 정체성인 지식정보센터로서의 위상과 역량에 충실해야 한다. 이는 아날로그와 디지털을 융합한 하이브리드 장서 개발과 보존 관리를 기반으로 지식정보 서비스를 가장 중시해야 함을 의미한다. 2011년 스콧$^{R.\,Scott}$이 미국 도서관장들을 대상으로 조사한 결과 "도서관에서 가장 중요한 측면은 인간의 상호작용이고 책과 자료는 실제로 이차적인 것"으로 나타났다.[46] 그런데 과연 책은 이차적인 것일까? 책의 집성체인 장서는 도서관 건물과 공간을 정당화하는 요체이며, 그것을 매개로 할 때 이용자의 상호작용이 가능하다. 도서관이 아니더라도 지역주민이 상호작용할 수 있는 장소와 공간은 도처에 존재한다. 교육·문화시설로 좁혀도 평생학습관, 박물관, 미술관, 문서관, 기록관, 문화센터, 미디어센터, 아트센터, 서점, 도서대여점 등 부지기수다. 그런데 굳이 도서관에서 만나고 교류하는 이유는 어디에 있을까? 책을 포함한 다양한 지식정보, 프로그램, 시설과 공간을 이용하고 서비스를 제공받는 데 있다.

도서관 재생에서 매우 이례적인 영국의 아이디어 스토어를 제외하고는 대다수가 '도서관'이라는 명칭을 고수하고 있다. 도서관의 본질적 정체성을 중시하는 것이다.

다음으로 공공도서관의 핵심기능 및 이용 서비스 측면에서는 디지털 패러다임을 적극적으로 수용하되 다목적 복합문화시설로 변신하는 것이 바람직하다. 이를 위한 선택지로는 두 가지를 생각해볼 수 있다. 하나는 도시 재생 사업을 적용할 때 공공도서관 자체를 실물공간과 가상공간으로 재구성하여 지식정보센터를 바탕으로 지역 문화기반시설, 모든 연령층을 위한 평생학습 거점, 소통과 공감을 위한 커뮤니티센터(사랑방), 디지로그 정보 공동체로서의 기능과 서비스를 복합적으로 수행하게 하는 방안이다. 지식사회에서 공공도서관의 핵심기능은 도시의 랜드마크인 건물에서 학습, 모임, 작업을 위한 물리적 장소를 제공하는 것과 지역주민, 연구자, 기업체, 행정기관 등에 디지털 서비스(전자 자료 및 참고 서비스)를 제공하는 것이다.[47] 동일한 맥락에서 물리적 장소와 디지털 게이트웨이 기능을 조합하고 최적화해야 한다.

다른 하나는 공공도서관과 다른 문화기관을 통합하거나 동일 건물에 입주시키는 방안이다. 이러한 사례로는 도서관과 음악·영상실, 아트센터를 통합한 네덜란드 DOK 라이브러리 콘셉트 센터, 도서관과 문화센터를 묶은 노르웨이 베네슬라 도서관·문화센터, 도서관과 미디어센터를 결합한 영국 페컴 도서관·미디어센터, 도서관과 박물관을 단일 건물에 집합시킨 웨이크필드 원Wakefield One, 역사관과 도서관을 통합한 켄트 역사·도서관센터가 대표적이다.

그리고 공공도서관 공간 전략 측면에서는 지식정보 중심의 독서, 학습, 연구를 위한 전통적 공간에서 만남과 참여, 소통과 공유, 창조와 혁신을 위한 개방형 공간을 수용하되 전통과 혁신 사이에서 균형을 취해야 한다. 이를 위한 공간 세분화 전략은 2012년 덴마크의 요쿰센H. Jochumsen이 제안한 4대 공간(학습 공간, 영감 공간, 회의 공간, 공연 공간) 모델을 참고할 수 있다.[48] 요쿰센이 제시한 학습 공간learning space은 발견과 학습을 위한 비공식 코스, e-러닝, 대화와 토론, 지식정보 접근, 참고 서비스 등을 위한 공간을 말하며, 영감 공간inspiration space은 문예, 영화와 음악, 오락과 게임에 대한 접근, 작가 및 예술가와의 만남 등을 위한 공간을 말한다. 또 회의 공간meeting space은 지역 정치 현안과 시사 문제 토론, 독서·연구 모임, 커뮤니티 구축 및 네트워킹 이벤트 등을 위한 공간이며, 공연 공간performative space은 창의력과 창조, 심미적 학습, 글쓰기 워크숍, 예술가와의 만남 등을 위한 공간을 말한다. 서로 겹치는 부분도 있지만, 4대 공간은 체험, 발견, 참여, 창조를 유도하고 역량 강화와 혁신에 기여한다. 이러한 이유로 4대 공간 모델은 공공도서관 공간 논쟁에서 유용한 도구로 쓰여왔고 현장과 학계에서도 널리 활용되었다.

그러나 4대 공간 모델은 도서관의 다양한 기능과 서비스를 포괄하지 못하고 추상적이며 거대 담론에 가깝다. 따라서 미래 공공도서관의 공간은 문화 중심 도시 재생, 다목적 지식문화 콤플렉스, 개방형 사회적 장소로서의 전략을 동시에 적용하여 지식정보 공간(장소·공간으로서의 도서관, 시민 서재와 대학, 도시 아이콘과 브랜드), 학습·독서 공간(지적 탐구, 학습과 연구), 문화·창의 공간(참여와 발견, 영감과 모험),

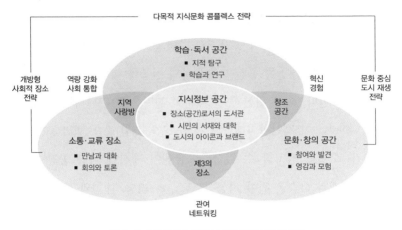

그림 6-12 공공도서관 공간 구성을 위한 전략적 모형

소통·교류 장소(만남과 대화, 회의와 토론)로 재구성하는 것이 바람직
하다.

　마지막으로 공공도서관의 장소성 측면에서는 공간적 외연을 사회
적 장소 내지 제3의 장소로 확장할 필요가 있다. 포머런츠J. Pomerantz
와 마치오니니G. Marchionini가 "물리적 공간과 지적 공간을 결합해 각각
을 사람과 아이디어로 연결하는 장소"로 간주했듯이[49] 공공도서관은
지식과 문화가 결합되고 만남과 소통이 강조되는 생활공간이어야 하
고 '중층적 공공성'을 대표해야 한다. 여러 종류의 공공 영역이 다양
한 층위에 걸쳐 복합적인 관계를 맺음으로써 공공도서관은 시장이자
광장, 도시의 거실이자 발코니, 놀이터이자 카페, 전시장이자 소통과
담론의 장소일 정도로 무수한 공공적 관계들이 중첩되는 복합공간이
어야 한다.[50] 도서관 건물 내로 한정하는 공간적 사고를 초월해야 도
서관이 사회적 장소로 자리매김할 수 있다. 이를 위해서는 도시 재생
과정에서 어떤 방법으로 도시 활성화를 촉진할 것인지, 어떻게 도시

문화를 창출·혁신하는 데 기여할 것인지 고민해야 한다.

　도서관이 지리적 울타리와 사회적 경계선을 초월하는 공공 도메인이 되려면 내외부의 경계에 트랜스존을 조성하여 만남과 쇼핑, 통행과 이동, 집회와 행사 참여 등과의 연결connection 또는 연계connectivity를 강화해야 한다. 그리고 지식문화 발전에 디지털 포용, 사회경제적 웰빙, 문화적 창의성 증진, 도시 문화 창출을 추가하여 사회적 가치를 재정립할 필요가 있다. 그것이 성사될 때 공공도서관은 지식정보 광장, 커뮤니티 허브, 제2의 거실, 개방형 사회적 장소로 진화할 수 있다. 또 지역주민은 연령이나 계층에 상관없이 중립적이고 개방적인 공공도서관 공간에서 다양한 서비스를 누리는, 이른바 지식문화의 르네상스를 기대할 수 있다.

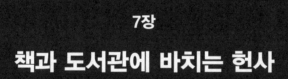

7장

책과 도서관에 바치는 헌사

1

도서관의 모태와 은유

신화myth의 어원인 그리스어 뮈토스μῦθος는 논리적 사고와 결과를 언어적으로 표현하는 로고스λόγος의 상대어다. 그것은 어떤 신격을 중심으로 회자되는 전승 설화 또는 신성한 서술이며, 인류가 근원으로 회귀하는 길을 밝혀주는 등대이자 나침반이다. 신들의 이야기가 기록된 매체(점토판, 파피루스 등)는 신화를 성역화한 신전 부속 도서관에 보존했다. 신화가 없으면 신전이 존재할 수 없고, 신전이 없으면 신화를 기록한 매체의 보존소인 신전도서관도 있을 수 없다. 그러므로 신화는 도서관의 모태다.

고대 문명의 발상지인 메소포타미아에서 신전과 도서관(아카이브)은 불가분의 관계였다.[1] 신전도서관은 신전 내의 문서보관소를 넘어 사회적으로 중요한 역할을 했다. 고대 이집트에서도 신전도서관은 지식문화의 중요한 구성요소였다. 람세스 2세 때에는 모든 궁전과 사원에 신전도서관이 존재했을 것으로 추정되는데,[2] 신전도서관은 기록물 보존소 이상으로 이집트인의 삶에서 중요한 부분이었다. 테베에 있는 람세스 2세의 무덤에 부속된 신전도서관 입구 상단에는 '영혼의 치유소'라고 쓰여 있었다. 동일한 문구가 새겨진 편액이 고대 알렉산드리아 도서관에도 있었다. 현재 스위스의 장크트 갈렌 수도원 도서관과 북아일랜드에서 가장 오래된 아마 로빈슨 도서관 입구에도 걸려 있다. 가장 오래된 도서관의 모토다.

왜 도서관은 '영혼의 치유소'일까? 당시에는 도서관에서 신화를 읽고 신의 계시를 받거나 영성을 통해 마음과 영혼을 정화할 수 있다는 취지에서 붙인 은유적 표현이었을 테다. 신화를 모태로 하는 도서관은 신들과 접촉하고 영혼을 위로받거나 정화하는 종교적 성지에서 세속적 장소로 변용되어왔다. 그러나 책을 수집·보존하고 접근과 이용을 보장하는 기능과 역할의 중요성에는 전혀 변화가 없다.

그렇다면 현대 도서관, 특히 공공도서관도 여전히 '영혼의 치유소'일까? 최근 도서관의 본질적 정체성이자 존재 이유인 책과 독서를 구시대적 유물로 간주하며 '도서관은 더 이상 책을 보존하는 공간이나 대출하는 장소가 아니라 창조공간'이라고 주장하는 궤변이 난무하고 있다. 그러면서도 한편으로는 수장 공간 확충, 사서직 충원, 자료 예산 증액 등에 열변을 토한다. 이러한 표리부동한 상황을 도처에서 쉽게 목격할 수 있다.

도서관이란 명칭은 책과 지식정보의 존재를 대변한다. 도서관은 그 존재 이유와 사회적 책무에 부합해야 하며, 도서관의 기능과 역할은 다시 그 존재와 명칭을 정당화해야 한다. 고대 신전도서관이 신에

이르기 위한 지식과 지혜의 통로였다면, 현대 공공도서관은 문화 도
시의 랜드마크이자 문명사회의 트레이드마크가 되어야 한다.

2
아날로그와 디지털의 조화

　모든 공공도서관은 서비스 권역 내의 지역주민 전체를 위한 공공
재이자 문화기반시설이다. 지역주민을 현미경으로 확대해 보면 도
심에서 교외까지, 영유아에서 노인까지, 부유한 계층에서 가난한 약
자까지, 비장애인에서 장애인까지, 아날로그 인생에서 디지털 유목
민까지 다양한 스펙트럼이 혼재한다. 따라서 모든 공공도서관이 지
역 공공재로 존재하려면 주민의 다양한 기대와 요구가 장서 개발, 지
식정보 및 프로그램 서비스, 공간과 시설의 제공 등에 반영되어야 한
다. 이를 포괄하는 키워드가 아날로그와 디지털이다.

　아날로그는 도서관 생태계의 기반이자 디지털 서비스를 위한 연결
고리다. 도서관이라는 건물과 장소로서의 정체성, 여전히 실물 장서
가 압도적인 대출·열람 서비스, 각종 프로그램 참여, 사회적 장소로
서의 역할 등이 아날로그를 대변한다. 특히 도서관이 도심에 위치하

면서 문화 행사, 예술 공연, 전시회, 북토크 등을 자주 진행하면 도시의 문화 광장이 된다. 이는 디지털이 범접할 수 없는 아날로그 세계의 장점이다. 사이버 강좌가 대면 교육을 대체할 수 없고, 화상 회의나 원격 진료가 보완적 수단에 불과하듯이 전자 도서의 온라인 대출도 주류가 아니다. 인터넷 채팅보다 도서관 커뮤니티 공간에서 마주하며 소통·교류하는 것이 정서적 공감대를 형성하고 공동체 문화를 조성하는 데 더 효과적이다. 지난 세기 후반에는 전통적 도서관이 디지털 도서관으로 대체된다는 황당한 주장이 난무했다. 하지만 사반세기가 지난 지금 전통적 도서관이 사멸했는가? 최근에는 또 '창조공간'으로 혹세무민하고 있다. 그러나 창조공간은 미래에도 건물과 장소로서의 도서관의 부분집합일 따름이다.

디지털은 누구도 부인하기 어려운 시대적 패러다임이다. 모든 공공도서관은 디지털 패러다임에 편승해야 한다. 그래야 살아남을 수 있기 때문이다. 디지털 낙오자로 전락하는 데 그치지 않고 존재의 위기에 직면한다. 그래서 저마다 컴퓨터, 인터넷, 각종 전자기기, 모바일 앱 등을 이용한 디지털 서비스를 제공하고 있다. 모두 지역주민의 접근·이용 편의성을 극대화하는 데 필수적이다. 문제는 구미 선진국뿐만 아니라 국내 도서관계도 디지털 추수주의나 쏠림 현상이 심하다는 점이다. 아날로그 책과 공간의 중요성을 노골적으로 폄하하는 주장도 자주 들린다. 심지어 디지털이 블랙홀처럼 도서관의 아날로그적 정체성을 삼키려는 형국이다. 대표적인 주장이 '소장에서 접근으로', '수집에서 연결로', '책의 보존소에서 창조공간으로' 등이다. 하지만 아날로그 세대에게는 디지털 서비스가 여전히 유행가 제목처럼

'가까이하기엔 너무 먼 당신'이다.

과연 아날로그와 디지털은 상극인가, 아니면 시계추의 양극단에 있는가? 사회적 흐름이나 정치 권력의 이동을 논할 때 시계추 이론이 곧잘 동원되곤 하는데, 시계추가 좌우 극단을 왕복하듯이 만능과 무능, 보수와 진보가 교대로 반복된다는 논리다. 그런데 시계추에는 양극단만 있는 것이 아니라 중앙도 존재한다. 중앙이 균형을 유지해야 극단의 편향성을 약화할 수 있다.

이를 도서관에 적용하면 아날로그와 디지털은 시계추의 양극단에 해당한다. 예컨대 전자 자료가 디지털 정보와 하이퍼텍스트를 대표한다면, 종이책은 아날로그 지식과 문자 텍스트를 대변한다. 전자는 마우스로 클릭하고 화면을 넘기는 정보 간 연결인 반면, 후자는 텍스트의 의미와 행간을 포착하는 사유 행위다. 디지털 정보와 아날로그 지식에는 상당한 차이가 있는데, 아날로그보다 디지털이 더 자극적이다. 아날로그 지식에 대한 몰입은 사고력과 창의성을 높이므로 지적 여행에 비유할 수 있지만, 디지털 정보에 대한 중독은 섹스처럼 역기능을 초래한다. 게다가 디지털 지식정보는 과부하로 인한 '풍요 속의 빈곤'을 심화한다. 누구나 경험하듯이 실시간으로 생산·유통되는 디지털 정보의 홍수 속에서 옥석을 가리는 행위는 '빈곤 속의 정보 찾기'보다 더 많은 스트레스를 준다.

그렇다고 아날로그를 선으로, 디지털을 악으로 단정할 필요는 없다. 각각에 선악과 강약점이 있기 때문이다. 아날로그의 매력은 도서관 서고에서 예상하지 못한 책을 발견하는 희열, 책을 만질 때의 촉감과 묘한 향기, 문단과 행간을 추적하는 지적 독서 등이다. 한편 디지털의 강점은 시공간에 구애받지 않는 접근·이용의 편의성, 다양한 검색 환경 제공을 통한 기회비용 감소, 희귀서나 귀중 자료의 디지털화에 따른 이용 문턱의 해체 등이다. 그런데도 아날로그와 디지털을 양극단에 위치시켜 선택(유용)과 폐기(무용)의 문제로 접근하는 태도는 본질을 희석한다. 디지털 기술을 장착한 아날로그 시계 모양의 초침 시계가 양자의 융합이듯이 도서관도 아날로그와 디지털을 적대적 관계가 아닌 공존과 조화의 관계로 봐야 한다.

현재 모든 공공도서관은 아날로그와 디지털의 교차점 위에 있다. 아날로그의 견고한 기반 위에서 디지털이 부분적으로 작동하는 구조임에도 디지털이 아날로그를 제압한다는 주장이 난무하고, 디지털은 아날로그를 위한 도구에 불과하다는 반론도 무성하다. 하지만 아날로그와 디지털을 양극단에 놓고 이분법적으로 대립할 이유가 없다. 공공도서관의 발전과 미래를 위해서는 아날로그와 디지털이 공존하면서 조화를 이루는 화이부동和而不同의 혜안이 중요하다. 유무에 대한 집착과 선악이분법적 쟁점을 포용하는 중도의 지혜가 시급하다.

아날로그 공간과 종이책을 노골적으로 격하하는 디지털 추수주의가 득세할수록 도서관의 공동화가 심해지고, 그러면 결국 정체성의 와해로 귀결될 수밖에 없다. 인간과 도서관은 디지털 존재가 아니다. 디지털 정보기술이 첨단을 질주할수록 디지털 증후군digital syndrome●도

●
수시로 휴대전화, 이메일, 메신저를 확인하는 데 따른 피로와 스트레스가 만성화되어 나타나는 짜증, 불안, 초조, 환청, 기억력 저하, 강박감, 편집증, 대인 기피, 금단현상, 중독 등의 증상을 말한다. 가령 휴대전화를 집에 두고 나왔을 때, 통신장애로 인터넷 접속이 안 될 때 초조함과 불안감이 증가한다. 더 심하면 중독(게임, 채팅, 음란물 등)이 되고, 가상 세계와 현실 사회를 혼동하여 자기 통제력을 상실하게 된다.

비례해 증가하며, 그 반작용으로 아날로그 감수성을 기대하거나 지향하게 된다. 이러한 역설을 감안하면 디지털 혁명은 결코 도서관의 아날로그 체제를 전복시킬 수 없다. 인터넷의 확산과 스마트폰의 대중화, 디지털 마인드의 확산에도 불구하고 디지털 기술은 도서관의 유토피아를 보장하지 않는다. 오히려 브래드버리가 소설 『화씨 451』에서 경종을 울린 것처럼 디지털화가 초래할 디스토피아적 미래를 경계해야 한다.

3
참을 수 없는 가벼움과 야만적 선동

시류와 환상

시류는 시대 경향인 사조나 풍조, 문화 현상, 패러다임 등을 포괄하는 의미다. 21세기 현재 한국 사회의 시류는 무엇이며, 그것이 공공도서관에 어떤 양태로 투영되고 있는가? 그리고 참을 수 없는 가벼움에 내재한 환상은 무엇인가?

먼저 거시적 시류는 인터넷 대중화다. 인류는 오랫동안 칸막이와 단절 속에서 질서와 체제를 유지해왔다. 그것을 해체한 혁명적 사건이 20세기 말 인터넷의 등장이다. 인터넷은 대중의 일상뿐 아니라 지식정보 이용 행태에 엄청난 파장을 일으키고 있다. 그러나 도서관 입장에서 인터넷은 야누스처럼 빛과 그림자를 동시에 드리우고 있다. 도서관계는 홈페이지 구축·운영, 전자 자료 수용, 원격 접근과 검색 기능 강화, 디지털·모바일 서비스 확대, 디지털 게이트웨이 기능 및 링크 정보 제공, 온라인 아웃리치 서비스 등에 사력을 다하는 모습이다. 하지만 그 이면에는 종이책, 물리적 장소와 공간, 지식정보 서비스의 가치와 중요성을 약화하는 그림자가 짙게 드리워 있다.

다음으로 주목할 시류는 중앙정부와 지방자치단체의 다운사이징 전략이다. 1994년부터 역대 중앙정부는 '도서관 발전 종합계획'에 근거하여 공공도서관 확충에 주력하는 한편, 매년 위탁관리 대상에 공공도서관을 포함시키는 지침을 통해 지방자치단체가 설립·운영하는 공공도서관의 위탁관리를 압박하거나 촉진해왔다. 또한 지방자치단체는 문화를 중시하는 정책을 펼친다는 명분하에 문화재단을 설립해왔으며, 그들의 존재 이유를 정당화하는 과정에서 공공도서관을 포함한 문화시설의 운영관리를 위탁하는 비율이 늘고 있다. 지방자치단체가 직영하는 경우에도 재정 건전성 악화를 이유로 공공도서관의 핵심 인프라인 장서와 인력에 투입하는 예산을 줄이고 있다. 요컨대 정부와 지방자치단체는 공공도서관을 단순 영조물로 간주하여 위탁관리로 내몰고 있으며, 재정 악화와 예산 절감의 풍선 효과가 공공도서관 핵심역량의 저하로 나타나고 있다.

마지막으로 살펴볼 시류는 공공도서관의 하드웨어적 사고와 실적 중심주의다. 이는 공공도서관이 어떠한 위협과 파괴, 고난과 투쟁의 과정을 거쳐 자리매김해왔고 왜 민주주의의 보루인지에 대한 역사의식과 직업정신이 부재하는 탓이다. 기반이 취약한 부초와 같다. 여전히 도서관은 공부방이라는 인식이 강하다. 정숙해야 하고 음식물 반입도 허용되지 않는다. 가장 고민해야 할 장서 개발은 형식적인 경우가 많다. 평생학습관이 대신해도 무방한 프로그램의 확대와 실적 쌓기에 목숨을 건다. 기존 일반열람실의 축소·폐지를 비롯한 공간의 재구성과 개방화 전략, 도심 커피숍이나 세미나 대여 공간과의 경쟁에서 방문·이용자 수의 감소를 만회하는 방안, 대출·참고 서비스 등 전통적 핵심 서비스의 하락을 반전시키는 묘책에 대한 치열한 고민과 실천이 부족하다. 그런 와중에 프로그램 확대와 창조공간 조성에 사력을 다할 태세다. 무엇이 본질이고 어떤 것이 지엽인지, 무엇이 전체며 어느 것이 부분인지에 대한 원칙과 입장이 분명하지 않은 채 참을 수 없는 가벼움이 난무하고 있다.

오늘날 공공도서관의 상황에 가장 어울리는 말은 "연애는 환상이고 결혼은 현실이다"라는 시쳇말이다. 공공도서관을 설립·운영하는 것은 지식정보 서비스를 매개로 주민과 애틋한 연애를 하는 데 목적이 있다. 도서관이 애타게 지역주민을 기다리고 지역주민이 도서관을 자주 찾으면 사랑의 온도는 급상승한다. 이때는 서로의 부족한 면이 보이지 않는다. 환상과 착시 때문이다. 그러나 결혼 후의 현실에서는 잠복해 있던 약점이 드러나면서 실망하게 되고 갈등이 터진다. 지역주민이 부실한 장서 개발, 제대로 배가되지 않은 자료실, 공공재적 성격을 이탈하는 공부방 운영, 지저분한 화장실, 여러 불편을 초래하는 규제 등에 불만을 토로하지만 예산과 인력, 제도와 규정 등을 이유로 적시에 개선하지 않는다. 그래서 외면하는 지역주민이 돌아오기만을 기다리며 '외사랑'으로 힘들어하는 것이 공공도서관의 현주소다.

모든 공공도서관은 지역사회를 위한 공공재인 동시에 지식문화시설이어야 한다. 그러려면 지식정보 서비스에 무게중심을 두고 각종 프로그램 서비스, 다양한 공간과 시설의 제공, 도시의 거실* 또는 사회적 장소로서의 역할에 충실해야 한다. 이러한 공리가 실제 서비스로 극대화되지 않으면 지역주민의 외면으로 도서관은 위기에 봉착할 수밖에 없다.

국내 공공도서관의 사정은 인고의 세월을 거치면서 축적된 애증을 바탕으로 변신을 꿈꾸는 선진국과 다르다. 애타주의적 연애에 더 집중하는 한편, 결혼이라는 현실에서의 실망과 외면을 최소화하려면 긴 호흡과 준비가 필요하다. 디지털 지상주의, 평생학습 프로그램 예찬론, 야누스의 얼굴 같은 창조공간 등이 공공도서관의 최대 아킬레스건인 지역주민의 외면을 고착시킬 수 있기 때문이다.

야만적 선동의 함정

문화 선진국은 19세기 후반부터 공공도서관을 발전시켜왔다. 그 과정에서 많은 혼란과 시행착오를 반복하며 현대적 이념과 정체성을 확립했고, 사회와 대중도 도서관의 가치와 편익을 체득했다. 그래서 책과 인터넷을 무료로 제공하는 도서관을 제2의 거실로, 다양한 프로그램을 제공하고 만남과 소통을 위한 사랑방 역할에 충실한 도서관을 사회적 장소로 인식한다.

그러나 민주사회의 지식문화 공공재 역할을 자부하던 문화 선진

• 도서관이 '도시의 거실'이어야 한다는 아이디어는 1970년대 스칸디나비아의 도서관 디자인에서 처음 시작되었다. 이는 도서관에 오래 머무르면서 커피를 마시고 점심시간 콘서트를 즐기거나 독서 클럽에 참여하고자 하는 이용자들의 기대가 담긴 것이다.

국의 공공도서관이 최근 요동치고 있다. 가장 명시적인 징후는 인터넷, 디지털, 모바일 등으로 인해 방문, 대출, 열람, 참고 서비스 등 전통적 지표가 하향곡선을 그리고 있다는 점이다. 다른 하나는 예산 절감 차원에서 단행되는 개관 시간 단축과 폐관 같은 퇴행적 조치다. 이를 극복하기 위한 전략적 행보는 건물 외형 및 구조의 혁신, 시대가 요구하는 일자리 창출 및 경제 정보 지원, 건강 및 치매 프로그램, 웰빙·웰다잉 강좌, 민원행정을 연계하는 서비스, 더 적극적인 개방화, 창조공간 조성 등으로 표출되고 있다. 모두 방문·이용을 촉진하고 사회적 장소로 외연을 확장하기 위한 몸부림이지만, 지식정보센터라는 본질적 정체성을 기반으로 추진하는 변신이기에 '도서관의 변신은 무죄'라 할 수 있다. 지역사회도 공공도서관의 본질과 역할에 대한 인식이 확고하므로 파격적 변신에도 요동하지 않는다. 본질이 훼손되면 지역주민의 피켓 시위 등을 통한 저항이 계속된다.

그런데 국내 공공도서관은 사정이 많이 다르다. 정부, 지방자치단체, 언론과 시민사회, 심지어 서비스 수혜자인 지역주민마저도 공공도서관을 필수재가 아닌 사치재나 선택재로 간주한다. 이는 아직도 도서관이 생활밀착형 필수시설로 정착하지 못했다는 증거다. 게다가 최근에는 어설픈 논객들의 정제되지 않은 주장이 인터넷을 도배하고 있다. 거기에 언론, 정치인, 선출직 공무원이 합세하는 형국이다. 더 가관인 것은 도서관 세미나나 학술행사에서도 선진국 동향을 소개하는 데 머물지 않고 그러한 변신이 마치 정론인 양 목소리를 높이고 있다는 점이다. 곳곳에서 공공도서관을 향한 야만적 선동이 확산하고 있다.

가장 야만적인 선동은 공공도서관의 역사성, 본질, 존재 기반을 부정하는 포퓰리즘이다. 이에 주목한 디 앤절로E. D'Angelo는 공공도서관의 3대 지주인 민주주의, 시민교육, 공공재의 기반이 민영화와 시장 포퓰리즘으로 대변되는 포스트모던 소비자 자본주의에 의해 흔들리고 있다고 판단하고, 이를 민주적 문명사회를 파괴하는 '야만'으로 규정했다. 또 공공도서관은 민주적 문명사회를 가늠하는 리트머스 시험지와 같으므로 그 핵심가치에 대한 위협이 민주사회를 약화한다고 주장했다.[3]

하지만 시장 포퓰리즘 때문에 "책은 더 이상 계몽이 아닌 판매를 목적으로 출판된다. 사서의 문지기 역할이 사라지자 대중문화가 고급문화를 압도했고, 오락이 교육을 대체했으며, 이미지가 활자를 대신했다. 그래서 사서가 독자의 지적 성장과 발달을 진작시킨다는 신념이 뿌리째 흔들렸고, 사서는 '고객 서비스'를 수행하는 자로 전락했다"라는 디 앤절로의 진단은 현실에 대한 편협한 시각과 과도한 단순화가 초래한 오류이자 또 다른 선동으로 보인다. 도서관과 사서직은 '종이책 사멸', '도서관 무용론', '소장이 아닌 연결' 등과 같은 선동적 언어를 경계해야 한다. 대신 지적 문지기로서의 사명감을 가지고 민주주의와 지역사회 지식문화 발전을 위해 헌신하고, 만남과 소통을 위한 사회적 장소로서의 외연을 확장하며, 후대를 위한 지식정보의 보존과 전수 같은 본질적 기능과 기본 역할에 충실해야 한다. 그렇게 할 때 도서관을 향한 야만적 선동은 정치적 수사에 불과한 설득력 없는 실언으로 전락하고 말 것이다.

다음으로, 파격적인 도서관을 건립해야 한다는 선동이다. 국내 도시 재생 사업에서 문화는 여전히 주변부에 머물고 있다. 이는 문화기반시설인 공공도서관을 우선순위에 두지 않음을 의미한다. 그럼에도 영국과 네덜란드 등 일부 국가에서 쇠락한 도시를 재정비하면서 교통과 상업의 중심가에 문화광장을 조성하고 파격적인 도서관을 신축하거나 고층 복합문화시설에 입주시켜 도시 이미지 개선, 사회적 정체성 회복과 응집력 제고, 문화 공동체 조성, 경제적 활성화에 기여한 사례를 소개하면서 이를 압박한다.

그런데 국내 도시 재생 사업에서 문화에 방점을 두고 공공도서관을 핵심 연결고리로 삼은 사례가 있는가? 글로벌 도시를 표방하며 3,000억 넘게 투입한 영국 버밍엄 도서관을 국내 자치단체가 만들 수 있는가? 도시 재생 차원에서 구도심을 정비하는 경우에도 중심가에 문화광장을 만들고 파격적인 도서관을 건립할 만큼 정치·사회적 인식이 충분한가? 「도서관법」 제27조 제3항("국가 또는 지방자치단체가 설립한 공립 공공도서관은 도서관이라는 명칭을 사용해야 한다")을 감안하면 아이디어 스토어처럼 파격적인 명칭을 사용할 수 있는가? 서점에 포박된 다케오시도서관은 과연 이상적인 모델인가? 파격적인 도서관 건립에는 막대한 예산, 낮은 인식, 법리적 장애, 본질과 정체성 훼손 등의 함정이 있다. 현실적 장벽을 외면한 주장은 무책임하고 야만적인 선동에 불과하다.

그리고 경제 위기에 대처하는 동시에 디지털 시류에 편승할 의도로 서구 공공도서관이 시도하고 있는 창조공간에 대한 예찬론도 도서관의 본질적 정체성을 무시하는 선동이다. 예컨대 2016년 왕[F. Wang] 등은 북미 공공·대학 도서관의 창조공간을 검토한 논문에서 "도서관은 더 이상 서가를 위한 건물이 아니라 디지털 시대의 혁신과 지식 창출을 위해 설계된 창조적이고 협업적 학습 공간"이라고 단정했다.[4] 조금주는 『우리가 몰랐던 세상의 도서관들』에서 파격적인 도서관, 즉 빈민층 주민들의 이목을 집중시키는 독특한 도서관을 건립해 범죄율 감소와 슬럼화 현상을 둔화시킨 성공 사례, 화재로 잿더미가 된 재래시장을 재건하기 위해 도서관을 건립했다가 주민들의 외면으로 폐허가 된 실패 사례, 독특한 프로그램을 운영하는 도서관, 문화와 예술을 품은 도서관 등을 소개했다.[5] 《문화일보》 박경일 기자는 이 책을 소개하며 "미국발 경제 위기가 밀어닥친 2008년 이후 도서관이 단순히 책을 읽는 곳이 아니라 창업을 도모하고 발명과 발견을 하는 곳으로 자리매김하면서 메이커 스페이스(창조공간)는 폭발적인 인기를 누리고 있다"라고 이야기했다.[6]

도서관의 창조공간은 책 중심의 지식정보센터를 대체할 수 있을까? 그것이 바람직한 방향일까? 비록 창조공간이 지역주민을 도서관으로 유인하고, 도서관이 사회적 장소로서의 외연을 확장하는 데 유용한 수단이라 할지라도 전체 공간 중 극히 일부를 할애할 따름이며 도서관의 무수한 기능 중 하나에 불과하다. 게다가 창조공간은 일반열람실처럼 소수밖에 수용할 수 없어 공공재의 특성인 비배제성과 비경합성을 훼손한다. 따라서 도서관은 더 이상 책의 보존소가 아니라 창조적 학습 공간이어야 하고 창조공간으로 자리매김해야 한다는 주장은 야만적 선동의 극치다. 만약 창조공간이 지식정보 중심의 정체성을 전복시킨다면 공공도서관이란 간판은 폐기해야 마땅하다.

마지막으로, 도서관의 본질적 정체성을 파괴하는 주장과 왜곡된 인식, 사회적 비판에 대한 도서관계의 침묵은 또 다른 야만적 방조와 맞닿아 있다. 도서관은 장서와 각종 서비스를 기반으로 지식정보 습득, 독서 활동, 문화 향유, 자주적 학습 등을 위한 공공재라고 항변하면 디지털 시대를 역행하는 고정관념으로 매도당하는데, 도서관계는 이에 논리적으로 대응하지 못하고 전전긍긍하기만 한다. 어떤 사회시설도 범접할 수 없는 '도서관=지식정보센터'라는 정체성이 흔들리자 창조공간과 제3의 장소로 돌파구를 모색하려 한다. 시류에 편승한 인문학 강좌가 감상주의와 상업주의로 변질되고, 실적 위주의 프로그램 서비스를 지상 명제로 간주하다가 평생학습관과 동일시되는 우를 범한다.

"한국 공공도서관의 가장 큰 효용 가치는 '수험생을 위한 독서실'이다"[7], "현재 도서관 열람실은 독서실처럼 운영되고 있고, 문화 프로그램은 주입식 교육으로 변질했다"[8], "공공도서관의 의미가 책이 있는 문화 공간보다 대형 독서실이라는 느낌이 강하다"[9]라는 비판에 도서관계는 침묵한다. 게다가 도서관 스스로 민원의 온상인 소수 독점형 일반열람실을 유지함으로써 '도서관은 곧 취업 준비 장소'임을 사회에 각인시킨다. 21세기 공공도서관은 "지역사회를 위한 워크숍 장소이고 새로운 비즈니스를 위한 창업 공간이며 첨단기술이 가득한 실험실이어야 한다"[10]라는 논지의 함정과 오류를 지적하며 반론을 제기하지 못하고 있다. 심지어 별마당 도서관, 북파크, 지혜의 숲 같은 이색적 모델이 미래상이라는 주장에 동조하기까지 한다.

유사 이래 도서관을 향한 야만적 행태와 문화적 반달리즘은 중단된 적이 없다. 동서고금을 막론하고 소수 권력 집단의 금서와 분서, 전쟁을 통한 도서관 파괴와 전리품 탈취, 유적지에서 발굴한 지식문화재의 약탈과 반출, 검열을 이용한 지적 자유의 억압과 지식인 탄압이 계속되어왔다. 그럼에도 책과 도서관은 불사조처럼 살아남았다. 지난 세기 후반부터 디지털 정보기술에 경도된 기술결정주의와 인터넷 예찬론이 종이책과 도서관의 사멸을 예단했지만, 종이책도 도서관도 여전히 건재하다. 최근에는 자본주의와 포퓰리즘, 인터넷과 디지털, 도시 재생과 복합문화공간에 이어 창조공간이 도서관의 본질적 정체성을 흔들고 있다.

그러나 공공도서관은 지역주민에게 '도서 중심의 지식정보'를 수집·제공하는 한편 보존·전수하여 후대의 접근·이용을 보장하는 시설이다. 이러한 명제를 중심에 놓고 문화적 기능과 개방형 공간을 추가하면 복합문화시설이 되고, 다양한 매체에 수록된 지식정보를 첨단 정보기술에 실으면 디지털·모바일 서비스가 가능해지며, 포털과 게이트웨이로서의 기능에 충실하면 지식 통로가 될 수 있다. 또 다양한 학습 공간과 프로그램을 제공하면 평생학습의 산실이 되며, 소통과 교류를 위한 세미나실·창조공간·사랑방 등으로 각광받을 때 사회적 장소가 될 수 있다.

따라서 지식정보의 대출·열람과 독서 활동을 폄하하거나 배제하는 일체의 미사여구와 파격적 주장은 야만적 선동일 따름이며, 그 이면의 함정과 오류에 대한 묵인은 방조와 다름없다. 선동과 묵인의 끝에는 추락과 자멸이 있을 뿐이다. 도서관계는 예지력이 뛰어난 미래학자, 인문주의자, 문필가 등이 디스토피아적 미래를 경고하는 이유가 가벼움의 극치와 디지털 만능주의 때문이라는 사실을 가슴에 새겨야 한다.

4
도서관의 절대성과 상대성

절대성과 상대성의 이해

어떤 대상의 내재적 속성과 존재 가치를 논증할 때 절대성과 상대성을 동원하는 경우가 많다. 절대성은 '어떠한 조건이나 제약도 허용하지 않는, 비교나 상대가 없는 성질'을 말한다. 대개 추상명사로 표현되며 인식과 언어를 넘어선다. 고정적이고 불변적이다. 반면 상대성은 '비교의 대상이 존재할 때 성립하는, 대비를 통해 달라질 수 있는 성질'이다. 그래서 가변적이다. 예컨대 의식주가 해결되고 육체적으로 무탈하여 삶의 기본 욕구가 충족되면 '절대적' 행복으로 규정할수 있지만, 그런데도 불행하게 여긴다면 '상대적' 빈곤이나 박탈감 때문이다. 이를 도서관에 적용하면 다음과 같다.

먼저 공공도서관의 절대성은 '책(지식정보)에 방점을 둔 무료 제공과 만인 공개를 위한 지식문화시설'이다. 지역사회에 존재하는 다른 어떤 기관이나 시설도 대적할 수 없는 절대적 존재다. 지적 자유, 접근·이용의 비차별, 정치적 중립을 철저하게 보장하는 민주주의의 상징이다. 이러한 절대성은 19세기 중반 이래로 모든 공공도서관의 공리로 인식되어왔으며, 공공도서관의 본질과 정체성을 정당화하는 요체다. 시류에 편승하여 공리가 변조되고 정체성이 변형되면 절대성도 와해된다. 그 결과는 특히 사회적 약자에게 치명적이다. 지불 능력이 없으면 도서관의 아웃사이더로 전락하고 소외된다. 따라서 도서관 스스로 지식정보를 수집·정리하여 당대 지역주민에게 서비스하고 후대의 접근·이용을 보장하기 위해 보존·전수하는 기능을 포기하거나 사회가 도서관의 지식정보 서비스 기능을 부정하면 절대성은 무너진다. 이는 '도서관'으로서의 존재 이유가 사라지는 것을 의미한다.

다음으로 공공도서관의 상대성은 사회적 요구를 수용하거나 자기 변신을 통해 드러나는 이미지와 추가되는 기능에서 확인할 수 있다. 인구에 회자되는 문화기반시설, 평생학습의 산실, 디지털 게이트웨이, 사회적 장소 등이 대표적이다. 문화기반시설로서의 공공도서관은 박물관, 문서관, 미술관, 문화센터 등과 함께 국가와 사회의 문화유산을 취급한다. 또한 평생학습 거점은 공공도서관이 절대성을 기반으로 독서 자료 제공, 독서 지도, 독서 활동 촉진, 다양한 학습 프로그램 제공 등에 기여하기 때문에 정당화되며, 평생학습관과 대비된다. 디지털 게이트웨이는 아날로그 지식정보 서비스에 대비되는 상대성으로, 인터넷 접속과 이용, 전자 자료(전자책, 웹 데이터베이스 등)의 온라인 서비스, 포털 서비스, 모바일 서비스 등 가상공간을 통한 지식정보 통로로서의 역할이다. 최근 매우 강조되는 사회적 장소는 제1의 장소인 가정, 제2의 장소인 직장(또는 학교)과 비교한 상대성이다. 이를 위해 도서관은 만남·교류의 공간과 회의·세미나 공간을 제공하는 데 이어 창조공간 등을 마련해 휴식과 소통, 창조적 학습과 창업, 경력 관리와 취업을 지원하는 방향으로 외연을 확장하고 있다.

이처럼 공공도서관은 절대성과 상대성을 동시에 함축하고 있다. 그러나 절대성이 상대성 위에 있으며, 절대성을 전제로 상대성이 허용된다. 도서관의 절대성은 불변하는 무언가를 의미하는 차원이 아니라 다른 기관이 가질 수 없고 모방할 수 없는 고유한 정체성과 기능을 뜻한다. 그 주역이 현재에 충실하면서 미래에 대비하는 사서다. 그들은 비블리오마니아bibliomania·다. 책을 수집·보존하기 위한 사서직의 열정이 도서관의 존재 이유를 정당화하며, 지역주민의 도서관 이용과 인간다운 삶을 촉진한다.

절대성과 상대성의 재음미

그렇다면 공공도서관의 절대성과 상대성은 본질과 변용의 문제인가, 폐기와 대체의 화두인가, 아니면 융합과 조합의 대상인가? 어떤 경우에도 절대성을 부정하면 '도서관'으로 지칭할 수 없다. 도서관이 자주적 학습을 지원하더라도 평생학습관은 아니며, 디지털 게이트웨

• 19세기 딥딘T.F. Dibdin의 『책 광기Book Madness』에 등장하는 용어로 '책 수집을 멈추지 못하는 사람'을 의미한다. 일반적으로 책을 향한 지독한 열정을 가진 사람을 가리킨다.

이 기능을 수행할 뿐 인터넷으로 지칭할 수 없고, 제2의 거실이나 제 3의 장소로 명명되더라도 공간적 관점에 불과할 뿐 사회적 장소로 간 판을 바꿀 수는 없다. 따라서 본질의 기반 위에서 변용과 조화가 용 인되어야 한다. 다시 말해 지식정보 중심의 복합문화시설과 사회적 장소가 되어야 한다.

그러나 최근의 야만적 선동은 매우 특이한 사례나 어쩌다 목격한 특정 사례를 근거로 '지식정보센터'라는 도서관의 절대성을 책의 보 존소로 격하시키고 사서를 서고 지기로 폄하한다. 지역주민이 지식 과 기술을 습득하는 데 공공도서관보다 더 적절한 곳은 없으며, 사 서만큼 적절한 내비게이터도 없다.[11] 모든 기관과 시설의 존재 기반 은 견고한 본질에 있으며, 그 위에서 가변과 변용이 허용되는 것이 상대성임에도 양자에 대한 몰이해와 무지의 소치가 도서관을 벼랑 끝으로 내몰고 있다. 인터넷 혁명으로 디지털 매체와 모바일 서비 스가 보편화되는 상황에서 도서관의 기능적·공간적 변신을 강조할 때, 도서관이 다양한 공적 공간을 제공함으로써 소통과 참여를 통한 공동체 정신과 응집력을 제고해야 한다고 주장할 때, 도서관의 사회 적 개방이 시대적 요구라고 항변할 때, 그리고 도서관이 창조적 학 습 환경을 조성하여 지역주민의 경력 관리와 취업 역량을 지원해야 한다고 목소리를 높일 때 지식정보의 성전이라는 절대성은 안중에 도 없는 경우가 다반사다. 그저 시류에 편승한 지엽적 화두가 본질 을 몰아내는 칼춤과 다를 바 없다. 급기야 도서관은 책의 보존소가 아닌 창조적 학습 공간이어야 하며, 그 역할은 수집이 아니라 연결 이라고 규정한다.

이러한 딜레마를 극복하려면 영국의 역사가 카[E.H. Carr]가 명쾌하게 정의했듯이 "역사는 과거와 현재의 끊임없는 대화"라는 사실에 주목해야 한다. 과거의 역사는 현재의 거울이고 현재는 과거의 재현이며, 미래는 과거와 현재의 연장이다. 뒤집으면 현재는 과거와 미래의 징검다리이며, 미래의 좌표를 결정하는 등대다. 과거에도 그러했고 현재도 그러하듯이 미래에도 공공도서관은 누구나 자유롭게 방문·이용하는 지식정보센터다. 따라서 지적 호기심과 욕구를 충족시키는 지적 놀이터를 기반으로 학습문화 활동에 참여하고 만남과 식음이 가능한 개방형 공간이 되어야 한다.

요컨대 공공도서관은 시공간적 절대성과 상대성을 품고 있다. 누적된 장서와 공적 공간을 바탕으로 지역주민이 지식과 문화를 향유하는 사회적 장소다. 이를 부정하는 허사虛辭를 경계하는 가운데 절대성에 무게중심을 두고 다양한 상대성을 수용해야 한다.

5
도서관의 변용

도서관 변용사의 키워드

인류의 도서관사, 그 발전과 변용의 궤적을 살펴보면 세 가지 핵심 키워드를 추출할 수 있다. 인간, 매체 그리고 역할과 기능이다. 도서관은 주류 이용자와 기록 매체를 양대 축으로 삼아 역할과 기능이 변용되어왔다. 주류 이용자는 왕실과 지배 세력 중심에서 수도자와 학자 집단을 거쳐 부유층과 도시 상인으로 이어졌고, 마침내 대중으로 확대되었다. 기록 매체는 신화에서 역사적 사실까지 인류의 지식정보를 담은 그릇을 말하는데, 점토판과 파피루스에서 양피지와 죽간목독을 거쳐 종이로 변용되었고 마이크로폼에 이어 전자 매체로 발전해왔다. 그리고 역할과 기능적 측면은 기록의 저장고에서 지식문화기관과 사회적 장소로 확장되고 있다.

이러한 발전과 변용의 6,000년사에는 인류의 물질문명과 정신문화가 집적되어 있다. 고대 사회에서 왕실(궁전)도서관은 신전과 성채를 구성하는 필수시설이었다. 그곳은 신들과 접촉하고 절대 권력을 유지하는 성전이었고, 집적된 지식정보는 신에 이르는 통로였다. 고대 로마가 몰락한 이후 약 1,000년간 중세 서양의 수도원 도서관과 이슬람 모스크의 지혜의 집은 수집과 필사, 번역과 해석을 통한 학문 연구의 메카였고 지식정보의 보고였다. 근대 도서관은 인간을 무지에서 해방하고 자유의지와 계몽사상을 전파하는 데 공헌했다. 그리고 19세기 중반에 등장한 현대 공공도서관은 만인 공개와 무료 제공을 통해 민주주의를 구현하는 데 이바지했다. 또한 박물관 등과 함께 필수적 사회문화시설로서의 지위를 확립했다. 20세기 초반에는 문맹퇴치에 주력함으로써 사회교육 기능을 강조했고 대상도 성인에서 아동으로 확대되었다.[12] 그리고 현재는 지식정보센터를 기반으로 지식과 지혜를 습득하는 창구, 자주적 학습을 촉진하는 시설, 문화 활동과 삶을 지원하는 장소에서 창조적 역량을 키우는 공간, 휴식과 쉼터를 제공하는 제3의 장소 등으로 외연을 확장하고 있다.

이를 위해 지난 150년간 동서양을 불문하고 공공도서관은 보존에서 이용으로, 폐가제에서 개가제로, 열람에서 대출로, 그리고 대출에서 체류로의 변신을 계속해왔다. 키워드 또한 지식정보에서 학습과 문화로 확대되고 있다. 그런데 최근에는 매일 홍수처럼 쏟아지는 인터넷 정보와 미디어 영상, 일상화된 스마트폰과 모바일 문화가 책과 문자 문화의 절대성을 약화한다는 이유로 종이책과 독서, 장소로서의 공공도서관을 폄하하는 주장이 늘고 있다. 그 근거로 도서관 이용 감소 데이터를 제시한다.

그러나 거시적 진화나 디지털 질주에도 불구하고 문자 문화 시대는 계속될 수밖에 없다. 읽기와 쓰기가 모든 일상생활과 문화 활동의 근간이기 때문이다. 인터넷 시대의 개막과 더불어 제기되었던 종이 책 사멸, 서물 시대 종언, 도서관 무용론은 허언으로 판명되었다. 디지털의 고속 질주가 계속되는 오늘날에도 곳곳에서 리모델링이나 신축을 통해 공공도서관이 재탄생하고 있다. 더욱 역설적인 현상은 도서관의 아날로그적 존재감과 중요성이 재부상하고 있다는 점이다. 대출과 열람을 위한 자료실, 자주적 학습과 창의적 실험을 위한 공간과 시설, 휴식과 만남을 위한 라운지와 카페 같은 커뮤니티 공간에 대한 요구의 증가는 책과 장소로서의 공공도서관의 중요성을 방증한다. 디지털과 모바일이 전방위로 압박하더라도 책과 공간이라는 공공도서관의 내면적 본질에는 변화가 있을 수 없다. 종이 매체를 대표하는 책은 여전히 공공도서관의 주류 지식정보다. 건물과 장소를 정당화하는 공간도 책을 수장하는 서고와 자료실의 비중이 가장 크다. 나머지 일반열람실, 세미나·회의실, 프로그램 운영실, 창조공간, 휴게실, 식음 코너 등은 책과 수장 공간을 배제하면 존재의 정당성을 확보하기 어렵다.

요컨대 공공도서관은 유능한 사서가 책과 공간을 양대 수레바퀴로 삼아 지역사회에 지식정보를 배달하는 마차에 비유할 수 있다. 책의 바퀴가 지식문화시설이라면, 공간의 바퀴는 사회적 장소다. 마부인 사서가 양대 바퀴를 굴리면서 연출하는 마차 위의 풍경이 독서 활동, 평생학습, 문화 행사, 모임과 교류 등이다. 도서관이 진화와 변용을 거듭하더라도 수레바퀴인 책과 공간은 온전하게 유지·관리되어야 한다. 그래야 공공도서관이 책과 독서, 공간과 학습·문화, 공적 장소와 사회의 연결고리가 될 수 있고, 지역주민의 지식문화적 삶에 기여할 수 있으며, 민주주의를 유지·발전시키는 존재로 인식될 수 있다.

도서관의 미래

도서관은 무수한 지적 편린이 엄격하게 질서화된 공간이다. 그래서 인류의 정신세계와 지성사를 표상한다. 그 역사가 누적될수록 서고 공간의 방대한 장서는 지식문화유산으로 격상되고 지적 카리스마를 분출한다. 서고에 충만한 지적 향기는 이방인의 발길을 유혹할 뿐아니라 경외심을 불러일으킨다. 주옥같은 걸작에서 지적 갈증을 해소하고 삶의 지혜를 터득한다. 그 결과로 이방인의 인문학적 사유는 깊어지고 배려와 관용의 정신문화가 숙성되어 민주시민으로 발전한다. 그래서 책이 집적된 공공도서관은 지역주민의 지적 접근과 무료 이용을 보장하는 지식문화시설이자 도시의 서재와 시민의 대학으로 민주주의를 상징한다.

그런가 하면 도서관은 지식의 성전에 머물지 않고 다양한 시설과 공간을 연계·제공한다. 어떤 공간에서는 학술 세미나가 개최되고, 다른 공간에서는 지역사회의 현안을 두고 논박한다. 고개를 돌리면 여러 강의실에서 진행되는 책과 독서, 글쓰기와 창의 학습, 언어 교육과 정보해득력, 역사와 문화, 건강한 삶과 취미, 경제와 재테크, 인문 여행 등 강좌의 열기가 뜨겁다. 이뿐만이 아니다. 도서관 입구의 문화 광장에서는 각종 전시회와 독서 행사가 개최되고, 인접한 장소에서는 침묵 속에 피켓 시위가 진행된다. 도서관은 지역사회에 존재하는 모든 지식문화시설 중에서 가장 다채롭고 풍요로우며 몰입하기 좋은 곳이다. 그래서 공공도서관은 제2의 거실이자 제3의 사회적 장소다.

그 외에도 공공도서관은 비상시 사회적 안전망과 안식처의 역할을 한다. 19세기 중반 이래 공공도서관은 모든 지역주민을 서비스 대상으로 삼아왔지만, 최근에는 기초생활수급권자, 장애인, 노인, 다문화가정 등 사회적 약자에 방점을 두는 추세다. 공공도서관이 경제적 빈곤층에 교육과 정보, 인터넷 서비스를 제공하는 것은 생명선과 같다.[13] 지식정보 격차를 해소하고, 취업 정보와 창업 실습 공간을 제공하며, 다양한 학습 및 문화 활동을 지원한다. 또 사회가 위기에 처하면 피난처로서의 역량을 최대한 발휘한다. 예컨대 2001년 9·11 테러 당시 뉴욕 공공도서관은 대피소 제공, 자원봉사자와 헌혈자 연결, 트라우마 상담과 치료 서비스 등으로 주목받았다. 2012년 10월 허리케인 샌디가 뉴욕을 강타했을 때도 시민들은 공포를 조장하는 대중매체가 아닌 공공도서관 홈페이지에 접속했고 도서관은 이재민에게 숙식을 제공했다.

이처럼 선진국의 공공도서관은 평상시 지역사회를 대표하는 지식문화 광장이다가 경제 위기에 직면하면 실업자를 위한 심리적 안식처 및 취업 지원실로, 재난 상황에서는 사회안전망으로서의 책무와 역량을 유감없이 발휘한다. 그렇기에 공공도서관은 지식정보의 저수지, 아날로그 및 디지털 정보의 세계로 항해하기 위한 돛, 지식문화 창조와 공유의 플랫폼, 경제적 약자와 실업자를 위한 생명선, 휴식과

연도	이용률(%)
2002	17.3
2004	24.7
2006	31.2
2008	33.9
2010	29.2
2011	22.9
2013	30.3
2015	28.2
2017	22.2
평균	26.7

표 7-1 국내 성인의 공공도서관 이용률(2002~2017년)

여가를 위한 리조트로도 불린다. 심지어 지난 150년 이상 영어권 국가의 공공도서관은 지적 삶의 심장으로 작동해왔으며[14] 국립공원처럼 개방적이고 자유로운 이용 공간으로 존속해왔기에 문화유산의 일부로 보존되고 존경받고 대우받을 가치가 있다[15]는 격찬마저 어색하지 않다. 커뮤니티를 연결하고 창의력과 혁신을 촉진하는 사회·경제적 인프라의 핵심이기 때문이다.[16]

그렇다면 대한민국 공공도서관은 어떠한가? 지식정보를 기반으로 책과 공간이 다양한 학습 활동 및 여가 문화와 어우러지는 지식 놀이터이자 사회적 안식처로 인식되고 있는가? 공공도서관의 외형적 이미지와 내부 공간의 인상, 지역주민의 이용 행태 등으로 그 현주소를 가늠해보자.

가장 친숙한 외형적 이미지는 회색과 사각형이다. 벽돌이나 대리석으로 마감한 회색빛, 예술적 조형미와는 거리가 먼 직선의 무미건

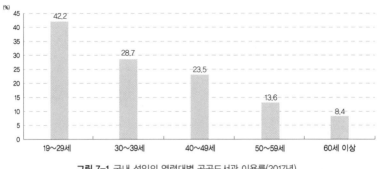

그림 7-1 국내 성인의 연령대별 공공도서관 이용률(2017년)

조함, 유리로 치장한 외벽과 건물의 부조화 등이 가장 먼저 떠오른다. 입구의 익숙한 풍경은 '음식물 반입 금지', '휴대전화 사용 자제' 등을 알리는 안내문이다.

내부 공간의 인상은 산만함과 정숙성으로 대표된다. 입구의 요란하고 혼란스러운 안내 표시, 은둔의 사원처럼 적막한 자료실, 낡고 퇴색한 서가와 장서 등이 눈에 들어온다. 계단을 따라 상층부로 이동하면 독서실로 각인된 일반열람실, 평생학습관을 방불케 하는 프로그램 강의실 등이 보이고 어쩌다 물병을 휴대한 이용자와 마주친다. 그 많은 지역주민은 어디로 갔을까? 도서관은 100년, 아니 500년 후의 후손들에게 하드웨어로서의 건물이 아닌 문화예술 건축물로 남아 있을까? 과연 먼 훗날 세계인을 유혹할 정도로 보존할 가치가 있는지 반문하지 않을 수 없다.

한편 지역주민의 공공도서관 이용 행태는 『국민 독서실태 조사』에서 확인할 수 있다. 2002~2017년 공공도서관 이용률은 평균 26.7%에 불과했으며, 지난 15년간 큰 변화가 없는 가운데 2013년을 기점으로 감소하는 추세다.[17] 특히 2017년 성인 6,000명을 대상으로 한

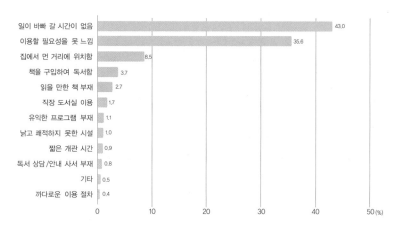

그림 7-2 국내 성인의 공공도서관 비이용 이유(총 4,670명 응답)

연령대별 조사에서 60세 이상 노인의 이용률이 8.4%에 불과한 데 주
목할 필요가 있다. 우리 사회가 고령 사회로 진입한 상황에서 노인
인구를 이용자 확대의 블루오션 전략으로 삼지 않는 한 이용률 증가
를 기대하기 어렵고 사회적 존재 가치의 정당성을 확보하는 데 한계
가 있다.

그렇다면 국내 성인의 73.3%가 공공도서관을 이용하지 않는 이유
는 어디에 있을까? 2017년 조사에 따르면 '일이 바빠 도서관에 갈 시
간이 없음'(43.0%)과 '이용할 필요성을 못 느낌'(35.6%)이 가장 큰 이
유로 나타났다. 한국인의 고단한 삶과 낮은 지적 문화 의식을 방증하
는 결과로, 공공도서관이 극복하기 어려운 아킬레스건이다. 힘겨운
삶은 경제적 풍요로 해소될 수 있지만, 낮은 의식 수준에 대한 책임
은 공공도서관에도 있다. 비록 비율은 낮지만 도서관이 빌미를 제공
한 비이용 이유(집에서 먼 거리, 독서할 만한 책·유익한 프로그램·독서 상

■ 독서 및 도서 대출   ■ 각종 행사 및 프로그램 참가

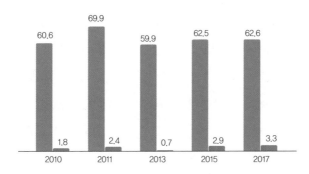

그림 7-3 국내 성인의 공공도서관 이용 목적(%, 2010~2017년)

담 및 안내 사서의 부재, 낡은 시설, 짧은 개관 시간 등)를 해소해야 이용
률을 높일 수 있다.

또한 2010~2017년 조사에 따르면, 성인의 공공도서관 이용 목적
은 '독서 및 도서 대출'이 절반을 훨씬 상회할 정도로 높았으나 대다
수 공공도서관이 제공하는 각종 행사나 프로그램에 참여하는 비율
은 0.7~3.3%로 극히 미미했다.[18] 따라서 문화, 평생학습, 인문학 등
과 관련한 프로그램 서비스를 지상 명제로 삼는 것은 본말의 전도이
며 지식정보 중심의 본질적 정체성과 사회적 역할을 스스로 폄하하
는 자충수가 아닐 수 없다.

이처럼 국내 공공도서관의 현실적 풍경과 이용 행태를 감안하면
'지식문화시설'이라는 존칭에 동의하기 어렵다. 예술적 건축미 부재,
각종 금지성 규제, 적막강산처럼 조용한 자료실, 소수가 독점하는 일
반열람실, 주입식 프로그램 서비스 등이 이를 방증한다. 더구나 70%

가 넘는 대다수 성인이 외면하는 상황에서 공공도서관이 스스로 지식문화시설이라고 우긴다면 말의 성찬을 넘어 언어유희에 가깝다.

어떻게 해야 공공도서관은 사회가 냉소적으로 평가하는 '책의 보관소'에서 탈출할 수 있을까? 어떻게 하면 가속화되는 디지털 생태계에서 낙오되지 않으면서 고령 사회와 4차 산업혁명 시대에 기여할 수 있을까? 많은 고민과 전략이 필요하다. 이를 위해서는 예산과 인력이 전제되어야 하지만 수십 년간 반복해서 주장해온 예산 증액과 인력 확충이 해법이 될 수는 없다. 동서고금의 어느 조직을 막론하고 예산과 인력이 충분한 경우는 없기 때문이다. 그저 부족한 가운데 변화와 발전을 추구할 따름이다.

모든 공공도서관은 지식과 정보, 학습과 문화, 장소와 공간, 만남과 안식이 공존하면서 상호작용하는 사회적 시스템이다. 연기법*을 적용하면, 공공도서관의 정체성을 결정하는 책(지식정보)은 직접 원인인 인因이고, 사회적 요구와 기대는 간접 원인인 연緣(조건)이며, 다양한 서비스는 과果에 해당한다. 공공도서관의 절대성인 인(책)이 연(사회적 요구와 기대)을 만나 행行(역할과 기능)으로 이어지고, 행의 결과가 식識(지식문화시설)을 형성하고 과(개인적 가치와 사회적 편익)를 제공한다. 요컨대 공공도서관은 '책(지식정보)−수집·보존−다양한 서비스−지식문화시설−사회적 장소'로의 인연생기를 반복하면서 진화하는 유기체다. 따라서 한국 사회에서 공공도서관이 지식문화적

• 연기는 불교의 근본 이치이자 핵심 교리로 인연생기因緣生起의 줄임말이다. 원인과 결과를 대비한 인과법칙, 인과법, 인연법으로도 혼용된다.

장치로 각인되고 사회적 장소로 자리매김하려면 책(지식정보)을 기반으로 다양한 기능을 중첩해 상호작용을 촉진함으로써 지식의 보고와 지식문화센터에서 사회적 장소와 시민의 대학으로 외연을 확장해야 한다.

6
책과 도서관의 학살

책과 도서관은 인류에게 어떤 존재일까? 장구한 지식문화사를 반추해보면 애증과 영욕이 대비되는 사례는 무수히 많다. 이집트 왕조의 마지막 여제 클레오파트라 7세가 사랑한 알렉산드리아 도서관이 영광의 선물이었다면, 독일 나치 정권이 증오심으로 파괴한 유럽 도서관은 치욕의 흔적이었다. 왜 인류는 책을 수집하고 도서관을 발전시키는 데 사력을 다하는 한편, 책과 도서관을 봉인하거나 파괴하는 데 집착하는 걸까? 그 저변에는 지혜의 화신과 악마의 저주라는 상반된 인식이 자리 잡고 있다. 책의 수난사인 금서와 분서의 역사를 살펴보면 책에 대한 증오와 파괴의 저의를 가늠해볼 수 있다.

금서의 역사

금서는 특정 세력이나 이익 집단이 배포, 발매, 독서를 금지한 책을 말한다. 유사 이래로 금서 행위는 계속되어왔지만, 특히 종교적 격변기였던 16세기 유럽의 우주관 논쟁은 금서의 역사를 대표한다. 고대 인류는 기원전 7세기경부터 달을 기준으로 수직운동을 하는 천상계와 원운동을 하는 지상계로 구분했다. 그 중심에 지구가 있으며, 지구 주위를 여러 천구가 동심원 형태로 회전하는 것으로 인식했다. 이를 지구중심설 또는 천동설이라 한다. 고대 그리스의 수학자이자 천문학자로 플라톤의 제자였던 에우독소스(기원전 408~355년)는 지구를 중심으로 태양, 달, 행성의 회전운동이 일어난다는 동심천구설을 주장함으로써 천동설의 원형을 제시했다. 이어 아리스토텔레스는 지구가 우주의 완벽한 중심이고, 행성들이 지구 주위에서 끝없이 원운동을 한다고 보았다. 그로부터 400여 년이 지난 140년경 수학자이자 천문학자 프톨레마이오스(83~168년)˙는 아리스토텔레스의 우주관에 입각해 저술한 『알마게스트』˙˙를 통해 새로운 천동설을 제시했다.

물론 프톨레마이오스의 천동설을 부정한 인물도 있었다. 고대 알렉산드리아 도서관에서 근무한 적 있는 그리스 천문학자 아리스타르코스(기원전 310~230년)는 태양은 정지해 있고 그 주위를 지구와 행성들이 돈다고 주장했다. 하지만 당시를 지배하던 천동설에 밀려 주목

- 83년 알렉산드리아에서 태어난 프톨레마이오스는 로마 시민권을 보유한 그리스인이었다. 고대 그리스를 대표하는 천문학자로서 천동설을 주장했을 뿐만 아니라 수학자, 물리학자, 지리학자로도 활동했다. 프톨레마이오스 왕조를 창시한 프톨레마이오스 1세와는 다른 인물이다.
- •• 프톨레마이오스가 천동설을 바탕으로 수많은 관측 데이터와 이론을 정리하고, 고대인의 모든 실용적·계산적 천문학 지식을 집대성한 천문학 서적이다. 원제는 '천문학 집대성'이고 아랍어 번역명이 '알마게스트'인데 원제보다 번역명으로 더 많이 알려져 있다. 코페르니쿠스의 지동설이 공인될 때까지 약 1,500년간 고대 천문학의 결정판이자 경전이었다.

받지 못했다.

　그러나 고대에서 중세까지 철옹성을 자랑하던 천동설은 종교적 격변기였던 16세기 중반 와해되기 시작했다. 그 단초를 제공한 인물이 폴란드 천문학자 코페르니쿠스(1473~1543년)*다. 코페르니쿠스는 독일의 루터파 개신교 목사였던 오시안더A. Osiander(1498~1552년)가 1543년 신성 로마 제국의 뉘른베르크에서 대신 출판한『천구의 회전에 관하여』(전 6권)에서 '태양이 만물의 중심에 있고, 그 주위를 별들이 선회한다'는 태양중심설 또는 지동설을 제시했다. 초판 400부를 출간할 당시에는 사회적 반응이 미미했고 반발하는 집단도 거의 없었다. 책의 내용이 전문적이어서 당대의 유능한 천문학자가 아니면 이해할 수 없었고, 마녀사냥식 종교재판이 횡행하던 당시에 코페르니쿠스가 신부였으며, 일부 신학자는 신의 창조설계에 대한 발견이라고 옹호했기 때문이다. 16세기 말까지 침묵하던 가톨릭교회는 지동설을 제기한 코페르니쿠스를 이단으로 규정한 개신교 측의 반발**에 따라 1610년부터 반대 입장을 표명했고, 1616년 그의 저서를 사교邪教로 규정해 금서 목록에 올리며 망자에게 재갈을 물렸다.

　코페르니쿠스의『천구의 회전에 관하여』는 무려 2,000년간 지속된

●　코페르니쿠스는 1473년 폴란드 중북부의 토룬Toruń에서 태어났다. 10세 때 부유한 상인이던 아버지가 죽자 외삼촌 바첸로데L. Watzenrode(1447~1512년) 신부 밑에서 성장했다. 1491년 크라쿠프 대학에 입학한 후 천문학에 관심을 두었고, 외삼촌의 후원으로 볼로냐 대학에서 그리스어, 수학, 플라톤을 공부하고, 파도바 및 페라라 대학에서 의학과 법률 학위를 받았다. 1506년 귀국한 뒤 외삼촌이 주교로 있는 하일스베르크에서 고문관으로 활동하며 의술을 베풀었다. 1512년 외삼촌이 죽은 후 프라우엔부르크 대성당의 신부로 부임해 천체를 관측하며 우주론을 탐구했다.

●●　지구는 하느님이 창조한 항성이기 때문에 절대적이며 우주의 주변에 위치할 수 없다는 것이 개신교의 입장이었다.

천동설을 지동설로 대체한 천문학계 최고의 역작이자 위대한 과학적 발견으로, 과학혁명과 패러다임 전환의 대명사다. 『과학혁명의 구조』를 저술한 미국의 과학철학자 쿤T.S. Kuhn은 코페르니쿠스를 '최초의 근대 천문학자이자 마지막 프톨레마이오스 천문학자'라고 극찬했다. 지구가 365.2564일의 주기로 태양을 공전한다는 코페르니쿠스의 관찰이 담긴 이 책은 미국 의회도서관과 하버드 대학, 폴란드 야기엘론스키Jagielloński 대학 등에 소장되어 있다.

이어 나폴리 왕국의 놀라Nola 출신으로 1565년 도미니코회에 입단해 1572년 신부 서품을 받은 이탈리아 철학자 브루노G. Bruno(1548~1600년)도 지동설을 주장했다. 하지만 1576년 가톨릭교회는 예수의 신성과 삼위일체 등을 부인한다는 이유로 브루노를 이단으로 판정하고 사제직을 박탈했다. 이후 브루노는 프랑스, 영국, 독일 등을 방랑했으며, 도중에 만난 동조자들의 후원으로 저술 활동을 이어갔다. 그러나 1591년 여름 베네치아 공화국의 귀족 모체니고G. Mocenigo가 초청한 자리에서 예수와 성모 마리아를 모욕한 죄로 이듬해 베네치아 종교재판소에 회부되었고, 계속된 회유에도 굴복하지 않자 1600년 2월 17일 로마의 캄포 데이 피오리Campo dei Fiori 광장에서 재갈이 물린 채 화형에 처해졌다. 또 브루노의 『무한의 우주와 세계』(1584년)를 비롯한 모든 저술도 1603년 금서로 지정되었다.

그리고 이탈리아의 물리학자이자 천문학자였던 갈릴레이(1564~1642년)는 1632년 아리스토텔레스의 천상계와 지상계를 비판하는 한편, 코페르니쿠스의 지동설을 명쾌하게 뒷받침하는 『두 개의 주요 세계관에 관한 대화』를 출판했다. '지구가 하루에 한 바퀴씩 자전하고 1년에 한 번씩 태양 주위를 공전하며 지구 축이 회전한다'는 요지의 책이었다. 이는 지동설의 완결이자 성서만이 절대 진리로 간주되던 유럽의 과학혁명을 위한 서곡이었다. 이듬해 종교재판소에 소환된 노학자 갈릴레이는 고문이 두려워 자신의 주장을 철회했다. 그러나 교회가 천문학 이론서로 폄하하던 책이 엄청난 파장을 일으키자 갈릴레이를 종신 가택연금하고 저서를 금서로 지정했다. 사후 350년이 지난 1992년 교황 요한 바오로 2세는 갈릴레이 재판의 오류를 시인하고 사죄했다.

16세기 말 유럽 가톨릭교회는 개신교의 도전으로 보수적·권위적 색채가 강했고, 중앙집권화가 심했다. 개신교는 오직 교회만이 성서를 해석할 수 있다는 가톨릭교회의 입장에 반기를 들었는데, 그 와중에 코페르니쿠스, 브루노, 갈릴레이가 천동설을 정면으로 반박하고 지동설을 주창함으로써 가톨릭교회의 권위도 요동쳤다. 교회의 우주관, 인간관, 신앙관을 송두리째 흔드는 지동설은 교회의 권위와 성서의 도그마*에 대한 중대한 위협이었고, 개신교와의 갈등으로 위축된 가톨릭교회로서는 용납할 수 없는 도발이었다. 교회는 신앙 윤리에 유해하여 금서 목록에 포함한 책을 허가 없이 판매·번역·소장·독서하면 대죄로 다스렸고, 교황청은 금지한 책을 유포하거나 읽은 종교인을 파문했다.

그러나 인간의 삶은 유한한 반면 지적 세계가 농축된 책의 생명력

• 맹목적 신조 혹은 절대적 강령이나 교조를 말한다. 또는 이성적 비판을 불허하고 어떤 수정도 허용하지 않는 태도나 이념 등을 뜻한다.

은 무한하다. 종교적 성역에 대한 비판과 도전, 세속 권력과 지배 계층에 대한 풍자와 해학, 대중사회의 선동과 호도, 풍기문란 등이 수록된 책은 시대를 관통하여 회자된다. 따라서 책을 봉쇄해야 하는 입장에서는 금서라는 통제 조치를 하지 않을 수 없다. 예컨대 13세기 초 가톨릭교회는 이슬람 경전 『쿠란』을 금서로 지정했고, 그 외에도 종교·문학·철학 분야에서 주옥같은 고전들이 금서 목록에 올랐다.

'서양 철학을 이해하려면 교황청 금서목록을 읽어야 한다'라고 할 정도로 중세 유럽 종교계는 타의 추종을 불허할 정도로 금서를 양산했다. 왜 그랬을까? 가장 큰 이유는 기독교 금욕 윤리를 빌미로 피지배 계층을 억압하여 물질 세계를 독점하려는 특권층의 욕망이었다. 또한 지동설처럼 과학기술 등의 진보에 따른 새로운 세계관의 등장, 신의 절대적 권위에 대한 도전을 차단하기 위함이었다.

그럼에도 책은 죽지 않았다. 역사를 돌아보면 걸작일수록 시대와 반목하는 사상을 담고 있다. 이단 낙인, 이데올로기 전파의 통제, 검열과 금서가 사상의 자유를 억압하고 지적 호기심을 원천적으로 거세할 수 있다고 생각한다면 오산이다. 그 효과는 대개 한시적이거나 당대에 국한된다. 시대를 앞서가는 수많은 작가의 고단한 저항이 계

• 고대 그리스 철학자 프로타고라스의 『신에 대하여』를 비롯해 루터, 칼뱅, 위클리프의 모든 저작, 단테의 『신곡』, 보카치오의 『데카메론』, 마키아벨리의 『군주론』, 뒤마의 『삼총사』와 『몽테크리스토 백작』, 플로베르의 『마담 보바리』, 로런스의 『채털리 부인의 사랑』, 위고의 『노트르담 꼽추』와 『레미제라블』, 콩트의 『실증철학』, 칸트의 『순수이성비판』, 르낭의 『예수전』, 홉스의 『리바이어던』, 볼테르의 『철학사전』과 『철학서한』, 몽테스키외의 『법의 정신』, 몽테뉴의 『수상록』, 모어의 『유토피아』, 루소의 『에밀』, 베르그송의 『창조적 진화』, 도스토옙스키의 작품, 스탕달의 작품, 발자크의 연애소설들, 오웰의 『1984』, 파스테르나크의 『닥터 지바고』, 졸라의 『대지』, 마르크스의 『자본론』 등이 금서로 지정된 바 있다.

속되면 금서는 역사의 변곡점에서 변혁을 이끄는 도화선이 되고, 당대를 비추는 거울로 부활하며, 마침내 불멸의 고전으로 격상된다. 이것이 금서의 역사가 주는 교훈이다.

분서의 역사

책과 도서관의 파괴는 금서를 넘어서는 악행이다. 분서가 인류의 지성과 기억에 대한 야만적 행위라면, 책을 수장한 도서관에 대한 방화와 파괴는 인류 지성사에 대한 최후의 말살이다. 그것은 삼독三毒• 에서 비롯한 미망迷妄이고, 이데올로기의 광기이며, 지식문명의 홀로코스트다. 이러한 광기와 학살은 고대에서 현대까지 계속되고 있다.

기원전의 분서와 도서관 파괴는 확증되지 않은 사례가 많다. 미스터리로 남아 있는 사례 중 가장 오래된 예는 기원전 2500년경 시리아 고대 도시였던 에블라(현 텔 마르딕) 왕궁에 존재했던 에블라 도서관을 기원전 2220년경 아카드인이 파괴한 사건이다. 시리아 정부의 재정 지원으로 1964년 마티에P. Matthiae가 주도한 이탈리아 탐사팀이 에블라 왕궁 부속 지하 창고에서 온전한 점토판 1,800점과 파편 4,700개를 발굴함으로써 세상에 알려졌다.

기원전 612년에는 아시리아 최후 왕조의 수도였던 니네베의 아슈르바니팔 왕립도서관에 있던 메소포타미아 문명사가 농축된 점토판 서고가 고대 이란계 연합군의 침공으로 사라졌다. 기원전 525년에는

• 불교에서 근본적인 번뇌이자 수행 정진의 최대 장애요소인 탐욕貪慾, 진에瞋恚, 우치愚癡를 말한다. 탐욕은 5욕인 식욕, 색욕, 재욕, 명예욕, 수면욕의 과다를 뜻하고, 진에는 분노, 시기, 질투를 뜻한다. 우치는 현상이나 사물의 도리를 이해할 수 없는 어두운 마음과 어리석음을 뜻한다.

고대 페르시아 제국의 군주였던 캄비세스 2세(재위 기원전 530~522년)가 이집트를 원정하여 신상과 신전을 파괴하고 파라오 문명의 흔적과 파피루스를 수장한 고대 도서관을 불태웠다. 기원전 48년에는 로마의 카이사르와 이집트 프톨레마이오스 13세 사이의 전투에서 고대 알렉산드리아 도서관의 일부가 파괴되었다.

고대 중국에서는 진시황의 '분서갱유'가 유명하다. 기원전 230년 중국 최초의 통일 제국으로 출범한 진나라는 기존 봉건제 대신 중앙집권적 군현제를 실시하고 법가를 통치의 이념적 기반으로 삼았다. 기원전 213년 진시황은 흉노족을 토벌한 뒤 함양궁에서 대연회를 베풀었는데, 연회 도중에 제나라 출신의 박사 순우월淳于越과 복사僕士 주청신周靑臣이 봉건제와 군현제를 놓고 언쟁을 벌였다. 순우월이 봉건제의 부활을 주장하자 심기가 불편하던 승상 이사李斯(기원전 284~208년)는 30일 내에 진대 문헌, 제자백가 문헌 중 점성학·농학·의학·점술, 시경·서경·진사, 박사관博士官 문헌(간독)을 제외하고 모두 불태우도록 황제에게 간청했고, 진시황이 이를 수용하여 분서했다. 그리고 이듬해인 기원전 212년 진시황이 후생侯生과 노생盧生이라는 방사方士에게 불로불사의 선약을 구하라고 명했으나 그들은 재물을 사취한 뒤 황제의 부덕을 비판하며 도주했고, 조정 내에 내통한 유생이 있다는 첩보가 전달되었다. 진시황은 궁내의 학자들을 불러 문초했으나 모두 부인했고, 화가 난 진시황은 방사와 유생 460여 명을 함양에 생매장했다.

기원후 고대에서 근대까지도 책과 도서관에 대한 야만적 파괴는 계속되었다. 고대 알렉산드리아 도서관은 273년 로마 황제 아우렐리아누스가 이집트를 침략했을 때 본관인 부루치움이 파괴되었고, 391년에는 비잔틴 황제 테오도시우스 1세가 분관인 세라피움을 이교 사상의 거점으로 지목하여 훼손했으며, 642년에는 이슬람 제국의 우마르가 완전히 파괴했다.[*]

중세의 분서 사례로는 960년경 알 하캄 2세가 스페인 코르도바에 건립한 도서관(바이트 알 히크마)이 대표적이다. 당시 장서 수가 40만 권에 달하는 대규모 도서관이었으나 모든 비이슬람 도서를 불태우도록 지시한 알 만수르 이븐 아비 아미르(938~1002년)[**]에 의해 976년 파괴되었다. 콘스탄티노폴리스 제국도서관은 제4차 십자군 원정 (1202~1204년) 때 훼손된 데 이어 1453년 오스만 제국 제7대 술탄 메흐메트 2세에 의해 완전히 파괴되었다.

더 악명 높은 사례는 1258년 초대 카간[***]의 손자 훌라구칸(재위 1258~1265년)이 지휘하는 몽골군이 이슬람 주요 도시를 파괴하고 이라크 심장부 바그다드를 공격하여 일주일간 수십만 명을 학살하고 이슬람 사원과 도서관을 불태운 일이다. 1340년대에는 차가타이 칸국[****]이 동

---

[*] 일설에 따르면 우마르는 부하들에게 "만약 그리스 저작물이 알라의 책과 일치하면 쓸모없는 것이고, 그렇지 않으면 사악한 것이니 모두 없애라"라고 명령했다고 한다. 알렉산드리아 도서관의 파피루스는 목욕탕 4,000개를 데우는 연료로 사용되었다. Rebecca Knuth, *Libricide: The Regime-Sponsored Destruction of Books and Libraries in the Twentieth Century*, Praeger, 2003, pp.55~56

[**] 976년 알 하캄 2세가 사망하자 어린 아들인 히샴 2세가 칼리파로 등극했으나 당시 왕실의 재무 담당 관리자 알 만조르로 알려진 아비 아미르가 알 하캄 2세의 부인과 불륜 관계를 유지하면서 권력을 행사했다. 그는 궁정 내의 정적을 제거하고 가톨릭 왕국과 전투를 벌여 승리한 뒤 독재자로 군림했다.

[***] 카간은 몽골 제국이나 튀르크계 국가의 황제에 대한 칭호로 '하늘의 지명을 받은 자'를 뜻한다.

[****] 13세기 후반 칭기즈칸의 차남인 차가타이가 물려받은 영토를 바탕으로 중앙아시아(현 신장 위구르 자치구)에 건국한 몽골계 유목민족 국가다.

과 서로 분열되었는데, 동칸국을 접수한 티무르(재위 1370~1405년)는 제
국을 창시하고 1401년 다시 바그다드와 시리아 정복에 나서 점령지 도
서관을 불태우고 책을 티그리스강에 버렸다. 이슬람 황금기의 소중한
지적 유산을 잿더미로 만든 잔인한 정복자들이었다. 아랍 정치가들이
"몽골이 아랍의 훌륭한 도서관을 불태우고 도시를 짓밟지 않았다면 무
슬림이 미국인보다 먼저 원자폭탄을 발명했을 것"[19]이라고 말할 만큼
이슬람의 도서관은 지식과 지혜의 보고였다.

1499년 스페인의 이슬람 도시 그라나다를 섭정한 추기경 히메네
스F. Jiménez de Cisneros(재위 1495~1517년)는 5,000권에 달하는 이슬람 사
본(의학서 제외)을 불태우고 기독교로의 개종을 강요했다. 16세기 영
국에서도 종교적 이유로 분서가 단행되었는데, 수도원 및 수녀원 도
서관에 대한 약탈이 광범위하게 일어나 800여 개 수도원 도서관의
장서 30만 권 가운데 2% 정도만 온전했다.

같은 시기에 멕시코에서도 방대한 분서가 있었다. 악역의 주인
공은 1524년 스페인 과달라하라주 시푸엔테스Cifuentes의 명문가 출
신으로 가톨릭교회 신부가 된 뒤 1549년 멕시코로 건너가 마야
원주민에게 선교하던 프란치스코회 유카탄의 교구장 란다Diego de
Landa(1524~1579년)이다. 그는 선교 활동 중 마야 유물에서 인신공희人
身供犧•의 증거가 드러나자 1562년 모든 마야 문서(수천 점에 이르는 그

• 신에게 산 자를 공물로 바치는 것으로 인신공여 또는 인신공양이라고도 한다. 특히 기원전 2세
기경 멕시코시 북동쪽 52킬로미터 지점에 있던 고대 왕국 테오티우아칸에 건설된 '달의 피라미
드'(높이 46미터)에서는 산 자의 심장과 피를 제물로 바쳤다. 태양신에게 사람의 싱싱한 심장을 공
양해야 다음 날 태양이 떠오를 수 있다고 믿었기 때문이다. 많을 때는 한 번에 수백 명씩 제단에
바치기도 했다.

림 이야기와 상형문자가 조각된 사슴 가죽 등)를 이교 사상으로 간주하여
분서했다. 이는 종교를 앞세운 가장 야만적인 문명 파괴 사례로 기
록되고 있다. 그런데 마야 문명*을 파괴한 장본인인 란다가 마야인의
생활, 문화, 종교를 집대성한 『유카탄 견문기』Relación de las cosas de Yucatán 에
는 마야 상형문자의 로마자 대조표가 있어 마야 문자를 해독하는 데
결정적 실마리를 제공했다. 마야 문서를 파괴한 자가 저술한 책이 없
었다면 마야 문자를 해독하기 어려웠다는 사실은 역사의 아이러니가
아닐 수 없다.

　1529년 스페인 식민지 뉴스페인(현 멕시코)의 가톨릭 복음화에
참여한 프란치스코회 선교사이자 선구적 민속학자였던 사아군B. de
Sahagún(1499~1590년)이 16세기 메소아메리카Mesoamerica**의 민속학을
조사·연구해 정리한 『피렌체 코덱스』***에 따르면, 아스테카의 제4대
황제 이츠코틀(재위 1427~1440년)은 '모든 사람이 그림을 알아야 한다

● 　마야인은 기원전 약 1,500년 전 과테말라 서부 해안에서 문명을 이뤘다. 점점 북쪽으로 올라오
면서 인구가 많아지고 도시도 늘어나 과테말라 페텐, 온두라스와 벨리즈, 유카탄 남부 치아파스에
걸쳐 약 1,000년간 고전기 문화를 화려하게 펼쳤다. 이후 유카탄반도 북쪽으로 옮겨 다시 약 500
년간 문화를 누렸다. 스페인 정복자들이 도착하기 전 마야 문명이 쇠퇴기로 접어들어 많은 대도시
가 버려지고 마야인들은 촌락으로 흩어져 살았다. 정혜주, 「마야 지역 원주민의 문화적 인권에 대
한 고찰」, 『라틴아메리카연구』 18(3), 2005, 61쪽

●● 　멕시코와 중앙아메리카 북서부를 포함하여 공통적인 문화를 가진 아메리카를 말한다. 이 지역
의 멕시코, 과테말라, 벨리즈, 온두라스에서 기원전 1500년경부터 약 3,000년간 고대 문명이 발달
했다. 올메카, 우아스테카, 마야, 사포테카, 믹스테카, 아스테카 문명 등이 있다. 정혜주, 「메소아
메리카 변환기의 대응: 띠깔과 치첸이쯔아의 정치적 개혁」, 《스페인라틴아메리카연구》 7(1), 2014,
299쪽

●●● 이 코덱스는 본문을 2단으로 나누고 나우아틀어와 스페인어로 작성한 3권 12책이다. 고대 멕
시코인의 역사, 정체성, 문화를 해석한 것으로, 유일한 사본이 피렌체의 라우렌치아나 도서관에
소장되어 있다.

는 것은 현명하지 못하다'라는 이유로 초기 역사가 기록된 모든 회화 코덱스의 소각을 명령했다.

프랑스 대혁명 때도 대규모 분서가 있었다. 도시민과 농민을 중심으로 군주제 및 봉건적 계급 질서인 앙시앵 레짐을 전복하는 과정에서 폭동, 약탈, 살인이 자행되었고 도서관도 공격받았다. 파리에서 8,000권 이상이 파괴되었고, 기타 지역에서 약 40만 권이 사라졌다. 그 가운데 2만 6,000권은 고대 문헌이었다.[20]

한반도에서도 거란의 고려 침입, 조선 중기의 임진왜란과 정유재란, 후기의 병인양요에 이르기까지 귀중한 왕실문고뿐 아니라 사대부 사료가 파괴되고 일부는 약탈당했다. 특히 19세기 후반 조정은 당시 정치적으로 소외된 남인*을 중심으로 천주교가 확산하자 위협을 느끼고 천주학 책을 대거 불태웠으며 관련 서적 소지자를 처형했다. 1910년 조선총독부 초대 총독으로 부임한 데라우치寺內正毅는 한국인의 민족의식을 말살하기 위한 방편으로 역사책, 위인전, 교과서 등 20만 권을 압수·분서하는 악행을 저질렀다.[21]

두 차례의 세계대전은 책과 도서관의 파괴사를 대변할 만큼 치명적이었다. 1914년 8월 25~26일 독일군의 벨기에 폭격으로 루뱅 가톨릭 대학 중앙도서관이 화염에 휩싸여 30만 권(중세 필사본 1,000권, 1501년 이전의 초기 인쇄본 1,000권 이상, 도서 25만 권)이 잿더미로 변했

• 조선 중기 이후 동인이 북인과 남인으로 분파하면서 등장한 붕당정치의 일파로, 서인에서 갈라진 노론, 소론과 함께 사색당파를 형성했다. 주역은 이덕형, 류성룡, 김성일, 윤휴, 허목, 허적 등이었으며, 인조반정 후에도 비주류였다. 성리학이 주요 강령이었지만, 일부는 실학과 천주교 등에서 사상적 기반을 모색했다.

다. 제2차 세계대전 중이던 1944년 8월 1일 폴란드에서 바르샤바 폭동이 일어나자 독일은 특수부대°를 앞세워 많은 책과 도서관을 파괴했다. 대표적 피해 사례가 1747~1795년 로마 가톨릭의 자우스키 주교 형제가 설립한 자우스키 도서관Biblioteka Załuskich이다. 자우스키 도서관은 유럽에서 가장 오래된 공공도서관의 하나로 오랫동안 폴란드 국립도서관 지위를 유지했으나 나치 독일이 점령한 후에는 바르샤바 시립도서관으로 격하되었다. 이 도서관에는 약 40만 점의 인쇄물, 지도, 사본 등이 소장되어 있었는데 독일의 파괴로 대부분이 사라졌다. 1944년 9~10월에는 바르샤바 3대 사립도서관이 파괴되었다. 1844년 설립된 크래신스키Krasiński 도서관의 장서 25만 권은 거의 소실되었고 나머지는 현재의 국립도서관으로 이관되었다. 페르제즈지에키Przeździecki 도서관도 대다수 귀중 자료(인쇄 자료 6만 권, 사본 500점, 양피지와 종이 문서 800점, 지도 자료 350점)가 소실되었다. 1939년 독일군 폭격으로 약 5만 점이 사라졌던 자모이스키Zamoyski 도서관은 1944년 9월 8일의 폭격으로 모든 장서(인쇄 자료 9만 7,000권, 사본 2,000점, 외교문서 등 624점, 지도 자료 315점)가 소실되었다. 또한 폴란드 역사 자료 35만 권을 수장한 중앙군사도서관도 파괴되었다.

제2차 세계대전 중 나치 독일의 무차별 공격으로 폴란드 도서관의 70~80%가 파괴되었고, 장서 2,250만 권 중 1,500만 권이 사라졌다.

• 독일군은 폭동이 일어나자 바르샤바 제3구역인 볼라Wola에서 민간인 4만~5만 명을 학살했다. 이후 독일은 군대에 준하는 조직인 히틀러 친위대Schutzstaffel에 의해 구성된 특수부대를 동원하여 폭동 지역에서 저지른 대량 살상의 증거를 제거했다. J.K.M. Hanson, *The Civilian Population and the Warsaw Uprising of 1944*, Cambridge University Press, 2004, p.86

영국은 114만 5,000권, 이탈리아는 203만 9,000권(장서 200만 권, 사본 3만 9,000권)이 불에 탔다. 또 독일은 소련을 침공하여 톨스토이 도서관을 잿더미로 만들었다. 1933~1945년 나치 독일은 유럽 전역에서 약 1억 권을 고의로 파괴했다.[22]

일본 제국주의도 제2차 세계대전 때 중국을 정복하는 과정에서 3,807개 도서관과 약 1,000만 권의 책을 파괴한 반면 미국의 폭격으로 자국 책의 절반을 잃었다.[23] 독일도 그림스테드[P.K. Grimsted] 등의 추정에 따르면 전쟁 중에 『구텐베르크 성서』를 비롯해 550만~1,100만 권이 소실되었다.[24] 다른 집계에 따르면, 종전을 앞둔 연합군, 특히 영국군의 융단 폭격으로 독일의 주요 도시에서 무려 1,300만 권 이상이 사라졌다.[25] 전체 독일 도서관 장서의 3분의 1에 달한다. 또한 1946년 7월 23일 소련 전리품 위원회는 독일 점령지에서 압수한 약 120만 권을 레닌그라드(현 상트페테르부르크)로 향하는 기차에 실어 자국의 살티코프 시체드린 도서관(러시아 국립도서관의 전신) 국가문헌국으로 이송했다.[26] 전쟁을 일으켜 책과 도서관을 무차별적으로 파괴한 독일이 전쟁의 최대 피해자로 전락한 역설이자 인과응보가 아닐 수 없다. 그럼에도 독일은 제2차 세계대전 당시 소련이 약탈해 간 책을 비롯한 문화재의 반환을 요구해왔고, 현재도 진행 중이다.*

• 1945년부터 연합국은 나치 독일이 약탈한 문화재 송환을 요구했고, 독일은 1948년까지 200만 점을 유럽 13개국에 반환했다. 반대로 1990년대에 독일은 소련 점령 지역의 문화재 목록을 작성한 뒤 1945~1949년 소련으로 반출된 문화재(미술품 20만 점, 도서 120만 권, 기타 문서 등)의 반환을 요구했다. 이에 대해 러시아 의회는 1997년 독일 문화재를 러시아 소유로 하는 법률(약탈문화재법)을 통과시켰고, 독일 정부는 '국제법에 위배되는 매우 우려할 사안'이라는 입장을 표명한 바 있으나 답보 상태에 있다.

도시	소실량(권)
아헨	50,000
베를린	3,580,000
본	207,000
브레멘	150,000
다름슈타트	767,000
도르트문트	250,000
드레스덴	512,000
에센	130,000
프랑크푸르트	1,740,000
기센	800,000
그라이프스발트	18,900
함부르크	884,000
하노버	125,000
카를스루에	423,000
카셀	446,400
킬	280,000
라이프치히	270,000
마그데부르크	140,000
마르부르크	50,000
뮌헨	1,050,000
뮌스터	382,000
뉘른베르크	100,000
슈투트가르트	630,000
뷔르츠부르크	430,000
합계	13,415,300

표 7-2 제2차 세계대전 중 독일 도서관의 장서 소실 피해

양차 세계대전 이후에도 책과 도서관의 파괴는 도처에서 일어났
다. 1950~1951년 중국은 '세계의 지붕'인 티베트를 합병하고, 불경
필사본을 태운 뒤 티베트인들이 밟고 가도록 강요함으로써 모멸감을
주고 저항 의지를 꺾었다. 1966년 5월부터 10년간 대륙을 광기로 몰
아간 문화대혁명*도 책의 대량 파괴를 초래했다. 마오쩌둥은 495년

• 마오쩌둥 주도하에 1966년 5월에서 1976년 12월까지 진행된 사회문화적·경제적·정치적 사회

달마대사가 창건한 중국 선불교 발상지인 소림사에서 공산당원 자녀들로 구성된 홍위병을 앞세워 잔혹한 테러를 자행했다. 당시 홍위병은 고전이 봉건주의를 부추기고, 서양서가 자본주의를 부추기며, 러시아 책이 수정주의를 부추긴다는 이유로 책을 산더미처럼 쌓아놓고 불태웠다.

북한에서도 1967년 김일성 우상화를 위한 도서 정리 사업의 일환으로 대대적 분서가 단행되었다. 개인이 소지한 모든 서적은 불태우거나 도서관으로 이관했다. 심지어 러시아 문학은 물론 마르크스의 책도 금서로 지정하여 인민의 접근을 원천적으로 차단했다. 1981년 6월 1일 스리랑카 북부의 자프나에서는 싱할라 민족주의자의 방화로 남아시아 최대의 지식 보고이자 타밀인의 5,000년 문화유산을 간직한 타밀 도서관이 불에 탔다. 필사본, 야자나무 잎으로 만든 두루마리 등 9만 7,000권이 잿더미로 변했다. 1989년 이라크 후세인 대통령은 아랍 민족주의를 명분으로 내걸고 쿠웨이트를 침공했는데, 이라크 군대 10만 명이 6개월간 쿠웨이트를 점령하는 동안 학교도서관 장서의 43%가 불에 탔고, 쿠웨이트 대학도서관의 54만여 권도 대부분 유실되었다.

1980년대 말부터 세르비아 민족주의를 주창한 세르비아 대통령 밀로셰비치는 유고연방에서 독립을 선언한 크로아티아, 슬로베니아

주의 운동이자 공산당 내부의 반대파를 제거하고 권력을 재탈환하기 위한 권력투쟁으로, 공식 명칭은 '무산계급문화대혁명'이다. 표면상 명분은 '전근대적 문화와 시장 정책 문화를 비판하고 새로운 공산주의 문화를 창출하는 개혁 운동'이었으나 실상은 권좌에서 물러난 마오쩌둥과 덩샤오핑파 사이의 암투였다.

등과 전쟁을 벌였다. 그로 인해 당시 크로아티아의 370개 지식문화
기관(도서관, 박물관, 문서보관소)이 파괴되고, 책 60만 권, 정기간행물
5,566종, 초기 인쇄본 33권, 필사본 1,080권, 양피지 370권, 희귀본
1,350권, 지도 1,200점 등이 피해를 보았다. 1992년 8월 25일에는
세르비아 군대가 사라예보를 포위하고 1892년 설립된 사라예보 국
립도서관을 포격했다. 수십 명의 사서와 지역주민이 150만 권이 넘
는 장서를 구하려고 노력했으나 허사였다. 단일 도서관을 파괴한 사
례로는 사상 최대였다. 2001년 5월 인도네시아 수하르토 정권은 인
도네시아공산당 재건을 반대하는 극우파 민족주의자와 이슬람교도
를 앞세워 자카르타의 주요 서점과 도서관에 진입해 공산주의 사상
을 담은 마르크스와 레닌의 저서, 사회주의 관련 서적을 압수하거나
모두 불태웠다.

　가장 최근의 야만적 학살은 이라크 수도 바그다드에서의 무차별
파괴다. 바그다드는 인류 문명의 시원인 메소포타미아 문명의 중심
지이자 중세를 호령하던 이슬람 제국의 수도였고 르네상스 운동의
원천이었다. 2003년 3월 20일 미군이 점령한 바그다드에서 체제 몰
락에 분노한 이라크 시민들이 이라크 국립도서관·문서관에 난입하
여 귀중한 문화유산을 약탈하고 서고에 휘발유를 뿌려 100만여 권이
잿더미로 변했다.* 같은 건물의 국립문서관(2층 국립문서고, 3층 마이크

---

* 이라크 국립도서관·문서관이 있는 1킬로미터의 무타나비 거리에 줄지어 있는 출판사와 고서점
은 이라크의 지성을 상징하며 중세 1,000년의 역사를 자랑한다. 여기서 생산한 책은 유럽과 아시
아까지 전해졌다. 그런데 미군은 바그다드를 점령한 뒤 국립도서관 앞에 탱크와 장갑차를 배치했
음에도 약탈자들의 도서관 난입을 막지 않았다. 그 결과, 인류 문명사를 간직한 희귀서들이 사라
졌고, 남은 장서도 폭격 때 파괴된 수도관 누수로 물에 젖어 복원이 불가능할 정도로 엉망이 되었

로필름 문서보관소)도 전소되어 오스만 제국 등의 기록물이 거의 사라졌다. 이라크 국립도서관·문서관은 이라크 국립박물관과 함께 인류가 반드시 보존해야 할 유네스코의 적색 리스트에 등재되어 있음에도 야만과 무지에 의해 파괴되었다. 게다가 며칠간 계속된 방화와 약탈로 인접한 알 아우카프와 바이트 알 히크마 등의 공공도서관, 모술 대학과 바그다드 대학 등의 도서관, 최대 무역항인 남부 바스라의 자연사박물관, 이슬람 도서관 등이 불탔다. 다행히 바스라 도서관은 사서로서의 책무를 다한 베이커A.M. Baker*의 노력으로 참화를 면했다.

이슬람 수니파 극단주의 무장단체인 이슬람국가Islamic State, IS는 더욱 참혹한 홀로코스트를 자행했다. IS는 여러 도서관에 폭발물을 설치해 무자비하게 파괴했는데, 2015년 2월에는 이라크 북부 니나와(고대 아시리아 니네베)의 모술 대학도서관을 파괴해 니네베 고문서, 18세기 필사본, 19세기 이라크 최초 인쇄소에서 간행한 고대 시리아어 서적, 오스만 제국 자료, 20세기 초 이라크 신문, 고대 천문관측기인 아스트로라베, 고대 아랍인의 모래시계 등 고문서와 희귀서 8,000여 점을 비롯해 1만 점 이상이 소실되었다. 이에 유네스코는 "인류 역사상 도서관 소장품에 대한 가장 지독한 파괴 행위이자 문화적 청소"라고

다. 게다가 주변 건물 옥상에 저격수를 배치한 테러 단체가 도서관을 향해 사격하고 사서를 납치하거나 살해했다. 전쟁 기간에 사서 일곱 명이 목숨을 잃었다.

● 바그다드의 방화와 약탈이 바스라에서 재연될 기미를 보이자 2003년 3월 20일 새벽 사서 베이커는 바스라 시청에 책의 안전한 이동을 요청했다. 시청이 거절하자 매일 도서관 책을 집으로 옮겼고 이라크군이 도서관에서 철수한 뒤에는 시민과 함께 3만 권 이상(장서의 70%)을 인근 식당으로 옮겼다. 며칠 후 도서관은 원인 불명의 화재로 전소되었다. 베이커와 시민들이 피신시킨 장서는 바스라 역사와 문화를 간직한 기록유산이다. 아랍어 문법을 기록한 중세 필사본과 1,300년 전부터 내려온 예언자 무함마드의 일대기도 있었다.

규탄했다.

동서고금을 막론하고 인류 문명사는 도전과 응전을 통한 창조, 파괴, 복원의 반복이다. 영국 사학자 토인비^{A.J. Toynbee}는 『역사의 연구』에서 '도전과 응전'을 인류문명의 흥망성쇠 내지 이행 과정으로 규정했다.[•] "역사는 반복된다. 한 번은 비극으로, 다른 한 번은 희극으로"라는 마르크스의 명언은 지식문화 수난사에도 여지없이 적용된다. 희극이 지식문명의 탄생과 축적이라면, 비극은 야만적 약탈과 방화다. 특히 나치와 IS가 저지른 분서와 도서관 파괴는 지식문화의 반달리즘을 넘어 비블리오코스트^{bibliocaust••}이자 학살^{libricide•••}이다. 인류 역사를 반추하면 지구상에서 사라진 책의 60%는 인간의 의도적 파괴

• 27년간(1934~1961년)의 연구를 집대성한 토인비의 대작 『역사의 연구』에 따르면, 문명은 탄생, 성장, 쇠퇴, 붕괴를 순환하며 고차원 문명과 저차원 문명 간의 도전과 응전이다. 문명은 도전을 선도하는 '창조적 소수자'를 따르려는 민중의 모방(미메시스)에 달려 있다. 그러나 민중이 자발적으로 호응하지 않으면 비자발적 지지를 얻기 위해 권력을 남용하고 민중의 저항과 불복이 일어난다. 이 과정에서 창조적 소수자는 '지배적 소수자'로 전화하고 그것이 문명 쇠퇴 및 해체의 출발점이 된다. 지배적 소수자에 대한 모방을 철회한 민중은 억압적 지배구조에서 이탈하는 '내적 프롤레타리아트'가 되고 지배적 소수자는 내적 프롤레타리아트를 전사로 만들어 외부 야만 사회의 내침에 대비한다. 해체기에 접어들면 외부 야만인이 '외적 프롤레타리아트'가 되고 새로운 창조의 맹아가 자라난다. 지배적 소수자는 세계 국가와 철학, 내적 프롤레타리아트는 세계 종교와 교회, 외적 프롤레타리아트는 전투단을 만들고, 3대 주체의 만남과 통합이 새로운 문명을 잉태한다. 기존 문명의 해체와 사멸을 통해 새롭게 등장한 문명이 '파생 문명'이다. 고대 그리스 문명이 로마 제국을 배태했고, 로마 제국은 자신의 내적 프롤레타리아트인 기독교를 낳았으며, 문명의 해체 과정에서 기독교가 서구 문명을 잉태했다. 이영석, 「아널드 토인비와 동아시아」, 《역사학연구》 52, 2013, 371~372쪽

•• 책^{bibliography}과 홀로코스트^{holocaust}의 합성어로서 '개인이나 사회를 쉽게 통제할 목적으로 역사적 기억력 상실을 획책하는 의도적 행위'를 말한다.

••• 책^{libri}과 살인^{suicide}을 합성한 신조어로 '책과 도서관을 인위적으로 파괴하거나 없애는 행위'를 말한다. 주로 20세기에 정부의 승인하에 대규모로 저질러진 책과 도서관 파괴를 지칭하는 용어로 사용한다.

때문이었다.[27]

인간이 책과 도서관을 학살하는 이유는 어디에 있을까? 원초적 파괴 본능인가, 아니면 미개한 고대인의 유산인가? 여러 주장을 종합해보면 심리적 측면에서는 인간의 원초적 파괴 본능, 지배자의 획일적이고 완고한 세계관, 독선적·과시적 성격, 가학적 광기 등에 기인한다. 이념적으로는 이데올로기 대립과 전쟁, 식민지배 이념의 확산 등이 작용하고, 정치적 측면에서는 지식의 권력 도구화, 지배권력의 정당성 확보와 우상화, 정복지 국민의 자존심 유린, 우민 정책의 방편, 책과 도서관의 체제 위협성 제거 등이 크게 작용한다. 사회·종교적 측면에서는 신의 절대성에 대한 도전의 억제와 탄압, 강제 개종, 우민화를 통한 동화 정책 또는 민족 정화 등이 원인으로 작용하고, 지식문화적 관점에서는 책의 민족문화적·역사적 대표성, 도서관의 정치적 비중립성(저항 세력 학습의 온상, 피지배 계층 계몽을 통한 체제 전복), 지적 자유에 대한 검열, 문화적 다양성 말살 등의 동기를 들 수 있다. 이처럼 책과 도서관의 조직적 파괴 이면에는 종교적·정치적 이유가 자리 잡고 있다. 특히 지난 20세기까지 가장 지독한 파괴는 공산주의나 전체주의 정권에 의해 자행되었다.*

그러나 1942년 미국 정부간행물 출판국이 나치 정권의 분서를 국제사회에 알릴 의도로 제작한 포스터가 웅변하듯이 책과 도서관은 아무리 학살해도 저항하고 부활한다. 미국의 제32대 대통령 루스벨

---

* 가령 러시아는 도서관이 혁명에 봉사하도록 요구했고, 중국은 혁명에 봉사하지 않으면 도서관을 없애버렸다. 캄보디아는 글을 아는 사람을 없애버리고 무의미하게 만들었다. 레베카 크누스, 강창래 역, 『20세기 이데올로기, 책을 학살하다』, 알마, 2010, 118쪽

Books cannot be
killed by fire.
People die, but books never die.
No man and no force can put
thought in a concentration camp
forever. No man and no force can
take from the world the books that
embody man's eternal fight against
tyranny. In this war, we know, books
are weapons.

그림 7-4 나치 독일의 분서에 대한 미국의 경
고 포스터(1942년)

트F.D. Roosevelt(재임 1933~1945년)는 "책은 화재로 죽지 않는다. 사람은 죽지만 책은 결코 죽지 않는다. 어느 누구도 어떤 세력도 폭압에 대항하는 인간의 영원한 투쟁을 구체화한 책을 제거할 수 없다. 이 전쟁에서 책이 무기라는 것을 우리는 알고 있다"라고 웅변했다.

책과 도서관의 역사는 인류의 지성사인 동시에 야만적 역사를 대변한다. 책은 신성과 이데올로기 따위를 앞세운 박해와 약탈의 대상이었다. 고대에는 신화와 왕권을 내세웠고, 중세에는 신의 이름으로 정당화했으며, 현대는 이데올로기가 지배하고 있다. 그러나 분서는 검열의 전형이며, 담론과 아이디어 교환의 종식을 의미한다.[28] 특히 나치의 분서는 지식문화와 유대인 지성주의에 대한 명백한 공격이었다.[29] 또 도서관의 파괴는 콘텐츠 손실이나 손상뿐만 아니라 개인적·사회문화적·정치적 기능을 수행하는 능력의 축소를 함축한다.[30]

책과 도서관 학살은 선처할 여지가 있는 충동적 범죄가 아니라 치밀한 시나리오에 근거해 집단적 사고력을 거세하고 정체성을 와해시키는 화형이자 참수다. 이를 집행하는 주체는 현재를 살아가는 사람이다. 지구촌에서 분쟁과 전쟁이 멈추지 않는 한, 그리고 인간의 이념적·권력적·정치적·종교적 탐욕과 극단주의가 활보하는 한 분서와 도서관 학살은 멈추지 않을 것이다. 장구한 세월 동안 지속된 도서관 수난사가 이를 증명한다.

7
책과 도서관에 바치는 헌사

책은 무엇인가? 이에 대한 상투적 대답은 '기록된 여러 페이지의 묶음'이나 '문자를 담은 매체'다. 하지만 사전적·형식적 정의를 넘어서면 인간의 수상^{手相}과 지문^{指紋}이 응축된 책은 다양한 행간을 은유한다. 책은 문자와 매체가 결합되어 집합적 기억과 집단적 지성을 대변한다. 책은 지식과 지혜의 컨테이너인 동시에 인격을 부여받은 생명체다. 더 확장하면 책은 역사를 담은 용기이며, 척추신경을 타고 흐르는 집단 기억의 총체이자 지식문화의 뿌리다.

책의 존귀성에 대한 촌철살인은 17세기 덴마크 의사이자 지독한 독서광이었던 바르톨리니^{A. Bartholini}(1597~1643년)에게서 찾을 수 있다. 그는 "책이 없으면 신은 침묵하고, 정의는 잠자며, 자연과학은 정체되고, 철학은 불구가 되고, 문학은 벙어리가 되며, 모든 것은 키메리안˙의 어둠 속에 묻힌다"라고 설파했다. 또 미국의 작가이자 대중 연설가였던 커티스G.W. Curtis(1824~1892년)는 "축적된 지혜를 영원히 밝히는 램프"로, 사서와 관장을 역임한 서지 전문가이자 문예비평가인 파월L.C. Powell(1906~2001년)은 "시간의 바다에서는 섬, 시간의 사막에서는 오아시스"라고 책을 상찬했다. 모든 책은 나름의 존재 이유가 있음에도 불가촉의 출세간을 떠나 세간의 인간과 접촉할 때 기호학적 생명력이 부활한다. 그것이 독서다. 종이책 읽기뿐 아니라 전자책 브라우징과 인터넷 서핑도 독서 행위다. 모두 독자와의 은밀한 교감이다. 시각과 감각을 동원하여 문자의 여백과 행간을 넘나들면서 소통하고 공감한다. 기억할 필요가 있으면 메시지를 두뇌에 저장한다. 17세기 프랑스 철학자 데카르트는 "모든 양서를 읽는 것은 지나간 세기의 가장 위대한 사람들과 대화하는 것과 같다"라고 역설했으며, 미국 제36대 대통령 존슨L.B. Johnson(재임 1963~1969년)은 "책과 사상은 무관용과 무지에 대항하는 가장 효과적인 무기다"라고 호소했다. 모두 책의 존재적 가치를 넘어 독서의 중요성을 강조한 말이다.

독서 생활을 강조한 인물로는 안중근이 대표적이다. 그가 조선조 아동교육서 『추구推句』˙˙의 한 구절인 "일일부독서 구중생형극一日不讀書

● 고대 그리스인들은 지구가 둥근 원판과 같고 지중해와 흑해로 나뉘어 있으며 그 주변에 거대한 오케안Ocean강이 흐르고 오케안 피안의 구름과 어둠에 싸인 미지의 땅에는 신비로운 종족인 키메리안이 산다고 믿었다. 키메리안은 중앙아시아 코카서스와 아조프해 북쪽에 살던 전설 속 고대 야만족이다.

●● 조선 후기에 중국 명시와 조선 명현의 오언절구五言絶句로 된 주옥같은 시 중에서 좋은 대구對句를 발췌하거나 칠언七言 중에서 임의로 오언으로 바꾼 것으로, 아동을 위한 초학서다. 『천자문』, 『사자소학』과 함께 아동의 정서 함양, 사고력 발달, 시부詩賦 이해, 문장력 향상 등을 위해 널리 활용되었다.

口中生型棘"(하루도 책을 읽지 않으면 입안에 가시가 돋는다)을 단지^{斷指}로 수인^{手印}한 불멸의 옥중 유묵(보물 제569-2호)은 독서 생활화에 대한 사자후다. 1910년 3월 26일 뤼순 감옥에서 형장의 이슬로 사라지기 전에 소원이 있으면 말하라는 사형 집행인의 말에 망설이지 않고 "5분만 시간을 달라. 책을 다 읽지 못했다"라고 했다는 일화는 독서 인구가 지속적으로 감소하는 한국 사회에 울리는 경종이다.

책이 독자와 동행하면 독서가 되고, 그 향기가 사회를 활보하면 독서문화가 형성된다. 책은 독서를 통해 지적 향기를 발산하며 영글어 독서문화를 거쳐 지식문화를 창출한다. 이러한 독서가 일상화될 때 지역문화의 출발점인 독서문화가 정착되고, 그 바탕 위에서 지식문화, 학습문화, 생활문화, 여가문화를 기대할 수 있다.[31] 결국 책과 독서는 문화의 뿌리다. 누구나 인간적 삶을 영위하려면 책과 독서를 일상화해야 한다. 그것이 문화적으로 풍요로운 삶을 영위하는 정도이자 첩경이다.

또한 문화는 지역사회의 정체성과 분위기를 결정하는 요체다. 최근 곳곳에서 문화 중심 도시 재생이 활발하고 '문화 도시'를 표방하는 이유는 문화가 지역주민, 이민자, 망명자, 관광객의 만남과 소통을 촉진함으로써 개인적 가치와 사회적 편익을 유발하기 때문이다. 그래서 『이방인』을 쓴 카뮈는 "문화와 그것이 함축하는 상대적 자유가 없다면 사회는 완벽할지라도 정글에 불과하다"라고 일갈했다. 항일 운동가이자 임시정부 주석을 역임한 김구는 "오직 한없이 가지고 싶은 것은 높은 문화의 힘이다. 문화의 힘은 우리 자신을 행복하게 하고, 나아가서 남에게 행복을 주기 때문이다"라는 논지의 문화적 이상론을 주창했다.[32] 또 『화씨 451』을 쓴 브래드버리는 "문화를 파괴할 목적이라면 책을 불태울 것이 아니라 사람들의 독서를 멈추게 하라"라고 말했다.

책과 독서 그리고 문화가 어우러진 유일한 사회적 장소가 도서관이다. 그중에서도 인간의 생애주기와 밀접한 곳은 공공도서관이다. 그렇다면 공공도서관은 무엇인가? 바로 '책(지식정보)의 집합'이다. 이는 지금도 유효하고 미래에도 불변할 진리다. 역사는 한 줄의 기록에서 시작되고, 그러한 기록이 누적되면 책이 된다. 책이 없었다면 역사도 존재할 수 없다. 책에는 인류의 지식문화사, 나아가 장구한 문명사가 함축되어 있다. 그렇기에 도서관은 책의 무덤이 아니며, 수장고 이상의 의미를 함축한다.

도서관은 사상과 이념, 국적과 민족, 인종과 종교, 지위와 신분, 연령과 학력 등을 초월한 지식의 성전이자 기억과 문명을 간직한 지성의 전당이고 지혜의 산실이다. 지식문화의 타임캡슐이자 마중물이며 오아시스다. 고귀한 지적 세계를 여행하면서 무지를 몰아내고 망각된 세월과 기억을 복원하는 공간이다. 고대에서 현재까지 도서관은 인류의 정신세계와 지적 편린이 농축된 책을 수집·조직·보존함으로써 사회 발전에 기여한 '문명의 기둥'이다.[33] 어떤 나라에서는 공공도서관이 '민주주의의 상징'이고, 어떤 사회에서는 '시민의 대학'이며, 누군가에게는 '삶의 쉼터이자 미래의 희망'이다. 주옥같은 책들을 품은 서고와 이목을 집중시키는 건축은 지역사회의 랜드마크이며, 무료 공공도서관 시스템은 문명사회를 가늠하는 잣대다. 그 기반 위에서 지식과 문화가 춤추는 사회적 장소다.

그래서 오래전부터 세계의 지도자, 석학, 문필가, 언론인 등은 도서관의 가치와 중요성을 역설해왔다. 애서가였던 14세기 영국의 주교 드베리[R. de Bury](1281~1345년)는 "지혜의 도서관은 모든 재산보다 소중하며, 다른 어떤 것과도 비교할 수 없다"라고 했다. 미국의 사회개혁가였던 비처[H.W. Beecher](1813~1887년) 목사는 "도서관은 사치재가 아니라 생활필수품"이라고 단언했다. 영국의 시인이자 저널리스트 랭퍼드[J.A. Langford](1823~1903년)는 "도서관은 모든 방문자에게 개방되는 유일한 보고다. 지식은 부패하지 않는 유일한 재산이다. 지혜는 죽음을 초월하여 운반할 수 있는 보석이다"라고 역설했다. 아인슈타인은 "우리가 반드시 알아야 할 유일한 일은 도서관 위치를 파악하는 것이다"라고 강조했다. 루스벨트는 "도서관은 가장 위대한 학문 도구, 문화 저장소, 정신적 자유에 대한 상징"임을 천명했다.[34]

도서관은 책과 독서, 학습과 문화, 참여와 소통이 공존하는 민주주의의 초석이자 광장이다. 책은 인간에게 지적·정신적 자양분을 제공하고, 독서는 인간에게 지식문화적 성취를 지원하며, 도서관은 책과 공간을 매개로 공동체 사회를 창출하는 데 기여한다. 예컨대 경제위기가 도래하면 사회적 안식처를 제공한다. 상업주의가 지식문화에 침투하여 공익성과 공평성이 훼손되면 지방 공공재 역량을 배가한다. 지불 능력에 따른 디지털 정보 격차 및 상대적 불평등이 심화하면 무료 접근·이용을 보장하기 위한 정보 공동체 기능을 강화한다. 이념과 정치가 극단적으로 대립하는 상황에서도 중립적 자세를 고수한다. 정부와 권력이 국민의 알 권리와 표현의 자유를 통제하면 강력하게 투쟁한다. 책을 불태우고 서고를 잿더미로 만든 책의 화형과 도서관 학살에 대한 끈질긴 저항과 부활의 역사가 이를 방증한다. 공공도서관의 거시적 목적은 민주주의의 초석을 다지고 숙성시키는 데 있다. 그 궁극적 가치는 민주주의의 무기고다.

요컨대 책과 독서와 도서관에는 본질과 원칙, 순리와 상식이 적용되어야 한다. 책이 미디어 영상 매체로 대체되고, 독서가 스크린 유랑주의에 복속되며, 도서관이 인터넷 도그마와 디지털 야만주의에 항복하면 물질적 풍요와 졸부적 행위를 제압할 인문정신과 문화적 품격을 기대할 수 없고 문화 도시와 문화 선진국은 요원해진다. 1897년 설립하여 일제 강점기에도 존속했던 한국 최초의 근대식 서점 겸 출판사 회동서관匯東書館*은 "문화는 인지人智에서, 인지는 학문에서, 학문은 문자에서, 문자는 서책에서"를 좌우명으로 삼았다. 책은 문화의 씨앗이고 문화는 책의 열매다. 따라서 책은 민주주의의 화폐, 도서관은 책과 문화를 집적한 은행에 비유할 수 있다. 국가나 지방자치단체가 도서관을 설립·운영하는 것은 모든 지식정보에 대한 접근·이용을 담보하는 무료 사회보험과 같다.[35] 당대는 물론 후대에 지식정보를 제공하고, 지적 성장과 문화 발전을 촉진하며, 지혜의 길로 인도하기 때문이다.

이를 위해서는 사서직과 지역주민의 만남이 중요하다. 전자가 지식정보를 갈무리하는 주체라면, 후자는 지적 허기를 채우려는 고객

---

* 부친의 포목 가게를 이어받은 고제홍은 1897년 현 청계천 대광교 앞 신한은행 건물에 고제홍서사高濟弘書肆를 설립했으며, 아들 고유상이 1907년 가업을 이어 최초의 근대 서점인 회동서관으로 개칭했다. 책뿐 아니라 학용품도 취급하고 출판도 병행하여 한용운의 『님의 침묵』, 이광수의 『무정』 등도 간행했다. 대구에 지점을 개설하는가 하면 중국 책을 수입하기도 했다. 그러나 일제 강점하에서 침체되었고 우리말 사용이 금지되면서 쇠퇴하여 1950년대 중반 문을 닫았다.

이다. 양자가 도서관에서 지식문화를 공유할 때 동행과 동복同福이 가능하다. 그래야 "자유 사회가 주는 세 가지 중요한 문서는 주민증, 여권, 도서관 카드"라는 미국 소설가 닥터로E.L. Doctorow의 촌철살인이 유의미할 수 있으며, 21세기의 카네기와 빌 게이츠가 도서관에서 탄생할 수 있다.

모든 도서관은 지식정보와 지역주민에 기대어 발전과 변용을 거듭하는 유기체다. 책 중심의 지식정보 개발에 주력해야 지식문화의 타임캡슐과 지적 놀이터로서의 구심력을 기대할 수 있다. 구시대적 유물인 규격화된 구조와 공간, 정숙을 강요하는 분위기, 대형 독서실에 불과한 일반열람실, 음식물 반입 금지 같은 엄격한 규정 등을 해체할 때 도시의 서재와 거실, 사회적 장소로서의 원심력을 높일 수 있다. 본질적 기능을 무시한 공간적 심미성 추구, 정체성을 호도하는 창조공간, 디지털 포퓰리즘은 에토스도 파토스도 아니라 시류에 편승한 가벼움의 극치일 뿐이다. 미래 공공도서관의 로고스는 책 중심의 사회적 복합문화공간이다. 책과 사람, 문화와 학습, 준비와 휴식이 공존해야 한다. 그런 도서관을 기대한다.

주

1장

1 Roy MacLeod, ed., *The Library of Alexandria: Centre of Learning in the Ancient World*, I.B. Tauris, 2004, p.30

2 페르난도 바에스, 조구호 역, 『책 파괴의 세계사』, 북스페인, 2009, 41~50쪽; 장 필리프 오모툰드, 이경래 외 역, 『유럽 문명의 아프리카 기원』, 지식을만드는지식, 2015; 「The Lost Knowledge of the Library of Alexandria」, *National Geographic History* 3, 2015

3 David S. Porcaro, 「Sacred Libraries in the Temples of the Near East」, *Studia Antiqua* 2(1), 2002, p.64

4 K. Kris Hirst, 「The Library of Ashurbanipal」, https://www.thoughtco.com/library-of-ashurbanipal-171549; Eduscapes, 「Ancient Libraries: 600s BCE」, http://eduscapes.com/history/ancient/600bce.htm

5 箕輪成男, 「文字·ことば·書物: シュメールにおける'文明の装置'試論」, 《国際経営論集》(神奈川大学) 16·17, 1999, p.123

6 Lionel Casson, *Libraries in the Ancient World*, Yale University Press, 2001, p.12

7 Jason König, et al. ed., *Ancient Libraries*, Cambridge University Press, 2013, p.39

8 Robert Barnes, 「Cloistered Bookworms in the Chicken-coop of the Muses: The Ancient Library of Alexandria」, Roy McLeod ed., *The Library of Alexandria: Centre of Learning in the Ancient World*, p.62

9 Jeffrey Jay Cunningham, 「The Role of Learning Institutions in Ptolemaic Alexandria」, *WWU Masters Thesis*, 2010, p.106

10 정규영, 「이집트 프톨레마이오스 시대의 예술, 학문, 종교적 상황과 인종적 대립」, 《지중해지역연구》 10(3), 2008, 160쪽

11 윤희윤, 『공공도서관정론』, 태일사, 2017, 7쪽

12 周藤芳幸, 「都市アレクサンドリアと初期ヘレニズム時代の東地中海世界: セーマア·大灯台·図書館」, 《名古屋大学文学部研究論集(史学)》 58, 2012, pp.61~62

13 Heather Philips, 「The Great Library of Alexandria?」, *Library Philosophy and Practice*(e-journal), 2010, p.8

14 J.G. Kesting, *Qumran and the Quest of Modern Librarianship*, University of Cape Town, 1978, p.7

15 周藤芳幸, 「都市アレクサンドリアと初期ヘレニズム時代の東地中海世界: セーマア·大灯台·図書館」, p.63

16 J.G. Kesting, *Qumran and the Quest of Modern Librarianship*, p.7

17 윤희윤, 『공공도서관정론』, 10~11쪽; Muhammad Nabeel Musharraf, Bashir Ahmed Dars, 「Who Burnt the Grand Library of Alexandria?」, *Australian Journal of Humanities and Islamic Studies Research(Ajhisr)* 2(2), 2016, p.8

18 森貴史, 「プトレマイオス1世による都市アレクサンドリアの文化政策: 図書館とセラピス神をめぐって」, *Semawy Menu* 4, 2013, p.117

19 Roy MacLeod, *The Library of Alexandria: Center of Learning in the Ancient World*, p.1

20 Hubert Cancik, Helmuth Schneider, 「Libraries」, *Brill's New Pauly: Encyclopedia of the Ancient World Antiquity*, Brill, 2002, pp.499~500

21 Luciano Canfora, trans. by Martin Ryle, *The Vanished Library: A Wonder of the Ancient World*, University of California Press, 1990, p.44

22 The Researching Librarian, 「Who Was Titus Flavius Pantainos?」, https://researchinglibrarian.wordpress.com

23 The Athenes Key, 「Hadrian's Library」, https://www.athenskey.com/hadrians-library.html

24 Mark Cartwright, 「The Library of Hadrian, Athens」, https://www.ancient.eu/article/839/the-library-of-hadrian-athens/

25 Eduscapes, 「Ancient Libraries: 100s CE」, http://eduscapes.com/history/

ancient/100.htm

26 津希名魅,「図書館戦争(アレキサンドリア vs ペルガモン): 図書館の興亡(メソ
ポタミア、ギリシア、ヘレニズム、ローマの図書館)」, http://ncode.syosetu.com/
n1995dn/87/

27 Lionel Casson, *Libraries in the Ancient World*

28 Michael H. Harris, *History of Libraries in the Western World* 4th ed., Scarecrow
Press, 1999, p.57

29 Wikipedia,「Ulpian Library」

30 Lonely Planet,「Library of Celsus: Lonely Planet」, https://www.lonelyplanet.
com/turkey/ephesus/attractions/library-of-celsus/a/poi-sig/475944/360864

31 David Brewster ed., *The Edinburgh Encyclopaedia* 12, Joseph and Edward
Parker, 1832, p.24; Silviu-Constantin Nedelcu,「The Libraries in the Byzantine
Empire(330-1453)」, *Annals of the University of Craiova for Journalism,
Communication and Management* 2(1), 2016, p.77

32 Nigel G. Wilson,「The Libraries of the Byzantine World」, *Greek, Roman, and
Byzantine Studies* 8(1), 2003, pp.53~80

33 Silviu-Constantin Nedelcu,「The Libraries in the Byzantine Empire(330-1453)」,
pp.78~79

34 津希名魅,「図書館戦争(アレキサンドリア vs ペルガモン): 図書館の興亡(メソポ
タミア、ギリシア、ヘレニズム、ローマの図書館)」; Lionel Casson, *Libraries in the
Ancient World*, p.20

35 Alice König,「Library Building under Nerva, Trajan and Hadrian」, 2012, https://
arts.st-andrews.ac.uk/literaryinteractions/wp-content/uploads/2012/11/Library-
Building-under-Nerva-Trajan-and-Hadrian5.pdf

36 Konstantinos Staikos, *The History of the Library in Western Civilization* Vol.II,
pp.344~345

37 Lionel Casson, *Libraries in the Ancient World*; 張幾,「中国の図書館の発展過程
の歴史的考察」,《情報学》8(1), 2011, pp.69~74

38 서원남, 「천일각의 장서문화에 대한 고찰」, 《동아시아 문화연구》 46, 2009, 236쪽

39 장미경, 「중국 문헌의 보고 장서루: 천일각을 중심으로」, 《중국문학연구》 47, 2012, 14~19쪽

40 서원남, 「천일각의 장서문화에 대한 고찰」, 249~250쪽

41 大阪府市町村振興協会, 『今, 図書館がやるべきこと!: 平成21年度共同研究「図書館運営のあり方研究会」報告書』, 大阪府市町村振興協会おおさか市町村職員研修研究センター, 2010, p.3

42 현 위치는 나라현 나라시 나라시립이치조고교의 동쪽이다. 総合仏教大辞典編集委員会 編, 『総合仏教大辞典』, 法蔵館, 1988, p.98; 青柳文蔵, 「日本最初の公開図書館をつくる」, https://www.pref.miyagi.jp/uploaded/attachment/216343.pdf; 伊勢市立伊勢図書館, 「文庫礼讃」, 《図書館だより》(増刊) 129, 2012

43 『삼국사기』 권 39, 지 8, 직관 중 및 권 11, 신라본기 11, 문성왕 15년 8월

44 경기도 사이버도서관, 「(3) 한국의 도서관 역사: 삼국시대(신라, 발해 후삼국)」, https://www.library.kr/bookmagic/edu/library_history_view.do

45 임지혜, 「고려 시대의 왕실문고에 관한 고찰」, 동덕여대 문헌정보학과 석사논문, 2002, 65~66쪽

2장

1 Angelo Mazzocco, *Interpretations of Renaissance Humanism*, Brill, 2006, p.112; Wikipedia, 「Dark Ages (historiography)」

2 윤용수, 「중세 유럽에 대한 이슬람문명의 영향 연구」, 《지중해지역연구》 7(2), 2005, 219쪽

3 福田陽子, 「中世イギリスの修道院にみるホール空間の二極性に関する研究」, 《日本建築学会計画系論文集》 572, 2003, p.169

4 몬테카시노 수도원 홈페이지, http://www.abbaziamontecassino.org; 浅野忠利, 「修道院の貢献」, https://www.psats.or.jp/column/kiko/048.pdf

5 이윤재, 「몬테 카지노의 베네딕트 수도원」, 《국민일보》 2012. 3. 18

6 Historic Scotland Education, *Investigating Abbeys & Priories in Scotland*, HSC, 2009, p.23

7 Marie Lebert, 「The Mont Saint-Michel Manuscripts through the Ages」, https://marielebert.wordpress.com/2015/10/25/manuscripts/

8 秋山学, 「コルヴィナ文庫から聖イシュトヴァーンへ:ハンガリーの歴史を遡る旅」, 《筑波大学図書館報》 31(2), 2005, pp.2~3; Wikipedia, 「パンノンハルマの大修道院」

9 Wikipedia, 「Wilhelm Bücher」

10 Rare Delights Magazine, 「Austria's Admont Abbey: A Sanctuary of Art and History」, http://raredelights.com/austrias-admont-abbey-sanctuary-art-history/; 成田全, 「美と知が究極の融合!「世界の図書館」を旅してみよう: 第2回 壮麗&エレガント編」, https://ddnavi.com/news/201197/a/; ウィーンの街, 「世界一大きなアドモント修道院の図書館」, https://www.wien-kanko.com/2015/08/20/世界一大きなアドモント修道院の図書館/

11 「Great Library 20」, 《LUXURY》 2010. 1; WikiVisually, 「Wiblingen Abbey」, https://wikivisually.com/wiki/Wiblingen_Abbey

12 Casa Editrice Bonechi, *Prague: Heart of Europe*, Casa Editrice Bonechi, 2011

13 Strahov Monastery, 「Philosophical Hall: Royal Canonry of Premonstratensians at Strahov」, https://www.strahovskyklaster.cz/en/philosophical-hall; Wikipedia, 「Strahov Monastery」; プラハ市公式観光ポータル, 「ストラホフ修道院 (Strahovský klášter)」, https://www.prague.eu/ja/object/places/406/strahovsky-klaster; AB-Road, 「中世からの荘厳な図書室が必見のストラホフ修道院」, https://www.ab-road.net/europe/czech/prague/guide/03158.html

14 井上泰山, 「スペインのエスコリアル修道院図書館所蔵漢籍の種類と流入の経緯」, http://www2.ipcku.kansai-u.ac.jp/~taizan/data/eskorial.pdf

15 『新刊通俗演義三國志史傳』, 『新刊耀目冠場擢奇風月錦嚢正雑両科全集』, 『全家錦嚢』, 『少微先生高明大字資治通鑑節要』, 『類編暦法通書大全』, 『新刊補訂源流總亀對類大全』, 『新刊徐氏家傳捷法鍼灸』

16 김능우, 「중세 아랍 시에 나타난 '몽골과 이슬람 세계와의 충돌'에 관한 연구」, 《한국중동학회논총》 28(2), 2008, 166~167쪽

17 Al-Nadim, Muhammad Ibn Ishaq, Kitab Fihrist ed., *Gustav Flugel*, Verlag Von F.G.W. Vogel, 1872, p.8, 29

18 Nurdin Laugu, 「The Roles of Mosque Libraries through History」, *Al-Jāmi'ah* 45(1), 2007, pp.105~107

19 Mohamed Makki Sibai, *Mosque Libraries: An Historical Study*, Mansell Publishing Limited, 1987, pp.54~55

20 Machal H. Harris, *History of Libraries in the Western World*, p.81

21 윤용수, 「중세 유럽에 대한 이슬람 문명의 영향 연구」, 220쪽

22 Nir Shafir, Christopher Markiewicz, 「Süleymaniye Library」, *HAZINE*, 2013. 10. 10

23 윤희윤, 「중세 이슬람 도서관 연구」, 《한국도서관·정보학회지》 50(3), 2019, 1~22쪽.

24 岡島稔, 「イスラーム文明が宿る知恵の館(10)」, https://ameblo.jp/ibn-ishaq/entry-11540901218.html

25 Sonja Brentjes, Jürgen Renn, *The Arabic Transmission of Knowledge on the Balance*, Max-Planck-Institut für Wissenschaftsgeschichte, 2013, p.25

26 金子光茂, 「西欧文明の基礎を築いたイスラーム」, 《大分大学教育福祉科学部研究紀要》 22(1), 2009, p.123; Bernard Lewis, 岩永博 訳, 『アラブの歴史(下)』, 講談社, 1982, p.127; Cem Nizamoglu, 「The House of Wisdom: Baghdad's Intellectual Powerhouse」, http://www.muslimheritage.com/article/house-of-wisdom

27 佐藤次高, 『イスラーム世界の興隆』, 中央公論社, 1997, p.165

28 황의갑, 김정하, 「이슬람세계-유럽 문명의 지적 교류」, 《한국중동학회논총》 34(4), 2014, 179~180쪽

29 국가기록원, 「600년의 비밀, 그들은 왜 대장경판을 옮겼을까?」, http://theme.archives.go.kr/next/pages/new_newsletter/2017/html/vol_68/sub02.html

30 최연식, 「고려대장경의 역사적 의미」, 《지식의 지평》 10, 2011, 281쪽

31 「Découvrez les Plus Belles Bibliothèques du Monde」, *Le Figaro Immobilier*, 2017. 9. 8

3장

1 요한 하위징아, 이종인 역, 『중세의 가을』, 연암서가, 2012, 22~23쪽

2 Clausen Books, 「Gutenberg Bible Census」, http://clausenbooks.com/ gutenbergcensus.htm; 「印刷の文化」, http://www.ne.jp/asahi/thongo/web/media/ innsatu4.pdf

3 전영표, 「동서 인쇄술 발명의 사적 고찰」, 《신문과 방송》 1993, 9, 112~119쪽; Hans Widmann, *Geschichtedes Buchhandels*, Harrassowitz, 1975, pp.58~60

4 Rolf Vgl. Engelsing, *Analphabetentum und Lektüre: Zur Sozialgeschichte des Lesens in Deutschland Zwischen Feudaler und Industrieller Gesellschaft*, Stuttgart, 1973, S. 18f(최경은, 「종교개혁이 서적 인쇄에 미친 영향」, 《독일언어문학》 7, 2012, 247쪽에서 재인용)

5 The University of Manchester Library, 「The Introduction of Printing in Italy: Rome, Naples and Venice」, http://www.library.manchester.ac.uk/firstimpressions/ assets/downloads/04-The-introduction-of-printing-in-Italy—Rome,-Naples-and-Venice.pdf

6 이혜민, 「인쇄술 도입기 파리의 서적상 앙투안 베라르와 역사서적 출판」, 《역사교육》 122, 2012, 185쪽

7 이혜민, 「인쇄술 도입기 파리의 서적상 앙투안 베라르와 역사서적 출판」, 177~208쪽

8 김중현, 「돌레의 번역론과 프랑스어의 현양」, 《프랑스문화예술연구》 39, 2012, 417~442쪽

9 Eltjo Buringh, Jan Luiten van Zanden, 「Charting the 'Rise of the West': Manuscripts and Printed Books in Europe, A Long-Term Perspective from the Sixth through Eighteenth Centuries」, *The Journal of Economic History* 69(2), 2009, pp.416~417

10 Robert Friedman ed., *The Life Millennium: The 100 Most Important Events and People of the Past 1000 Years*, Life Books, 1998

11 Jayraj Salgaokar, 「Neo Gutenberg: Chapter Five」, *PrintWeek India* 2013. 10. 30, http://www.printweek.in/features/neo-gutenberg-chapter-18075

12 William V. Harris, *Ancient Literacy*, Harvard University Press, 1989, p.328

13 Eltjo Buringh, Jan Luiten van Zanden, 「Charting the Rise of the West: Manuscripts and Printed Books in Europe, A Long-Term Perspective from the Sixth through Eighteenth Centuries」, *The Journal of Economic History* 69(2), 2009, pp.409~445

14 마틴 라이언스, 서지원 역, 『책: 그 살아 있는 역사』, 21세기북스, 2011, 95쪽

15 Francisco Queiró, 「Knowledge and Growth: Evidence from Early Modern Europe」 (preliminary), 2015

16 Leonardo Bruni, *Historiarum Florentini populi libri XII*, Emilio Santini ed., *Muratori, XIX, 3*, Citta' di Castello, 1914, pp.22~25

17 김차규, 「역사적 관점에서 본 이탈리아 르네상스」, 《인문과학연구논총》 35(1), 2014, 97쪽

18 요한 하위징아, 최홍숙 역, 『중세의 가을』, 문학과지성사, 1988, 386~387쪽

19 정동희, 「주변에서 중심을 바라보기: 월터 미뇰로의 르네상스의 어두운 부분」, 《트랜스라틴》 29, 2014, 68쪽

20 유스토 L. 곤잘레스, 서영일 역, 『중세교회사』, 은성, 1995, 190쪽

21 최경은, 「종교개혁이 서적 인쇄에 미친 영향」, 259쪽

22 森田義之, 「イタリア·ルネサンス期の図書館とメディチ家のパトロネージ」, 《愛知県立芸術大学紀要》37, 2007, pp.51~67

23 森田義之, 「イタリア·ルネサンス期の図書館とメディチ家のパトロネージ」, pp.57~60

24 윤희윤, 「주요 선진국의 국가도서관시스템 분석」, 《한국문헌정보학회지》 40(2), 2006, 7~9쪽

25 Wikipedia, 「Subscription library」

26 Abigail A. Loomis, 「Subscription Libraries」, Wayne A. Wiegand, Donald G. Davis ed., *Encyclopedia of Library History*, Garland Publishing, 1994, p.609

27 James Raven, Helen Small, Naomi Tadmor ed., *The Practice and Representation of Reading in England*, Cambridge University Press, 1996, p.175

28 David Scott Kastan ed., *The Oxford Encyclopedia of British Literature*, Oxford University Press, 2006

29 David Kaser, *A Book for a Sixpence: The Circulating Library in America*, Beta Phi Mu Chapbooks, 1980, pp.489~490

30 최경은, 「문자의 유통: 18, 19세기 독일의 대여도서관 제도를 중심으로」, 44쪽

31 Georg Jäger, 「Zur Geschichte der Leihbibliotheken im 18. und 19. Jahrhundert」, *Texte zum Literarischen Leben 6: Die Leihbibliothek der Goethezeit, hrsg. v. E. Weber*, Gerstenberg, 1979, pp.477~515

32 최경은, 「문자의 유통: 18, 19세기 독일의 대여도서관 제도를 중심으로」, 45쪽

33 Wikipedia, 「Cabinet de Lecture」

34 James William Hudson, *The History of Adult Education*, Longman, Brown, Green and Longmans, 1851, p.vi

35 Wayne A. Wiegand, Donald G. David. ed., *Encyclopedia of Library History*, Routledge, 1994, p.329

36 René Radusky, 「Rev. Thomas Bray and Parish Libraries in the American South: Philosophy, Theology and Practical Application」, https://renelabibliotecaria.files. wordpress.com/2012/12/libr200_raduskyr_researchpaper.pdf

4장

1 Edward Edwards, 「A Statistical View of the Principal Public Libraries in Europe and the United States of North America」, *Journal of Statistical Society of London* 11(3), 1848, pp.250~281

2 森耕一, 『公立圖書館原論』, 全國學校圖書館協議會, 1983, pp.20~25

3 윤희윤, 『공공도서관정론』, 184쪽

4 Historic England, *The English Public Library 1850-1939*, English Heritage, 2016, p.5

5 Historic England, *The English Public Library 1850-1939*, p.2

6 William George Stewart Adams, *A Report on Library Provision & Policy*, Neill and Company, 1915, p.6

7 Thomas Kelly, *History of Public Libraries in Great Britain 1845-1975*, Library Association, 1977, Appendix Ⅵ; Nick Moore, 「Public Library Trends」, *Cultural Trends* 13(1), 2004, pp.27~57

8 Nick Moore, 「Public Library Trends」, p.56; John Woodhouse, Noel Dempsey, *Briefing Paper: Public libraries*, No.5875, 2016, p.23

9 「Libraries Lose a Quarter of Staff as Hundreds Close」, *BBC*, 2016. 3. 29

10 Department for Digital, Culture, Media & Sport, 「Taking Part Survey: England Adult Report, 2016/17」, p.3

11 University of Illinois, Graduate School of Library Science, *Public Libraries in the United States of America: Part 1: 1876 Report*, US Government Printing Office, 1876, p.xvi

12 Haynes McMullen, *American Libraries before 1876*, Greenwood Press, 2000, pp.123~125

13 Allen Kent, Harold Lancour, Jay E. Daily, *Encyclopedia of Library and Information Science* 24, Marcel Dekker, 1978, p.279

14 United States Bureau of Education, *Public libraries in the United States of America: Their History, Condition, and Management. Special Report, Department of the Interior, Bureau of Education. Part I*, Government Printing Office, 1876

15 諏訪敏幸, 「サミュエル・グリーンの民衆図書館: 1876年論文の28事例から見えるもの」, 《情報化社会・メディア研究》 3, 2006, p.89

16 William A. Munford, 藤野寬之 訳, 『エドワード・エドワーズある図書館員の肖

像: 1812-1886』, 金沢文圃閣, 2008, p.176; William A. Munford, 『ペニー・レイ
ト: イギリス公共図書館史の諸相 1850-1950』, 金沢文圃閣, 2007, pp.50~51

17 Andrew Carnegie, 「The Gospel of Wealth」, *Pall Mall Gazette*, 1890. 1. 1

18 레이몬드 라몬 브라운, 김동미 역, 『카네기 평전』, 작은씨앗, 2006, 259쪽

19 Durand R. Miller, *Carnegie Grants for Library Buildings, 1890–1917*, Carnegie
Corporation of New York, 1943, pp.38~40; Wikipedia, 「List of Carnegie libraries
in the United States」

20 Kathleen de la Pena McCook, 田口瑛子他 訳, 《アメリカ公立図書館職入門》, 京
都大学図書館情報学研究会, 2008, p.51

21 Michael Kevane, William A. Sundstrom, 「The Development of Public Libraries
in the United States, 1870~1930: A Quantitative Assessment」, *Information &
Culture: A Journal of History* 49(2), 2014, pp.132~133

22 Douglas A. Galbi, 「Book Circulation Per U.S. Public Library User Since 1856」,
http://www.galbithink.org/libraries/circulation.pdf; Institute of Museum and
Library Services, *Public Libraries Survey(PLS) Data and Reports: 1990-2016*

23 Institute of Museum and Library Services, *Public Libraries Survey(PLS) Data and
Reports: 1996-2016*

24 Amy K. Garmer, 「Public Libraries in the Community」, *I/S: A Journal of Law And
Policy* 13(1), 2016, p.5

25 Christopher Ingraham, 「An Awful Lot of People Use and Love Their Public
Library, as an Economics Professor Discovered This Weekend」, *The Washington
Post*, 2016. 7. 23

26 당윤희, 「청대 사고관신의 유학 사상 고찰」, 《동아문화》 50, 2012, 403~404쪽

27 張機, 「中国の図書館の発展過程の歴史的考察」, 《情報學》 8(1), 2011,
pp.71~72

28 汪朝光, 「中国历史」, 中国大百科全书总编辑委员会组织 编纂, 《中国大百科全
书》第一版, 由中国大百科全书出版社, 1993

29 农伟雄, 关健文, 「日本侵华战争对中国图书馆事业的破坏」, 《抗日战争研究》 3,

1994, pp.84~88

30 农伟雄, 关健文, 「日本侵华战争对中国图书馆事业的破坏」, p.100

31 中国抗日战争史简明读本 编写组, 「日本在侵华战争中对中国文化的肆意破坏」, 2015, http://www.qstheory.cn/dukan/hqwg/2015-07/10/c_1115881640.htm

32 中华人民共和国图书馆事业, https://baike.baidu.com/item/

33 中国人大网, 「中华人民共和国公共图书馆法」, 2017. 11. 4

34 李德娟, 「中国图书馆事业六十年发展的成就与问题实证分析」, 《图书与情报》 5, 2010, pp.42~44; 杨志永, 「民国时期我国公共图书馆事业的变迁特点及原因分析」, 《图书情报工作》 55(21), 2011, p.130; 文化部 前瞻产业研究院, 「2018年公共图书馆运营现状与发展趋势分析 服务水平进一步提升」, https://bg.qianzhan.com/trends/detail/506/180126-6667c18c.html

35 達也伊東, 「近代日本公共図書館利用史の研究: 自立のための勉強空間の成立」, 九州大学 博士学位論文, 2015, pp.12~18

36 三浦太郎, 「書籍館の誕生: 明治期初頭におけるライブラリー意識の芽生え」, 《東京大学大学院教育学研究科紀要》 38, 1998, pp.303~401; 後藤純郎, 「東京書籍館の創立一人事とその特色一」, 《現代の図書館》 13(2), 1975, pp.71~77; 岩猿敏生, 「書籍館から図書館へ」, 《図書館界》 35(4), 1983, pp.195~198; 京都国立博物館, 「3. 書籍館と浅草文庫　博物館蔵書の基礎」, http://www.tnm.jp/modules/r_free_page/index.php?id=146; 「京都集書院」, 《京都域粋》 69, 2007, http://www.kitatouhoku.com/kyoto/documents/ikiiki69.pdf

37 伊東達也, 「学制施行期の書籍館政策について: Free Public Libray としての東京書籍館の成立をめぐって」, 《日本図書館情報学会誌》 59(4), 2013, p.139

38 樋口秀雄, 「浅草文庫の創立と景況」, 《参考書誌研究》 4, 1972, p.8; Wikipedia, 「浅草文庫」

39 小倉親雄, 「東京書籍館: 無料制の創始とその歴史的意義」, 《ノートルダム女子大学研究紀要》 9, 1979, pp.13~14

40 奥泉和久 編, 『近代日本公共図書館年表』, 日本図書館協会, 2009

41 石井敦, 「教育会と図書館(1)」, 《ひびや》 8(5), 1966, p.145

42 溝上智恵子,「文化政策からみた公共図書館の社会的機能」,《長岡技術科学大学硯究報告》21, 1999, p.168

43 永末十四雄,『日本公共図書館の形成』, 日本図書館協会, 1984, p.18

44 達也伊東,「近代日本公共図書館利用史の研究: 自立のための勉強空間の成立」, p.10

45 薬袋秀樹,「公共図書館の歴史と現状」, 生涯学習研究 事典, http://ejiten.javea.or.jp/content6e35.html?c=TmpZek1UTTE%3D

46 東京市町村自治調査会,「図書館のあり方に関する調査研究報告書」, 2011. p.2

47 岩猿敏生,『日本図書館史概説』, 日外アソアシエーツ, 2007, p.189

48 金髙謙二,「疎開した40万冊の図書, 映画の流れに沿ってひも解く」,『2014年度 JLA 中堅職員ステップアップ研修(2)』, 2014

49 塩見昇,「戦後図書館実践の展開についての史的考察」,《図書館文化史研究》22, 2005, pp.33~35

50 日本図書館協会,『中小都市における公共図書館の運営』, 同協會, 1963; 日本図書館協会,『市民の図書館』, 同協會, 1970

51 田部孝大,「公共図書館のマネジメントに関する研究: 住民参加と図書館経営」, http://www.kochi-tech.ac.jp/library/ron/pdf/2015/14/a1150405.pdf

52 桑原芳哉,「公立図書館の指定管理者制度導入状況: 近年の動向」,《尚絅大学研究紀要(人文·社会科学編)》50, 2018, pp.34~35

53 日本著者販促センター,「図書館の歴史と現状」, http://www.1book.co.jp/003804.html

54 日本図書館協会,「日本の図書館統計」, http://www.jla.or.jp/library/statistics/tabid/94/Default.aspx; 山口源治郎,「日本卜における公立図書館の現状と問題点: 専門性と公共性の劣化に焦点を当てて」,《京都大学 生涯教育学·図書館情報学研究》6, 2007, p.74

55 이춘희,「근대한국도서관사 연구: 개화기에 있어서 근대도서관사상의 형성과정을 중심으로」,《도서관학》16, 1989, 108쪽

56 松原孝俊,「釜山市立図書館略史(1910年~1938年を中心に)」,《韓国言語文化研

究》2, 2002, p.5

57 김영석, 이용재, 「우리나라 최초의 근대 공공도서관 규명에 관한 연구: 일본홍도
회도서실을 중심으로」, 《한국도서관·정보학회지》 49(2), 2018, 146쪽

58 宇治鄕毅, 「近代韓国公共図書館史の研究: 開化期から1920年代まで」, 《参考
書誌研究》 30, 1985, p.17

59 朝鮮總督府 學務局, 《朝鮮之圖書館》 4(6), 1935

60 朝鮮總督府 編, 《朝鮮總督府統計年報》, 1910~1942

61 김남석, 「일제시대 농촌문고에 관한 연구」, 《도서관학논집》 24, 1996, 346~359
쪽

62 김포옥, 「일제하의 공공도서관에 관한 연구」, 《도서관학》 6, 1979, 161쪽

63 김포옥, 「광복 이후 한국 공공도서관사 연구: 일제하 공공도서관제도의 영향을
중심으로」, 《도서관학》 20, 1991, 71쪽

64 국립도서관, 「도서관해방일사(2)」, 《국립도서관보》 152, 1955, 2쪽

65 대한통신사, 《대한연감》, 1952, 114쪽(김포옥, 「광복 이후 한국 공공도서관사 연구」,
72쪽을 재인용하되 수치 오류가 많아 수정·재구성함)

66 윤희윤, 『공공도서관정론』, 22쪽

67 Institute of Museum and Library Service, *Public Libraries Survey(PLS) Data and
Reports: 2016*; 「Public Libraries: Statistics 2013-2015」, http://www.eblida.org/
activities/kic/public-libraries-statistics.html; https://www.publiclibraries2020.eu/;
Bibliothèques Municipales, Donnéees D'Activité 2015, p.11; Regional Access and
Public Libraries, *Australian Public Libraries Statistical Report 2015-2016: Final
Report*, 2017, p.4; 「Bibliothèques Publiques Communales et Mixtes(Communales
et Scolaires des Communes en Dessous de 10'000 Habitants」, https://www.bfs.admin.ch/
bfs/fr/home/statistiques/culture-medias-societe-information-sport.assetdetail.5746977.html;
「Finnish Public Libraries Statistics」, http://tilastot.kirjastot.fi/?orgs=1&years=2017&stats=
100%2C115; 「6.2.6.1. Public libraries(2000−)」, https://www.ksh.hu/docs/eng/xstadat/
xstadat_annual/i_zkk003b.html; https://lianza.org.nz/profession/facts-figures; 日
本図書館協会, 「日本の図書館統計」, http://www.jla.or.jp/Portals/0/data/iinkai/

図書館調査事業委員会/toukei/公共経年%202017.pdf; 統計處, 「主要統計表
-歷年: 公立公共圖書館統計(94-106年度)」, https://depart.moe.edu.tw/ED4500/
cp.aspx?n=1B58E0B736635285&; 國家圖書館, 『中華民國圖書館年鑑: 中華民
國一〇五年』, 國家圖書館, 2017, p.348; 문화체육관광부, 한국문화관광연구원,
「2018년도('17년 실적 공공도서관 통계조사 결과 요약보고서」, 7쪽

68 Susannah Quick, et al., 「Cross-European Survey to Measure Users' Perceptions
of the Benefits of ICT in Public Libraries: Final report」, 2013, p.13, https://
digital.lib.washington.edu/researchworks/bitstream/handle/1773/22718/Final%20
Report%20-%20Cross-European%20Library%20Impact.pdf

69 IFLA, 「Library Map of the World」, https://www.ifla.org/node/16947

5장

1 Axiell, 「A Review of UK libraries in 2017: A Guide for Delivering Sustainable,
Community-centric Services」, https://www.axiell.co.uk/wp-content/uploads/
2017/04/Axiell-Report-A-review-of-UK-libraries-in-2017.pdf

2 Daniel Fujiwara, Ricky Lawton, Susana Mourato, *The Health and Wellbeing
Benefits of Public Libraries: Full Report*, Arts Council England, 2015, p.43

3 John B. Horrigan, 「Libraries 2016」, Pew Research Center, 2016, p.8

4 OCLC, ALA, *From Awareness to Funding 2018: Voter Perceptions and Support of
Public Libraries in 2018: Summary Report*, OCLC, 2018, p.9

5 ALA, 「Library Value Calculator」, http://www.ala.org/advocacy/library-value-
calculator

6 Library and Information Association of New Zealand Aotearoa, 「Valuing Our
Libraries: Investing for the Future: A National Approach to Knowledge and
Information Management in the Library Sector」, 2014, p.3

7 Ben Light, et al., *The impact of Libraries as Creative Spaces*, Queensland University
of Technology, 2015, p.11

8 Department for Culture, Media and Sport, *Taking Part 2016/17 Quarter 2*, DCMS, 2017, p.4; The House of Commons Library, 「Public Libraries」, *Briefing Paper* No.5875, 2016, p.23

9 Institute of Museum and Library Services, *Public Libraries in the United States Survey: Fiscal Year 2014*, IMLS, 2017, p.12

10 Frieda Weise, 「Being There: The Library as Place」, *Journal of the Medical Library Association* 92(1), 2004, p.6

11 Logan Ludwig, Susan Starr, 「Library as Place: Results of a Delphi Study」, *Journal of the Medical Library Association* 93(3), 2015, p.331

12 「Libraries Lose a Quarter of Staff as Hundreds Close」, *BBC*, 2016. 3. 29

13 John B. Horrigan, 「Libraries 2016」, Pew Research Center, 2016, p.6

14 로버트 라이시, 안진환·박슬라 역, 『위기는 왜 반복되는가』, 김영사, 2011, 75쪽

15 Nick Field, Rosie Tran, 「Reinventing the Public Value of Libraries」, *Public Library Quarterly* 37(2), 2018, p.125; Jennifer Booth, 「The Library's Image: Does Your Library Have You Appeal?」, *Library Management* 14(2), 1993, p.14

16 Marcus Banks, 「Ten Reasons Libraries Are Still Better Than the Internet」, 2017, https://americanlibrariesmagazine.org/2017/12/19/ten-reasons-libraries-still-better-than-internet/

17 Mark Bilandzic, Daniel Johnson, 「Hybrid Placemaking in the Library: Designing Digital Technology to Enhance Users' On-site Experience」, *Australian Library Journal* 62(4), 2013, p.260

18 Gloria J. Leckie, Jeffrey Hopkins, 「The Public Place of Central Libraries: Findings from Toronto and Vancouver」, *The Library Quarterly* 72(3), 2002, p.331

19 Pedro Carneiro, James Heckman, 「Human Capital Policy」, *Inequality in America: What Role for Human Capital Policy?*, MIT Press, 2003, pp.77~240

20 Mireia Fernández-Ardèvol, et al., 「The Public Library As Seen by the Non-users」, *El profesional de la información* 27(3), 2018, p.665

21 Marta Bausells, 「Love Letters to Libraries: Share Your Tribute to Your Favourite」,

The Guardian, 2014. 11. 14; Nadia Khomami, 「UK Library Closures and the Fights to Save Them」, *The Guardian*, 2015. 12. 17

22 James Clarke, 「Campaign Group Instructs Lawyers As Battle To Save Local Libraries Continues」, 2018, https://www.irwinmitchell.com/newsandmedia/2018/january/campaign-group-instructs-lawyers-as-battle-to-save-local-libraries-continues-jq-657554

23 Siâan Heap, 「Book Burning as a Weapon of Fascism and Anti-Fascism」, *The Journal of Publishing Culture* 7, 2017, pp.1~14; Gesa Johannsen, 「The Symbolism in the Burning of Books by Students in Berlin 1933」, https://openaccess.leidenuniv.nl/bitstream/handle/1887/42719/Johannsen.pdf?sequence=1; 「The Book Burning Memorial, Berlin, Bebelplatz」, https://historia-europa.ep.eu/sites/default/files/Discover/EducatorsTeachers/ActivitiesForYourClassroom/id-audio-memory-walk-en_0.pdf

24 松川昌平, 「'建築家なしの建築'の建築家になるためのアルゴリズミック・デザイン」, *KEIO SFC JOURNAL* 17(1), 2017, p.105; Wikipedia, 「ノート: バベルの図書館」

25 김이재, 「'아바타' '매트릭스'에 영감 준 경이로운 상상력」, 《동아일보》 2018. 5. 28

6장

1 IFLA/UNESCO, 「IFLA/UNESCO Public Library Manifesto」, 1994

2 Christie Koontz, Barbara Gubbin ed., *IFLA Public Library Service Guidelines* 2nd ed., De Gruyter Saur, 2010

3 New York Public Library, 「Collections: The Heart of the Library」, https://www.nypl.org/help/about-nypl/collections

4 Cathy De Rosa, et al., *At a Tipping Point: Education, Learning and Libraries*, OCLC, 2014, p.51

5 Shannon Mattern, *The New Downtown Library: Designing with Communities*, University of Minnesota Press, 2007, p.71

6 The Seattle Public Library, 「2017 Statistics」, https://www.spl.org/about-us/2017-impact-report/2017-statistics

7 Jennifer Kluke, 「The Greatest Good Place: The Role of the Public Library in the Development of Successful Cities, and the Relationship between Public Library Contributions and Planning Policy」, *A Major Research Paper*, Master of Planning in Urban Development/Ryerson University, 2011, p.34

8 Koichiro Aitani, 「The Idea Stores as Urban Catalyst to uplift the Life of Residents in the London Borough of Tower Hamlets」, *UIA 2017 Seoul World Architects Congress*, 2017

9 Tower Hamlets Council, 「Future-Proofing the Library: The Idea Store」, 2015. 8. 18, http://citiesofmigration.ca/good_idea/future-proofing-the-library-the-idea-store/

10 李燕, 小松尚, 「地域の課題とニーズに基づくロンドンの区立図書館 Idea Store の再編と都市・地域計画の関係」, 《日本建築学会計画系論文集》 80(717), 2015, p.2451

11 Erik Boekesteijn, 「Discover Innovations at DOK, Holland's Library Concept Center」, *Marketing Library Services*, 2008. 3/4

12 Einar Bjarki Malmquist, 「Intertwinings for Vennesla: A review of Helen & Hard's Vennesla Cultural Centre」, *Architecture Norway*, 2012. 2. 5

13 「Vennesla Library」, https://librarybuildings.info/norway/vennesla-library

14 김규식, 「日도서관 변신 '절반의 성공'」, 《매일경제》 2017. 8. 16

15 Frederick W. Lancaster, *Toward Paperless Information Systems*, Academic Press, 1978; Michael R. Buckland, *Redesigning Library Services: A Manifesto*, ALA, 1992; William F. Birdsall, *The Myth of the Electronic Library: Librarianship and Social Change in America*, Greenwood Press, 1994; Scott Carlson, 「The Deserted Library」, *The Chronicle of Higher Education* 48(12), 2001, pp.A35~A38

16 Council on Library and Information Resources, *Library as Place: Rethinking*

Roles, Rethinking Space, CLIR, 2005

17 Marydee Ojala, 「Library as Place and Space: An IFLA Satellite Conference」, *Information Today* 26(9), 2009, pp.34~35

18 川崎良孝, 吉田右子, 『新たな図書館・図書館史研究: 批判的図書館史研究を中心として』, 京都図書館情報学研究会, 2011, p.viii

19 Michael Gorman, 「The Library as Place」, *Our Enduring Values*, American Library Association, 2000, pp.43~57

20 Ray Oldenburg, *The Great Good Place: Café, Coffee Shops, Community Centers, Beauty Parlors, General Stores, Bars, Hangouts, and How They Get You Through the Day*, Marlowe & Company, 1989, pp.2~42

21 Rachel Scott, 「The Role of Public Libraries in Community Building」, *Public Library Quarterly* 30(3), 2011, p.206

22 国立国会図書館, 「英国の自治体の公共図書館の閉鎖計画に対し、高等法院が違法との判決」, 2011. 11. 18; 「英国議会下院の委員会が公共図書館閉鎖についての調査を開始へ」, 2011. 11. 25

23 Karen E. Fisher, et al., 「場としてのシアトル公立図書館: 中央図書館におけるスペース, コミュニティ, 情報の再概念化」, John Buschman, Gloria J. Leckie 編, 川崎良孝, 久野和子, 村上加代子 共譯, 『場としての図書館: 歴史, コミュニティ, 文化』, 京都大学図書館情報学研究会, 2008, pp.199~237

24 Lynda H Schneekloth, Robert G. Shibley, *Placemaking: The Art and Practice of Building Communities*, John Wiley & Sons, 1995, p.1

25 三友奈々, 「プレイスメイキングにおけるセッティング行為による空間の可変性」, 『日本デザイン学会研究発表大会概要集』, 2011, p.65

26 「British Museum Tops UK Visitor Attractions」, *BBC*, 2015. 3. 16

27 F. Wang, et al., 「The State of Library Makerspaces」, *International Journal of Librarianship* 1(1), 2016, p.5

28 Institute of Museum and Library Services, 「Talking Points: Museums, Libraries, and Makerspaces」

29 John Carlo Bertot, et al., 「2014 Digital Inclusion Survey: Survey Findings and Results」, Information Policy & Access Center, 2015

30 Department for Digital, Culture, Media & Sport, 「Guidance Libraries and Makerspaces」, 2018; 豊田恭子, 「全米の図書館に広がるメイカースペースの威力」, 《情報の科学と技術》 67(10), 2017, pp.550~553

31 안인자, 노영희, 「공공도서관 메이커스페이스 조성과 운영 현황조사 분석 연구」, 《한국비블리아학회지》 28(4), 2017, 432쪽

32 현재 운영을 중단한 곳도 포함한 비율이다. 문화체육관광부, 「공공도서관 메이커스페이스 조성 및 운영 가이드라인」, 2018, 12쪽

33 Thomas M. Malaby, *Making Virtual Worlds: Linden Lab and Second Life*, Cornell University Press, 2011(Shannon Crawford Barniskis, 「Metaphors of Privilege: Public Library Makerspace Rhetoric」, 2015에서 재인용)

34 Diane Slattera, Zaana Howard, 「A Place to Make, Hack, and Learn: Makespaces in Australian Public Libraries」, *Australian Library Journal* 62(4), 2013, pp.273~274

35 Graeme Evans, Phyllida Shaw, *The Contribution of Culture to Regeneration in the UK: A Review of Evidence*, DCMS, 2004, p.4

36 Kieron Culligan, John Dubber, Mona Lotten, *As Others See Us: Culture, Attraction and Soft Power*, British Council, 2014, p.6

37 Carl Grodach, Anastasia Loukaitou-Sideris, 「Cultural Development Strategies and Urban Revitalization: A Survey of US Cities」, *International Journal of Cultural Policy* 13(4), 2007, p.360

38 Department of Culture, Media & Sport, 「Culture at the Heart of Regeneration」, 2004

39 Department of Culture, Media & Sport, 「Creative Industries Economic Estimates」, 2016

40 Charles Jencks, 「The Iconic Building Is Here to Stay」, *City* 10(1), 2006, p.8

41 Anny Brooksbank Jones, 「Challenging the Seductions of the Bilbao Guggenheim」,

International Journal of Iberian Studies 16(3), 2004, p.163

42 Martin Spring, 「Will Alsop's Peckham Library Revisited」, *Building*, 2009. 3. 20, https://www.building.co.uk/focus/will-alsops-peckham-library-revisited/3136504. article; London Borough of Newham, 「Newham Community Infrastructure Study: Culture and Regeneration」, 2010, p.6

43 Department for Culture, Media & Sport, *The Culture White Paper*, 2016, pp.30~31

44 Alex Soojung-Kim Pang, 「If Libraries Did not Exist, It Would be Necessary to Invent Them」, *Contemplative Computing*, 2012. 2. 6

45 Dorte Skot-Hansen, Casper Hvenegaard Rasmussen, Henrik Jochumsen, 「The Role of Public Libraries in Urban Regeneration」, *New Library World* 114(1/2), 2013, p.12

46 Rachel Scott, 「The Role of Public Libraries in Community Building」, *Public Library Quarterly* 30(3), 2011, p.195

47 Agnes Mainka et al., 「Public Libraries in the Knowledge Society: Core Services of Libraries in Informational World Cities」, *Libri* 63(4), 2013, pp.311~312

48 Henrik Jochumsen, Casper Hvenegaard Rasmussen, Dorte Skot - Hansen, 「The Four Spaces: A New Model for the Public Library」, *New Library World* 113(11/12), 2012, p.589

49 Jeffrey Pomerantz, Gary Marchionini, 「The Digital Library as Place」, *Journal of Documentation* 63(4), 2007, p.506

50 신승수, 임상진, 최재원, 《슈퍼라이브러리》, 성균관대출판부, 2014, 24~25쪽

7장

1 David S. Porcaro, 「Sacred Libraries in the Temples of the Near East」, *STUDIA ANTIQUA* 2(1), 2002, p.64

2 Ernest C. Richardson, *Biblical Libraries*, Archon, 1963, p.70

3 애드 디 앤절로, 차미경·송경진 역, 『공공도서관 문 앞의 야만인들』, 일월서각,

2011, 25~26쪽

4 Fangmin Wang, et al., 「The State of Library Makerspaces」, *International Journal of Librarianship* 1(1), 2016, p.2

5 조금주, 『우리가 몰랐던 세상의 도서관들』, 나무연필, 2017

6 박경일, 「도서관은 '현재'를 발전시키는 '미래의 공간'이다」, 《문화일보》 2017. 12. 8

7 강민수, 「세계의 매력적인 공공도서관들」, 《뉴스캔》 2015. 2. 11

8 박경일, 「도서관은 '현재'를 발전시키는 '미래의 공간'이다」

9 위시루프컴퍼니, 「도시인의 재생 공간, 공공도서관」, 2016. 1. 18, https://brunch. co.kr/@superwish/1

10 조금주, 「미국 공공도서관 개혁의 선두주자: 차타누가 공공도서관」, 《오늘의 도서관》 223, 2014, 29쪽

11 Patricia L. Brown, 「These Libraries Are for Snowshoes and Ukuleles」, *New York Times*, 2015. 9. 15

12 Frederick Andrew Lerner, *The Story of Libraries: From the Invention of Writing to the Computer Age*, Continuum, 2009, p.125

13 Rhea Brown Lawson, 「The Role of the Public Library in Today' World」, *A Journal of Law and Policy for The Information Society* 13(1), 2016, pp.42~43

14 Historic England, *The English Public Library 1850-1939: Introductions to Heritage Assets*, English Heritage, 2016, p.2

15 Donald A. Barclay, 「Space and the Social Worth of Public Libraries」, *Public Library Quarterly* 36(4), 2017, p.272.

16 Nick Field, Rosie Tran, 「Reinventing the Public Value of Libraries」, *Public Library Quarterly* 37(2), 2018, p.125

17 문화체육관광부, 『국민 독서실태 조사』, 동부, 2002, 129쪽; 『2011 국민 독서실태 조사』, 148쪽; 『2013 국민 독서실태 조사』, 130쪽; 『2015 국민 독서실태 조사』, 131쪽; 『2017 국민 독서실태 조사』, 129쪽

18 문화체육관광부, 『국민 독서실태 조사』, 2002, 130쪽; 『2011 국민 독서실태 조

사』, 149쪽; 『2013 국민 독서실태 조사』, 115쪽; 『2015 국민 독서실태 조사』, 136쪽; 『2017 국민 독서실태 조사』, 134쪽

19 잭 웨더포드, 정영목 역, 『칭기스칸, 잠든 유럽을 깨우다』, 사계절, 2005, 11~12쪽

20 페르난도 바에스, 조구호 역, 『책 파괴의 세계사』, 북스페인, 2009, 259쪽

21 河田いこひ, 「1910年の焚書」, 《季刊三千里》 47, 1986, pp.94~99

22 Jonathan Rose ed., *The Holocaust and the Book: Destruction and Preservation*, University of Massachusetts Press, 2001

23 Rebecca Knuth, *Libricide: The Regime-Sponsored Destruction of Books and Libraries in the Twentieth Century*, Praeger, 2003, p.x

24 Patricia Kennedy Grimsted, 「Twice Plundered, but Still Not Home from the War: The Fate of Three Slavic Libraries Confiscated by the Nazis from Paris」, *Solanus* 16, 2002, p.41; Armin Hetzer, 「The Return from the States of the Former Soviet Union of Cultural Property Removed in the 1940s」, *Solanus* 10, 1996, pp.17~18

25 Jan L. Alessandrini, 「Bombs on Books: Allied Destruction of German Libraries during World War II」, *What Do We Lose We Lose a Library?: Proceedings of the Conference*, KU Leuven, 2015, pp.46~47

26 兎内勇津流, 「独露の戦利品図書問題のその後」, 《カレントアウェアネス》 221, 1998

27 페르난도 바에스, 『책 파괴의 세계사』, 38쪽

28 Matthew Fishburn, *Burning Books*, Palgrave, 2008, p.606

29 Siâan Heap, 「Book Burning as a Weapon of Fascism and Anti-Fascism」, p.3

30 Rebecca Knuth, *Libricide*, p.xi

31 윤희윤, 「공공도서관의 지역문화발전 기여전략 연구」, 《한국도서관 · 정보학회지》 46(4), 2015, 6쪽

32 김구, 『백범일지』, 나남출판, 2002, 442쪽

33 Don Heinrich Tolzmann, *The Memory of Mankind: The Story of Libraries Since the Dawn of History*, Oak Knoll Press, 2001, p.1

34 Frederick Stielow, 「Reconsidering Arsenals of a Democratic Culture: Balancing Symbol and Practice」, Nancy Kranich ed., *Libraries & Democracy: The Cornerstones of Liberty*, ALA, 2001, p.3

35 Kevin Mattson, *Creating a Democratic Public: The Struggle for Urban Participatory Democracy During the Progressive Era*, Pennsylvania State University Press, 1998, p.106

찾아보기

그림

표

도서관 지식문화사
세상 모든 지식의 자리, 6000년의 시간을 걷다

ⓒ윤희윤, 2019, Printed in Seoul, Korea

초판 2쇄 펴낸날 2020년 6월 17일

지은이 윤희윤
펴낸이 한성봉
편집 안상준 · 이동현 · 하명성 · 조유나 · 최창문 · 김학제
디자인 전혜진 · 김현중
마케팅 박신용 · 오주형 · 강은혜 · 박민지
경영지원 국지연 · 지성실
펴낸곳 도서출판 동아시아
등록 1998년 3월 5일 제1998-000243호
주소 서울시 중구 소파로 131 [남산동 3가 34-5]
페이스북 www.facebook.com/dongasiabooks
인스타그램 www.instagram.com/dongasiabook
전자우편 dongasiabook@naver.com
블로그 blog.naver.com/dongasiabook
전화 02) 757-9724, 5
팩스 02) 757-9726

ISBN 978-89-6262-308-6 93900

* 이 책은 서울시 지원으로 제작되었습니다.
* 이 도서의 국립중앙도서관 출판예정도서목록(CIP)은
서지정보유통지원시스템 홈페이지(http://seoji.nl.go.kr)와
국가자료공동목록시스템(http://www.nl.go.kr/kolisnet)에서
이용하실 수 있습니다.(CIP제어번호: CIP2019041451)

※ 잘못된 책은 구입하신 서점에서 바꿔드립니다.

만든 사람들

책임편집 조유나 · 김태현
크로스교열 안상준
디자인 김현중